JAPON

TOKYO - KYOTO - OSAKA

Les auteurs du guide Évasion Japon

Florence Costa-Kageyama habite depuis vingt-quatre ans au Japon, dont quinze ans à Tokyo. Elle est guide accompagnatrice pour l'agence France Travel Center: autant dire que cette mégalopole n'a plus aucun secret pour elle. **Daniel Auguste** a posé ses valises à Kyoto en 2006. Guide-accompagnateur pour l'agence Vivre le Japon, il ne se lasse pas de parcourir Kyoto et sa région. **Thomas Bertrand** était venu à Kyoto en 2003 pour une année d'étude et il n'est jamais reparti. Il s'est marié à une Japonaise et a fondé sa société de ventes en ligne Bento &co (vous savez ces petites boîtes utilisées pour transporter son déjeuner). **Patrick Duval** a établi la première édition de ce guide. Journaliste et amoureux de la cuisine japonaise, il dirige notamment le magazine *Wasabi*, spécialisé dans l'art culinaire nippon et est propriétaire de restaurants japonais à Paris et à Nice.

Guide evasion

Le Japon
en un coup d'œil

Archipel aux confins de l'Asie, le Japon, qui conjugue volontiers traditions ancestrales avec modernité débridée, semble voilé de mystère… À Tokyo la futuriste, on devine parfois au détour d'une ruelle les charmes de l'ancienne Edo. C'est un tout autre visage que l'on découvre à Kyoto, à l'âme plus traditionnelle et aux dimensions plus humaines, tandis que dans les rues de la vibrante Osaka, on sent battre le cœur d'un Japon plus populaire. À ces exploration urbaines, ajoutez l'indispensable découverte des espaces naturels remarquables du Japon et de ses campagnes, dotées d'un art de vivre unique.

Pour voir l'essentiel en deux semaines, n'hésitez pas à acheter un JR Pass avant de partir *(p. 306)*. Un simple aller-retour Tokyo-Kyoto et vous l'aurez amorti ! Organisez votre séjour en fonction de vos goûts et priorités : prévoyez plus de temps à Tokyo si vous recherchez modernité et gigantisme ; plus à Kyoto si vous êtes davantage séduit par le côté traditionnel du pays. En 15 jours, vous pourrez avoir un bon aperçu des incontournables du pays.

Vous avez peu de temps ? Faites le difficile choix entre Tokyo et Kyoto, et explorez leurs environs. Vous aurez quand même ainsi une vision très diverse du Japon, avec des visites très urbaines et d'autres plus nature.

Envie de sortir des sentiers battus ? N'hésitez pas à quitter les grandes mégapoles pour découvrir la vie des petites villes et villages japonais. Kibune et Kurama, autour de Kyoto, vous plongeront dans un univers rural. Les parcs naturels seront eux aussi source de dépaysement : ceux de Hakone ou Nikko vous apporteront leur lot d'émerveillement et de quiétude.

> À faire

Profitez partout du **calme des temples**. Arpentez les plus beaux **jardins** du pays et aprenez à différencier leurs styles. Assistez à une **cérémonie du thé** avant de goûter aux différents crus de l'archipel. Organisez une soirée gastronomique à Osaka, entre **street food** et restaurants réputés. Apronfondissez votre **culture manga** au musée de Kyoto ou dans les magasins spécialisés de Akihabara, à Tokyo. Adonnez-vous à un **shopping** frénétique à Ginza (luxe et grands magasins) ou à Shibuya (mode jeune et décalée). Envie d'une pause dans la nature ? **Randonnez** autour du Mont Fuji, plongez dans un **onsen** à Hakone et respirez **l'air marin** à Kamakura.

> D'autres questions ?

Faites un tour sur notre blog **(www.guide-evasion.fr)**, notre page Facebook **(GuideEvasion)**, nos comptes Twitter et Instagram **(@guideevasion)**, vous y retrouverez l'actu des destinations, les conseils et les idées de découverte de nos experts du voyage.

- **Climat :** le printemps est la meilleure saison pour visiter le Japon. Début avril, vous assisterez à *hanami*, la floraison des cerisiers. L'automne est également une saison agréable. L'été est chaud et humide, l'hiver, frais mais ensoleillé.
- **Formalités :** un passeport en cours de validité est suffisant pour tout Français qui désire se rendre au Japon pour moins de 90 jours.
- **Durée de vol :** entre 11 h 30 et 12 h 30 pour un vol direct.
- **Décalage horaire :** + 8 h par rapport à la France, + 7 h en été (pas de changement d'heure au Japon).
- **Capitale :** Tokyo.
- **Devise :** le Yen. Début 2016, 1 € valait 131 yens.
- **Santé :** Aucun vaccin n'est nécessaire pour l'entrée au Japon. Voyager dans le pays ne présente aucun danger sanitaire.
- **Budget :** Le coût de la vie au Japon est plus ou moins équivalent à celui de la France.

Le quartier de Gion à Kyoto.

Les incontournables

Un mariage au sanctuaire de Meiji Jingu

Le temple du Senso-ji à Tokyo

Si vous ne passiez qu'une journée à Tokyo, c'est à Asakusa, au temple du Senso-ji qu'il faudrait aller. On peut encore humer ici comme un parfum d'Edo, l'ancienne Tokyo. La jolie allée qui mène au plus vieux temple de la ville, la Nakamise dori, est bordée de boutiques traditionnelles et décorée de lampions. Au mois de mai, l'une des plus grandes fêtes shinto du Japon, le Sanja matsuri, se déroule ici.

> p. 31

Le quartier de Shibuya à Tokyo

Pour connaître les dernières tendances en vogue chez les jeunes Japonais, c'est ici qu'il faut venir ! Dans les boutiques, dans la rue, les « Shibuyettes » offrent un défilé de mode permanent. En sortant de la gigantesque gare, traversez le passage clouté le plus fréquenté du monde, puis arpentez Shibuya Center Gai, rue piétonne entièrement dédiée aux jeunes. Shibuya, qui regorge de bars, de restaurants et de *love hotels*, est également très animé le soir. Un quartier unique.

> p. 84

Le sanctuaire de Meiji Jingu à Tokyo

Cet imposant sanctuaire, érigé en 1920 en l'honneur de l'empereur Meiji, s'atteint après avoir traversé une forêt d'arbres centenaires et franchi une porte millénaire. C'est un havre de paix, en plein cœur de la ville. Si vous venez pendant le week-end, vous aurez peut-être la chance d'observer une procession de mariage en costumes traditionnels, dans la pure tradition shinto. Un moment totalement hors du temps.

> p. 91

Le Golden Gai et le quartier de Shinjuku à Tokyo

Quartier moderne doté de gigantesques immeubles de bureaux et de grands hôtels, Shinjuku comblera les fans d'architecture et de modernité. Mais c'est une autre image, plus étonnante, qui marquera le visiteur. Le soir venu, le Golden Gai, adorable quartier inchangé depuis les années 1950, s'anime. *Salarymen* éméchés et étudiants arpentent des ruelles si étroites que l'on y tient à peine à deux. On se croirait dans un film d'Ozu ! Dépaysement garanti…

> p. 97

Une échoppe dans le Golden Gai

Le mont Fuji et le téléphérique à Hakone

Hakone

Si vous voulez échapper à la foule et vous ressourcer en pleine nature, plonger dans des bains thermaux et visiter de jolis musées, Hakone est faite pour vous ! Par temps clair, vous admirerez facilement, par-delà le lac d'Ashi, le mont Fuji, montagne la plus sacrée du pays. Les funiculaires, téléphériques, chemins de randonnées et croisières sur le lac permettent de contempler à loisir cette nature exceptionnelle tout droit sortie d'une estampe d'Hokusai.

> p. 126

Nikko

À seulement deux heures de Tokyo, Nikko et son parc national apportent un bol d'air rafraîchissant. Au milieu de milliers de cèdres, à flanc de montagne ou au détour d'impétueux torrents se cachent de nombreux temples et sanctuaires. Dans ce lieu sacré, inscrit au Patrimoine mondial par l'Unesco, le sanctuaire de Toshogu, véritable joyau shintoïste, entre en parfaite harmonie avec la nature. Un endroit magique.

> p. 136

Le quartier de Gion à Kyoto

Gion est depuis toujours le quartier des geishas. Ces artistes, spécialisées dans la musique, la danse et le théâtre, sont recrutées par de riches clients pour animer des soirées intimistes au charme secret. Pas facile pour les Occidentaux d'y assister, mais certaines agences proposent de vivre cette expérience. Les jolies maisons et les rues calmes du quartier offrent toutefois un cadre parfait pour croiser des geishas en balade, parfois suivies de leurs apprenties (*maiko*).

> p. 154

Le Ryoan-ji et le pavillon d'Or à Kyoto

Le temple zen du Ryoan-ji possède un jardin sec souvent considéré comme le plus parfait du Japon. Ses quinze rochers et ses galets savamment ratissés invitent à la méditation. Le pavillon d'Or, immortalisé par le roman de Yukio Mishima, fut la résidence du shogun Yoshimitsu Ashikaga. Recouvert à la

Le parc national de Nikko

Osaka

feuille d'or, il se dresse au bord d'un étang, lui-même niché dans un magnifique « jardin-paysage ».

> p. 159

Le chemin de la Philosophie à Kyoto

Dans l'est de Kyoto, le chemin de la Philosophie serpente entre nature, temples et quartiers historiques animés : il offre une promenade empreinte de douceur et de spiritualité. Sillonné par les moines depuis un millénaire, il s'impose aujourd'hui comme un incontournable pour tout visiteur de Kyoto. Le pavillon d'Argent est l'une de ses merveilles.

> p. 164

Nara

Dans l'histoire japonaise, on parle de l'époque Nara comme on parle de l'époque Edo. Un temps capitale politique et culturelle du Japon, cette petite ville de province verdoyante est aujourd'hui célèbre pour son patrimoine exceptionnel, constitué de dizaines de temples, dont huit figurent sur la liste du Patrimoine mondial de l'Unesco. Des daims peu farouches vous accompagneront lors de votre visite de la ville.

Le Grand Bouddha, à Nara

> p. 188

Osaka

La capitale du Kansai est une ville animée et surprenante. Habile commerçante, elle est aussi considérée comme la véritable capitale culinaire du pays. Ses nombreuses spécialités, simples et populaires, se dégustent aussi bien sur ses marchés qu'à la table de ses milliers de restaurants. Connus pour être plus chaleureux qu'à Tokyo, ses habitants sauront vous recevoir comme il se doit.

> p. 196

Le château d'Himeji

La ville d'Himeji abrite un majestueux château féodal en pierre et bois, parmi les mieux conservés du Japon. À cause de la couleur de ses murs, il est parfois nommé « château du Héron blanc ». La structure complexe de ses interminables couloirs et très nombreuses portes, conçue pour la défense de son donjon, lui donne des airs de labyrinthe. Laissez-vous entraîner au cœur du Japon médiéval !

> p. 202

Le temple Kennin-ji, à Kyoto.

Si vous aimez...

La culture pop japonaise

Aujourd'hui en vogue dans le monde entier, la culture pop japonaise se rencontre presque à tous les coins de rue de Tokyo. **Akihabara** *(p. 44)* concentre un grand nombre de magasins de mangas et d'*anime*, mais aussi les spécialistes de jeux vidéo. Entre deux achats, les *otaku* se détendent dans les étonnants *maid cafés (p. 45)*. Si vous voulez rencontrer des *cosplayers*, jeunes déguisés en héros de dessin animé, c'est à **Harajuku** *(p. 91)* que ça se passe (le dimanche en particulier). Osaka possède aussi sa «ville électrique», tandis que Kyoto, à rebours de son image traditionnelle, a ouvert un passionnant **musée du Manga** *(p. 153)*.

L'harmonie des jardins japonais

Même si on trouve de magnifiques jardins dans tout le pays, Kyoto est très certainement le meilleur endroit pour découvrir leur variété. Chaque temple y possède son petit bout de verdure, qu'il soit de style zen, en forme de «jardin-paysage» ou de «jardin-promenade». Celui du **Tenryu-ji** *(p. 176)* entre en harmonie avec la montagne d'Arashiyama, couverte d'érables; celui du **Ryoan-ji** *(p. 162)* étale ses graviers délicatement ratissés; celui du **Kokedera** *(p. 179)* est composé de plus de 120 mousses différentes. Les grands parcs de Tokyo présentent des profils bien différents: le jardin du **sanctuaire de Meiji Jingu** *(p. 91)* attire par milliers les amateurs d'iris alors que le **Shinjuku Gyoen** *(p. 102)* est un endroit idéal pour fêter *hanami* sous les cerisiers en fleur.

Le thé et ses rituels

De nombreux lieux à Tokyo tels que les hôtels, les musées ou les jardins disposent d'espaces réservés et proposent d'assister à une authentique cérémonie du thé. Essayez par exemple celle du **musée d'art Nezu**, à Aoyama *(p. 95)*. Dégustez un thé vert et des pâtisseries à **Nakajima no ochaya** *(p. 221)*, un charmant pavillon de thé niché dans le **jardin de Hama-rikyu** *(p. 64)*. La boutique Ippodo Chaho, à **Marunouchi** *(p. 49)*, propose une belle sélection de thés *matcha* ou *sencha*, tout comme les échoppes du quartier de **Yanaka** *(p. 42)*. À Kyoto, la **rue Hanamikoji** *(p. 155)* abrite de nombreuses maisons de thé, fréquentées par les geishas. La **rue Ninenzaka** *(p. 158)* vous permettra de faire des achats de qualité, en particulier de thé poussant aux portes de la ville, du côté d'Uji et Nara.

Le calme des temples et des sanctuaires

Le pays possède presque autant de temples que d'habitants! Très vénérés sont ceux qui se trouvent sur le **mont Koya** *(p. 203)*, montagne sacrée truffée de temples bouddhiques, qui cache un gigantesque cimetière moussu. **Nikko** *(p. 136)* possède parmi les plus beaux sanctuaires shinto du pays, peints et dorés. Kyoto n'est pas en reste, et vous aurez vraiment du mal à choisir: le **pavillon d'Or** *(p. 162)* demeure, de loin, le plus célèbre. **Kamakura** *(p. 118)* se targue de son ancienneté et de la noblesse de ses temples, mais à ce petit jeu, c'est **Nara** *(p. 188)* qui l'emporte! Enfin Tokyo, malgré sa modernité, possède des sanctuaires incontournables: le **temple du Senso-ji** *(p. 31)* à Asakusa et le **sanctuaire de Meiji Jingu** *(p. 91)* à Harajuku sont les plus remarquables.

La gastronomie nippone

Parfois déroutante pour nos palais, la cuisine japonaise semble d'une infinie variété. Réputée pour son raffinement, où le choix d'ingrédients de saison, l'élégance de la présentation et la subtilité du goût se conjuguent, la *kaiseki ryori (p. 295)* est considérée comme le summum de l'art culinaire nippon. Si vous voulez la goûter, sachez qu'elle est chère, mais vous ne serez pas déçu. À côté de ces sommets culinaires, des dizaines d'autres styles et spécialités s'offrent à vous : d'abord les incontournables sushis, qui font la fierté de Tokyo. Mais c'est un arbre qui ne saurait cacher la forêt : les *okonomiyaki* et le *shabu-shabu* d'Osaka, les *yakitori* et les *teppanyaki*, les *udon* ou les *soba* (pâtes de blé et de sarrasin) sauront chacun à leur manière vous contenter… On vous met au défi de tout goûter !

Le cinéma japonais

Si vous avez été marqué par *Les Sept Samouraïs (p. 291)* d'Akira Kurosawa, qui se déroule dans le Japon médiéval, foncez visiter le **château d'Himeji** *(p. 202)*. Si l'atmosphère des films de Yasujiro Ozu vous est chère, prévoyez une soirée dans le **Golden Gai** *(p. 103)* à Shinjuku, minuscule quartier où les bars de poche s'alignent à touche-touche. Une excursion sur les plages de **Kamakura** *(p. 118)* et d'**Enoshima** *(p. 125)*, fréquentées par les surfeurs, vous rappellera l'ambiance rêveuse de *A Scene at the Sea* de Takeshi Kitano. Les rues de **Gion** *(p. 154)* et de **Pontocho** *(p. 149)*, fréquentées par les geishas, vous plongeront au milieu d'une fresque de Kenji Mizoguchi. Enfin, les fans d'*anime* et de mangas rendront visite à Hayao Miyazaki au **musée Ghibli** *(p. 110)*, avant de faire le plein de figurines à **Akihabara** *(p. 44)*.

Les sources thermales et les bains

Les sources thermales (*onsen*) sont nombreuses aux environs de Tokyo, en particulier à **Hakone** *(p. 127)*, petit village de montagne planté en face du mont Fuji. Si vous voulez prendre un bain dans la capitale, pourquoi ne pas essayer **Ooedo Onsen Monogatari** *(p. 70)* à Odaiba ? C'est un parc à thèmes consacré aux bains traditionnels, avec 14 sources différentes, où vous pourrez passer la journée. Du côté de Kyoto, le village de **Kurama** *(p. 185)* cultive son charme et continue de faire vivre ses *onsen* traditionnels. Un endroit idéal pour s'initier…

L'architecture contemporaine

Depuis les années 1960, Tokyo ne cesse de se réinventer. Chaque décennie est marquée par de grands projets urbains, toujours plus innovants. À Shinjuku, il faut grimper au 45e étage de la **mairie de Tokyo** *(p. 100)*, construite par Kenzo Tange, pour admirer la **Cocoon Tower** *(p. 100)*. Le quartier de Marunouchi, qui vient d'être entièrement repensé, s'enorgueillit de son **Forum international de Tokyo** *(p. 50)*, énorme baleine transparente aux lignes effilées. Les quartiers d'**Omotesando** *(p. 93)* et d'**Aoyama**

Onsen à Hakone

Immeuble Prada à Tokyo

(p. 95) abritent de beaux bâtiments contemporains : Dior, Chanel, Prada et les autres rivalisent ici d'originalité et d'audace. À Roppongi, **Roppongi Hills** *(p. 73)*, **Tokyo Midtown** *(p. 75)* et le très beau **Centre national d'Art de Tokyo** *(p. 74)* ont transformé le quartier. **Odaiba** *(p. 66)* préfigure quant à lui le Tokyo de demain, à nouveau bouleversé par l'obtention des J.O. de 2020.

Les arts traditionnels

Les deux formes de théâtre les plus classiques sont le *nô (p. 286)*, qui se pratique avec des masques, et le *kabuki (p. 287)*, caractérisé par de somptueux costumes et décors. Le **Théâtre national de *nô*** *(p. 230)* se situe à Harajuku alors que le **théâtre Kabuki** *(p. 58)* est installé à Ginza. On peut assister à des spectacles presque toute l'année. Originaire d'Osaka, le *bunraku* (théâtre de marionnettes traditionnelles, *p. 287*) se déplace dans la capitale (au Théâtre national) en février, mai, septembre et décembre. Enfin, pour ceux qui rêvent de voir un combat de sumo, c'est à **Ryogoku** *(p. 34)* que cela se passe. Attention, les billets sont difficiles à obtenir !

L'artisanat

Laque, poterie, théières en fonte, kimonos, couteaux ou estampes, l'artisanat japonais est d'une richesse et d'un raffinement rares. Kyoto est assurément le meilleur endroit pour découvrir et acquérir quelques pièces. À Osaka, ce sont tous les objets liés à la cuisine qui remplissent les échoppes. À Tokyo, le **Japan Traditional Crafts Aoyama Square** *(p. 232)* d'Aoyama offre un aperçu complet de l'artisanat japonais ; à Shiodome, le magasin **The Tolman Collection** *(p. 221)* vend de jolies estampes anciennes ; à Roppongi enfin, dans le magasin **Nishikawa** *(p. 223)*, vous pouvez acheter des kimonos, des *obi* (ceinture) ou de la vaisselle. Si vous appréciez particulièrement la papeterie, les boutiques **Isetatsu** *(p. 212)* à Yanaka ou **Itoya** *(p. 219)* à Ginza vous surprendront. L'**Oriental Bazaar** *(p. 230)* d'Omotesando vous fournira de multiples cadeaux à rapporter.

La mode

Tokyo s'est imposée comme une ville qui compte dans l'univers de la mode. Les rues d'**Aoyama** *(p. 95)* sont jalonnées de boutiques de créateurs du cru, tandis qu'**Omotesando** *(p. 93)* accueille les plus grandes griffes du luxe mondial. **Ginza** *(p. 57)* est le royaume des grands magasins, les fameux *depato* (pour *department store*). On y trouve absolument tout ce dont peut rêver un fashionista. Si vous recherchez des pièces originales, c'est du côté de **Harajuku** (*p. 91* ; au grand magasin Laforet par exemple) et à **Shibuya** (*p. 84* ; Shibuya 109) qu'il faut courir : des modes naissent chaque jour dans **Center Gai** *(p. 85)*…

Hôtel-capsule dans le quartier de Shinjuku, à Tokyo.

Le Japon, c'est aussi…

Des toilettes de luxe

Partout au Japon la propreté est irréprochable, en particulier aux toilettes ! Dans chaque hôtel, restaurant ou musée, et même chez des particuliers, vous trouverez des toilettes hi-tech, avec cuvette chauffante et jet d'eau faisant office de bidet. Réglez la température ou la force du jet… Une musique d'ambiance pourra même masquer vos activités. Pour essayer des toilettes remarquables, rendez-vous à l'**hôtel Meguro Gajoen.** Elles sont, paraît-il, les plus luxueuses du pays !

Des hôtels-capsules

Si vous avez raté le dernier métro ou si vous souhaitez dormir dans un endroit insolite, passez une nuit dans un hôtel-capsule. Il s'agit de boîtes-lits confortables mais minuscules, installées dans des hôtels situés à proximité des grandes gares de Tokyo ou Osaka. Notre préféré ? Le **First Cabin Akihabara** *(p. 212)*, un hôtel-capsule « de luxe », qui ressemble à une cabine première classe d'avion. Déconseillé aux claustrophobes !

Des fanas de baseball

On connaît la passion des Japonais pour le sumo, mais quel est l'autre sport vedette de l'archipel ? Le baseball ! Les Japonais sont fous de ce sport (en japonais on dit *yakyu*) dont les matchs sont retransmis sur de nombreuses chaînes de télévision. Si vous avez envie de vivre la frénétique ambiance d'un match, direction le **Jingu Stadium** de Shinjuku ou le **Tokyo Dome** près de Yanaka.

Les meilleurs whiskys du monde

Et le meilleur whisky de l'année 2014 est… japonais ! Le Yamazaki Sherry Cask a ainsi été distingué par Jim Murray, célèbre critique anglais. En général, le whisky nippon est apprécié pour son équilibre et sa douceur. Pour goûter les whiskys de la **distillerie Suntory** (dont le fameux Yamazaki), rendez-vous dans la région de Kyoto.

Prendre un café avec des chats

À Tokyo, il existe de plus en plus de cafés à thèmes, parfois farfelus. Les amoureux des chats (ou ceux en manque de tendresse) aiment venir caresser des félins habitués aux clients dans les *neko cafe* (cafés à chats). Ils y trouvent un certain réconfort et un peu de calme. Pour essayer, mettez une patte au **Neko no iru kyukeijo 299** *(p. 108)*.

« Des trains pas comme les autres »

En 1964, le Japon lançait le premier train à grande vitesse du monde, baptisé **Shinkansen.** Depuis, l'archipel est devenu le pays des amoureux de locomotives. Le dense réseau ferroviaire est sillonné par des modèles plus futuristes les uns que les autres. Pour des raisons d'aérodynamique, certains ont un « nez » allongé, inspiré par… le bec du martin-pêcheur ! Vous pourrez emprunter la plupart de ces trains avec votre **Japan Rail Pass** *(p. 306)*.

La cuisine occidentale… version japonaise

Les Japonais possèdent le don de revisiter les cuisines du monde en jouant avec raffinement sur les saveurs et l'esthétique. À tel point que vous aurez parfois du mal à reconnaître vos classiques ! Rendez-vous au restaurant **Code Kurkku** *(p. 231)* entre Harajuku et Yoyogi, ou au restaurant **Kaikaya By the Sea** *(p. 228)* à Shibuya pour tenter l'expérience.

Préparation du *matcha* pour la cérémonie du thé.

Nos activités préférées

Se détendre dans un *onsen*

Au Japon, la version thermale du bain public s'appelle *onsen* (source naturelle d'eau chaude, *p. 286*). Il y en a des centaines, dispersés un peu partout, et parfois accessibles dans certains *ryokan* (hôtels traditionnels, *p. 204*). Un grand nombre d'*onsen* sont sulfureux. Attention, leur température varie entre 40 et 67 °C ! Laissez-vous envahir par leur douce torpeur…

Shopping spécial pop culture japonaise à Tokyo

Pour plonger dans l'univers déjanté de la « J-pop » *(p. 290)* et en rapporter quelques souvenirs, direction Harajuku et Takeshita-dori *(p. 92)*, avec ses boutiques de vêtements et de bijoux fantaisie prisées des collégiens et lycéens : c'est la rue la plus extravagante de la capitale ! Mais surtout, courez arpenter les rues de Shibuya et rendez-vous au Center Gai *(p. 85)* et au grand magasin Shibuya 109, berceau des tendances de la mode pour la jeunesse japonaise.

Randonner avec vue sur le mont Fuji

Si vous aimez la randonnée, le site de Hakone déploie, à l'ouest de Tokyo, volcans, lac et forêts. Parcourez la lunaire vallée d'Owaku-dani *(p. 130)* et rayonnez autour du lac d'Ashi *(p. 131)*. Tout proche, le mont Fuji est la montagne la plus élevée du pays (3 776 m). Son ascension est possible en été par plusieurs voies *(p. 133)*. Enfin, la région des cinq lacs est propice à de belles randonnées, tout en offrant une vue imprenable sur le sommet *(p. 134)*.

Assister à un combat de sumo

Vous souhaitez découvrir un sport typiquement japonais ? Alors tentez d'assister à un tournoi de sumo. Attention, à Tokyo, ces compétitions n'ont lieu que trois fois par an, pendant deux semaines : en janvier, mai et septembre *(p. 209)*. Elles se déroulent dans le stade de Ryogoku Kokugikan *(p. 35)*.

Dormir dans un temple sur le mont Koya

C'est au sud d'Osaka, au mont Koya, territoire sacré de la secte bouddhiste Shingon, que vous pourrez expérimenter la vie monacale locale en passant une nuit dans un temple. Situé sur un plateau entouré de huit sommets, Koyasan regroupe plus de 100 temples. On vous y servira un étonnant dîner ainsi qu'un petit-déjeuner végétariens et vous pourrez assister aux prières du matin *(p. 203)*.

Participer à une cérémonie du thé

Au Japon, la cérémonie du thé *(sado)* est un art que les maîtres de thé enseignent encore aujourd'hui à leurs disciples *(p. 283)*. De nombreux endroits permettent de découvrir ce moment solennel *(p. 95, 204)*. Si vous n'assistez pas à la cérémonie entière (qui peut durer cinq heures et constitue un véritable repas), on vous servira, lors d'une cérémonie plus courte, le fameux nectar appelé *matcha* accompagné d'un gâteau très sucré.

Jouer les *otaku* à Tokyo

Sachez que les *otaku* *(p. 45)* fréquentent assidûment le quartier d'Akihabara, dit « la ville électrique », pour ses innombrables boutiques spécialisées (électronique, jeux vidéo, mangas, figurines…) ; c'est l'occasion de les suivre dans un *maid café* *(p. 45)*… La gare JR de Harajuku est quant à elle le rendez-vous de nombreux jeunes Japonais, parfois vêtus de costumes délirants et s'exerçant au *cosplay* *(p. 46)*. Ikebukuro et sa célèbre Otome Road attire aussi son lot de jeunesse – féminine essentiellement – passionnée par les univers imaginaires et fantasques des mangas et des *anime*.

4 idées de circuits

15 jours pour voir l'essentiel du Japon

Jours 1, 2, 3 et 4 : Tokyo

➤ ***Arrivée à l'aéroport de Narita (Narita Express pour le centre, JR, 1 h 30) ou d'Haneda (Monorail, 15 min).***

Commencez par le quartier d'**Asakusa** et le temple du Senso-ji. Pour approfondir cette visite, ne manquez pas le musée Edo-Tokyo. Le 2e jour sera consacré à **Ueno**, à son parc et à ses musées. Le proche quartier de **Yanaka** vous plongera dans le Japon d'avant-guerre. Le 3e jour, parcourez les quartiers animés et commerçants de **Ginza** et **Nihombashi**. Votre 4e jour sera dédié à **Roppongi**, ses musées et ses galeries d'art. La vue sur la ville depuis la tour Mori est extraordinaire !

> p. 30, 36 et 72.

Jours 5 et 6 : Hakone

➤ ***Shinkansen pour Odawara (JR, 30 min), Hakone Tozan Train pour Hakone-Yumoto (15 min).***

Face au mont Fuji, la région de Hakone vous permettra de vous mettre au vert. Son grand lac, ses sources chaudes et son relief volcanique rendent possibles de très belles randonnées. La région regorge également de musées.

> p. 126.

Jours 7,8 et 9 : Kyoto

➤ ***Train pour Odawara (15 min), Shinkansen pour Kyoto (JR, 2 h 30).***

Commencez par arpenter **Gion**, le quartier des geishas, et montez au temple du Kiyomizudera. Le deuxième jour, suivez le **chemin de la Philosophie**. Le troisième, visitez le **pavillon d'Or**, le jardin du **Ryoan-ji** et finissez par le quartier d'**Arashiyama**, établi autour d'une spectaculaire bambouseraie.

> p. 154 à 168 et 175.

Jour 10 : Osaka

➤ ***Shinkansen pour Osaka (JR, 15 min).***

Osaka est une ville dynamique, jeune et commerçante. Sa raison de vivre ? La cuisine, que vous pourrez goûter sur ses marchés et dans ses restos populaires.

> p. 196.

Jour 11 : Himeji

➤ ***Shinkansen pour Himeji (JR, 30 min).***

Himeji, c'est le **château fort** le plus connu du Japon. Révisez vos films d'Akira Kurosawa et visitez cette merveille de l'époque féodale.

> p. 202.

Jour 12 : mont Koya

➤ ***Train Nankai Koya Line pour Gokurakubashi (1 h 20).***

Une parenthèse mystique et enchantée vous attend sur le mont Koya. Sa centaine de temples disséminée dans la forêt forme un ensemble unique.

> p. 201.

Jour 13 : Tokyo

➤ ***Shinkansen à Osaka ou Kyoto pour Tokyo (JR, 2 h 35 et 2 h).***

Visitez la futuriste **Shibuya**, quartier des jeunes et des dernières tendances. En soirée, direction **Shinjuku**, le **Golden Gai** et le **Kabukicho** pour sortir.

> p. 84 et 97.

Jour 14 : Nikko

➤ ***Train Tobu Isesaki pour Nikko (1 h 45).***

Découvrez cette cité historique perchée dans les bois et visitez ses magnifiques sanctuaires. Nuit sur place.

> p. 136.

Jour 15 : Tokyo/retour

➤ ***Retour vers Narita (Narita Express, JR, 1 h 30) ou Haneda (Monorail, 15 min).***

15 jours
pour voir l'essentiel

10 jours autour de Tokyo

Vous êtes surtout intéressé par Tokyo ? Ce circuit vous permettra de découvrir tous les aspects de la capitale nippone et d'organiser quelques excursions autour de la ville. Certaines peuvent se faire à la journée (Yokohama et Kamakura).

Jours 1, 2, 3 et 4 : Tokyo

➤ ***Arrivée à l'aéroport de Narita (Narita Express pour le centre, JR, 1 h 30) ou d'Haneda (Monorail, 15 min).***

Commencez par la visite de **Shibuya** : vous avez pris pied dans le Japon du XXIe s. ! Faites une balade du côté d'**Ebisu** : les microquartiers de Daikanyama ou Nakameguro, calmes et tendance, sont très agréables. Le 2e jour, visitez le **sanctuaire Meiji Jingu** à Harajuku avant de vous perdre dans les ruelles déjantées du quartier. Pour une ambiance plus luxueuse, filez vers **Omotesando** et **Aoyama**. Dînez et sortez à **Roppongi**. Le 3e jour, jouez les *otaku* à **Akihabara**, entre *game centers* et *maid cafés*. Filez ensuite vers **Ginza** et **Nihombashi** pour faire du shopping. Le 4e jour, visitez **Ueno**, son parc et un de ses musées. Finissez la journée à **Asakusa** en visitant le **temple du Senso-ji**. Dînez dans le quartier.

> p. 30 à 47, 54 et 72 à 96.

Jour 5 : Nikko

➤ ***Train Tobu Isesaki pour Nikko (1 h 45).***

Nikko, à seulement 1 h 30 de Tokyo, propose un visage diamétralement opposé à la frénésie tokyoïte. Ses sanctuaires, ses cèdres centenaires, ses montagnes verdoyantes et ses torrents vous apporteront calme et repos. Nuit sur place.

> p. 136.

Jour 6 : Yokohama

➤ ***Tokaido Line pour Yokohama (JR, 25 min). Possibilité d'excursion à la journée depuis Tokyo.***

Yokohama, peu connue, est pourtant la deuxième ville du Japon. Son **Chinatown** est réputé pour son authenticité et son animation. Le quartier **Minato Mirai**, à l'architecture futuriste établie en bord de mer, mérite une visite. Filez vers Kamakura pour y passer la nuit.

> p. 114.

Jour 7 : Kamakura

➤ ***Yokosuka Line pour Kamakura (JR, 1 h). Possibilité d'excursion à la journée depuis Tokyo.***

Le Grand Bouddha n'est pas la seule chose à voir à **Kamakura**. Des dizaines de temples, vieux pour certains d'un millénaire, s'étalent entre mer et montagne. Une escapade iodée pour l'île d'**Enoshima** est à prévoir : vous y dégusterez d'excellents fruits de mer et observerez les surfeurs en pleine action.

> p. 114.

Jours 8 et 9 : Hakone

➤ ***Depuis Kamakura, tram Enoden pour Fujisawa (35 min), Shinkansen pour Odawara (JR, 30 min), Hakone Tozan Train pour Hakone-Yumoto (15 min).***

Hakone, c'est d'abord un site sublime : face au mont Fuji, un lac, des montagnes, des forêts, des geysers… L'antique **Tokaido**, chemin qui reliait Kyoto à Tokyo à l'époque Edo, est toujours visible. Mais c'est aussi de nombreux musées et activités. Restez deux nuits à Hakone et logez dans un hôtel avec *onsen* (bains de sources thermales).

> p. 126.

Jour 10 : Tokyo/retour

➤ ***Train pour Odawara (15 min), Shinkansen pour Tokyo (JR, 30 min).***

Accordez-vous une dernière session shopping avant votre départ, si vous avez un peu de temps. **Ginza**, **Harajuku** ou **Marunouchi** sont parfaits pour remplir votre valise.

> p. 48, 54 et 90.

➤ ***Retour vers l'aéroport de Narita (Narita Express, JR, 1 h 30) ou d'Haneda (Monorail, 15 min).***

10 jours
autour de Tokyo

10 jours autour de Kyoto

Jours 1, 2, 3, 4 : Kyoto

➤ ***Arrivée à Osaka (aéroport du Kansai) par un vol international. Airport Express Haruka pour Kyoto (JR, 1 h 15).***

Commencez la visite de Kyoto par la découverte du quartier de **Gion**, fréquenté par les geishas. Montez ensuite au Kiyomizudera. En soirée, sortez à **Pontocho**, dans le centre-ville. Le lendemain matin, visitez le **pavillon d'Or** et le **jardin du Ryoan-ji**. L'après-midi, le quartier d'**Arashiyama**, avec sa rivière paisible, sa bambouseraie et ses temples, vous attend. Le 3e jour, découvrez le spectaculaire **chemin de la Philosophie** le matin ; l'après midi, envisagez une visite du musée du Manga puis du chateau Nijo. Le 4e jour sera consacré à la découverte de la **villa Katsura**, une visite secrète à ne pas manquer, et à une balade au sanctuaire spectaculaire de **Fushimi Inari**, constitué de milliers de *torii* orangés.

> p. 154 à 179.

Jours 5 : Kibune, Kurama et Ohara

➤ ***Eizan Railway pour Kibune (30 min).***

Quittez la ville et découvrez le Japon rural à travers trois villages ayant chacun leur identité. Profitez des bains et *onsen* à **Kurama** ; dégustez les légumes traditionnels et faites le marché à **Ohara** ; grimpez les marches du sanctuaire de **Kibune**. Nuit à Kyoto.

> p. 184.

Jour 6 : Amanohashidate

➤ ***Hashidate Limited Express pour Amanohashidate (JR, 2 h).***

Et si vous passiez une journée à la mer ? C'est possible au nord de Kyoto, sur la mer du Japon. Le paysage d'Amanohashidate est sublime : une langue de terre qui ferme une baie aux eaux calmes, entourées de montagnes verdoyantes.

> p. 184.

Jour 7 : Nara

➤ ***Nara Line pour Nara (JR, 45 min).***

Passez la journée entière à Nara pour découvrir tous les secrets de cette ville historique. Les superbes temples et sanctuaires, parfois millénaires, sont nombreux et les daims en liberté, qui s'égayent librement dans la ville, vous accompagneront. Dormez dans un *ryokan* traditionnel pour parachever cette immersion dans le Japon d'antan.

> p. 188.

Jour 8 : Osaka

➤ ***Tozai Line/Gakken-Toshi Line pour Osaka, gare Kitashinshi (JR, 1 h 30).***

Osaka est une ville moderne, dynamique et commerçante. Un séjour ici, si vous n'allez pas à Tokyo, vous permettra d'entrevoir le Japon moderne. Visitez le **château**, parcourez les marchés couverts animés, découvrez la « ville électrique » et surtout, sortez dans l'un des milliers de restaurants de la **rue Dottombori**. On y sert, dans une ambiance populaire et chaleureuse, les plats traditionnels d'Osaka, souvent considérée comme la capitale culinaire du Japon ; l'*okonomiyaki* et le *shabu-shabu* font partie des classiques. Le 2e jour, une excursion à l'Aquarium Kaiyukan ou aux Universal Studios Japan® vous permettra d'ajouter encore plus de légèreté à votre séjour.

> p. 196.

Jour 9 : Himeji

➤ ***Excursion à la journée à Himeji. Shinkansen pour Himeji (JR, 30 min).***

Himeji possède le plus beau **château médiéval** du Japon. Les films de samouraïs vous ont marqué ? C'est la visite qu'il vous faut ! Retour en fin d'après-midi à Osaka et nuit sur place.

> p. 201.

Jour 10 : mont Koya

➤ ***Train Nankai Koya Line pour Gokurakubashi (1 h 20).***

La visite du mont Koya, empreinte de spiritualité, sera un grand moment de votre voyage. Dormez dans un temple pour magnifier cette journée à part.

> p. 201.

➤ ***Retour vers l'aéroport d'Osaka (Kansai) et vol vers l'Europe.***

10 jours autour de Kyoto

15 jours pour fêter *hanami* (les cerisiers en fleur)

À partir de mi-avril, les cerisiers commencent à fleurir dans tout le pays. Le phénomène est bref et dure environ une semaine. Comme le climat est différent selon les régions, la floraison n'a pas lieu en même temps. Vous pouvez la suivre du sud au nord pour faire durer le plaisir. Événement incontournable du calendrier nippon – au point que l'apparition des premières fleurs est annoncée en direct à la télé dans chaque région –, *hanami* est un moment de joie et de fête qui touche le pays tout entier.

Jour 1 : Osaka

➤ ***Arrivée à l'aéroport d'Osaka par un vol international. Kansai Airport Rapid pour le centre (JR, 70 min).***

Le **parc du château d'Osaka** possède de nombreux cerisiers, tout comme celui du **musée de la Monnaie**, qui ouvre spécialement pour l'occasion. Profitez de votre séjour dans la capitale du Kansai pour goûter à sa cuisine et, pourquoi pas, acheter des ustensiles typiquement japonais, tels que les couteaux ou la vaisselle.

> p. 196.

Jour 2 : Himeji

➤ ***Excursion à la journée à Himeji. Shinkansen pour Himeji (JR, 30 min).***

Le **château médiéval d'Himeji** ne déroge pas à la tradition : il possède ses cerisiers qui fleurissent ici assez précocement. Nous vous conseillons de passer la nuit à Osaka, plus animée.

> p. 201.

Jours 3, 4, 5 et 6 : Kyoto

➤ ***Shinkansen pour Kyoto (JR, 15 min).***

Kyoto ne manque pas de cerisiers ! Le célèbre **chemin de la Philosophie**, arpenté depuis un millénaire par les moines et religieux, est jalonné de nombreux spécimens. Les abords du **pavillon d'Argent**, en particulier, sont très fleuris. Le quartier d'**Arashiyama**, établi au bord d'une rivière paisible, possède un nombre incalculable de sakuras. Profitez de votre présence ici pour visiter le **jardin du Tenryu-ji**, qui entend reproduire un paysage entier à lui tout seul. Lassé des cerisiers ? Une bambouseraie foisonnante borde le quartier.

> p. 164 et 175.

Jours 7 et 8 : Hakone

➤ ***Shinkansen pour Odawara (JR, 2 h 30), Hakone Tozan Train pour Hakone-Yumoto (15 min).***

Même si la région de Hakone est encore plus belle à l'automne, le printemps a ses avantages. Une balade sur l'antique **Tokaido**, immortalisé par Hokusai, vous permettra de comprendre pourquoi.

> p. 126.

Jours 9 et 10 : Kamakura

➤ ***Hakone Tozan pour Odawara (15 min), Shinkansen pour Fujisawa (JR, 30 min), tram Enoden pour Kamakura (35 min).***

Le Danzakura, allée bordée de cerisiers menant au **sanctuaire Tsurugaoka Hachiman-gu**, est connu dans tout le pays : les fleurs y forment une arche colorée et délicate. Le **Grand Bouddha** attend votre visite, tout comme les restaurants de fruits de mer de l'île d'**Enoshima**.

> p. 114.

Jour 11 : Yokohama

➤ ***Yokosuka Line pour Yokohama (JR, 25 min).***

Yokohama est hautement réputée pour ses cerisiers. La ville a même fait don, en 1912, de 100 cerisiers à Washington, aux États-Unis ! Pour les observer, suivez la foule vers le **parc Kaminoyama**, dans le quartier de Minato Mirai ou dans le **jardin de Sankei-en**.

> p. 114.

Jours 12,13, 14 et 15 : Tokyo

➤ ***Tokaido Line pour Tokyo (JR, 25 min).***

Hanami est une véritable fête à Tokyo. Dans le **parc d'Ueno**, on se retrouve sous les cerisiers en fleur. On mange, on trinque : l'ambiance est survoltée. Dans le **parc de Shinjuku**, même scènes de liesse. Les rues de **Yanaka**, joli quartier préservé, sont également connues pour leurs arbres fleuris (et leurs chats !)…

> p. 36 et 97.

➤ ***Retour soit via un aéroport de Tokyo soit en retournant vers Osaka (JR, ligne Tokaïdo) et l'aéroport du Kansai.***

15 jours
pour fêter *hanami*

Visiter Tokyo, Kyoto et Osaka

Nous avons découpé le Japon en 5 grandes régions :

Tokyo

À l'origine de Tokyo (« la capitale de l'Est »), un petit village de pêcheurs : Edo. Résidence des shoguns et centre politique du pays à l'époque Edo, elle est rebaptisée Tokyo lorsqu'elle est choisie comme capitale par l'empereur en 1868, au début de l'époque Meiji.
La suite ? L'agglomération est devenue, en un siècle et demi, la plus vaste et la plus peuplée du monde. Architecture avant-gardiste, scintillements des néons publicitaires, échangeurs routiers et foule dense sont les images véhiculées et bien réelles de Tokyo. Mais ce n'est qu'un aspect « des villes nommées Tokyo », pour reprendre le titre d'une revue consacrée à la capitale japonaise. L'expansion faramineuse de la cité et ses diverses reconstructions (tremblement de terre de 1923, Seconde Guerre mondiale...) n'ont cependant pas réussi à faire disparaître l'âme du vieux Tokyo et son ambiance si particulière.
L'attrait et le charme de la capitale nippone, c'est la découverte de cette pluralité permanente, qui s'exprime dans chacun de ses quartiers.

PRATIQUE

Cartes et plans : · plan de métro : rabat arrière · plan de l'agglomération de Tokyo p. 28-29 · Asakusa et Ryogoku p. 32 · Ueno et Yanaka p. 37 · Akihabara p. 45 · Marunouchi et le Palais impérial p. 50 · Nihonbashi et Ginza p. 55 · de Tsukiji à la baie de Tokyo p. 61 · Odaiba p. 67 · Roppongi p. 73 · autour d'Ebisu p. 79 · Shibuya, Harajuku, Omotesando et Aoyama p. 86-87 · Shinjuku p. 98-99 · Ikebukuro p. 106.
Manger, dormir, s'amuser : p. 206.
Se déplacer :
- **Métro et train :** le réseau fonctionne de 5 h du matin à minuit (évitez les heures de pointe : 7 h 30-9 h et 17 h-19 h). Le prix du trajet varie selon la distance parcourue. La ligne Yamanote, qui fait le tour de la ville en desservant les plus grandes gares (Shibuya, Shinjuku, Ueno, Gare de Tokyo...), appartient au réseau JR et est donc gratuite pour les détenteurs du JR Pass *(voir p. 306)*.
- **Taxi :** très présents et toujours impeccablement tenus, les taxis sont pratiques pour les courtes distances (comptez 2 000 à 3 000 yens env.).

S'orienter : attention, hormis quelques grandes artères, les rues n'ont pas de nom à Tokyo. Une simple adresse ne vous permettra donc pas de vous repérer : munissez-vous d'un plan avec itinéraire *(voir p. 314)*.

VISITES
1 à 14

Tokyo

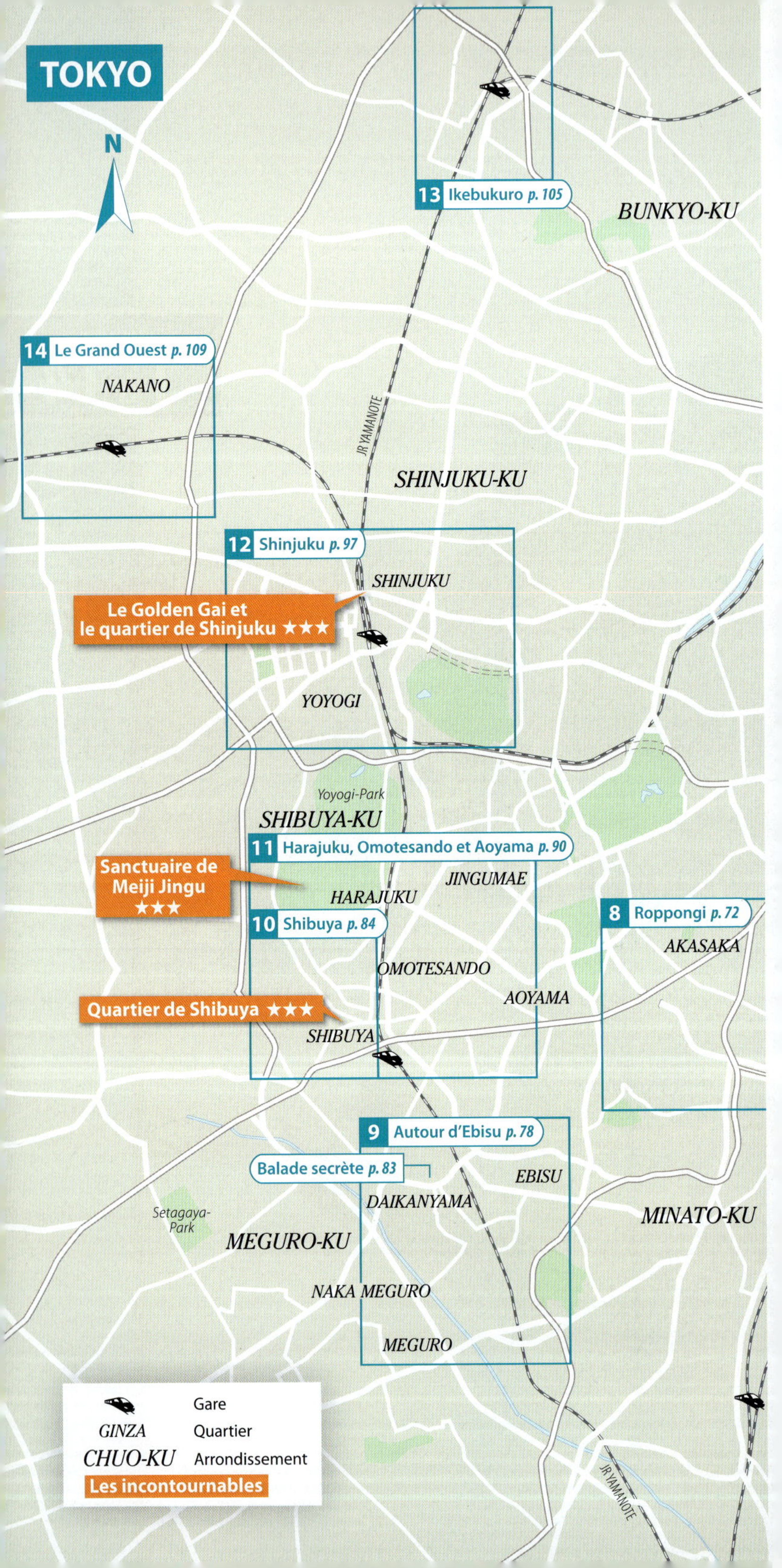
TOKYO
N
13 Ikebukuro p. 105
BUNKYO-KU
14 Le Grand Ouest p. 109
NAKANO
JR YAMANOTE
SHINJUKU-KU
12 Shinjuku p. 97
SHINJUKU
Le Golden Gai et le quartier de Shinjuku ★★★
YOYOGI
Yoyogi-Park
SHIBUYA-KU
11 Harajuku, Omotesando et Aoyama p. 90
Sanctuaire de Meiji Jingu ★★★
JINGUMAE
HARAJUKU
10 Shibuya p. 84
8 Roppongi p. 72
AKASAKA
OMOTESANDO
AOYAMA
Quartier de Shibuya ★★★
SHIBUYA
9 Autour d'Ebisu p. 78
Balade secrète p. 83
EBISU
DAIKANYAMA
MINATO-KU
Setagaya-Park
MEGURO-KU
NAKA MEGURO
MEGURO
Gare
GINZA Quartier
CHUO-KU Arrondissement
Les incontournables
JR YAMANOTE

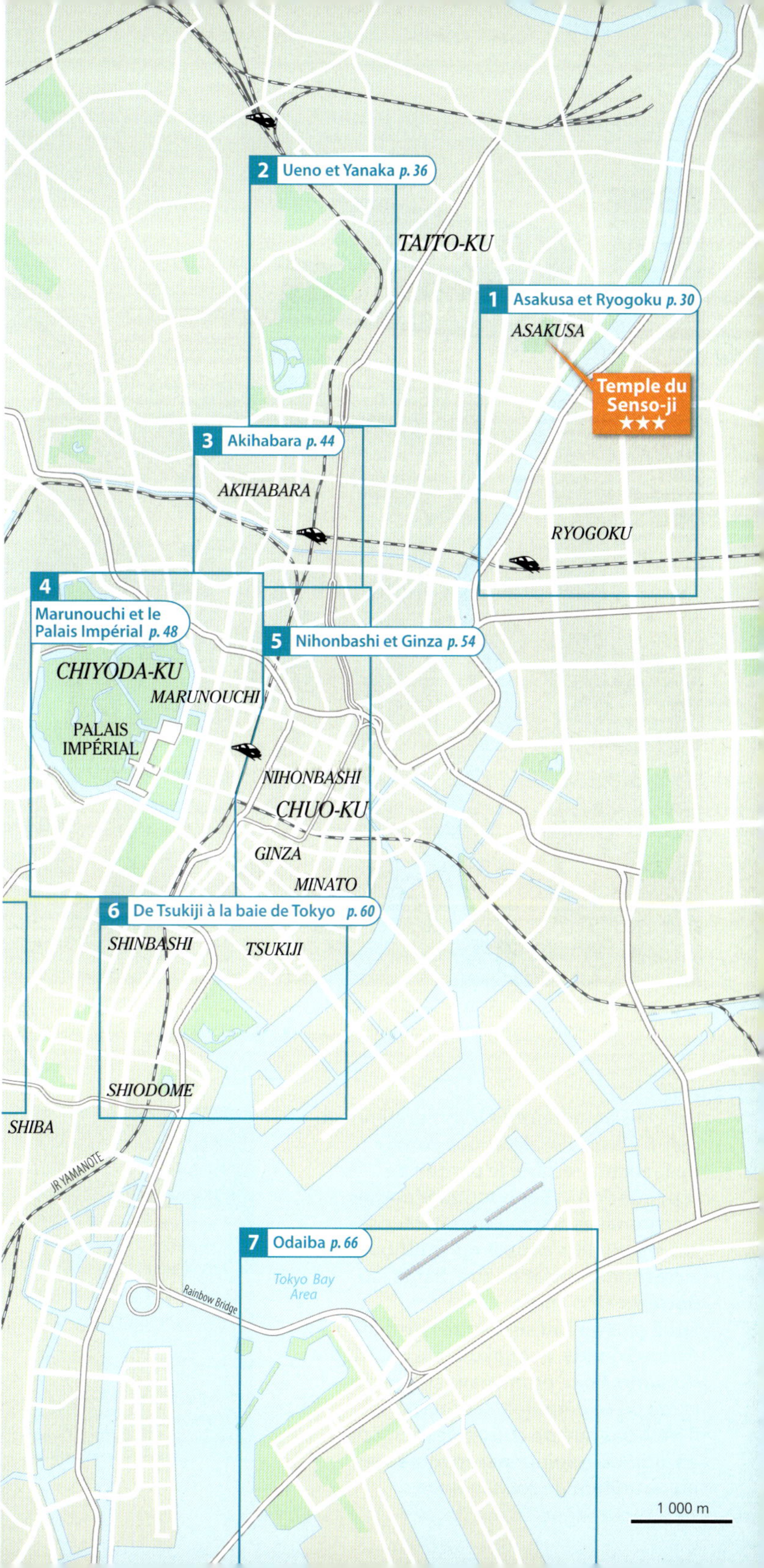

2 Ueno et Yanaka p. 36
TAITO-KU
1 Asakusa et Ryogoku p. 30
ASAKUSA
Temple du Senso-ji ★★★
3 Akihabara p. 44
AKIHABARA
RYOGOKU
4 Marunouchi et le Palais Impérial p. 48
5 Nihonbashi et Ginza p. 54
CHIYODA-KU
MARUNOUCHI
PALAIS IMPÉRIAL
NIHONBASHI
CHUO-KU
GINZA
MINATO
6 De Tsukiji à la baie de Tokyo p. 60
SHINBASHI
TSUKIJI
SHIODOME
SHIBA
JR YAMANOTE
7 Odaiba p. 66
Tokyo Bay Area
Rainbow Bridge
1 000 m

1 Asakusa et Ryogoku

Le temple du Senso-ji

Les vrais amoureux de Tokyo prétendent qu'il n'y a qu'à Asakusa que l'on peut encore respirer le parfum de l'époque Edo… Ses boutiques parfois bicentenaires, ses maisons basses et ses restaurants populaires contribuent à créer une ambiance attachante, où flotte un air d'antan.
Situé plus au sud sur l'autre rive de la rivière Sumida, Ryogoku est le quartier du sumo. En se promenant autour du stade où se déroulent les tournois, il n'est pas rare de croiser des sumotoris en kimono traditionnel en route vers un restaurant de *chanko-nabe*…

- **Plan :** p. 32.
- **Arriver :** voir Carnet pratique p. 308.
- **Point de départ de la visite :** le métro d'Asakusa.
- **Se déplacer :** à Asakusa, en *jinrikisha* (pousse-pousse) ou à pied. À Ryogoku, à pied.
- **Manger, dormir, s'amuser :** p. 206.

UN TOUR DE POUSSE-POUSSE

En sortant de la gare ou du métro, et aux abords du temple du **Senso-ji**, vous pouvez faire un tour de *jinrikisha* (pousse-pousse) tiré par un *coolie* vêtu à la façon d'Edo. C'est certes un peu touristique, mais finalement une bonne solution pour ne pas visiter le quartier au pas de course *(env. 7 000 yens pour 2 personnes pour 20 min).*

➤ Asakusa

浅草

Au temps des shoguns à l'époque Edo, le « petit peuple » vivait à Asakusa (prononcer « Asaksa »), dite « Shitamachi » (la ville basse). Les seigneurs, les samouraïs et leurs familles y vivaient quant à eux sur les hauteurs, à Yamanote (la ville haute). Aujourd'hui encore, Asakusa a gardé cette atmosphère populaire avec ses maisons basses, ses boutiques souvent bicentenaires, ses étonnants restaurants et ses nombreux *matsuri* (festivals).

Le temple du Senso-ji et ses environs★★★

浅草寺

Plan p. 32 / A1 - 2-3-1 Asakusa Taito-ku ☎ 03-3842-0181. Gare : Asakusa, ligne Tobu Isesaki (sortie 2, 5 min à pied). Ou M° Asakusa, lignes Toei Asakusa (A18, sortie A4) ou Ginza (G19, sortie 2), 5 min à pied. Ouv. t.l.j. 6 h-17 h, oct.-mars 6 h 30-17 h, fermeture des boutiques de souvenirs vers 18 h 30. Entrée libre.

La porte du Kaminari-mon et la Nakamise dori★★★

雷門

La « porte du Tonnerre » marque l'entrée du temple du Senso-ji dont l'accès se fait par une longue galerie éclairée par des centaines de lanternes en papier, qui date de l'époque Edo. C'est la **Nakamise dori**. Longue de 250 m, elle est bordée de chaque côté par des boutiques de souvenirs, de peignes ou de kimonos… Toutes les rues adjacentes (surtout du côté gauche de la galerie) sont également une véritable aubaine pour le promeneur.

Notez, à l'entrée de la Nakamise dori, les effrayants dieux du Vent (Fujin) à droite et de la Foudre (Raijin) à gauche, censés éloigner du temple les mauvais esprits.

De là, s'enchaînent trois temples et sanctuaires remarquables.

Le temple du Dembo-in★

伝法院

À gauche du temple Kannon, il est célèbre pour sa pagode à cinq étages entourée de jardins qui datent du VIIe s. S'il ne se visite plus, son architecture extérieure mérite l'arrêt.

Le temple du Senso-ji★★★

浅草寺

Appelé aussi « Asakusa Kannon », c'est l'un des temples les plus connus de Tokyo. Il aurait été fondé en 628 lorsque trois pêcheurs ramenèrent dans leurs filets une petite statuette en or représentant la déesse Kannon. Parmi eux se trouvait Hashino Nakamoto, le fondateur légendaire de Tokyo. Le précédent bâtiment, qui datait de 1692, n'a pas résisté à la dernière guerre mondiale. Le temple

UNE TRÈS BELLE VUE

À quelques mètres de la porte du Kaminari-mon, vous ne pourrez pas rater le **Centre d'informations culturelles et touristiques d'Asakusa** *(p. 310)* dont les façades sont composées de lamelles de bois verticales (architecte : Kengo Kuma). Depuis la terrasse du dernier étage *(9 h-22 h, accès libre)*, vous aurez une **vue imprenable** sur la porte du Kaminari-mon et la longue galerie de la Nakamise dori menant jusqu'au **temple du Senso-ji** *(ci-dessus)*, ainsi que sur la **tour Sky Tree** *(p. 34)* et la flamme de l'immeuble d'**Asahi Beer Hall** *(p. 33)*.

Tokyo : Asakusa et Ryogoku

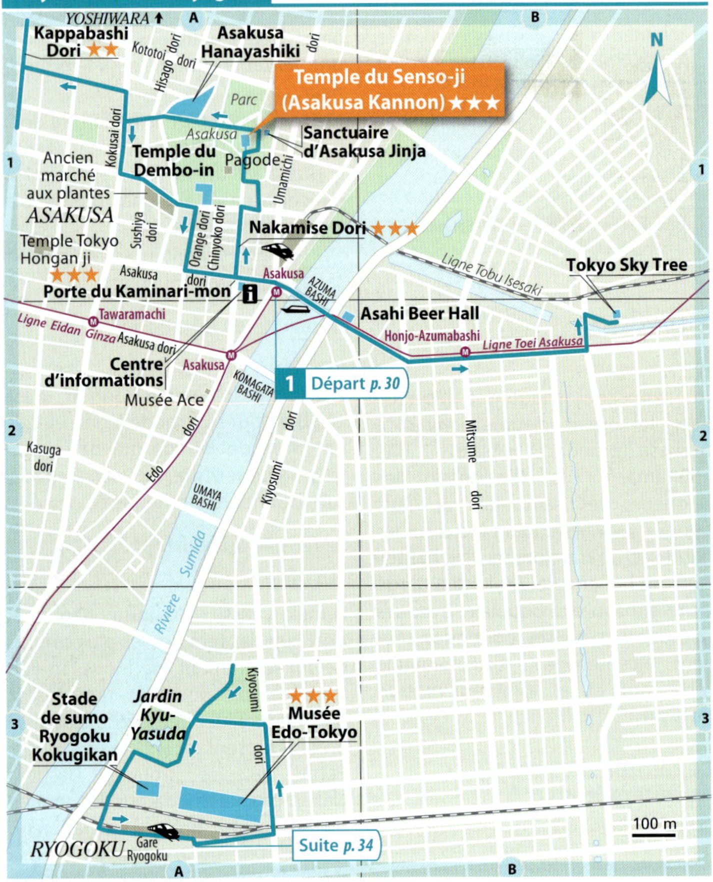

actuel, reconstruit en 1958, recèle des fresques réalisées par des artistes contemporains.

Le sanctuaire d'Asakusa Jinja*

浅草神社

Ce petit sanctuaire shintoïste fut édifié en 1649 juste derrière le temple du **Senso-ji** par le troisième shogun Tokugawa, pour rendre hommage aux trois pêcheurs qui avaient trouvé la statuette de la divinité.

Chaque année, entre le 16 et le 19 mai, la fête de l'Asakusa Jinja (Sanja matsuri) attire les habitants de Tokyo par milliers. C'est l'une des trois plus importantes fêtes de la capitale. Le 18, des *mikoshi* (temples que l'on porte) sont emmenés dans les rues du quartier Asakusa par des jeunes gens en costumes traditionnels… et en délire.

Le parc d'attractions Hanayashiki Yuenchi

浅草花やしき **Asakusa Hanayashiki**

***Plan ci-dessus / A1** - 2-28-1 Asakusa, Taito-ku ☎ 03-3842-8780. Gare : Asakusa, lignes Tobu Isesaki (sortie 2, 7 min à pied) ou Tsukuba Express (sortie A1, 12 min à pied). Ou M° Asakusa, lignes Toei Asakusa (A18, sortie A4) ou Ginza (G19, sortie 2), 7 min à pied. Ouv. t.l.j. 10 h-17 h (18 h en saison). Entrée payante. www.hanayashiki.net.*

Une Japonaise lisant son Omikuji au temple du Senso-ji

Inauguré en 1853, ce parc de loisirs est l'occasion de passer un agréable moment, même s'il est un peu désuet avec ses attractions rétro: manèges, montagnes russes, trains fantôme, bateaux en forme de cygne sur l'eau.

L'avenue de Kappabashi**

かっぱ橋通り Kappabashi dori

Plan p. 32 / A1 *- Gare: Asakusa, ligne Tsukuba Express (sortie A2, 6 min à pied). Ou M° Tawaramachi, ligne Ginza (G18, sortie 3, 6 min à pied). Boutiques ouv. t.l.j. 10h-17h (selon les commerces).*

De nombreux commerces spécialisés dans les ustensiles de cuisine destinés principalement aux restaurants sont concentrés dans cette avenue. On peut y acheter, notamment, les fameux *mihon*, ces plats factices réalisés en résine et ressemblant à s'y méprendre à des vrais, que l'on trouve dans les vitrines des restaurants. Il faut compter entre 1 000 et 5 000 yens pour un plat ou une chope de bière.

L'immeuble d'Asahi Beer Hall*

アサヒビール吾妻橋ホール

Plan p. 32 / A2 *- 1-23-1 Azumabashi, Sumida-ku ☎ 03-5608-5277. Gare Asakusa, ligne Isesaki Tobu (sortie 8, 5 min à pied). Ou M° Asakusa, lignes Ginza (G19, sortie 4, 3 min à pied) ou Toei Asakusa (A18, sortie A3, 5 min à pied). Traversez le pont Azumabashi, l'immeuble se situe en face.*

Situé sur la rive est de la rivière Sumida, l'immeuble Asahi, siège de la marque de bière nationale, est surmonté d'une gigantesque flamme

L'OMIKUJI, LA LOTERIE SACRÉE

Dans les temples et les sanctuaires, la coutume est de tirer l'Omikuji, littéralement « loterie sacrée ». Après avoir fait une donation de 100 yens, on secoue une boîte remplie de baguettes de bambou, jusqu'à ce que l'une d'entre elles sorte par un trou. Un numéro est inscrit dessus. Il faut alors se diriger vers un pan de petits tiroirs pour ouvrir celui associé au chiffre désigné par le sort.

Le tiroir contient une bandelette de papier, sur laquelle est inscrite une divination pour l'année à venir. Si l'oracle convient, on peut garder le papier comme porte-bonheur, sinon on peut le nouer à un support prévu à cet effet (cordelette, portique ou une branche d'arbre) pour conjurer le mauvais sort.

La tour Tokyo Sky Tree et l'immeuble d'Asahi Beer Hall

dorée renversée. Construit en 1989, il a été dessiné par Philippe Starck. La flamme évoque la mousse légère et dorée de la bière.

La **vue** du 22e étage sur la rivière Sumida et le quartier d'Asakusa est superbe.

La tour Tokyo Sky Tree★

東京スカイツリー **Tokyo Sky Tree**

Plan p. 32 / B2 - 1-1-2 Oshiage Sumida-ku ☎ 0570-55-0634. Gare : Tokyo Skytree, ligne Tobu Skytree (sortie 1A, 3 min à pied). Ou M° Oshiage, lignes Asakusa (A20, sortie A3) ou Hanzomon (Z14, sortie B3), 5 min à pied. Ouv. t.l.j. 8 h-22 h (admission 1 h av. la fermeture). Entrée payante. Rés. recommandée sur Internet (avec un supplément). Deux observatoires : à 350 m et 450 m (tarifs différents). Tour fermée en cas de vents forts. www.tokyo-skytree.jp/en.

Haute de 634 m, la tour futuriste **Tokyo Sky Tree** a été inaugurée en mai 2012. Non seulement elle est actuellement la plus haute tour de télécommunications du monde, mais sa structure triangulaire autoportante permettrait de résister aux éventuels séismes. Elle est située à l'est de la ville, dans un quartier peu fréquenté jusque-là, mais qui se développe à pas de géants depuis et grâce à sa construction.

➤ Ryogoku

両国

Situé au sud-est d'Asakusa et sur l'autre rive de la rivière Sumida, le quartier de Ryogoku est fréquenté pour ses tournois de sumo, qui ont lieu trois fois par an, mais aussi son musée Edo-Tokyo.

Le musée Edo-Tokyo★★★

江戸東京博物館

Edo Tokyo hakubutsukan

Plan p. 32 / A3 - 1-4-1 Yokoami, Sumida-ku ☎ 03-3626-9974. Gare : Ryogoku, ligne JR (sortie O., 5 min à pied). Ou M° Ryogoku, ligne Toei Oedo (E12, sortie A4, 1 min à pied). Ouv. t.l.j. sf lun. 9 h 30-17 h 30 et 19 h 30 le sam. (admission 30 min av. la fermeture). Entrée payante. www.edo-tokyo-museum.or.jp.

Le **musée**, ouvert en 1993, raconte sur cinq étages l'histoire de Tokyo depuis la construction d'Edo, au début du XVIIe s., jusqu'à nos jours. Des moyens exceptionnels ont été mis en œuvre pour reconstituer la vie dans la capitale aux différentes époques de son histoire, comme une copie grandeur nature du pont Nihonbashi ainsi qu'une reconstitution du château d'Edo. Un musée à voir absolument car il vous donnera une très bonne idée de la vie à Tokyo à travers les âges. Plusieurs cafés et restaurants (r.-d.-c. et 7e) offrent des spécialités traditionnelles de la capitale ainsi que des mets internationaux.

Le stade de sumo

両国国技館 Ryogoku Kokugikan

Plan p. 32 / A3 *- 1-3-28 Yokoami, Sumida-ku ☎ 03-3623-5111. Gare : Ryogoku, ligne JR (sortie O., 2 min à pied). Ou M° Ryogoku, ligne Toei Oedo (E12, sortie A4, 5 min à pied). Le stade de sumo se trouve à côté du musée Edo-Tokyo (p. 34). Ouv. uniquement aux personnes munies de billets pour un tournoi.* ***Musée du Sumo*** *: à l'entrée du stade, accessible à tous ☎ 03-3622-0366. Ouv. t.l.j. sf sam., dim. et j.f. 10 h-16 h 30 (admission 30 min av. la fermeture). Entrée gratuite.*

POUR DEVENIR SUMO

Pour devenir lutteur de sumo (*rikishi*), il faut mesurer au moins 1,74 m et peser au minimum 75 kg. Les lutteurs sont classés en deux catégories : *makushita* et *makuuchi*. Cette dernière catégorie est la plus prestigieuse. Elle est elle-même subdivisée en six grades : *juryo, maegashira, komusubi, sekiwake, ozeki* et *yokozuna*. Ces trois derniers grades forment l'élite du sumo : les *sanyaku*. Les lutteurs progressent ou régressent sur cette échelle en fonction de leurs résultats. Seul le titre de *yokozuna* est accordé définitivement. Jusqu'au milieu des années 1990, le sumo était une affaire purement japonaise. Mais désormais les *gaijin* (étrangers) peuvent devenir *rikishi*.

YOSHIWARA ET LES BAINS TURCS

Le quartier de Yoshiwara ***(hors plan p. 32 / A1)***, au nord d'Asakusa, était réputé pour être celui des plaisirs et de la prostitution. À l'époque Edo, Yoshiwara comptait plus de 300 maisons closes employant quelque 3 000 « filles ». La prostitution ayant été interdite après la guerre (loi de 1956), lesdites maisons se sont transformées comme par enchantement en « bains turcs » (*toruko*) afin d'être en règle, en apparence du moins, avec la police. Les clients sont donc introduits dans des salles de bains (au lieu de chambres) où opèrent de prétendues masseuses. En 1984, l'ambassade de Turquie ayant protesté officiellement contre l'emploi du mot « turc » dans une si outrageante acception, on parle à présent de *soapland*.

Dans ce stade se déroulent les tournois de sumo, le sport national. Vous ne pourrez le visiter que pendant les tournois si vous êtes spectateur. Le petit musée du Sumo, accessible à tous, rassemble et conserve des documents relatifs à ce sport traditionnel, mais il n'y a pas d'explications en anglais. Vous croiserez certainement des sumotoris, dans le quartier ou sur le quai de la gare ! *(Pour assister à un tournoi ou à un entraînement de sumo, voir p. 209)*

Le jardin Kyu-Yasuda*

旧安田庭園 Kyu-Yasuda teien

Plan p. 32 / A3 *- 1-12-1 Yokozuna, Sumida-ku. À dr. en sortant du stade de Sumo (ci-contre), à 400 m. L'entrée fait l'angle d'une rue. Ouv. t.l.j. 9 h-16 h 30 et juin-sept. jusqu'à 18 h. Entrée libre.*

Ce jardin paisible, peu connu des touristes, est idéal pour une pause au calme. Conçu en 1701, on y découvre un joli pont en bois rouge, une lanterne en pierre, des tortues, des canards, ainsi que des grosses carpes qui peuplent le petit étang.

2 Ueno et Yanaka

Le parc d'Ueno

Légèrement surélevé, le quartier d'Ueno (dont le nom signifie « la plaine en hauteur ») doit son nom à son grand parc, qui abrite de passionnants musées, des temples et le plus vieux zoo du pays. Le printemps venu, c'est le rendez-vous préféré des Tokyoïtes pour admirer les cerisiers en fleur.
Dans le prolongement du parc, le quartier tranquille de Yanaka vous transportera dans le vieux Tokyo avec ses ruelles étroites bordées de maisons en bois et de commerces traditionnels, ses temples et son bucolique cimetière.

- **Plan :** ci-contre.
- **Arriver :** voir Carnet pratique p. 308.
- **Point de départ de la visite :** le métro d'Ueno.
- **Manger, dormir, s'amuser :** p. 210.
- **Se déplacer :** à pied.

Tokyo : Ueno et Yanaka

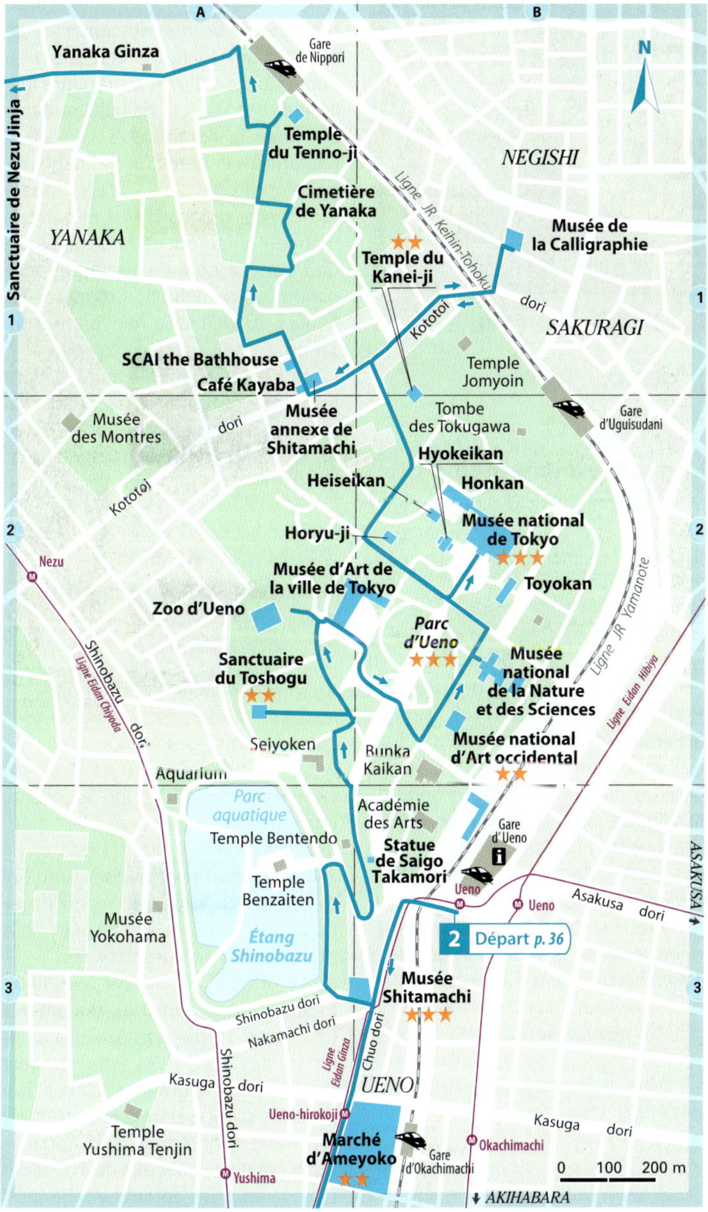

Au marché d'Ameyoko

➤ Ueno

上野

Le marché d'Ameyoko★★

アメ横 **Ameyoko**

Plan p. 37 / AB3 *- M° Ueno, lignes Hibiya (H17) ou Ginza (G16), sortie 5B, 3 min à pied. Ou gare : Ueno, ligne JR Yamanote (sortie centrale, 6 min à pied). Ouv. t.l.j. 10 h-19 h (selon les commerces).*

C'est ici que, à la fin de la guerre, on venait faire du marché noir avec les soldats américains. Ameyoko signifie d'ailleurs le « côté américain ». Tout est vendu entre 20 et 50 % moins cher qu'ailleurs. Situé à proximité de la voie de chemin de fer, on trouve de tout et notamment du poisson, des algues, du thé et des *tsukemono* (légumes salés).

En vue du Shogatsu (les trois premiers jours de janvier), de nombreux Tokyoïtes viennent y acheter les plats du Nouvel An. Plus l'heure avance et plus les prix baissent…

Le parc d'Ueno★★★

上野公園 **Ueno koen**

Plan p. 37 / AB2 *- Gare : Ueno, ligne JR Yamanote (sortie Park Exit, 1 min à pied). Ou M° Ueno, lignes Hibiya (H17) ou Ginza (G16), sorties 6 ou 7, 5 min à pied.*

L'idée d'un parc public, le premier du Japon, commença à germer en 1873. Une fois le parc achevé, en 1890, la ville en fit cadeau à l'empereur Meiji, et il fallut attendre 1924 pour que Hirohito, à l'occasion de son mariage, le restituât à la municipalité. L'allée centrale est bordée de centaines de cerisiers qui, lorsqu'ils fleurissent au début du mois d'avril, attirent des millions de Japonais. Pendant la semaine que dure la floraison, ils s'installent par familles entières sur des nattes de paille ou sur des carrés de plastique, à l'ombre des grands arbres, et boivent, mangent, chantent et dansent jusque tard dans la nuit. Ce rituel s'appelle *hanami* (littéralement « regarder les fleurs », *p. 285*) et a lieu partout au Japon.

Le parc est parsemé de musées, dont le **musée national d'Art occidental** *(p. 40)* et le **Musée national de Tokyo** (*p. 40*), qui comptent parmi les plus passionnants de Tokyo.

Le musée Shitamachi★★★

下町風俗資料館

Shitamachi fuzoku shiryokan

Plan p. 37 / B3 *- 2-1 Ueno koen, Taito-ku ☎ 03-3823-7451. Accès : voir le parc d'Ueno, ci-dessus. Ouv. t.l.j. sf lun. 9 h 30-16 h 30 (admission 30 min av. la fermeture). Au S. de l'étang Shinobazu. Entrée payante. www.taitocity.net/taito/shitamachi.*

Ce musée constitue une excellente introduction à l'histoire des quartiers d'Asakusa *(p. 30)*, d'Ueno et de Yanaka. Au rez-de-chaussée, une rue d'Asakusa au XIXe s. est reconstituée dans les moindres détails. On peut même entrer dans les maisons !

Au 1er étage, on trouve de nombreuses photos, affiches, documents de toutes sortes sur Asakusa dans les années 1940-1950. Pour une fois, la période de la guerre n'est pas passée sous silence. Le musée ressemble tellement à l'intérieur d'un appartement plein de souvenirs qu'il n'est pas rare de voir des enfants y faire leurs devoirs tandis que leurs parents se souviennent avec émotion de leur jeunesse.

La statue de Saigo Takamori
西郷隆盛像 Saigo Takamori zo

Plan p. 37 / B3 *- Accès : voir le parc d'Ueno, p. 38.*

Cette statue de bronze est le symbole du parc d'Ueno. Saigo Takamori fut le dernier des samouraïs (1828-1877). Leur ultime bataille, en 1877, contre le gouvernement Meiji, a servi de base historique au film *Le Dernier Samouraï* (2003), avec Tom Cruise dans le rôle principal.

La statue se trouve près de l'**étang Shinobazu**. En été, la surface de l'eau est entièrement recouverte de feuilles de nénuphars, et l'on peut chaque soir entendre un concert de grenouilles.

Le sanctuaire du Toshogu**
上野東照宮 Ueno Toshogu

Plan p. 37/ A2 *- 9-88 Ueno koen, Taito-ku ☎ 03-3822-3455. Accès : voir le parc d'Ueno, p. 38. Ouv. t.l.j. 9 h-16 h 30. Entrée payante.*

Dédié à la mémoire du shogun Tokugawa Ieyasu, le Toshogu est le seul édifice shintoïste à être classé Trésor national. Inauguré en 1617, il a miraculeusement résisté à toutes les calamités (guerres, tremblements de terre, bombardements) qui ont été fatales à la plupart des monuments de Tokyo.

Le chemin qui mène au lieu de prière est bordé de lanternes en pierre offertes au shogun par les *daimyo*. Le Toshogu est construit dans un style d'inspiration chinoise dont on ne trouve d'autres exemples qu'à Nikko *(p. 136)*. La fête annuelle a lieu le 17 avril.

La porte Karamon, située à l'entrée du temple, aurait été dessinée par Jingoro Hidari, l'un des plus fameux sculpteurs japonais. Le trésor du temple comprend, entre autres, des armes et des lettres ayant appartenu à la famille Tokugawa.

Le zoo d'Ueno*
上野動物園 Ueno

Plan p. 37 / A2 *- 9-83 Ueno koen, Taito-ku ☎ 03-3828-5171. Accès : voir le parc d'Ueno, p. 38. Ouv. t.l.j. sf lun. 9 h 30-17 h (admission 1 h av. la fermeture). Entrée payante.*

Créé en 1882, c'est le plus vieux zoo du Japon. Vous pourrez y voir le fameux panda géant, véritable vedette nationale, qui attire chaque année de nombreux visiteurs, ainsi que 2 600 autres animaux, dont le tigre de Sumatra.

L'étang du parc d'Ueno

Le musée d'Art de la ville de Tokyo★
東京都美術館 Tokyo to bijutsukan

***Plan p. 37 / AB2** - 8-36 Ueno koen, Taito-ku ☎ 03-3823-6921. Accès : voir le parc d'Ueno, p. 38. Ouv. t.l.j. 9 h 30-17 h 30, f. 1er et 3e lun. du mois (admission 30 min av. la fermeture). Entrée payante. www.tobikan.jp/en.*

Ce musée possède un fonds de près de 1 000 œuvres d'art contemporain, principalement japonaises. Peinture, calligraphie et sculpture sont exposées alternativement.

Le musée national d'Art occidental★★
国立西洋美術館
Kokuritsu seiyo bijutsukan

***Plan p. 37/ B2** - 7-7 Ueno koen, Taito-ku ☎ 03-3828-5131. Accès : voir le parc d'Ueno, p. 38. Ouv. mar.-dim. 9 h 30-17 h 30 et 20 h le ven. (admission 30 min av. la fermeture). Entrée payante. www.nmwa.go.jp/en.*

Le musée comprend deux bâtiments, dont le plus ancien (1959) a été dessiné par Le Corbusier. L'essentiel des collections est dû à la perspicacité d'un amateur d'art du début du XXe s., Kojiro Matsukata. Sa collection comprend des tableaux et des sculptures, mais aussi des objets d'art décoratifs, des *ukiyo-e* (estampes de l'époque Edo, *p. 284*). Vous pourrez y admirer des peintures de l'école flamande (van der Weyden, Brueghel) et italienne (Le Tintoret, Véronèse). Dans d'autres pièces, vous apprécierez les bronzes de Rodin, dont les plus grands sont exposés sur le parvis du musée, ainsi que de nombreuses œuvres d'artistes de la fin du XIXe s. (Renoir, Manet, Cézanne, Monet), mais aussi du XXe s. (Dufy, Ernst, Dubuffet).

LES MUSÉES

Tokyo possède un très grand nombre de musées. Pas facile de faire son choix, d'autant qu'une « muséomanie » galopante semble frapper la ville : des dizaines de petits musées, parfois très spécialisés, ont ouvert leurs portes en marge des grandes institutions. Les musées d'art nippons sont rarement pédagogiques : les œuvres sont présentées sans commentaire, même en japonais. Sachez que les grands magasins japonais (Mitsukoshi, Seibu, Takashimaya…) organisent également des expositions d'art de grande qualité. Elles sont annoncées dans le *Japan Times* ou le *Tokyo Journal*.

Le musée national de la Nature et des Sciences★
国立科学博物館
Kokuritsu kagaku hakubutsukan

***Plan p. 37 / B2** - 7-20 Ueno koen, Taito-ku ☎ 03-3822-0111. Accès : voir le parc d'Ueno, p. 38. Pas d'explications en angl. sf avec un audioguide (payant). Entrée payante. www.kahaku.go.jp/english.*

Sur plusieurs étages, ce musée est divisé en deux parties : la « Japan Gallery », dans le bâtiment le plus ancien, est dédiée aux sciences naturelles et notamment aux îles japonaises, tandis que l'aile la plus moderne, la « Global Gallery », est consacrée à l'histoire de la terre (des dinosaures à l'évolution de l'homme), ainsi qu'à la biodiversité et aux progrès technologies actuels. Les enfants apprécieront le Théâtre à 360° et le salon des Dinosaures.

En face du musée, la **statue de Noguchi Hideyo** est dédiée à l'homme qui a découvert l'agent pathogène de la syphilis en 1911. Son portrait se trouve sur les billets de 1 000 yens.

Le Musée national de Tokyo★★★
東京国立博物館
Tokyo kokuritsu hakubutsukan

***Plan p. 37 / B2** - 13-9 Ueno koen, Taito-ku ☎ 03-3822-1111. Accès : voir le parc d'Ueno, p. 38. Ouv. mar.-dim. 9 h 30-17 h, 18 h les sam. et dim. et 20 h le ven. pour les expos temporaires. Entrée payante. www.tnm.go.jp.*

C'est le plus grand musée du Japon et vous pourrez y admirer la plus fabuleuse collection d'art japonais. Pas moins de 110 000 pièces exposées (peintures, sculptures, armures, sabres, céramiques, objets en laque, etc.) dont 87 Trésors nationaux ➤ *encadré ci-contre* attendent votre visite. Le musée est divisé en cinq parties.

Si vous disposez de peu de temps, privilégiez la visite du Honkan.

Le **Honkan**, au centre, est le bâtiment principal. C'est ici qu'est rassemblé l'art japonais: sculptures d'époques Nara, Heian et Kamakura, masques et costumes du théâtre *nô*, porcelaines du XVIIIe s.

Vous pourrez embrasser, lors de la même visite, toute l'histoire de la peinture nippone depuis le VIIIe s. jusqu'aux estampes du XIXe s. Les collections sont présentées de façon chronologique mais aussi par genre. Plusieurs expositions thématiques sont organisées chaque année.

Le **Toyokan**, à droite, expose surtout des objets d'art chinois et coréens avec, en particulier, des poteries datant de 2000 à 2500 avant J.-C.

Le **Hyokeikan**, à gauche, n'est ouvert que pour des expositions temporaires.

Le **Heiseikan**, derrière le Hyokeikan, est un bâtiment récent (1999) consacré à l'archéologie. Entre autres Trésors nationaux, on peut y admirer une cloche de bronze Dotaku du Ier s. avant J.-C., ou encore des statuettes vieilles de près de 4 000 ans. Le 1er étage accueille des expositions temporaires.

Le **Horyu-ji**, enfin, conserve les trésors offerts à la famille impériale par le temple Horyu-ji de Nara. La plupart des objets présentés dans ce dernier bâtiment datent des VIe et VIIe s. et font partie des plus précieux trésors du patrimoine national. Parmi les raretés présentées, signalons le *Shotoku Taishi Eden*, une série de panneaux peints en 1069 qui racontent la vie du prince Shotoku. Le bâtiment, inauguré en 1999, est l'œuvre de Taniguchi Yoshio. Il est remarquable de simplicité, d'élégance et favorise, par ses éclairages et sa scénographie, une visite inoubliable.

LES TRÉSORS NATIONAUX

Le ministère de l'Éducation, de la Culture, des Sports, des Sciences et de la Technologie désigne les plus précieuses propriétés culturelles du Japon sous l'appelation de «Trésors nationaux». Parmi ces trésors, on trouve des châteaux, des temples; des peintures, des parchemins, des sutras, des travaux de calligraphie; des statues, des poteries, des objets en laque, des épées, des textiles; des objets ou documents archéologiques et historiques. Exemples: le sanctuaire de Toshogu à Nikko *(p. 137)* ou le temple d'Engaku-ji à Kamakura *(p. 119)*. Des personnalités, appelées «trésors vivants», peuvent aussi recevoir cette distinction.

Le temple du Kanei-ji★★

寛永寺 Kanei-ji

***Plan p. 37 / B1-2** - 1-14-11 Sakuragi, Ueno, Taito-ku ☎ 03-3821-4440. Accès: voir le parc d'Ueno, p. 38. Ouv. t.l.j. 9h-16h. Entrée gratuite autour des temples, interdite à l'intérieur, sf pour le temple Toshogu, payant. www.kaneiji.jp.*

Ce temple bouddhiste était, sous les Tokugawa, le plus grand centre religieux de la capitale. D'ailleurs, six d'entre eux y sont enterrés. Le bâtiment original, qui datait de 1625, a été presque entièrement détruit en 1868 lors de la restauration du pouvoir impérial. Pour le remplacer, on a démonté (en 1875) un temple qui se trouvait dans la préfecture de Saitama, que l'on a remonté ici pierre par pierre. Aujourd'hui, le Kanei-ji est la propriété de la secte bouddhique Tendai. Un peu plus loin se trouve le temple du Jomyoin, célèbre pour ses 84 000 statuettes en pierre à l'effigie de Jizo, le protecteur des enfants disparus.

La rue Yanaka Ginza

Le musée de la Calligraphie

書道博物館

Shodo hakubutsukan

Plan p. 37 / B1 *- 2-10-4 Negishi, Taito-ku ☎ 03-3872-2645. Gare : Uguisudani, ligne JR (sortie S., 5 min à pied). Ouv. mar.-dim. 9 h 30-16 h 30 (admission 30 min av. la fermeture), f. entre deux expositions (vérifiez sur le site Internet). Entrée payante. www.taitocity.net/taito/shodou.*

Ce musée retrace l'évolution de la calligraphie *(p.285)* des origines (chinoises) à nos jours. Pour les spécialistes et les amateurs, car il n'y a pas d'explications en anglais.

➤ Yanaka

谷中

Les quartiers de Yanaka, Nezu et Sendagi, qui font partie de Shitamachi (ville basse de Tokyo), sont appelés collectivement « *Yanessen* ». On y trouve autant de temples et de sanctuaires que d'églises à Rome !

Le musée annexe de Shitamachi

台東区立下町風俗資料館付設展示場

Taito kuritsu shitamachi fuzoku shiryokan fusetsu tenjijo

Plan p. 37 / A1-2 *- 2-10-6 Ueno-Sakuragi, Taito-ku ☎ 03-3823-4408. Gare : Nippori, ligne JR Yamanote (sortie S., 10 min à pied). Ou Mº Nezu, ligne Chiyoda (C14, sortie 2, 10 min à pied). Situé au bout la rue Sansaki dori. Ouv. t.l.j. sf lun. 9 h 30-16 h 30 (admission 30 min av. la fermeture). Entrée gratuite.*

Construit en 1910, cet ancien magasin de liqueurs et de saké, la maison Yoshidaya, a survécu aux bombardements de la Seconde Guerre mondiale. Son architecture en bois est typique de l'époque Meiji. Il abrite un petit musée sur le saké.

Juste en face, dans l'angle, laissez-vous tenter par une pause gourmande dans le charmant **café Kayaba** ♥ *(p. 212)* !

La galerie SCAI the Bathhouse

スカイ・ザ・バスハウス

Plan p. 37 / A1 *- 6-1-23 Yanaka, Taito-ku ☎ 03-3821-1144. Gare : Nippori, ligne JR Yamanote (sortie S., 10 min à pied). Ou Mº Nezu, ligne Chiyoda (C14, sortie 2, 10 min à pied). Ouv. mar.-sam. 12 h-18 h, f. j.f. et entre deux expositions (vérifiez sur le site Internet). Entrée libre. www.scaithebathhouse.com/en.*

Ces anciens bains publics ont été réaménagés en galerie d'art d'avant-garde. Vous pourrez y voir des expositions temporaires d'artistes contemporains, comme Anish Kapoor, Louise Bourgeois, Julian Opie, Genpei Akasegawa ou Lee Ufan.

Le cimetière de Yanaka*

谷中霊園 Yanaka reien

Plan p. 37 / AB1 - 5-7-24 Yanaka, Taito-ku ☎ 03-3821-4456. Gare : Nippori, ligne JR Yamanote (sortie S., 5 min à pied). Ouv. t.l.j. 24 h/24. Entrée libre.

Dans ce cimetière, bordé de pierres tombales lustrées comme des galets, repose le dernier shogun, Tokugawa Yoshinobu (1837-1913). En avril, il est agréable de s'y promener car c'est un véritable parc arboré avec beaucoup de cerisiers en fleur.

Le temple du Tenno-ji

天王寺 Tennoji

Plan p. 37 / A1 - 7-14-8 Yanaka, Taito-ku ☎ 03-3821-4474. Gare : Nippori, ligne JR Yamanote (sortie S., 2 min à pied). Ouv. t.l.j. 24 h/24. Entrée libre. www.tendaitokyo.jp/jiinmei/tennoji.

Un grand Bouddha assis, appelé *Tennoji Daibutsu*, accueille les visiteurs à l'entrée de ce paisible temple bouddhiste fondé en 1274.

La rue Yanaka Ginza*

谷中銀座 Yanaka Ginza

Plan p. 37 / A1 - Gare : Nippori, ligne JR Yamanote (sortie N.), puis prenez à g. vers la sortie O., 3 min à pied.

Cette rue commerçante date de l'époque Taisho (de 1912 à 1926). Elle commence par un escalier, où des chats se rassemblent, appelé « Yuyake Dandan » (*Yuyake* signifiant « coucher du soleil » et *Dandan* « marches d'escalier »).

Flânez dans cette rue, qui a su garder tout son charme, aux diverses boutiques et laissez-vous tenter par du thé vert, des bonbons, des *geta* (sandales traditionnelles en bois) ou des croquettes de viande hachée !

Au bout, tournez à gauche dans la rue Yomise dori. Quand vous arriverez à la hauteur de la station de métro Sendagi (ligne Chiyoda, C15), tournez de nouveau à gauche. C'est la rue Sansaki dori. Si vous la remontez (elle est en pente), vous découvrirez une boutique de papier japonais qui date de 1864. Chez **Isetatsu** *(p. 212)*, les *chiyogami* (papiers de couleur) ou les *washi* (papiers typiquement japonais, *p. 285*), feront votre bonheur.

En continuant tout droit, vous apercevrez de nombreux temples et sanctuaires.

Le sanctuaire de Nezu Jinja*

根津神社 Nezu jinja

Plan p. 37 / hors plan par A1 - 1-28-9 Nezu, Bunkyo-ku ☎ 03-3822-0753. M° Nezu, ligne Chiyoda (C14, sortie 1, 10 min à pied). Au 2e feu, au panneau « Nezu Jinja Iriguchi », tournez à g. et continuez tout dr. Le sanctuaire se dresse après un pont vert qui surplombe un petit étang. L'entrée est sur la dr. Ouv. t.l.j. 9 h-17 h. Entrée libre.

Ce sanctuaire hors des sentiers battus vous étonnera par sa beauté. Vous ne vous attendrez pas à découvrir, au bout d'une allée, une rangée de *torii* (portiques) rouge vermillon.

Le sanctuaire de Nezu Jinja

3 Akihabara

Akihabara

Surnommé la « ville électrique », le quartier d'Akihabara est fréquenté par les amateurs d'électronique, qui trouvent ici grands magasins spécialisés et rabais importants. Mais c'est aussi le territoire des amoureux de la pop culture japonaise. Dans une ambiance étourdissante faite de néons et d'annonces sonores, on déniche facilement mangas et figurines ou on s'installe dans une salle de jeux vidéo… Quelques refuges – les étonnants *maids cafés*, notamment – permettent cependant de se reposer de toute cette agitation.

- **Plan :** ci-contre.
- **Arriver :** voir Carnet pratique p. 308.
- **Point de départ de la visite :** la rue principale, Chuo dori.
- **Se déplacer :** à pied.
- **Manger, dormir, s'amuser :** p. 212.

LES *MAID CAFÉS*

À Akihabara, il existe environ 50 *maid cafés*, c'est-à-dire des cafés où les serveuses portent un uniforme de domestique (*maid* en anglais signifie « domestique »), ou de *cosplay* ➤ *encadré p. 46*. Dans les rues, vous croiserez sans doute ces jeunes filles qui distribuent des prospectus pour vous proposer de passer un moment étonnant et décalé dans leur *maid café* *(Manger, dormir, s'amuser p. 213)*.

➤ La rue Chuo dori★★★

中央通り

Plan ci-dessous / B1-2 *- Gare : Akihabara, ligne JR Yamanote (sortie Akihabara Electric Town Exit). En sortant de la gare, tournez à g., 3 min à pied.*

Cette rue fait notamment le bonheur des *otaku*. Ce terme vient du mot *taku*, signifiant « maison », le chez-soi, et du préfixe honorifique *o* que l'on rajoute devant certains mots en signe de politesse. *Otaku* désigne les personnes ayant tendance à préférer l'imaginaire, voire à rester confinées chez elles, afin de satisfaire leur passion des jeux vidéo, des mangas ou des dessins animés, et à s'identifier à leurs idoles.

Vous aurez l'embarras du choix parmi les magasins d'électronique et de mangas. La visite de ce quartier passe par celles de ses magasins et lieux chers aux fans de la culture pop japonaise. Voici quelques adresses à ne pas manquer.

Laox Duty Free Main Store

ラオックス デューティフリー メインストア

Plan ci-dessous / B2 *- 1-2-9 Soto-Kanda, Chiyoda-ku ☎ 03-3253-7111. Ouv. t.l.j. 10 h-19 h.*

Le 1er étage est spécialisé dans la vente de matériel électronique : appareils photo, caméras digitales, ordinateurs, téléphones portables, matériel audiovisuel, consoles de jeux, etc. Les

Tokyo : Akihabara

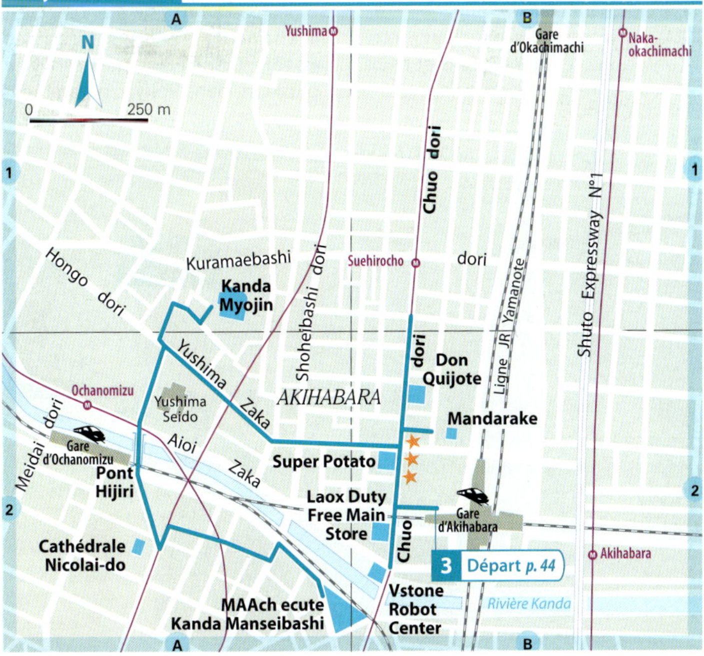

produits sont japonais ou importés. Le personnel parle l'anglais et les prix sont raisonnables.

Vstone Robot Center

ヴイストンロボットセンター

Plan p. 45 / B2 -Uchida Bldg. 4F, Sotokanda 1-9-9, Chiyoda-ku ☎ 03-3256-6676. Ouv. t.l.j. lun.-ven. 11 h-20 h, sam., dim. et j.f. 10 h 30-19 h.

Vous trouverez dans ce magasin des robots en « kit » à monter vous-même ou d'autres déjà montés.

Super Potato

スーパーポテト

Plan p. 45 / B2 - Kitabayashi Bldg 3e, 4e et 5e ét., 1-11-2 Soto-Kanda, Chiyoda-ku ☎ 03-5289-9933. Ouv. t.l.j. 11 h-20 h, sam., dim. et j.f. 10 h-20 h.

L'immeuble est reconnaissable à sa grande affiche avec une belle patate et au-dessus Mario et Pacman.
Cette véritable caverne d'Ali Baba est spécialisée dans le *retrogaming*, c'est-à-dire les jeux vidéo anciens, ceux de la première génération, comme les *gameboys* (Nintendo), les jeux de famille ou Famicom des années 1970-1980, PlayStation, Super Mario, etc. Incontournable pour les fans et ceux qui veulent retomber en enfance.

COSPLAY

Ce terme est une contraction de l'anglais *costume* et *playing*. Apparu au Japon au début des années 1990, le *cosplay* désigne une pratique qui consiste à se déguiser en personnages de BD, en héros de mangas ou de jeux vidéo, etc., de manière la plus ressemblante possible afin de s'identifier à eux.

Don Quijote

ドンキホーテ

Plan p. 45 / B2 - 4-3-3 Soto-Kanda, Chiyoda-ku ☎ 03-5298-5411. Situé du côté dr. de la rue Chuo dori. Ouv. t.l.j. 10 h-5 h.

Cette chaîne de magasins, bon marché, propose au 5e étage un rayon pour les *cosplays* ➤ *encadré ci-dessus*.

Mandarake まんだらけ

Plan p. 45 / B2 - 3-11-12 Soto-Kanda, Chiyoda-ku ☎ 03-3252-7007. Ouv. t.l.j. 12 h-20 h.

Mandarake est un nom qui fait rêver tous les passionnés de mangas. C'est une chaîne de magasins spécialisée dans l'animation et les mangas. Il y en a plusieurs dans Tokyo, notamment

Deux jeunes femmes en cosplay

Le MAAch ecute Kanda Manseibashi

à Nakano Broadway *(p. 111)*, la première boutique Mandarake qui s'est ouverte. Celui-ci s'étend sur 8 étages.

➤ Le sanctuaire de Kanda Myojin*

神田明神 **Kanda Myojin**

Plan p. 45 / A1 *- 2-16-2 Soto-Kanda, Chiyoda-ku ☎ 03-3254-0753. Gare : Akihabara, ligne JR (sortie Akihabara Electric Town Exit, 7 min à pied). Ouv. t.l.j. Entrée libre.*

Construit en 730, un des plus anciens de la ville, ce sanctuaire est dédié à la prospérité des affaires, au bonheur de la famille et aux futures rencontres fructueuses.

➤ La cathédrale Nicholai-do ニコライ堂 Nikorai do

Plan p. 45 / A2 *- 4-1-3 Surugadai, Kanda, Chiyoda-ku ☎ 03-3295-6879. M° Shin-ochanomizu, ligne Chiyoda (C12, sortie B1, 4 min à pied). Ouv. t.l.j. 13 h-15 h 30, avr.-sept. 13 h-16 h. Entrée payante.*

Près du parc d'Ochanomizu, après le **pont Hijiri** (Hijiri Bashi) qui traverse la rivière Kanda, cette église orthodoxe d'architecture byzantine a été construite en 1891 par l'archevêque russe saint Nikolai, lors de la venue du tsar au Japon. C'est saint Nikolai qui a introduit la religion orthodoxe dans l'archipel. Elle a été désignée « Bien culturel important » en 1962 ➤ *encadré p. 57*.

➤ Le MAAch ecute Kanda Manseibashi*

マーチエキュート神田万世橋

Plan p. 45 / AB2 *- 1-25-4 Kanda Suda-cho, Chiyoda-ku ☎ 03-3257-8910. Gare : Akihabara, ligne JR Yamanote (sortie Akihabara Electric Town Exit, 4 min à pied). Ou M° Akihabara, ligne Hibiya (H15, sortie 3, 6 min à pied). Ouv. t.l.j. 11 h-21 h, dim. et j.f. 11 h-20 h (selon les commerces).*

Ce beau complexe nouvellement créé, en briques rouges, abrite de nombreux cafés, restaurants, boutiques de vêtements et de meubles, notamment le **café N3331** situé entre les rails de la ligne Chuo et la ligne Sobu *(Manger, dormir, s'amuser p. 213)*.

À l'origine, au-dessus de ces arcades se trouvait la gare Manseibashi, construite par le même architecte qui a réalisé la gare de Tokyo en 1912 et détruite pendant la guerre. Cette arche a longtemps abrité le musée des Chemins de fer, mais depuis septembre 2013, elle s'est transformée en galerie marchande.

4 Marunouchi et le Palais impérial

Le parc de Chidorigafuchi

Centre financier du Japon où siègent les trois plus grandes banques du pays, le quartier d'affaires de Marunouchi accueille également le futuriste Forum international et de grands centres commerciaux. À l'ombre de cet industrieux quartier s'élève, impassible, le Palais impérial et ses immenses jardins. On ne peut visiter ce bâtiment simple reconstruit après-guerre où résident toujours l'empereur et sa femme, mais ses jardins élégants et variés abritent quelques jolis musées, comme le Musée national d'art moderne (MOMAT).

- **Plan :** p. 50.
- **Arriver :** voir Carnet pratique p. 308.
- **Point de départ de la visite :** la gare de Tokyo.
- **Se déplacer :** à pied.
- **Manger, dormir, s'amuser :** p. 214.

➤ Marunouchi

丸の内

La gare de Tokyo*

東京駅 **Tokyo eki**

Plan p. 50 / B2 *- 1-9-1 Marunouchi, Chiyoda-ku ☎ 050-2016-1603. Gare : Tokyo, ligne JR Yamanote (sortie Yaesu Chuo guchi). Ou M° Tokyo, ligne Marunouchi (M17, sortie Marunouchi Chuo guchi). Ouv. t.l.j. Entrée libre.*

Classée « Bien culturel important » ➤ *encadré p. 57*, la gare de Tokyo est un symbole de la ville, avec ses briques rouges et son style Renaissance. Elle a été construite en 1914. Les travaux de restauration de 2012 ont permis à l'édifice de retrouver son aspect d'origine.

Marunouchi Building ou Marubiru

丸の内ビルディング / 丸の内ビル

Plan p. 50 / B2 *- 2-4-1 Marunouchi, Chiyoda-ku ☎ 03-5218-5100. Gare : Tokyo, ligne JR (sortie Marunouchi S., 1 min à pied). Ouv. t.l.j. Boutiques : lun.-sam. 11 h-21 h, dim. et j.f. 11 h-20 h ; restaurants : lun.-sam. 11 h-23 h, dim. et j.f. 11 h-22 h. Entrée libre. www.marunouchi.com.*

Le Marunouchi Building, plus généralement surnommé « Marubiru », domine la sortie de la gare de Tokyo donnant sur le quartier de Marunouchi. Construit en 1923, quand Marunouchi devint le premier quartier d'affaires modernes de la ville, l'immeuble a réouvert en septembre 2002, offrant sur 36 étages un complexe de bureaux, de restaurants, de boutiques d'intérieur et de mode, particulièrement prisé des Japonais élégants et raffinés.

Depuis les étages, vous pourrez prendre de très belles photos de la gare.

VUE SUR LA GARE

Depuis la terrasse du complexe commercial **KITTE**, vous aurez une vue splendide sur la gare de Tokyo et sur le quartier de Marunouchi aux nombreux immeubles de bureau et centres commerciaux. *(2-7-2 Marunouchi, Chiyoda-ku, 6ᵉ ét. Ouv. de la terrasse : t.l.j. lun.-sam. 11 h-23 h, dim. et j.f. 11 h-22 h)*

La gare de Tokyo

Tokyo : Marunouchi et le Palais impérial

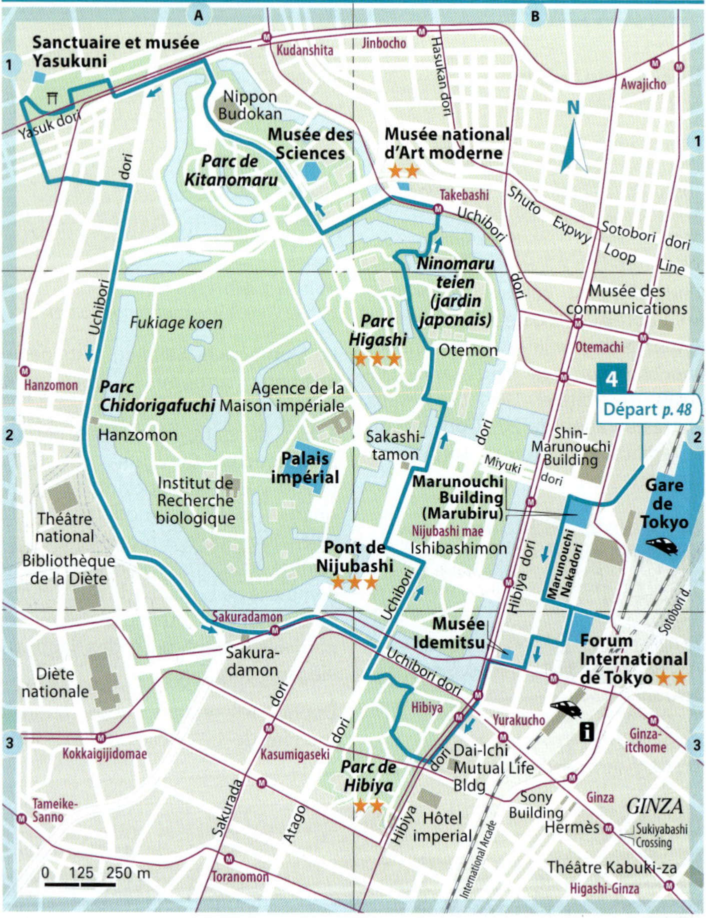

L'avenue de Marunouchi Nakadori*

丸の内仲通り

Plan ci-dessus / B2 *- Gare Tokyo, ligne JR Yamanote (sortie Marunouchi Chuo guchi, 6 min à pied). Ou M° Tokyo, ligne Marunouchi (M17, sortie 4a, 2 min à pied). Ou M° Yurakucho, ligne Yurakucho (Y18, sortie D3, 2 min à pied). Située entre la gare : de Tokyo et la station de M° de Yurakucho.*

Avec ses arbres qui font comme une tonnelle de verdure, il est bien agréable de marcher dans cette grande avenue qui rassemble de nombreuses boutiques de luxe. Les illuminations de Noël attirent chaque année de nombreux Tokyoïtes, en famille ou en amoureux.

Le Forum International de Tokyo**

東京国際フォーラム

Tokyo kokusai forum

Plan ci-dessus / B3 *- 3-5-1 Marunouchi, Chiyoda-ku ☎ 03-5221-9000. Gare : Yurakucho, ligne JR Yamanote (1 min à pied). Ou M° Yurakucho, ligne Yurakucho (Y18, sortie D5 qui est un passage souterrain, 3 min à pied). Ouv. t.l.j. 7 h-23 h 30 (selon les manifestations). Entrée libre.*

www.t-i-forum.co.jp/en. ***Musée Mitsuo Aida :*** *ouv. t.l.j. sf lun. 10 h-17 h 30 (admission 30 min av. la fermeture). Entrée payante. www.mitsuo.co.jp.*

Avec son atrium futuriste de 21 000 m² qui ressemble à un paquebot, c'est l'un des chefs-d'œuvre architecturaux de la fin du XXᵉ s. Cet immense bâtiment de verre, construit par Rafael Viñoly en 1996, est un complexe où se déroulent des manifestations culturelles, des expositions et des concerts.

Au sous-sol, le **musée Mitsuo Aida** rend hommage au poète et calligraphe du même nom. Il présente environ 80 belles calligraphies et poèmes courts, dits « *tanka* », extraits de la collection de 450 pièces de cet artiste inspiré par un grand prêtre zen.

Le Forum International de Tokyo

Le musée Idemitsu*

出光美術館 **Idemitsu bijutsukan**

Plan p. 50 / B3 *- Teigeki Bldg 9ᵉ ét., 3-1-1 Marunouchi, Chiyoda-ku ☎ 03-3213-9402. Gare : Yurakucho, ligne JR Yamanote (sortie centrale, 5 min à pied). Ou Mᵒ Hibiya, lignes Hibiya (H07) ou Chiyoda (C09) ou Mita (I08), sortie B3, 4 min à pied, dans la direction de la ligne Mita. Ouv. t.l.j. sf lun. 10 h-17 h et ven. 10 h-19 h (admission 30 min av. la fermeture). Entrée payante. www.idemitsu.com/museum.*

Créé en 1966 par Sazo Idemitsu, fondateur d'une société pétrolière, ce musée présente, dans une ambiance feutrée, des œuvres d'art traditionnel japonais, des céramiques chinoises, ainsi que des peintures orientales et occidentales. Sa collection est le reflet de l'anticonformisme de la pensée de son créateur. Une salle est consacrée à Georges-Henri Rouault avec 400 œuvres qui constituent la plus grande collection privée au monde de ce peintre et graveur français.

Ce musée offre une belle vue sur le Palais impérial et le jardin qui l'entoure.

➤ Le Palais impérial et ses alentours

皇居

Il n'y a qu'une partie du Palais impérial ouverte au public, comprenant de très beaux parcs, des musées et des sanctuaires. L'entrée principale des jardins impériaux se trouve près de la porte Otemon.

Le parc de Hibiya**

日比谷公園 **Hibiya koen**

Plan p. 50 / AB3 *- 1 Hibiyakoen, Chiyoda-ku ☎ 03-3501-6428. Mᵒ Hibiya, lignes Toei Mita (I08) ou Chiyoda (C09) ou Hibiya (H07), sorties A10 ou A14, 2 min à pied. Ouv. t.l.j. 24 h/24. Entrée libre.*

C'est le plus vieux parc de style occidental du Japon. Il est célèbre pour ses azalées qui fleurissent en avril. Au milieu de la verdure, plusieurs restaurants possèdent des terrasses, ce

Les douves du Palais impérial

qui est bien appréciable dans cette grande métropole asphaltée.

Le pont de Nijubashi***

二重橋 **Nijubashi**

Plan p. 50 / B2 - 1-1 Kokyogaien, Chiyoda-ku. GareTokyo, ligne JR Yamanote, 10 min à pied. Ou M° Hibiya, lignes Toei Mita (I08) ou Chiyoda (C09) ou Hibiya (H07), sortie B6, 2 min à pied. Ouv. t.l.j. 24 h/24. Entrée libre.

Construit avec les pierres de l'ancien château, cet emblématique pont à deux arches fut achevé en 1888 (*ni* signifie « deux »).

Le parc Higashi***

東御苑 **Higashi gyoen**

Plan p. 50 / AB1-2 - 1-1 Chiyoda, Chiyoda-ku ☎ 03-3213-1111. M° Otemachi, lignes Mita (I09) ou Chiyoda (C11) ou Tozai (T09) ou Marunouchi (M18) ou Hanzomon (H08), sortie C13a, 5 min à pied. Ouv. t.l.j. sf lun. et ven. nov.-fév. 9 h-16 h, mars à mi-avr. et sept.-oct. 9 h-16 h 30 ; mi-avr. à août 9 h-17 h (admission 30 min av. la fermeture), f. 28 déc.-3 janv. Entrée libre.

Dans le parc Higashi, ou « jardin de l'Est », se dressent les ruines de l'ancien château d'Edo (XVIIe s.). Parmi les 250 000 arbres, les nombreuses espèces présentes venues de tout le Japon en font l'un des plus riches jardins botaniques du pays. Au milieu de ce bel espace vert se trouvent le **Ninomaru teien**, un ravissant jardin japonais dessiné en 1630, un petit lac, ainsi qu'une maison de thé.

Le parc de Kitanomaru

北の丸公園 **Kitanomaru koen**

Plan p. 50 / A1-1-1 Kitanomaru koen, Chiyoda-ku ☎ 03-3211-7878. M° Takebashi, ligne Tozai (T08, sortie 1a). Depuis le jardin Ninomaru teien, quittez le parc Higashi par le N. Ouv. t.l.j. Entrée libre.

Cette partie du Jardin impérial a été ouverte au public en 1969, à l'occasion du 60e anniversaire de l'empereur

L'EMPEREUR N'EST PLUS UN DIEU

Aujourd'hui, l'empereur n'est plus considéré comme un « dieu vivant » et n'a plus aucun rôle politique, mais il demeure le symbole de l'unité japonaise. Deux fois l'an, le 2 janvier et le 23 décembre, il apparaît à la fenêtre de son palais pour saluer son peuple. Les jardins du Palais impérial sont alors exceptionnellement ouverts au public.

Hirohito. Elle renferme notamment deux musées (le **musée national d'Art moderne** et le **musée des Sciences**), ainsi que l'une des plus belles salles de concert de la capitale, le Nippon Budokan, construite au moment des Jeux olympiques de 1964.

Le musée national d'Art moderne (MOMAT)**
東京国立近代美術館
Tokyo kokuritsu kindai bijutsukan

Plan p. 50 / B1 *- 3-1 Kitanomaru koen, Chiyoda-ku ☎ 03-5777-8600.*
M° Takebashi, ligne Tozai (T08, sortie 1b, 3 min à pied). Ouv. mar.-dim. 10 h-17 h, ven. 10 h-20 h (admission 30 min av. la fermeture). Entrée payante.
www.momat.go.jp.

Le MOMAT retrace l'évolution de l'art japonais de l'époque Meiji jusqu'aux nouvelles formes d'expression artistiques de ces dernières décennies. Sur les 9 000 œuvres en réserve (toiles et sculptures), 250 environ sont exposées par roulement. Parmi les artistes contemporains japonais figurent Tetsugoro Yorozu et Ryusei Kishida. Sur la gauche en sortant (presque en face), vous trouverez la galerie réservée à l'artisanat contemporain (*Crafts Gallery*).

Le musée des Sciences*
科学技術館 Kagaku gijutsukan

Plan p. 50 / A1 *- 2-1 Kitanomaru koen, Chiyoda-ku ☎ 03-3212-8544.*
M° Takebashi, ligne Tozai (T08, sortie 1b, 7 min à pied). Ouv. t.l.j. sf mer. 9 h 30-16 h 50 (admission 50 min av. la fermeture). Entrée payante. www.jsf.or.jp.

Les dernières découvertes scientifiques et machines industrielles sont en démonstration de manière pédagogique dans ce musée qui renouvelle fréquemment ses expositions. Il expose par ailleurs des robots et propose des jeux interactifs qui raviront les enfants.

Le sanctuaire de Yasukuni* et le musée Yasukuni Yushukan

Plan p. 50 / A1 *- 3-1-1 Kudankita, Chiyoda-ku ☎ 03-3261-8326.*
M° : Kudanshita, lignes Tozai (T07) ou Hanzomon (Z06) ou Toei Shinjuku (S05), sortie 2, 5 min à pied.

Le sanctuaire de Yasukuni*
靖国神社 Yasukuni jinja

Ouv. t.l.j. 6 h-18 h, 6 h-19 h mai-août et 6 h-17 h nov-fév. Entrée libre.
www.yasukuni.or.jp.

Ce sanctuaire shintoïste de Yasukuni est dédié aux Japonais morts pour le pays depuis la restauration Meiji, en 1868, jusqu'à la Seconde Guerre mondiale incluse. C'est un lieu symbolique pour la droite nationaliste, mais il fait l'objet de polémiques à chaque fois qu'un Premier ministre vient s'y recueillir. Quatorze criminels de guerre reposent en effet au sanctuaire de Yasukuni, donnant à ces visites une portée politique internationale. La Chine, notamment, ne cesse de protester contre ces visites qu'elle ressent comme une provocation.

Le musée Yasukuni Yushukan
靖国遊就館 Yasukuni Yushukan

Ouv. t.l.j. 9 h-16 h 30 et 9 h-21 h pendant le Mitama Festival (13-16 juillet).
Entrée payante.

Ce musée présente l'histoire militaire japonaise. Parmi les plus spectaculaires, vous observerez un avion utilisé par les kamikazes et un drapeau dont l'emblème est peint avec du sang !

Le parc Chidorigafuchi*
千鳥ヶ淵公園 Chidorigafuchi koen

Plan p. 50 / A1-2 *- 1-2 Kojimachi, Chiyoda-ku ☎ 03-5211-4243.*
M° Hanzomon, ligne Hanzomon (Z05, sortie 3, 3 min à pied).
Ouv. t.l.j. 24 h/24. Entrée libre.

En avril, c'est l'un des points de vue les plus recherchés de Tokyo pour observer les cerisiers en fleur à l'occasion du *hanami* *(p. 285)*. On peut également y faire des promenades en barque.

5 Nihonbashi et Ginza

L'avenue de Ginza est piétonnière le dimanche

Situés à proximité du Palais impérial, les très chics quartiers de Nihonbashi et de Ginza sont connus pour leurs larges avenues où s'alignent sièges d'entreprises, boutiques de luxe et grands magasins. Ils sont néanmoins traversés par une multitude de ruelles commerçantes où l'on découvre, coincés entre deux bâtiments ultramodernes, des échoppes traditionnelles ou des marchands de brochettes et de soja grillé…

- **Plan :** ci-contre.
- **Arriver :** voir Carnet pratique p. 308.
- **Point de départ de la visite :** le pont de Nihonbashi.
- **Se déplacer :** à pied.
- **Manger, dormir, s'amuser :** p. 216.

➤ Nihonbashi

日本橋

Le pont de Nihonbashi*

日本橋

Plan ci-dessous / B1 - Gare : Tokyo, lignes JR Yamanote ou JR Sobu ou JR Chuo (sortie centrale Yaesu, 12 min à pied). Ou M° Nihonbashi : lignes Tozai (T10) ou Ginza (G11) ou Toei Asakusa (A13), sortie B12, 3 min à pied. Situé au bout de la Chuo dori, au N.-E. de la gare : Tokyo. Entrée libre.

Désigné « Bien culturel important » en 1999 ➤ *encadré p. 57*, ce pont fut construit en bois en 1604 par Ieyasu Tokugawa. Remplacé en 1911 (un an avant la fin de l'époque Meiji, 1868-1912) par un pont en pierre, dans un style occidental avec des réverbères, une voie rapide passe au-dessus depuis les années 1960. Il figure sur de nombreuses estampes car il a servi durant des siècles de « point zéro » pour établir les distances entre Tokyo et les autres villes.

Tokyo : Nihonbashi et Ginza

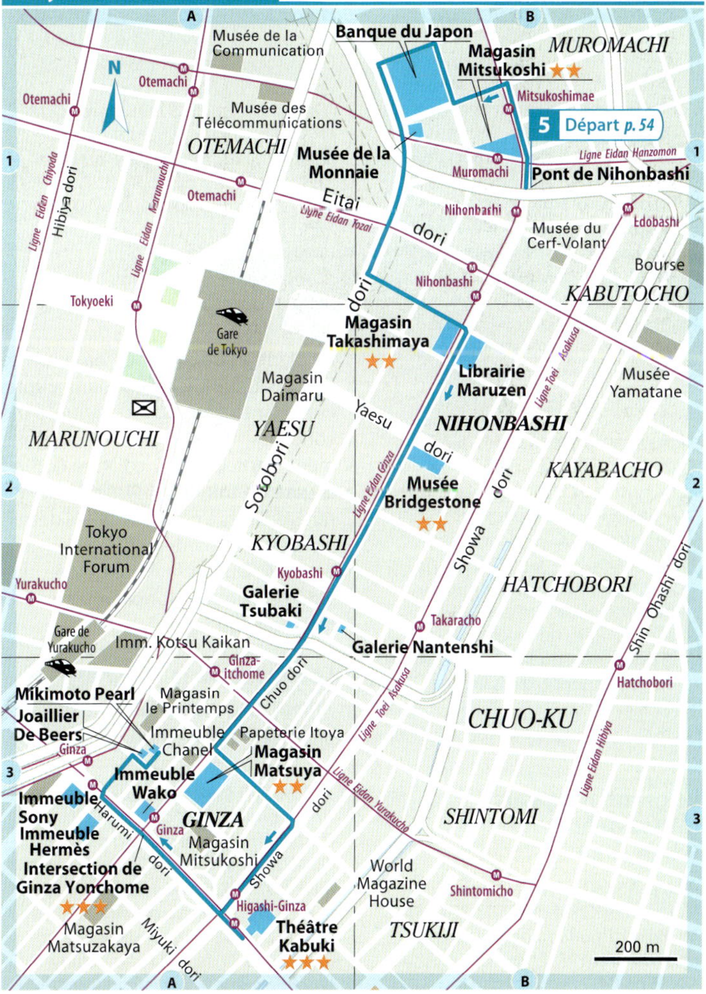

GRANDS MAGASINS, MODE D'EMPLOI

Chaque *depato* (de l'anglais *department store*) a sa personnalité et un cadeau est encore plus apprécié s'il vient de chez Takashimaya, Seibu ou Mitsukoshi.
Le sous-sol : il est toujours réservé à l'alimentation.
Des centaines de vendeurs de produits typiquement japonais (algues, poissons séchés, légumes salés, thé, etc.) vous interpellent gaiement pour vous proposer de goûter leurs spécialités. On dit que beaucoup de ménagères déjeunent de cette manière !
La terrasse : elle est souvent aménagée pour la détente avec des expositions de bonsaïs, des terrains de jeux pour enfants, des brasseries en plein air et même, parfois, un petit temple. Dans tous les cas, vous bénéficierez d'une vue superbe.
Étage par étage : vous trouverez généralement au dernier étage des restaurants où les menus à midi sont toujours avantageux. Une partie de cet étage est quelquefois réservée à des expositions de peintures ou d'objets artisanaux. Certains grands magasins, comme Mitsukoshi, présentent des expositions parfois supérieures, par leur qualité, à celles des musées. En redescendant, ne manquez pas le rayon des kimonos traditionnels (qui peuvent coûter plus de 15 000 yens) ou celui de la papeterie japonaise et de la calligraphie. Signalons enfin que tous les grands magasins sont équipés de toilettes et de téléphones, situés le plus souvent entre les étages, dans la cage d'escalier.

Le grand magasin Mitsukoshi★★

日本橋三越本店

Plan p. 55 / B1 *- 1-4-1 Nihonbashi-Muromachi, Chuo ku ☎ 03-3241-3311. M° Mitsukoshimae, lignes Hanzomon (Z09) ou Ginza (G12), sorties A1, A2, A3, A4, A5 ou B4, 1 min à pied. Ouv. t.l.j. 10 h-19 h, restaurants : 11 h-22 h, f. quelques jours dans l'année (vérifiez sur le site Internet). mitsukoshi.mistore.jp.*

Ce grand magasin, parmi les plus anciens de la capitale, est devenu un point de rendez-vous dans le quartier. Dans le hall se dresse Magokoro, la déesse de la Sincérité. Le reste de l'établissement est un modèle de raffinement à la japonaise et un plaisir pour les yeux.

La Banque du Japon

日本銀行 **Nihon ginko**

Plan p. 55 / B1 *- 2-1-1 Nihonbashi-hongokucho, Chuo-ku ☎ 03-3279-1111. Gare : Tokyo, lignes JR Yamanote ou JR Sobu ou JR Chuo (sortie Nihombashi guchi, 8 min à pied). Ou M° Mitsukoshimae, lignes Hanzomon (Z09, sortie B1, 1 min à pied) ou Ginza (G12, sortie A5, 2 min à pied). Ouv. t.l.j. sf sam., dim. et j.f. 9 h 30-15 h (admission 30 min av. la fermeture). Visites guidées en angl., le mar. 15 h-16 h, rés. obligatoire, entre 3 mois et une semaine avant la visite. Entrée gratuite. www.boj.or.jp.*

En pierre et de style néo-baroque, ce beau bâtiment, classé « Bien culturel important » ➤ *encadré ci-contre*, a été conçu par un architecte qui a également participé à la construction de la **gare de Tokyo** *(p. 49)*. Il est l'un des rares édifices à ne pas avoir été détruit par les bombardements américains en 1945. Durant la visite guidée, une vidéo explique le fonctionnement de la Banque du Japon.

Le musée de la Monnaie

貨幣博物館 **Kahei hakubutsukan**

Plan p. 55 / B1 *- 1-3-1 Nihonbashi-hongokucho, Chuo-ku ☎ 03-3277-3037. Gare : Tokyo, lignes JR Yamanote ou JR Sobu ou JR Chuo (sortie Nihombashi guchi, 8 min à pied). Ou M° Mitsukoshimae, lignes Hanzomon (Z09, sortie B1, 1 min à pied) ou Ginza (G12, sortie A5, 2 min à pied). Ouv. t.l.j. sf lun. et j.f. 9 h 30-16 h 30 (admission 30 min av. la fermeture). Entrée gratuite. www.imes.boj.or.jp.*

Vous pourrez découvrir, parmi les 4000 pièces exposées, les premières pièces à l'effigie des colons chinois, jusqu'à l'arrivée du yen et ses billets d'après-guerre. Certaines pièces datent de 3 000 ans. Si le musée est dédié à la monnaie nippone, il y a cependant quelques devises étrangères, dont certaines sont insolites.

Le grand magasin Takashimaya**

日本橋タカシマヤ

Plan p. 55 / B2 - 2-4-1 Nihonbashi, Chuo-ku ☎ 03-3211-4111. Gare : Tokyo, lignes JR Yamanote ou JR Sobu ou JR Chuo (sortie Yaesu N., 5 min à pied). Ou M° Nihombashi, lignes Tozai (T10) ou Ginza (G11), sortie B2, 1 min à pied. Ouv. t.l.j. 10 h-20 h, restaurants ouverts jusqu'à 21 h 30, f. quelques jours par an. www.takashimaya.co.jp.

Ce premier grand magasin, construit en 1933, est classé « Bien culturel important » ➤ *encadré ci-contre*. Son rayon épicerie en sous-sol vaut le détour, ainsi que l'architecture du bâtiment : porte en fer à l'entrée, sol et fontaine en marbre italien, statues et ascenseur en bois décoré, tout vous séduira. La librairie **Maruzen** lui fait face *(Manger, dormir, s'amuser p. 217)*.

Le musée Bridgestone**

ブリヂストン美術館

Bridgestone bijutsukan

Plan p. 55 / B2 - 1-10-1 Kyobashi, Chuo-ku ☎ 03-5777-8600. Gare : Tokyo, lignes JR Yamanote ou JR Chuo ou JR Sobu (sortie centrale Yaesu, 5 min à pied). Ou M° Nihombashi, lignes Tozai (T10) ou Ginza (G11) ou Toei Asakusa (A13), sortie B1, 5 min à pied. ***Fermé pour rénovation, date de réouverture non communiquée.*** *www.bridgestone-museum.gr.jp.*

En fondant la marque de pneus Bridgestone Tire Co en 1930, Shijiro Ishibashi fit fortune et acheta de nombreuses peintures célèbres dans le monde entier.

Presque tous les grands peintres occidentaux du XIXe s., notamment impressionnistes et post-impressionnistes (Van Gogh, Cézanne, Monet…), et du XXe s. sont représentés dans ce musée. On y trouve également les œuvres d'artistes japonais influencés par l'impressionnisme.

La galerie Nantenshi

南天子画廊

Plan p. 55 / A2 - 3-6-5 Kyobashi, Chuo-ku ☎ 03-3563-3511. M° Kyobashi, ligne Ginza (G10, sortie 2, 1 min à pied) ; ou Takaracho, ligne Toei Asakusa (A12, sortie 4, 1 min à pied). Ouv. t.l.j. sf dim. et j.f. 10 h 30-18 h 30. Entrée libre. www.nantenshi.com.

Dédiée à l'art contemporain actuel, cette galerie expose des œuvres et des installations d'artistes japonais et occidentaux.

La galerie Tsubaki

ギャラリー椿

Plan p. 55 / A2 - Daiichi Shimomura Building, 1er ét., 3-3-10 Kyobashi, Chuo-ku ☎ 03-3281-7808. M° Kyobashi, ligne Ginza (G10, sortie 3, 3 min à pied). Ouv. t.l.j. sf dim. 11 h-18 h 30. Entrée libre. www.gallery-tsubaki.net.

Cette galerie est dédiée à la jeune peinture japonaise. Elle présente aussi des artistes américains et européens.

➤ Ginza

銀座

Autrefois connu pour ses artisans qui frappaient l'argent (*ginza* signifie « corporation de ceux qui travaillent l'argent »), Ginza est devenu en quelques années le quartier le plus cher de Tokyo. Les visiteurs viennent essentiellement pour admirer les architectures et vitrines de boutiques

LES « BIENS CULTURELS »

Les « Biens culturels importants » désignent les propriétés précieuses du pays protégées par la Loi sur les propriétés culturelles de 1950, un échelon en dessous des Trésors nationaux ➤ *encadré p. 41*.

de luxe. D'ailleurs, l'expression *ginbura* signifie aujourd'hui « musarder à Ginza », si bien que l'on ne compte plus les galeries commerciales baptisées… Ginza ! La large avenue de Ginza sans fils électriques est piétonnière le dimanche.

Le grand magasin Matsuya★★

松屋銀座

Plan p. 55 / A3 *- 3-6-1 Ginza, Chuo-ku ☎ 03-3567-1211. Mº Ginza, lignes Ginza (G09, sortie A13) ou Marunouchi (M16, sortie C8) ou Hibiya (H08, sortie B2, 2 min à pied). Ouv. t.l.j. 10 h-20 h, 11 h-22 h pour les restaurants du 8e ét., f. quelques jours dans l'année.*

Fondé en 1869, c'est l'un des plus anciens grands magasins de la capitale (10 niveaux). Sa façade blanc perle, éclairée par des lampes LED aux 16,7 millions de couleurs, ne vous laissera pas indifférent. Il est surtout fréquenté pour ses boutiques d'avant-garde et de créateurs japonais à la mode. L'**Apple Store** se trouve juste en face *(Manger, dormir, s'amuser p. 219)*.

Le théâtre Kabuki★★★

歌舞伎座 **Kabuki-za**

Plan p. 55 / A3 *- 4-12-15 Ginza, Chuo-ku ☎ 03-3545-6800. Mº Higashi-ginza, lignes Hibiya (H09) ou Toei Asakusa (A11), sortie 3, 1 min à pied). www.kabuki-bito.jp/eng/contents/theatre/kabukiza.html. Ouv. uniquement aux personnes munies de billets pour une pièce (entre 4 000 et 22 000 yens). Achat des billets : www1.ticket-web-shochiku.com/en. Possibilité d'assister à un seul acte : billet « single act » (entre 800 et 2 000 yens) sans rés. sur Internet. Pour certaines pièces, loc. d'écouteurs avec trad. en angl.*

Ouvert en 1889, installé dans un magnifique bâtiment à l'est de Ginza, le théâtre Kabuki perpétue une tradition de la scène unique au monde. Une pièce de *kabuki* dure en moyenne 4 à 5 h et raconte généralement une histoire d'amour malheureuse, sur fond de lutte de pouvoir se terminant souvent par un double suicide. Les décors, très inventifs, et les costumes, extrêmement colorés, sont à l'opposé de la tradition du *nô*, forme plus ancienne, où la plus grande sobriété est de mise *(p. 286)*. Un orchestre d'instruments traditionnels japonais accompagne la voix d'un récitant qui raconte ce que les acteurs ne disent pas.

Vous pouvez n'assister qu'à une partie de la représentation (voir infos pratiques, billet « single act » en vante directement au guichet). Et vous pourrez ainsi découvrir l'ambiance de la salle où les *aficionados* encouragent leurs acteurs préférés de leurs applaudissements. On peut emmener son *bento* (plateau-repas) et manger tout en regardant la pièce.

Après des travaux de restauration, le Kabuki-za a rouvert ses portes en 2013, plus étincelant que jamais. N'hésitez pas à passer voir ce bâtiment tout en bois, même si vous n'assistez pas à une représentation.

LES ACTEURS DE *KABUKI*

Né à l'époque Edo, le *kabuki* était, au départ, un théâtre populaire incluant des scènes érotiques que le pouvoir shogunal jugea vite obscènes. Sans aller jusqu'à interdire complètement le *kabuki*, les autorités décidèrent que seuls les hommes seraient autorisés à monter sur scène. Cette restriction qui perdure encore aujourd'hui fut à l'origine des rôles féminins tenus par des hommes (*onnagata*), qui sont aujourd'hui les plus prestigieux et les plus applaudis.

L'intersection de Ginza Yonchome★★★

銀座四丁目

Plan p. 55 / A3 *- Au croisement de l'av. Chuo dori et de l'av. Harumi dori. Mº Ginza, lignes Ginza (G09) ou Marunouchi (M16) ou Hibiya (H08), sortie A10, 1 min à pied.*

C'est l'intersection la plus chère du monde, avec l'**immeuble Wako** reconnaissable à sa tour de l'horloge, qui fonctionne depuis 1898. Autour de ce croisement, vous pourrez rentrer dans les grands magasins ou admirer de nombreux immeubles d'une remarquable architecture moderne, qui abritent des boutiques de luxe, comme Chanel, Hermès ou Mikimoto Pearl.

L'immeuble Hermès*

エルメス銀座店

***Plan p. 55 / A3** - 5-4-1 Ginza, Chuo-ku ☎ 03-3289-6811. Gare : Yurakucho, ligne JR (sortie Ginza guchi, 3 min à pied). Ou M° Ginza, lignes Ginza (G09) ou Marunouchi (M16) ou Hibiya (H08), sortie B7, 5 min à pied. Ouv. t.l.j. 11 h-20 h et 19 h le dim.*

Inauguré en 2001, ce bel immeuble, surnommé « la cathédrale de verre », a été réalisé par l'architecte italien Renzo Piano (il a également conçu le Centre Pompidou à Paris). La nuit, ses carreaux de verre s'illuminent et confèrent à sa façade un aspect plein de douceur, à la manière de la lumière filtrée à travers les parois de papier des lampes japonaises.

Il abrite boutique, galerie d'art, petit musée et salle de cinéma. Une pure merveille !

L'immeuble Sony*

ソニービル

***Plan p. 55 / A3** - 5-3-1 Ginza, Chuo-ku ☎ 03-3573-2371. Gare : Yurakucho, ligne JR (sortie Ginza guchi, 5 min à pied). Ou M° Ginza, lignes Ginza (G09) ou Marunouchi (M16) ou Hibiya (H08), sortie B9, 1 min à pied. Ouv. t.l.j. 11 h-19 h et 21 h pour les restaurants. Entrée libre.*

Créé en 1946, Sony est devenu le géant mondial de l'électronique. Dans ce véritable showroom de la marque, on peut voir en démonstration tous les derniers modèles des collections de téléviseurs, *home theater*, appareils-photo, caméras, ainsi que les différents types d'Aibo (les robots chiens intelligents), et un écran géant HD au dernier étage.

La boutique de Mikimoto Pearl*

ミキモト銀座店

***Plan p. 55 / A3** - 2-4-12 Ginza, Chuo-ku ☎ 03-3535-4611. M° : Ginza-itchome, ligne Yurakucho (Y19, sortie 8, 2 min à pied) ; ou Ginza, ligne Ginza (G09, sortie C8, 3 min à pied). Ouv. t.l.j. 11 h-19 h, restaurants : 11 h-20 h.*

Chef-d'œuvre de l'architecte Toyo Ito, cet édifice rose, aux fenêtres asymétriques qui partent dans tous les sens, vaut également le détour pour son intérieur somptueux. Créateur de la perle de culture depuis 1893, vous serez séduit par la beauté et la qualité des produits Mikimoto. En plus des rayons de perles, vous trouverez dans l'immeuble des restaurants et un élégant salon de thé.

Le joaillier De Beers*

デビアスジュエリー

***Plan p. 55 / A3** - 2-5-11 Ginza, Chuo-ku ☎ 03-5524-6055. M° Ginza, lignes Ginza (G09, sortie A13) ou Marunouchi (M16, sortie C8) ou Hibiya (H08, sortie B2), 2 min à pied. Ouv. t.l.j. 11 h 30-19 h 30.*

Réalisée par le talentueux architecte de la jeune génération, Jun Mitsui, cette tour, toute de métal et de verre vêtue, véritablement innovante, est une curiosité : sa façade semble onduler et se tordre dans le ciel.

Mikimoto Pearl

6 De Tsukiji à la baie de Tokyo

Le marché de Tsukiji

C'est à Tsukiji que se trouve le plus grand marché aux poissons du monde : 1 700 petits éventaires joliment arrangés et chargés de toutes sortes de poissons ruisselants, de coquillages et de crustacés. Une visite matinale dans cet univers à part s'impose. Face à la baie de Tokyo, changement de décor : Shiodome est un quartier d'affaires ultramoderne construit sur une zone marécageuse. Entièrement rénové en 2003, il s'articule autour de l'immeuble Dentsu, où siège la première agence de publicité du monde. Outre des complexes commerciaux, on y trouve de somptueux jardins japonais, véritables invitations à la promenade.

- **Plan :** ci-contre.
- **Arriver :** voir Carnet pratique p. 308.
- **Point de départ de la visite :** le marché aux poissons de Tsukiji.
- **Se déplacer :** à pied.
- **Manger, dormir, s'amuser :** p. 220.

➤ Le marché aux poissons de Tsukiji★★★

築地市場

Plan ci-dessous / B1-2 *- 5-2-1 Tsukiji, Chuo-ku ☎ 03-3542-1111. Marché intérieur couvert («jonai»): Mo Tsukijishijo, ligne Toei Oedo (E18, sortie A1, 1 min à pied). Marché extérieur («jogai»): Mo Tsukiji, ligne Hibiya (H10, sortie 1, 5 min à pied). Ouv. t.l.j. sf dim., certains mer. (selon les mois), j.f., fin et début d'année (vérifiez le calendrier sur le site Internet: les jours de fermeture sont en rouge). Les horaires varient selon les lieux.* ***Attention, fermeture définitive du marché prévue le 2 nov. 2016; ouverture du nouveau marché le 7 nov. à Toyosu (Koto Ward).*** *www.tsukiji-market.or.jp.*

C'est sans doute l'un des sites les plus visités par les touristes bien qu'il s'agisse d'un lieu en principe réservé aux professionnels. Dans ce marché, qui existe depuis plus de 300 ans, les restaurateurs de toute la ville viennent s'approvisionner en poisson frais. La vente aux enchères des thons, qui se déroule chaque matin très tôt au fond du marché, est un must à ne pas manquer. Vous pourrez voir les vendeurs, debout sur un escabeau, hurler les prix à toute vitesse tandis que des mains se lèvent dans la foule des acheteurs. Certains thons, notamment les thons rouges en provenance d'Espagne, peuvent atteindre le prix d'une voiture!

Il faut se lever tôt, mais la visite vaut vraiment le détour. Le marché est séparé en deux parties: le **marché intérieur couvert** («*jonai*»), réservé aux petits commerçants, et le **marché extérieur** («*jogai*»), pour le reste.

De Tsukiji à la baie de Tokyo

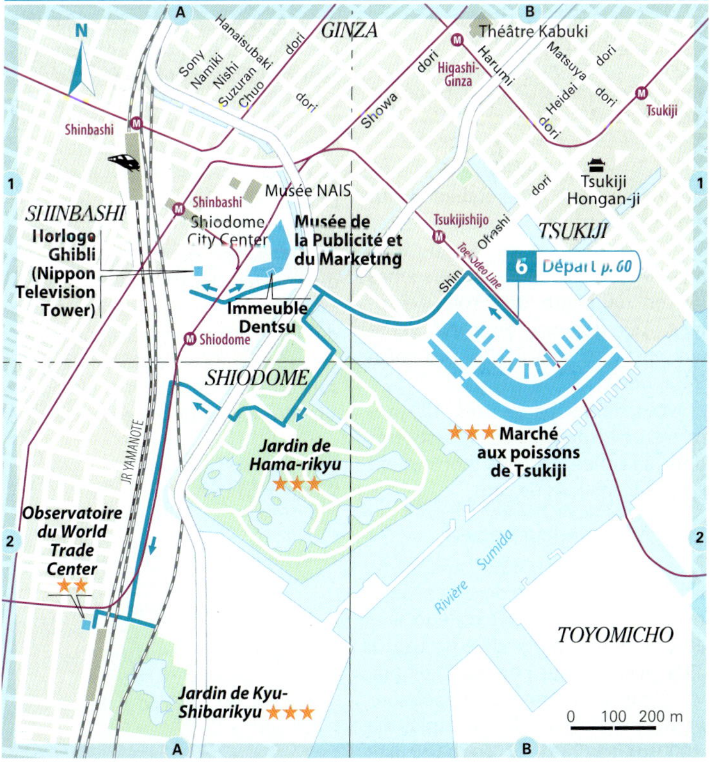

Les restaurants traditionnels au marché de Tsukiji

Assister à la vente aux enchères des thons (Tuna Auction)

Point de rendez-vous : le r.-d.-c. du Osakana Fukyu Center (Fish Information Center), 6-20-5 Tsukiji, Chuo-ku ☎ 03-3547-8824. C'est le bâtiment à g. de l'entrée Kachidoki-mon sur l'av. Harumi dori, avant le pont Kachidoki-bashi. Attention : de déc. à la 1re moitié de janv., cette zone n'est pas accessible aux visiteurs.

Une règle stricte a été établie : il faut s'inscrire à partir de 5 h pour les ventes de 5 h 25-5 h 50 et de 5 h 50-6 h 15, et seules les 120 premières personnes (60 en deux groupes) sont acceptées. Les visiteurs de cette vente aux enchères sont à 90 % des *gaijin* (étrangers).

Si vous faites partie des 120 premières personnes, vous assisterez donc à la criée. Certains thons valent plusieurs millions de yens !

Le marché intérieur couvert (« *jonai* ») 場内

En dehors de la zone des enchères, il reste accessible pour les visiteurs sans autorisation à partir de 9 h, jusqu'à 11 h environ. Vous pourrez y voir une variété impressionnante de poissons et de produits de la mer (plus de 2 000 tonnes/jour), et en particulier y admirer la découpe de thons frais avec des couteaux longs de 1,3 m. Faites attention au trafic de petites et très nombreuses voitures. Le sol étant mouillé, il est préférable d'y aller avec des chaussures qui ne sont pas glissantes. Il également préférable d'éviter les sacs à dos, car il y a beaucoup de monde.

Le marché extérieur (« *jogai* ») 場外

La visite du marché extérieur est également intéressante *(5 h-12 h env.)*. Toutes sortes de choses sont vendues : ustensiles de cuisine, vaisselle, mais aussi des petits poissons séchés, des fruits de mer et des algues.

Les restaurants de sashimis (poisson cru) ou de sushis (poisson cru sur du riz) sont innombrables, et

BON À SAVOIR

Le **marché de Tsukiji** devrait fermer définitivement ses portes pour s'installer à Toyosu (baie de Tokyo) début novembre 2016. Le maire de l'arrondissement souhaite en effet que ce marché, situé dans un des quartiers les plus chics de la capitale, près de Ginza, déménage pour des raisons d'hygiène.

certains attirent les clients en criant leur menu. Dans tous, la fraîcheur du poisson est assurée. Vous pourrez donc essayer le poisson cru au petit déjeuner ! Choisissez toujours ceux où il y a la queue : on n'attend jamais très longtemps, mais pas question, non plus, de s'attarder au comptoir *(ouv. 6 h-11 h environ)*.

➤ L'horloge Ghibli*

ジブリ大時計 **Ghibli daidokei**

Plan p. 61 / A1 *- Nippon Television Tower, 1-6-1 Higashi-Shinbashi, Minato-ku ☎ 03-6215-4444. Gare : Shinbashi, ligne JR (sortie Shiodome, 4 min à pied). Ou Mº Shinbashi, lignes Toei Asakusa (A10, sortie 2, 2 min à pied) ou Ginza (G08, allez vers le JR puis prenez la sortie Shiodome, 4 min à pied). Immeuble ouv. t.l.j. 10 h-19 h. Horloge visible de l'ext. (2e ét.). Entrée libre. www.ntv.co.jp/shiodome.*

Au pied de l'immeuble où siège la station de télévision Nippon Television se trouve une gigantesque horloge conçue par le Studio Ghibli, fondé par Hayao Miyazaki et Isao Takahata, cinéastes d'animation. Créée sur le modèle du château ambulant imaginé par Miyazaki ➤ *encadré p. 291*, elle est constituée de 1 228 plaques de cuivre et pèse... 28 tonnes ! C'est l'une des trois plus grandes horloges au monde (12 m de hauteur et 18 m de largeur). Elle s'anime à cinq reprises (10 h, 12 h, 15 h, 18 h et 20 h), mais il est préférable d'arriver 5 min avant. Éclairée la nuit, ses chiffres s'illuminent alors de rouge.

➤ L'immeuble Dentsu*

電通ビル

Plan p. 61 / A1 *- 1-8-1 Higashi-Shinbashi, Minato-ku ☎ 03-6216-5111. Gare : Shinbashi, ligne JR Yamanote (sortie 4, 4 min à pied). Mº Shiodome, ligne Toei Oedo (E19, sortie 6, 1 min à pied). Ou Mº Shinbashi, lignes Toei Asakusa (A10, sortie 1, 2 min à pied). Pour accéder au 46e ét., prenez l'ascenseur du 2e s.-s. Ouv. t.l.j. 11 h-23 h (à l'int., horaires différents selon les commerces). Entrée libre. www.caretta.jp.*

Cette tour, telle une lame de couteau s'élevant dans le ciel, est une construction de l'architecte français Jean Nouvel. La vue depuis le dernier étage est à couper le souffle.

Au centre, l'immeuble Dentsu

Le jardin de Hama-rikyu

➤ Le musée de la Publicité et du Marketing★

広告とマーケティングの資料館
「アド・ミュージアム東京」

AD museum Tokyo, ADMT

***Plan p. 61 / A1** - Caretta Shiodome B1-B2, 1-8-2 Higashi-Shinbashi, Minato-ku ☎ 03-6218-2500. Accès : voir l'immeuble Dentsu, p. 63. Situé au r.-d.-c. de Caretta Shiodome (dans le complexe Shiodome SIO-SITE), à côté de l'immeuble Dentsu. Ouv. t.l.j. sf lun. et dim. 11 h-18 h 30, sam. et j.f. 11 h-16 h 30 (admission 30 min av. la fermeture). Entrée libre. www.admt.jp.*

Ouvert en 2002 pour commémorer l'anniversaire de la naissance de Hiedo Yoshida, considéré comme le « père » de la publicité japonaise, ce musée retrace l'histoire de la publicité nippone depuis les premières estampes-réclames du XVIIe s. jusqu'aux dernières campagnes télévisées. Situé dans l'immeuble Caretta Shiodome, on y trouve également des restaurants, boutique et hôtels.

➤ Le jardin de Hama-rikyu★★★

浜離宮恩賜庭園

Hamarikyu onshi teien

***Plan p. 61 / AB2** - 1-1 Hamarikyuteien, Chuo-ku ☎ 03-3541-0200. Gare : Shinbashi, ligne JR Yamanote (sortie Karasumori, 12 min à pied). Ou M° Shiodome, ligne Toei Oedo (E19, sortie Shiodome, 7 min à pied). Ouv. t.l.j. 9 h-17 h (admission 30 min av. la fermeture). Entrée payante. www.tokyo-park.or.jp/english/park/detail_04.*

Créé en 1654, ce jardin japonais offre une promenade reposante autour de plusieurs lacs au centre desquels

se trouvent deux îles desservies par des ponts en bois. Derrière les arbres se dessinent les hauts immeubles du quartier d'affaires de Shiodome.

Tous les pavillons de thé d'origine ont été détruits par un bombardement en 1945, un seul a été reconstruit à l'identique, au bord du lac. Vous pourrez d'ailleurs y déguster du thé vert et des pâtisseries traditionnelles *(p. 221)*.

➤ L'observatoire du World Trade Center★★

世界貿易センタービル展望台

Sekai boeki center biru tenbodai

Plan p. 61 / A2 *- 2-4-1 Hamamatsucho, Minato-ku ☎ 03-3435-6026. Gare : Hamamatsucho, lignes JR Yamanote ou Tokyo Monorail, 1 min à pied. Ou M° Daimon, lignes Toei Asakusa (A09) ou Toei Oedo (E20), sortie B3, 1 min à pied. Ouv. t.l.j. sf quelques jours dans l'année 10 h-20 h 30 (admission 30 min av. la fermeture). Entrée payante. www.wtcbldg.co.jp/wtcb/facility/seaside.*

Cet observatoire, situé à 152 m, permet d'avoir une vue panoramique splendide sur la capitale, de jour comme de nuit, en particulier sur la **tour de Tokyo** *(p. 77)* et la baie, jusqu'à Odaiba *(p. 66)*.

➤ Le jardin de Kyu-Shibarikyu★★★

旧芝離宮恩賜庭園

Kyu shiba rikyu onshi teien

Plan p. 61 / A2 *- 1-4-1 Kaigan, Minato-ku ☎ 03-3434-4029. Gare : Hamamatsucho, ligne JR Yamanote ou Tokyo Monorail (sortie N., 1 min à pied). Ou M° Daimon, lignes Toei Asakusa (A09) ou Toei Oedo (E20), sortie B2, 3 min à pied. Ouv. t.l.j. sf quelques jours dans l'année 9 h-17 h (admission 30 min av. la fermeture). Entrée payante. www.tokyo-park.or.jp/english/park/detail_06.*

Ce jardin japonais, conçu à l'époque Edo, était autrefois relié à la mer. Il est une pure merveille en toute saison. Azalées et cerisiers au printemps, iris en été, érables en automne et narcisses en hiver, toutes les fleurs embellissent cet écrin de verdure.

Il a été la propriété de plusieurs grandes familles, avant de devenir, en 1875, jardin impérial et finalement d'être ouvert au public en 1924.

Vous pourrez faire le tour de l'étang pour y admirer les quatre petites îles qui s'y trouvent, et une belle lanterne en pierre. De nombreux immeubles entourent les lieux, mais la beauté du jardin vous fera oublier quelques instants la modernité de la ville.

7 Odaiba

Le pont Rainbow

Zone artificielle gagnée sur la mer dans la baie de Tokyo, Odaiba offre l'un des panoramas les plus futuristes de la ville : la vue sur la *skyline* tokyoïte, illuminée par le Rainbow Bridge, est tout simplement spectaculaire. Regroupant parcs à thème surprenants, musées innovants et centres commerciaux dernier cri, « Tokyo Bay » ravira petits et grands.

- **Plan :** ci-contre.
- **Arriver :** voir Carnet pratique p. 308.
- **Point de départ de la visite :** métro d'Odaiba kaihin koen.
- **Se déplacer :** à pied ou en bateau.
- **Manger, dormir, s'amuser :** p. 222.

➤ Le pont Rainbow★

レインボーブリッジ

Rainbow bridge

***Plan ci-dessous / A1** - Du côté d'Odaiba : M° Odaiba kaihin koen, ligne Yurikamome (U06, sortie N., 15 min à pied). Du côté de Shibaura : M° Shibaura-futo, ligne Yurikamome (U05, 5 min à pied, accès au pont par un ascenseur). Ouv. t.l.j. sf 3e lun. du mois. Promenade sur le pont : 1er avr.-31 oct. 9 h-21 h ; 1er nov.-31 mars 10 h-18 h (admission 30 min av. la fermeture). Entrée libre.*

Accessible aux piétons, cet immense pont suspendu (27 m de haut et 918 m de long), reliant les quartiers Odaiba et Shibaura, est l'un des symboles de la ville. Depuis le pont, une très belle vue sur la baie s'offre à vous.

➤ Le parc marin d'Odaiba★

お台場海浜公園

Odaiba kaihin koen

***Plan ci-dessous / A1** - Gare : Shinbashi : ligne Yurikamome, 13 min en train, arrêt gare : Odaiba kaihin koen (sortie N.). Entrée libre. Depuis Asakusa (p. 31), vous pouvez prendre le bateau « Himiko », vers Odaiba (env. 50 min). Traversée payante. www.suijobus.co.jp/cruise.*

Vous pourrez vous promener sur une plage de sable fin, en provenance d'une île du sud de la capitale.

Tokyo : Odaiba

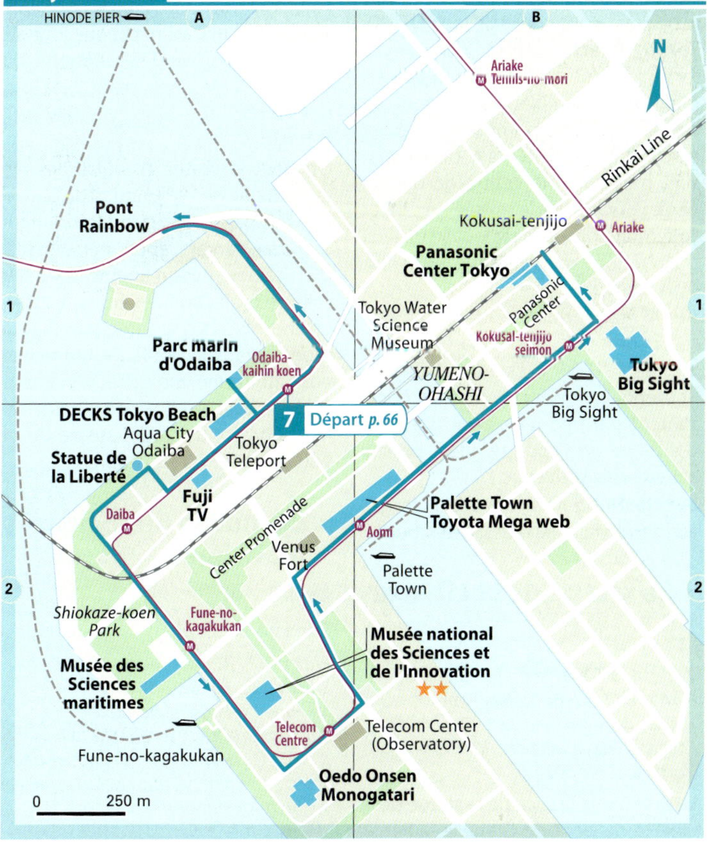

Orienté à l'ouest, ce parc marin d'Odaiba est un lieu idéal pour apprécier le soleil couchant, si vous venez en fin d'après-midi.

De nombreux cafés et bars ont des terrasses avec une belle vue sur la mer. Le parc donne sur le superbe **pont Rainbow**.

➤ DECKS Tokyo Beach

デックス東京ビーチ

__Plan p. 67 / A1-2__ - 1-6-1 Daiba, Minato-ku ☎ 03-3599-6500. M° Odaiba kaihin koen, ligne Yurikamome (U06, sortie N., 2 min à pied). Ouv. t.l.j. 11 h-21 h ; restaurants : 11 h-minuit ; parcs à thèmes : 10 h-22 h. Entrée libre pour la promenade sur le DECKS Tokyo Beach, mais payante pour les attractions, les musées, etc. www.odaiba-decks.com.

Du parc marin d'Odaiba, vous pourrez aller vous divertir au **DECKS Tokyo Beach**, centre commercial fort agréable muni d'une terrasse en plein air ressemblant à un pont de bateau, doté de nombreux cafés et restaurants. À l'intérieur, des magasins, mais aussi le centre de découverte LEGOLAND, le musée de Cire et Tokyo Joypolis, la grande salle de jeux d'attractions de la marque SEGA, sur trois niveaux.

Au 4e étage du Seaside Mall, une reconstitution des quartiers des années 1960 (Daiba 1-Chome Shotengai, prononcer « *daiba itchome shotengai* ») permet d'avoir une idée du Tokyo de l'époque. Idéal pour y acheter des souvenirs.

Le Little Hong-Kong des 6e et 7e étages au Island Mall plaît aussi beaucoup.

➤ La statue de la Liberté

自由の女神像

Jiyu no megami zo

__Plan p. 67 / A2__ - M° Daiba, ligne Yurikamome (U07, sortie S., 2 min à pied). Ou gare : Tokyo Teleport, ligne Rinkai (sortie B, 5 min à pied).

Le prêt par la France de la statue de la Liberté du pont de Grenelle (à Paris), en 1998-1999, pour l'année de la France au Japon, a largement contribué au succès d'Odaiba. Une nouvelle statue, identique à l'originale, a d'ailleurs été fondue et implantée définitivement sur le site.

➤ Le siège de FUJI TV*

フジテレビ本社ビル

Fuji terebi honsha biru

__Plan p. 67 / A2__ - 2-4-8 Daiba, Minato-ku ☎ 03-5500-8888. M° Daiba, ligne Yurikamome (U07, sortie S., 3 min à pied). Ou gare : Tokyo Teleport, ligne Rinkai (sortie B, 6 min à pied). Ouv. t.l.j. sf lun. 10 h-18 h. Entrée libre. Salle d'observation au 25e ét. : ouv. t.l.j. sf lun. 10 h-18 h. Entrée payante (vente des billets 1 h av. la fermeture). www.fujitv.co.jp/en.

Le siège de la chaîne de télévision Fuji, construit par l'architecte Kenzo Tange en 1996, attire chaque jour des milliers de visiteurs. Sa silhouette, qui évoque un Meccano géant, est devenue l'un des nouveaux symboles de la capitale.

On peut le visiter et, outre des restaurants et des boutiques de souvenirs (en particulier la seule boutique de Sazae-san au Japon, personnages d'un célèbre dessin animé), il y a une salle de projection des émissions de la chaîne. Mais le plus intéressant est de monter dans la boule de titane d'où vous aurez une vue extraordinaire sur toute la baie. Au 7e étage, accédez au *Roof Garden*, un jardin suspendu où vous pourrez vous restaurer.

➤ Le musée des Sciences maritimes

船の科学館

Fune no kagakukan

__Plan p. 67 / A2__ - 3-1 Higashi-Yashio, Shinagawa-ku ☎ 03-5500-1111. M° Fune-no-kagakukan, ligne Yurikamome (U08, sortie O., 2 min à pied). Ou bateau-bus de Hinode ou Shinagawa (env. 35 min) : www.suijobus.co.jp/cruise/station/hinode. Ouv. t.l.j. sf lun. 10 h-17 h. Entrée gratuite.

Le siège de FUJI TV

www.funenokagakukan.or.jp.
Attention : le bâtiment principal est en rénovation. *La date d'ouverture n'est pas encore communiquée (certainement après 2016). Une annexe du musée reste ouverte au public.*

Pour les fans de grand large, ce musée, en forme de paquebot, offre une rétrospective sur l'évolution des bateaux, grâce à de magnifiques maquettes, de la pirogue en bois au dernier paquebot. Au 6e étage, vous pourrez, dans une salle grandeur nature, piloter avec un simulateur, un navire.

À l'extérieur, vous pourrez voir et visiter, à quai, deux bateaux : le « Yotei Maru », ferry qui reliait le nord du Japon à l'île d'Hokkaido, et le « Soya », un brise-glace basé en Antarctique.

La tour d'observation offre une vue superbe sur la baie et le pont Rainbow.

Le musée est entouré d'un parc qui offre une agréable promenade le long de la mer.

➤ Le musée national des Sciences et de l'Innovation (Miraikan)★★

日本科学未来館

Nihon kagaku miraikan

Plan p. 67 / A2 *- 2-3-6 Aomi, Koto-ku ☎ 03-3570-9188. M° Telecom Center, ligne Yurikamome (U09, sortie S., 4 min à pied). Ou M° Fune-no-kagakukan, ligne Yurikamome (U08, sortie E., 5 min à pied). Ouv. t.l.j. sf mar. 10 h-17 h (admission 30 min av. la fermeture). Entrée payante. www.miraikan.jst.go.jp.*

C'est un musée ultramoderne, pédagogique et interactif qui fait la part belle à la robotique, à la génétique et aux nanotechnologies. Il plaira aussi bien aux adultes qu'aux enfants.

À l'intérieur, un gigantesque globe terrestre suspendu en l'air sur plusieurs niveaux change de couleurs et de tonalités. Vous apprécierez le planétarium avec des images 3D où sont projetées des films en 3D sur l'origine des planètes et de l'espace. Les robots, dont le très populaire Asimo de Honda, font partie des attractions phares. Au 5e étage, une réplique de la station spatiale internationale permet de se faire une idée de la vie dans l'espace.

Il y a plusieurs restaurants aux différents niveaux du musée, dont un qui offre une vue panoramique, au 7e étage.

➤ Ooedo Onsen Monogatari★

大江戸温泉物語

***Plan p. 67 / A2** - 2-6-3 Aomi, Koto-ku ☎ 03-5500-1126. M° Telecom Center, ligne Yurikamome (U09, sortie S., 3 min à pied). Ouv. t.l.j. pour les bains intérieurs : 11 h-8 h (le lendemain) ; pour les bains extérieurs : 11 h-minuit et 5 h-8 h (admission 2 h av. la fermeture). Entrée payante. www.ooedoonsen.jp/en. Attention : les personnes tatouées ne sont pas admises.*

Ce parc d'attractions d'*onsen* (bains de source thermale, *p. 286*), dont les eaux chaudes sont puisées à 1 400 m sous terre, recrée l'atmosphère d'un village thermal de l'époque Edo.

À l'entrée, après avoir choisi le motif de votre *yukata* (kimono de coton léger), vous pouvez prendre votre bain. Si vous le désirez, vous pouvez même y passer la journée, vous restaurer, faire des emplettes et retourner vous baigner à votre guise. Bains en extérieur, bains de sable ou de vapeur, saunas, ou simple repos dans des pièces à tatami (nattes de paille) : tout n'est que calme, luxe et volupté ! C'est une façon très agréable de connaître les joies des *onsen*, en pleine capitale ➤ *encadré ci-contre*.

TATOUAGES

Si vous avez un tatouage, vous risquez de ne pas pouvoir rentrer dans les *onsen*, car c'est interdit (signe de ralliement des yakuzas, la pègre japonaise). En revanche, vous pouvez mettre un pansement dessus afin de les cacher.

➤ Palette Town

パレットタウン

***Plan p. 67 / AB2** - 1-3-15 Aomi, Koto-ku ☎ 03-3529-1821. M° Aomi, ligne Yurikamome (U10, sortie N., 1 min à pied. Ou M° Tokyo Teleport, ligne Rinkai (sortie B, 3 min à pied). Ou par bateau-bus : de Hinode à Palette Town (env. 30 min) : www.suijobus.co.jp/cruise/station/palettown. Ouv. t.l.j. 10 h-22 h (selon les commerces). Entrée libre. www.palette-town.com.*

Zone de shopping et d'attractions très à la mode, pleine de couleurs, comme sur la palette d'un peintre, d'où son nom. Dans ce complexe, vous trouverez : Venus Fort, un grand centre commercial, assez kitsch (avec notamment la boutique Hello Kitty) décoré comme une ville italienne du XVIIIe s., le **Toyota Mega Web** *(ci-après)*, un parc à thème sur les automobiles, une salle de concert et Tokyo Leisure Land, un complexe récréatif (bowlings, karaoké, etc.).

À l'extérieur, la **grande roue géante**, symbole d'Odaiba, est également très populaire.

Toyota Mega Web

トヨタメガウェブ

***Plan p. 67 / AB2** - Situé à l'intérieur de Palette Town (voir plus haut). Ouv. t.l.j. 11 h-21 h (Toyota City Showcase et History Garage), 11 h-20 h (Ride One), 11 h-19 h (Ride Studio), 11 h-18 h (Fun Kart Ride). Rés. obligatoire pour le Ride One ☎ 0800-0800-489 (11 h-18 h). Entrée gratuite sur le site, mais les attractions sont payantes. Bon à savoir : il faut être muni du permis de conduire international ; de plus, Ride One et Fun Kart Ride sont uniquement accessibles aux personnes qui comprennent le japonais !*

Ce **parc à thème** fondé par Toyota est le plus grand et le plus impressionnant salon d'exposition de voitures du monde. Vous pourrez voir

les nombreux modèles de la marque japonaise mondialement connue.
L'*History Garage* présente des modèles des années 1950-1970. Il y a mêmes deux cafés-restaurants à l'intérieur du *Garage*.
Dans l'espace *Ride One*, vous pourrez essayer le dernier modèle Toyota. Il est également possible de manier une petite voiture hybride. Les enfants, s'il comprennent le japonais, peuvent aussi faire l'expérience de la conduite *(Kid Ride One)*. Il y a également des cabines de simulation de conduite à haute vitesse, des voitures de courses et des modèles futuristes exposés.

➤ Tokyo Big Sight

東京ビックサイト

Plan p. 67 / B1 *- 3-11-1 Ariake, Koto-ku ☎ 03-5530-1111. M° Kokusai-tenjijo-seimon, ligne Yurikamome (sortie S., 7 min à pied). Ouv. t.l.j. 9 h-18 h (selon les commerces). Entrée libre. www.bigsight.jp/english.*

Ce parc d'expositions, reconnaissable à ses quatre pyramides inversées, au design époustouflant, a été conçu par AXS Satow (constructeur japonais) en 1994. C'est le plus grand palais des congrès du Japon (80 000 m²) où ont lieu beaucoup d'événements culturels (expositions internationales, concerts). Vous pouvez accéder au 8ᵉ étage pour profiter de la vue.

Le robot Gundam

LE ROBOT GUNDAM

Sur la Tokyo Plaza du grand centre commercial **DiverCity** à Odaiba, vous ne pourrez manquer la gigantesque **statue de Gundam**, ce robot issu d'une animation japonaise, qui existe depuis 1979. *(Le centre commercial est ouv. t.l.j. 10 h-21 h. 1-1-10 Aomi, Koto-ku ☎ 03-6380-7800. www.divercity-tokyo.com)*
Un restaurant à Akihabara met également à l'honneur ce robot *(Manger, dormir, s'amuser p. 213)*.

➤ Panasonic Center Tokyo

パナソニックセンター東京

Plan p. 67 / B1 *- 3-5-1 Ariake, Koto-ku ☎ 03-3599-2600. M° Kokusai Tenjijo, ligne Rinkai (U11, sortie principale, 2 min à pied). Ou M° Ariake, ligne Yurikamome (U12, sortie O., 3 min à pied). Ouv. t.l.j. sf lun. 10 h-18 h (admission 1 h av. la fermeture). Entrée gratuite, mais payante dans l'espace Sciences et Mathématiques www.panasonic.net/center/tokyo.*

Ce showroom ultramoderne de la célèbre marque d'électronique bientôt centenaire présente, sur quatre niveaux, toutes les dernières nouveautés : ordinateurs, appareils photo, électroménager, etc. Les adultes et les enfants peuvent faire des expériences scientifiques et mathématiques dans l'espace Digital Network, au 3ᵉ étage. L'espace Nintendo est très apprécié.

8 Roppongi

Vue panoramique depuis la tour Mori

Roppongi est connu pour être l'un des quartiers les plus « occidentaux » de Tokyo. Dès la fin de la Seconde Guerre mondiale, GI's et diplomates avaient ici leurs habitudes. Subsiste aujourd'hui une vie nocturne débridée, qui attire aussi bien *gaijin* que Tokyoïtes. Mais on ne vient plus seulement à Roppongi pour dîner ou faire la fête depuis l'ouverture de deux gigantesques complexes culturels et commerciaux, Tokyo Midtown et Roppongi Hills. Plusieurs musées et galeries ont également suivi ce renouveau, constituant l'« Art Triangle Roppongi ».

- **Plan :** ci-contre.
- **Arriver :** voir Carnet pratique p. 308.
- **Point de départ de la visite :** Roppongi Hills.
- **Se déplacer :** à pied.
- **Manger, dormir, s'amuser :** p. 222.

➤ Roppongi Hills★★

六本木ヒルズ

***Plan ci-dessous / A2** - 6-10-1 Roppongi, Minato-ku ☎ 03-6406-6000. M° Roppongi, lignes Hibiya (H04, sortie 1c, 1 min à pied) ou Toei Oedo (E23, sortie 3, 4 min à pied). Ouv. t.l.j. 11 h-21 h (selon les commerces). Entrée libre. www.roppongihills.com.e.nt.hp.transer.com.*
***Observatoire Tokyo City View** ☎ 03-5777-8600. Ouv. t.l.j. dim.-jeu. 10 h-23 h (admission 30 min av. la fermeture), ven., sam. et veille j.f. 10 h-1 h (admission 1 h av. la fermeture). Entrée payante (billet combiné avec le **musée d'Art Mori** et/ou la **galerie Mori Arts**). www.roppongihills.com/tcv/en.*

Roppongi Hills, construit en 2003 par le promoteur Mori, est un immense complexe commercial : on compte plus de deux cents boutiques et restaurants, un hôtel, des salles de cinéma, des appartements résidentiels de grand luxe, des bureaux, la station de télévision Asahi, un observatoire, une galerie d'art et un musée d'art. Au pied du complexe, vous découvrirez une immense sculpture représentant une araignée haute d'une dizaine de mètres, intitulée *Maman*. C'est l'œuvre de la plasticienne franco-américaine Louise Bourgeois.

Ce vaste complexe s'articule autour de la **tour Mori**, gigantesque cylindre de verre et d'acier réalisé par les cabinets d'architecture américains Kohn Pedersen Fox Associates et The Jerde Partnership. Outre les bureaux

Tokyo : Roppongi

de nombreuses sociétés, on trouve également dans cette tour la **galerie Mori Arts** et le **musée d'Art Mori** *(voir ci-après)*. Au 52e étage, l'observatoire **Tokyo City View** est certainement l'observatoire le plus spectaculaire de la capitale avec son panorama à 360°, à 250 m au-dessus du niveau de la mer. Il offre, de jour comme de nuit, une vue éblouissante sur toute la mégalopole et la baie de Tokyo. Le toit de l'immeuble (le *Sky Deck*) est accessible afin d'apprécier l'impressionnante **vue en plein air** *(supplément à payer)*.

La galerie Mori Arts

森アーツセンターギャラリー

Mori Arts Center Gallery

Au 52e ét. de la tour Mori. Accès : voir Roppongi Hills : p. 73 ☎ 03-5777-8600. Ouv. t.l.j. 10 h-20 h (admission 30 min av. la fermeture) ; les horaires et les tarifs varient selon les expositions, f. entre deux expos. Entrée payante.

Dans cette galerie d'art contemporain, les expositions changent régulièrement, sur des thèmes différents comme la photographie ou le cinéma.

Le musée d'Art Mori

森美術館 **Mori bijutsukan**

Au 53e ét. de la tour Mori. Accès : voir Roppongi Hills, p. 73 ☎ 03-5777-8600. Ouv. t.l.j. 10 h-22 h, mar. 10 h-17 h. Accès au 53e ét. payant mais donne le droit d'entrer à l'observatoire Tokyo City View. www.mori.art.museum.

Ce musée propose de belles expositions thématiques sur l'art contemporain, le cinéma, la mode, le design et l'architecture. Il permet de découvrir également les dernières tendances et les créations d'artistes émergents. La vue sur Tokyo est grandiose.

➤ Le Centre national d'Art de Tokyo★★

国立新美術館

Kokuritsu shin bijutsukan

Plan p. 73 / A2 *- 7-22-2 Roppongi, Minato-ku ☎ 03-5777-8600. Mo Nogizaka, ligne Chiyoda (C05, sortie 6, 1 min à pied). Ouv. t.l.j. sf mar. 10 h-18 h, jusqu'à 20 h le ven. (admission 30 min av. la fermeture). Entrée payante. www.nact.jp/english.*

Vue de Tokyo depuis la tour Mori

Le Centre national d'Art de Tokyo

Dessiné par Kisho Kurokawa (décédé l'année même de l'inauguration en 2007), ce très beau bâtiment de verre aux formes arrondies vaut à lui seul la visite. Sa façade ondule comme une vague. Avec 14 000 m², il est le plus grand musée du Japon. Dans l'immense hall s'élèvent deux colonnes sur lesquelles se trouvent deux restaurants, dont une brasserie de Paul Bocuse. La partie musée n'a pas d'exposition permanente, mais présente des expositions temporaires de grande qualité, plusieurs fois dans l'année. L'immeuble abrite également des salles de conférences, une bibliothèque avec de nombreux ouvrages sur l'art contemporain, une librairie, des cafés et un auditorium. À voir surtout pour l'architecture unique de ce très beau bâtiment, une véritable œuvre d'art.

ENVIE DE SUSHIS ?

Pour déguster des sushis entre deux visites de musées, tout en admirant le jardin qui entoure Tokyo Midtown, **Tan Etsu** est l'endroit idéal ! Nous vous recommandons de vous installer au comptoir afin de voir les cuisiniers les confectionner devant vous *(Manger, dormir, s'amuser p. 223)*. Après une visite au **musée d'art Suntory** *(p. 76)* situé au même étage (3e), vous pourrez aller flâner dans les magasins de Midtown ou aller visiter le **21_21 Design Sight** *(p. 76)* !

➤ Tokyo Midtown*

東京ミッドタウン

***Plan p. 73 / A2** - 9-7-4 Akasaka, Minato-ku ☎ 03-3475-3100. M° Roppongi, lignes Hibiya (H04, sortie 4a) ou Toei Oedo (E23, sortie 8), 1 min à pied. Ouv. t.l.j. 11 h-21 h ; bars et restaurants : 11 h-minuit. Entrée libre. www.tokyo-midtown.com.*

Inauguré en 2007, cet ensemble architectural, un peu lourd, réunit en un même lieu commerces, services et culture. Les architectes ont réussi l'exploit de bâtir une tour de 248 m de

haut tout en garantissant une parfaite résistance aux secousses sismiques. Des espaces verts entourent une partie de **Midtown**, ce qui le différencie de son rival **Roppongi Hills** *(p. 73)*.
Comme de nombreux complexes tokyoïtes, rien ne manque : restaurants, bars, boutiques de mode, bureaux, hôtel et le **musée d'art Suntory**.

Le musée d'art Suntory★★
サントリー美術館
Suntory bijutsukan

Plan p. 73 / A2 *- ☎ 03-3479-8600.*
Accès : voir Tokyo Midtown, p. 75.
Ouv. t.l.j. sf mar. 10 h-18 h, ven. et sam. 10 h-20 h (admission 30 min av. la fermeture). Entrée payante.
www.suntory.co.jp/sma.

Les espaces intérieurs du musée, signés Kengo Kuma, présentent les riches collections de Suntory, marque de whisky, à travers de belles expositions thématiques temporaires. Ainsi, « La beauté dans la vie quotidienne » regroupe une collection exceptionnelle de plus de 3 000 objets liés à la vie de chaque jour, à l'art séculaire et à l'artisanat japonais : peintures, céramiques, laques, verre, tissus teints et paravents de l'époque Edo. La collection la plus importante est celle des céramiques japonaises.
Dans le parc de Tokyo Midtown, un bâtiment de forme triangulaire en partie enterré dans le sol attire le regard, c'est le **21_21 Design Sight**.

21_21 Design Sight★★
トゥーワン・トゥーワン・デザインサイト

Plan p. 73 / A2 *- 9-7-6 Akasaka, Minato-ku ☎ 03-3475-2121. Situé dans le parc de Tokyo Midtown (p. 75). Ouv. t.l.j. sf mar. 10 h-19 h (admission 30 min av. la fermeture). Entrée payante.*
www.2121designsight.jp.

Inauguré en 2007, il s'agit d'un espace réservé au design, une œuvre commune de l'architecte Tadao Ando et du couturier Issey Miyake, dont la

La tour de Tokyo

direction a été confiée aux designers Taku Satoh et Naoto Fukasawa, en collaboration avec Issey Miyake.

Cet espace de 1 700 m² réparti sur deux niveaux, dans un bâtiment tout en longueur doté d'une vaste pelouse verdoyante, accueille des expositions très originales (quatre par an).

➤ La tour de Tokyo*

東京タワー Tokyo tower

*Plan p. 73 / B2 - 4-2-8 Shibakoen, Minato-ku ☎ 03-3433-5111. M° Kamiyacho, ligne Hibiya (H05, sortie 1, 10 min à pied). Ouv. t.l.j. 9 h-23 h (admission 30 min av. la fermeture pour les 2 niveaux). Entrée payante pour l'**observatoire**. www.tokyotower.co.jp/eng. **Tokyo Tower Aquarium** : ouv. t.l.j. 10 h 30-18 h 16 nov.-15 mars et 10 h 30-19 h 16 mars-15 nov. (admission 30 min av. la fermeture). Entrée payante*

À proximité du parc de Shiba, cette tour radio vermillon et blanche a été construite en 1958. Son architecture s'inspire de la tour Eiffel qu'elle dépasse de quelques centimètres. Elle est le symbole de la reconstruction de la capitale après la Seconde Guerre mondiale et la renaissance du Japon comme grande puissance économique. Depuis l'observatoire, vous pourrez vous émerveiller du panorama sur la ville et ses hauts immeubles, et par temps clair, avoir peut-être la chance d'apercevoir le majestueux mont Fuji. Au rez-de-chaussée, vous pourrez visiter le **Tokyo Tower Aquarium**.

➤ Le temple du Zojo-ji**

増上寺 Zojo-ji

Plan p. 73 / hors plan par B2 - 4-7-35 Shibakoen, Minato-ku ☎ 03-3432-1431. Gare : Hamamatsucho, lignes JR Yamanote ou Tokyo Monorail (sortie N., 10 min à pied). Ou M° Shibakoen, ligne Mita (I05, sortie 1, 3 min à pied). Ouv. t.l.j. 9 h-17 h. Entrée libre. www.zojoji.or.jp.

Situé dans le **parc Shiba**, cet imposant temple bouddhiste a été édifié

Statue Jizo au temple du Zojo-ji

par le shogun Tokugawa Ieyasu en 1598. Comme beaucoup d'autres temples et bâtiments, il a été détruit en partie par les bombardements de 1945, excepté le grand portique de l'entrée, laqué de rouge, qui serait la plus ancienne structure en bois de la ville (1612). Il est d'ailleurs classé « Bien culturel important » ➤ *encadré p. 57*.

Lors de votre visite, vous ne pourrez pas rater les centaines de statues (Jizo) avec leurs petits bonnets rouges sur la tête, les gardiens des âmes des enfants morts.

9 Autour d'Ebisu

Le canal de Meguro

Ebisu a de quoi surprendre. Sur sa vaste esplanade centrale, issue de colossaux travaux initiés pendant la bulle immobilière, des tours modernes voisinent avec… un château français ! La visite vaut surtout pour le musée d'Art Métropolitain de Tokyo Teien. Non loin d'Ebisu, deux quartiers paisibles et pleins de charme vous attendent. Nakameguro invite à la balade avec ses ruelles calmes, ses terrasses de cafés et ses boutiques chics. Prenez le temps de longer sa rivière ombragée par des cerisiers, surtout au printemps. Découvrez également Daikanyama en suivant notre balade secrète : les boutiques de mode, magasins de déco et cafés branchés ont séduit les artistes, qui s'y sont installés en nombre.

- **Plan :** ci-contre.
- **Arriver :** voir Carnet pratique p. 308.
- **Point de départ de la visite :** la gare d'Ebisu.
- **Se déplacer :** à pied ou en transport en commun pour aller d'un quartier à l'autre.
- **Manger, dormir, s'amuser :** p. 224.
- **Balade secrète :** Daikanyama, confidentiel et branché p. 82.

➤ Yebisu Garden Place

恵比寿ガーデンプレイス

***Plan ci-dessous / B1** - 4-20 Ebisu, Shibuya-ku ☎ 03-5423-7111. Gare : Ebisu, ligne JR Yamanote (sortie Yebisu Gardens, suivez le grand escalator, le Skywalk, qui y mène directement). Ou M° Ebisu, ligne Hibiya (H02, sortie 1, 8 min à pied).*

Au moment de la bulle immobilière des années 1980, un immense projet d'urbanisation a été décidé, n'aboutissant qu'en 1994. Le résultat est hallucinant : une place, mi-centre commercial mi-agora, délimitée sur trois côtés par des grands magasins, des restaurants et des hôtels de luxe, au bout de laquelle se détache un… château français digne du XVIIe s. ressemblant à celui de Moulinsart, imaginé dans la bande dessinée *Tintin* ! Ce bâtiment, étonnant dans cette ville japonaise, abrite le restaurant du chef français Robuchon qui est devenu l'un des hauts lieux de la gastronomie française de Tokyo.

Tokyo : Autour d'Ebisu

Yebisu Garden Place

Bon à savoir : du 38e et 39e étages de **Yebisu Garden Tower**, situé dans Yebisu Garden Place, vous jouirez une **vue** splendide sur la ville *(entrée libre)* et trouverez d'excellents restaurants.

➤ Le musée municipal de la Photographie*

東京都写真美術館

Tokyo to shashin bijutsukan

***Plan p. 79 / B1** - 1-13-3 Mita, Ebisu Garden Place, Meguro-ku*
☎ 03-3280-0099. Gare : Ebisu, ligne JR Yamanote (sortie E., 7 min à pied). À dr. du château Robuchon.

LA BIÈRE YEBISU

La bière est une boisson très appréciée par les Japonais. Créée en 1887, la brasserie Nippon Beer commença à produire la bière Yebisu en 1890. Elle employait autrefois la majorité des habitants du quartier… La bière donna ainsi son nom au quartier et à la gare : Ebisu. Vous pourrez d'ailleurs découvrir l'histoire de la bière Yebisu, brassée actuellement par la brasserie Sapporo, dans un **musée** qui lui est dédié, à proximité de la gare Ebisu et du château Robuchon *(à g.)*.
(Le musée de la Bière Yebisu
ヱビスビール記念館
Yebisu Beer Kinenkan. 4-20-1 Ebisu, Ebisu Garden Place, Shibuya-ku
☎ 03-5423-7255. Ouv. t.l.j. sf lun. 11 h-19 h, admission 30 min av. la fermeture. Entrée gratuite mais dégustation payante : 500 yens).

Fermé jusqu'à l'automne 2016.
www.syabi.com.

Sur cinq niveaux, on y présente des photographies en provenance du monde entier, ainsi que des expositions temporaires. Le musée possède une collection de près de 20 000 clichés anciens et modernes. Trois étages sont consacrés aux photographes les plus célèbres du Japon, dont Shimooka Renjo (1823-1914). Une importante collection de livres est disponible dans la bibliothèque au 4e étage. Ce musée est l'un des plus remarquables lieux d'expositions photographiques de tout le pays.

➤ Le musée d'Art métropolitain de Tokyo Teien***

東京都庭園美術館

Tokyo to Teien bijutsukan

***Plan p. 79 / B2** - 5-21-9 Shirokanedai Minato-ku ☎ 03-3443-0201. Ouv. t.l.j sf 2e et 4e mer. du mois, 10 h-18 h, f. certains jours (vérifiez sur le site Internet). Gare : Meguro, ligne JR Yamanote (sortie E., 5 min à pied). Entrée payante. www.teien-art-museum.ne.jp/en.*

Construit en 1933, ce très beau bâtiment Art déco a longtemps servi de résidence d'État. C'est depuis 1983 un musée dont les œuvres d'artistes comme René Lalique, Henri Rapin, Raymond Subes et Max Ingrand sont en permanence en décoration (chandeliers, vases, portes, vitres, etc.).
Un nouvel édifice, appelé White Cube, a ouvert ses portes fin 2014.

Il abrite avec l'ancien bâtiment des expositions temporaires où sont présentés des objets décoratifs, des peintures et sculptures Art déco (Eugène-Robert Poughéon, Jacques-Emile Ruhlmann), mais aussi de l'art moderne (Rei Naito, sculpteur japonais). Des expositions temporaires sont programmées tous les trois mois environ. Des concerts de musique et des projections visuelles sont donnés au White Cube.

➤ Le quartier de Nakameguro

中目黒

Plan p. 79 / A1-2 *- Mº Nakameguro, ligne Hibiya (H01).*

Pour découvrir le quartier de Nakameguro, rien de tel que vous promener le long de la rivière. C'est ici que s'alignent des librairies design avec magazines et livres d'art vintage, des boutiques de vêtements décontractés ou d'accessoires, de coquets magasins de *zakka* (objets décoratifs pour la maison, papeterie), de charmants cafés bio et des restaurants ouverts sur l'extérieur, permettant de profiter des cerisiers, en particulier quand ils sont en pleine floraison au printemps. De nombreux artistes japonais habitent dans ce quartier.

➤ Le quartier de Daikanyama

代官山

Plan p. 79 / A1 *- Gare Daikanyama.*

À quelques minutes à pied de Nakameguro, le quartier Daikanyama séduit de plus en plus de jeunes Tokyoïtes. Avec ses rues sinueuses, ses galeries d'art et ses boutiques de créateurs, ainsi que ses terrasses, ce quartier peu connu des touristes ne manquera pas de vous charmer.

Pour vous y rendre depuis la gare Daikanyama, allez dans la direction du **Hillside Terrace**, un complexe raffiné de logements, de commerces et de galeries, réalisé par Fumihiko Maki, célèbre architecte japonais, qui a remporté le prix Pritzker en 1993. Les logements sont en béton blanc, avec de grandes vitres claires, d'un design pur et moderne.

➤ *Lire aussi la balade secrète : Daikanyama, confidentiel et branché (p. 82-83).*

Une boutique à Nakameguro

Daikanyama est un quartier idéal pour une promenade loin de l'agitation de Shibuya.

Balade secrète

Daikanyama, confidentiel et branché

Une matinée culturelle

À côté du **Hillside Terrace** *(p. 81)*, le **Daikanyama T-Site** est un bâtiment dont la façade en verre et en béton blanc dessine des T, tels un tissage. Il abrite un magnifique magasin de la chaîne japonaise Tsutaya, enseigne de librairies spécialisées et médiastores. Dans une architecture moderne unique et lumineuse, vous trouverez, sur plusieurs étages, un choix époustouflant de livres d'art ou d'architecture, de romans, de livres pour enfants, de DVD et de CD, le tout en anglais. Flânez dans cet espace chaleureux, au parquet de bois clair, où vous pourrez lire tranquillement dans des fauteuils confortables. Des Ipad en libre service sont mis à votre disposition afin de vous renseigner sur le fonds disponible dans le magasin.

Au 1er étage, le restaurant **Anjin** *(Manger, dormir, s'amuser p. 226)*, dont le comptoir est composé de livres posés les uns sur les autres, vous permettra de déjeuner, à moins que vous ne préfériez profiter d'une terrasse…

Une pause en terrasse

À Tokyo, peu de restaurants disposent d'une terrasse. **Ivy Place**, au rez-de-jardin du Daikanyama T-Site, en possède une tout en bois, entourée de verdure. Vous pourrez y déjeuner ou y goûter, avant de flâner dans les ravissantes boutiques à proximité (jouets en bois ou vélos électriques, vêtements). Et même découvrir une clinique vétérinaire qui propose des vêtements et un salon de coiffure pour chiens !

Kyu Asakura: une maison traditionnelle encore peu connue

À 10 min à pied du Daikanyama T-Site, la visite de la maison **Kyu Asakura** vous transportera dans un autre Japon. Construite en 1919, cette maison en bois a échappé au tremblement de terre de 1923 et aux bombardements de la Seconde Guerre mondiale. Devenue un musée, elle est encore peu connue des touristes et même des Japonais. Sur deux niveaux, découvrez les pièces d'une maison traditionnelle: pas de meubles, tatamis au sol, cloisons en papier, fenêtres rectangulaires en verre ou rondes en papier, alcôves *(tokonoma, p. 283)* pour déposer une composition florale, portes en papier décorées de dessins, parquets dans les couloirs. Du premier étage, la vue sur le jardin, avec ses pierres et ses arbres de grande taille, dit *kaiyushiki*, est superbe.

À la découverte des créateurs japonais

C'est ici que s'habillent les Tokyoïtes branchés, notamment chez les stylistes Tsumori Chisato et Limi Feu, la fille de Yohji Yamamoto *(p. 277)*. En déambulant dans le quartier, vous trouverez des galeries d'art, des boutiques de créateurs (mode, meubles) ou des ateliers de designers. Kamawanu propose des tenugui (fine serviette en coton) qui feront d'idéals cadeaux à rapporter, tandis que chez Okura, tout, ou presque, est indigo, le créateur étant passionné par cette couleur. Le détour vaut la peine.

PRATIQUE

Départ : *gare de Daikanyama, allez dans la direction du Hillside Terrace (p. 81).*
Durée : *1/2 journée.*
Conseil : *continuez votre balade vers Nakameguro, à 10 min à pied de la maison Kyu Asakura, en sortant à dr.*

BUDGET

Train Shibuya-Daikanyama : 130 yens.
Maison Kyu Asakura : 100 yens.

10 Shibuya

Le croisement de Shibuya

Avec ses écrans géants, ses bruits assourdissants et ses filles aux tenues délirantes, Shibuya est un quartier incontournable de Tokyo. Après avoir traversé son mythique carrefour (le plus fréquenté du monde, dit-on), prenez le pouls des dernières tendances à Center Gai, une rue piétonne entièrement dédiée aux jeunes, entre boutiques fashion, fast-foods et salles de jeux vidéo. Pour plus de calme, quelques musées et institutions culturelles méritent une visite.

- **Plan :** p. 86-87.
- **Arriver :** voir Carnet pratique p. 308.
- **Point de départ de la visite :** la gare de Shibuya.
- **Se déplacer :** à pied.
- **Manger, dormir, s'amuser :** p. 227.

Shibuya★★★

➤ La gare de Shibuya★

渋谷駅と周辺

Plan p. 86-87 / B3 *- Gare : Shibuya, ligne JR Yamanote ou autres lignes JR (sortie Hachiko guchi, 2 min à pied). Ou Mº Shibuya, lignes Ginza (G01) ou Hanzomon (Z01) ou Fukutoshin (F16), sortie Hachiko guchi, 2 min à pied.*

Cette gare est d'une telle complexité que l'on peut tourner en rond pendant des heures avant de trouver la bonne sortie. Autant en prendre son parti et visiter cette « ville dans la ville », avec ses grands magasins qui s'enroulent dans les sous-sols et les centaines de petites boutiques qui prospèrent à tous les niveaux. Près de 700 000 voyageurs la fréquentent chaque jour. Six lignes de métro et de chemin de fer s'y enchevêtrent dans un joyeux tremblement de vitres.

À la sortie de la gare, vous ne raterez pas la **statue du chien Hachiko** ➤ *encadré ci-dessous* et le fameux **croisement de Shibuya**, ainsi que les nombreux écrans lumineux diffusant, dans un bruit assourdissant, des publicités.

LE CHIEN HACHIKO

À la fin des années 1920, un professeur d'université avait un chien nommé Hachiko. Le matin, celui-ci accompagnait son maître jusqu'à la gare de Shibuya et, le soir, il venait l'y attendre. Un jour, le professeur mourut d'une crise cardiaque sur son lieu de travail. Durant presque 10 ans, le chien continua à venir chercher son maître tous les soirs à la sortie de la gare. Lorsque Hachiko mourut, en 1935, l'histoire fit la une des journaux. Une collecte fut organisée pour lui édifier une statue devant la gare. Plus tard, la statue fut fondue pour les besoins de la guerre, mais, dès 1948, on en fit une nouvelle. À chaque fête, Hachiko est décoré telle une divinité, avec bonnet et collerette. On vient le toucher comme un porte-bonheur. C'est le lieu de rendez-vous le plus célèbre du Japon… Immanquable !

Le croisement de Shibuya★★

渋谷駅スクランブル交差点

Shibuya eki sukuranburu kosaten

Ce grand carrefour en diagonale est traversé par une foule impressionnante… sans que personne ne se bouscule ! Pour vous rendre compte du spectaculaire chassé-croisé, vous pourrez l'admirer du café Starbucks ou de celui de la boutique L'Occitane situés juste en face.

➤ Shibuya 109

渋谷イチマルキュー

Plan p. 86-87 / A3 *- 2-29-1 Dogenzaka, Shibuya-ku ☎ 03-3477-5111. À 5 min à pied de la gare de Shibuya (ci-contre). Situé à l'angle de Dogenzaka et Bunkamura. Ouv. t.l.j. 10 h-21 h ; restaurants (7ᵉ ét.) : 10 h-22 h. Entrée libre. www.shibuya109.jp.*

Ce grand immeuble cylindrique argenté (en japonais, 109 se prononce « Tokyu », comme le nom de la chaîne de magasins qui possède celui-ci) est visible dès que vous sortez de la gare. Il est dédié à la gent féminine mais une version homme, le 109 Men's, se tient non loin de là, en face du carrefour en diagonale. Sur dix niveaux, il y a tout ce qui plaît aux « Shibuyettes », les jeunes filles de Shibuya, raffolant des toutes dernières tendances de la mode. Autour du 109, vous découvrirez également de nombreux cafés et petits restaurants, fréquentés en majeure partie par des jeunes. Tous les grands magasins du quartier possèdent un restaurant au dernier étage. Ils proposent des *teishoku* (menu) raisonnables à midi.

➤ Le Center Gai★

渋谷センター街

Shibuya Center Gai

Plan p. 86-87 / AB3 *- À 5 min à pied de la gare de Shibuya (ci-contre).*

Tokyo : Shibuya, Aoyama, Omotesando, Harajuku

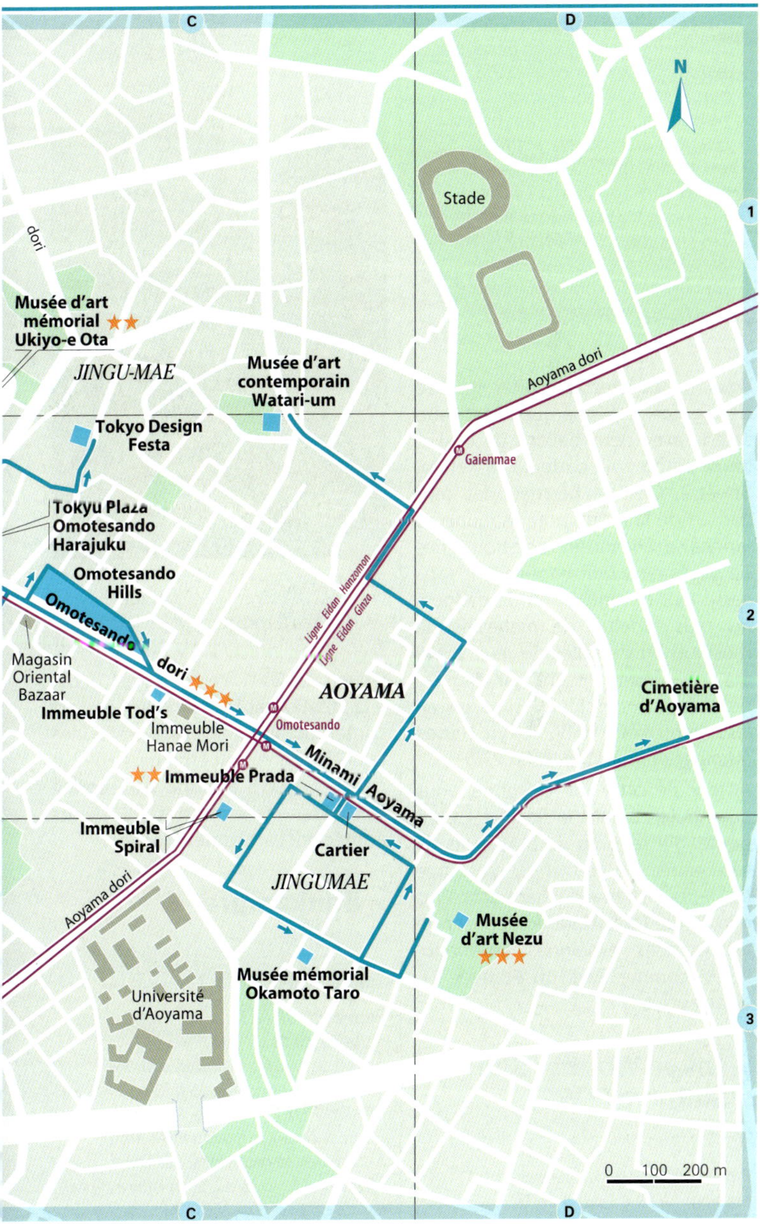
C
D
N
Stade
1
2
3
dori
Musée d'art mémorial ★★ Ukiyo-e Ota
JINGU-MAE
Musée d'art contemporain Watari-um
Aoyama dori
Gaienmae
Tokyo Design Festa
Tokyu Plaza Omotesando Harajuku
Omotesando Hills
Ligne Eidan Hanzomon
Ligne Eidan Ginza
Omotesando dori ★★★
Magasin Oriental Bazaar
AOYAMA
Cimetière d'Aoyama
Immeuble Tod's
Immeuble Hanae Mori
Omotesando
Minami Aoyama
★★ Immeuble Prada
Immeuble Spiral
Cartier
JINGUMAE
Aoyama dori
Musée d'art Nezu ★★★
Musée mémorial Okamoto Taro
Université d'Aoyama
0 100 200 m

LOVE HOTELS

À gauche de Shibuya 109 *(p. 85)*, la rue Dogenzaka 道玄坂通り porte le nom d'un grand bandit qui devint moine à la fin de sa vie et habitait ce district. C'est « la » rue des *love hotels*. Comme leur nom l'indique, ce sont des hôtels destinés aux couples, légitimes ou pas (les appartements sont petits à Tokyo). On peut y passer la nuit ou n'y rester qu'une heure. Les chambres sont décorées de façon délirante et équipées afin de répondre à tous les fantasmes, même les plus fous.

Vous ne pourrez pas rater l'entrée de Center Gai, marquée par une arcade avec deux ballons de basket (on la surnomme parfois « Basketball Street »). C'est le berceau des tendances de la mode pour la jeunesse japonaise : elle foisonne de boutiques de vêtements qui renouvellent sans cesse leur devanture, ou de gadgets les plus farfelus, de magasins de musique ou de salles de jeux vidéo qui ne désemplissent jamais. De nombreux magasins s'y sont installés : Seibu Loft, HMV, **Tokyu Hands** *(Manger, dormir, s'amuser p. 228)*.

Autour de cette rue piétonne, vous déambulerez dans la Spain-zaka, en pente, qui regorge de boutiques de vêtements, de souvenirs, ainsi que de petits restaurants charmants. Plus loin, la rue Inokashira dori concentre les grandes enseignes internationales, comme Zara ou Forever 21, entre autres.

➤ Tokyo Wonder Site Shibuya (TWS)

トーキョーワンダーサイト渋谷

Plan p. 86-87 / A3 *- 1-19-8 Jinnan, Shibuya-ku ☎ 03-3463-0603. À 8 min à pied de la gare de Shibuya (p. 85). Ouv. t.l.j. sf lun. 11 h-19 h (selon les expositions). Entrée libre ou payante (selon les expositions).*

Le Center Gai

www.tokyo-ws.org. ***TWS art café 24/7 coffee & roaster*** *: r.-d.-c. ☎ 03-6455-0920. Ouv. t.l.j. 10 h-23 h 30.*

Ouvert en 2001, ce centre est dédié à la création et la promotion de l'art contemporain. Il accueille de jeunes talents japonais ou étrangers en résidence. Le **TWS art café 24/7 coffee & roaster** attire artistes ou clients appréciant l'art contemporain.

➤ Bunkamura*

東急文化村

Tokyu Bunkamura

Plan p. 86-87 / A3 *- 2-24-1 Dogenzaka, Shibuya-ku ☎ 03-3477-9111. À 7 min à pied de la gare de Shibuya (p. 85). Ouv. t.l.j. galerie : 10 h-19 h 30 ; musée : 10 h-19 h et 21 h ven. et sam. (admission 30 min av. la fermeture), f. entre deux expositions.* ***Les Deux Magots*** *: 11 h-22 h 30. Entrée libre sf pour le musée d'art (The Museum), situé au s.-s. (payant). www.bunkamura.co.jp.*

Littéralement « village de la culture », ce centre culturel appartient à la chaîne de magasins Tokyu. Conçu par l'architecte français Jean-Michel Wilmotte, il comprend des salles de cinéma, de concerts, d'opéra (*Orchard Hall*) et de théâtre (*Cocoon*), ainsi qu'une galerie d'expositions.

Au sous-sol se trouvent une librairie consacrée à l'art et au design, ainsi que l'enseigne d'un fameux café parisien, Les Deux Magots.

Il y a aussi un superbe petit **musée d'art** (*The Museum*) qui présente de façon temporaire des œuvres d'artistes principalement européens : Raoul Dufy, Puvis de Chavanne, Monet, Vermeer, de Vinci et Rubens ont été ainsi exposés.

➤ Le musée d'art Toguri

戸栗美術館 **Toguri bijutsukan**

Plan p. 86-87 / A3 *- 1-11-3 Shoto, Shibuya-ku ☎ 03-3465-0070. À 7 min à pied de la gare de Shibuya (p. 85). Ouv. t.l.j. sf lun. 10 h-17 h (admission 30 min av. la fermeture), f. entre deux expos. Entrée payante. www.toguri-museum.or.jp.*

Vous pourrez admirer 7 000 délicates céramiques japonaises, notamment les célèbres porcelaines de Hizen (dite « *imari-yaki* ») du Kyushu (île du sud du Japon), ou bien de Corée et de Chine, ainsi que des calligraphies et des peintures.

➤ Le parc de Nabeshima Shoto

鍋島松濤公園

Nabeshima Shoto koen

Plan p. 86-87 / A3 *- 2-10-7 Shoto, Shibuya-ku ☎ 03-3463-2876. À 12 min à pied de la gare de Shibuya (p. 85). Ouv. t.l.j. 24 h/24. Entrée libre. www.city.shibuya.tokyo.jp/est/park_nabesima.html.*

Ce joli parc paisible dans un quartier résidentiel abritait une villa offerte par les Tokugawa en 1876. Il ne reste que le parc où l'on peut voir un moulin à eau au bord d'un étang. Superbe au moment des cerisiers en fleur.

➤ Le musée d'art Shoto

松濤美術館 **Shoto bijutsukan**

Plan p. 86-87 / A3 *- 2-14-14 Shoto, Shibuya-ku ☎ 03-3465-9421. À 15 min à pied de la gare de Shibuya (p. 85). Ou gare : Shinsen, ligne Keio Inokashira (sortie N., 5 min à pied). Ouv. t.l.j. sf lun. 10 h-18 h et 19 h le ven. (admission 30 min av. la fermeture ; les jours de fermeture varient selon les expos). Entrée payante. www.shoto-museum.jp.*

Les expositions temporaires présentent aussi bien de la peinture que de la sculpture dans des genres très divers. Des artistes japonais, comme le grand photographe Nakaji Yasui ou le peintre et calligraphe Nantenbo Nakahara, y sont également exposés.

Le parc de Nabeshima Shoto

11 Harajuku, Omotesando et Aoyama

Des adolescentes dans la rue Takeshita-dori

Au nord de Shibuya, on découvre un Tokyo hybride, à la fois extravagant, traditionnel et avant-gardiste. Quartier où la mode s'exprime dans ses excès les plus exubérants, Harajuku est le point de rendez-vous incontournable des *cosplayers*, mais aussi le lieu de toutes les dévotions autour du sanctuaire de Meiji, l'un des plus importants du Japon. Plus à l'est, on se rend dans le quartier d'Omotesando pour une séance shopping de luxe, mais aussi pour admirer les merveilles architecturales qui abritent les plus grandes griffes. Aoyama, quartier tendance et artistique, est quant à lui le point de ralliement des créateurs de mode japonais. Son musée d'art Nezu vaut à lui seul un détour.

- **Plan :** p. 86-87.
- **Arriver :** voir Carnet pratique p. 308.
- **Point de départ de la visite :** la gare d'Harajuku.
- **Se déplacer :** à pied.
- **Manger, dormir, s'amuser :** p. 229.

➤ Harajuku

原宿

Le pont de Harajuku Jingu-bashi★★

原宿神宮橋 **Harajuku Jingu-bashi**

Plan p. 86-87 / B2 *- Jingumae, Shibuya-ku. Gare : Harajuku, ligne JR Yamanote (sortie Takeshita guchi, 2 min à pied). Ou M° Meiji-jingumae, lignes Chiyoda (C03) ou Fukutoshin (F15), sortie 2, 3 min à pied. Ouv. 24 h/24. Entrée libre.*

Pour découvrir le quartier d'Harajuku dans ses tendances extrêmes, l'idéal est de se promener le dimanche. Près de la gare JR Harajuku et sur ce pont, de nombreux jeunes Japonais se donnent rendez-vous. Beaucoup sont vêtus de costumes délirants, les fameux *cosplays* ➤ *encadré p. 46*, qui s'inspirent des personnages de dessins animés, de manga ou de musiciens punk.

Le gymnase olympique de Yoyogi

国立代々木競技場

Kokuritsu Yoyogi kyogijo

Plan p. 86-87 / AB2 *- 2-1-1 Jinnan, Shibuya-ku ☎ 03-3468-1171. Gare : Harajuku, ligne JR Yamanote (sortie 2), 5 min à pied. Ouv. t.l.j. 6 h 30-21 h (horaires différents selon les activités) sf événements sportifs. Entrée gratuite. www.jpnsport.go.jp/yoyogi.*

Construit pour les Jeux olympiques de 1964 par le célèbre architecte Kenzo Tange, ce bâtiment en deux parties réconcilie la tradition japonaise avec l'avant-garde. Il s'agit de l'une des plus belles réalisations architecturales d'après-guerre. C'est ce même architecte qui a conçu, en 1991, la **mairie de Tokyo** *(p. 100)* à Shinjuku.

Lorsqu'il n'accueille pas de compétitions, on peut visiter le gymnase. Deux piscines, dont l'une est ouverte toute l'année, sont également accessibles au public.

Le parc de Yoyogi★★★

代々木公園 **Yoyogi koen**

Plan p. 86-87 / A1-2 *- 2-1 Yoyogi Kamizono-cho, Shibuya-ku ☎ 03-3469-6081. Gare : Harajuku, ligne JR Yamanote (sortie 2 JR guchi, 3 min à pied). Ou M° Meiji-jingumae, lignes Chiyoda (C03) ou Fukutoshin (F15), sortie 4, 3 min à pied. Ouv. 24 h/24. Entrée libre. www.tokyo-park.or.jp/park/format/index039.html.*

C'est, avec le parc de **Shinjuku Gyoen** *(p. 102)*, l'un des plus vastes de la ville, où des rockers et des groupes de danseurs venaient danser et jouer de la musique au milieu des années 1970. Jugées trop bruyantes, leurs réunions ont été interdites par la police et l'avenue a été rendue aux voitures. Au centre, se trouve une grande étendue d'eau avec des jets, entourée de gazon. À l'intérieur du parc de Yoyogi se trouvent le **jardin et le sanctuaire de Meiji Jingu**.

Le sanctuaire et le jardin de Meiji Jingu★★★

明治神宮御苑と明治神宮

Meiji Jingu et Meiji Jingu gyoen

Plan p. 86-87 / AB1 *- 1 Yoyogi Kamizono-cho, Shibuya-ku ☎ 03-3379-5511. Situé dans le parc de Yoyogi (ci-dessus). Sanctuaire : ouv. t.l.j. du lever au coucher du soleil (horaires variables selon les saisons). Entrée libre. www.meijijingu.or.jp. Jardin : ouv. t.l.j. mars-oct. 9 h-16 h 30 ; nov.-fév. 9 h-16 h ; juin 8 h-17 h et 18 h les sam. et dim. Entrée payante.* ***Maison du trésor de Meiji*** *(Homotsuden Honkan) : ouv. t.l.j. sf lun. 14 fév.-28 juin, uniquement le w.-e. le reste de l'année.*

Le **sanctuaire de Meiji Jingu** fut achevé 8 ans après la mort de l'empereur Meiji, en 1920, pour faire entrer le monarque au panthéon des divinités shintoïstes.

Le *torii* (portique) sous lequel vous passerez pour y accéder, taillé dans un bois vieux de 1 500 ans, est le plus grand du Japon. Il est orné de l'emblème impérial représentant un chrysanthème à seize pétales

Le sanctuaire Meiji Jingu

➤ encadré ci-dessous. Le Meiji Jingu est aujourd'hui le plus célèbre *jinja* (sanctuaire) du pays, et l'un des plus vénérés si l'on en juge par la foule qui y défile au Nouvel An. Ce sanctuaire, qui a conservé son authenticité, est si grandiose qu'il en a fait la renommée du domaine boisé lui servant d'écrin. Celui-ci s'étend sur 70 ha et compte 170 000 arbres, de 245 espèces différentes, reçus en dons au moment de la construction du sanctuaire.

L'EMBLÈME IMPÉRIAL

Depuis, l'époque Edo *(p. 259)*, le chrysanthème, ou *kiku*, est une fleur sacrée. Symbole de l'empereur, il est, au Japon, associé à la sérénité et à longévité. Un jour lui est même dédié à l'automne, appelé également « Festival de la Joie ». De nombreux chrysanthèmes sont alors exposés dans le pays, et notamment dans le jardin du sanctuaire Meiji, à travers des compositions florales recherchées (*ikebana*, *p. 283*). Le sceau impérial se retrouve sur les *torii*, les portes, les lanternes, mais aussi… sur les passeports japonais !

En été, il ne faut pas manquer d'aller admirer son étang ainsi que la centaine de variétés d'iris (floraison en juin) cultivés dans un jardin qui leur est spécialement réservé.
Si vous y allez un week-end, vous aurez peut-être la chance de voir des mariés vêtus en tenue traditionnelle.
La **Maison du trésor** de Meiji abrite des objets de la cour impériale de la famille Meiji.

La rue Takeshita-dori★★

竹下通り Takeshita dori

Plan p. 86-87 / B1 *- Jingumae, Shibuya-ku. Gare : Harajuku, ligne JR Yamanote (sortie Takeshita guchi, 2 min à pied). Ou M° Meiji-jingumae, lignes Chiyoda (C03) ou Fukutoshin (F15), sortie 2, 3 min à pied.*

L'étroite **rue Takeshita-dori**, avec ses boutiques de vêtements et de bijoux fantaisie, fréquentée par les collégiens et lycéens, est la rue la plus extravagante de la capitale. Fourmillante de *fashion victims*, de hordes gothiques et de lolitas rose bonbon, elle est toujours noire de monde. Dans les rues aux alentours s'égrènent boutiques de créateurs très tendance, galeries d'art et petits cafés fort sympathiques.

Le sanctuaire de Togo

東郷神社 Togo jinja

Plan p. 86-87 / B1 - 1-5-3 Jingumae, Shibuya-ku ☎ 03-3403-3591. Gare : Harajuku, ligne JR Yamanote (sortie Takeshita guchi, 8 min à pied). Ou M° Meiji-jingumae, lignes Chiyoda (C03) ou Fukutoshin (F15), sortie 5, 8 min à pied. Situé à l'intersection des rues Takeshita-dori et Meiji-dori. Ouv. t.l.j. 6 h-17 h avr.-oct. et 6 h 30-17 h nov.-mars. Entrée libre. www.togojinja.or.jp.

Dédié à la mémoire de l'amiral Togo Heihachiro, héros national de la bataille contre les Russes en 1905, l'architecture extérieure de ce petit sanctuaire est plus intéressante que l'intérieur.

Le jardin est très beau avec son étang au-dessus duquel passe son long pont en bois et en ciment qu'empruntent les mariés après la cérémonie shintoïste.

Le musée d'art mémorial Ukiyo-e Ota**

太田記念美術館

Ota kinen bijutsukan

Plan p. 86-87 / B2 - 1-10-10 Jingumae, Shibuya-ku ☎ 03-3403-0880. Gare : Harajuku, ligne JR Yamanote (sortie Takeshita guchi, 5 min à pied). Ou M° Meiji-jingumae, lignes Chiyoda (C03) ou Fukutoshin (F15), sortie 2, 5 min à pied. Situé derrière le building Laforet Harajuku (av. Ometesando dori). Ouv. t.l.j. sf lun. 10 h 30-17 h 30 (admission 30 min av. la fermeture), f. entre deux expositions. Entrée payante. www.ukiyoe-ota-muse.jp.

C'est l'un des plus charmants musées de Tokyo, niché dans un petit immeuble contemporain. Il possède quelque 12 000 *ukiyo-e* (estampes, *p. 284*) et 900 rouleaux présentés en alternance. L'art des estampes est devenu à l'époque Edo un art populaire spécifiquement japonais. On y trouve des grands noms tels Utamaro, Hiroshige et Hokusai, ainsi que des pièces maîtresses représentatives de toutes les époques.

Un jardin de pierre, entouré de bancs en bambou, ainsi qu'une petite bibliothèque sont à la disposition des visiteurs.

Tokyo Design Festa

デザインフェスタギャラリー

Design Festa Gallery, DFG

Plan p. 86-87 / C2 - 3-20-18 Jingumae, Shibuya-ku ☎ 03-3479-1442. Gare : Harajuku, ligne JR Yamanote (sortie Takeshita guchi, 10 min à pied). Ou M° Meiji-jingumae, lignes Chiyoda (C03) ou Fukutoshin (F15), sortie 5, 6 min à pied. Ouv. t.l.j. 11 h-20 h. Entrée libre. www.designfestagallery.com.

La façade avec sa structure métallique rouge vif annonce tout de suite la couleur : il s'agit d'une galerie d'art délirante, très créative et déjantée. Les artistes peuvent y louer des salles pour exposer leurs dessins, leurs peintures, leurs sculptures, et même peindre sur les murs !

Un **jardin** se loge entre les deux parties de la galerie.

➤ Omotesando

表参道

Tokyu Plaza Omotesando Harajuku

東急プラザ表参道原宿

Plan p. 86-87 / B2 - 4-30-3 Jingumae, Shibuya-ku ☎ 03-3497-0418. M° Meiji-jingumae, lignes Chiyoda (C03) ou Fukutoshin (F15), sortie 5, 1 min à pied. Ouv. t.l.j. boutiques : 11 h-21 h ; cafés et restaurants (6e et 7e ét.) : 8 h 30-23 h. Entrée libre. omohara.tokyu-plaza.com/en.

Ce centre commercial récent, datant de 2012, présente toutes les nouvelles tendances de mode. L'escalator à l'entrée vaut le détour car il est tapissé de miroirs. Effet kaléidoscopique garanti !

La « forêt d'Omohara », sur le toit, est une terrasse verdoyante avec des arbres et des fontaines, où un café est installé. Vue imprenable sur l'avenue Omotesando dori et l'ambiance agréable.

Cat Street

L'avenue Omotesando dori***

表参道通り

Plan p. 86-87 / BC2 *- Jingumae, Shibuya-ku. Gare : Harajuku : ligne JR Yamanote (sortie 2 JR guchi), prenez la grande av. qui descend puis remonte vers Aoyama-dori, 2 min à pied. Ou M° Meiji-jingumae, lignes Chiyoda (C03) ou Fukutoshin (F15), sortie 3, 2 min à pied ; ou Omote-sando, lignes Chiyoda (C04) ou Ginza (G02) ou Hanzomon (Z02), sorties A1, A2, A3 ou B4, prenez la grande av. en direction du sanctuaire de Meiji Jingu (p. 91), 2 min à pied.*

Cette large avenue a été construite afin de servir de chemin d'accès au sanctuaire de Meiji Jingu, d'où son nom qui signifie « rue principale qui mène au sanctuaire ». Bordée d'arbres, elle concentre des boutiques, fort élégantes, dont des enseignes françaises : elle mérite bien son surnom de « Champs-Élysées de Tokyo » ! Depuis le début des années 2000, elle est également devenue un haut lieu de l'architecture contemporaine. Les immeubles les plus remarquables sont ceux des grandes marques de la mode.

Immeuble Dior*

ディオール ビルディング

Plan p. 86-87 / B2 *- 5-9-11 Jingumae, Shibuya-ku ☎ 03-5464-6263. Ouv. t.l.j. 11 h-20 h. Entrée libre.*

Les architectes japonais Kazuyo Sejima et Ryue Nishizawa ont choisi une forme architecturale entièrement vitrée pour cette boutique tout en transparence. À l'intérieur du mur est installée une paroi en résine acrylique drapée.

Immeuble Chanel*

シャネル ビルディング

Plan p. 86-87 / B2 *- 5-10-1 Jingumae, Shibuya-ku ☎ 03-6418-0630. Ouv. t.l.j. 11 h 30-20 h. Entrée libre.*

Dessiné par Peter Marino, qui a également réalisé celui de l'avenue Montaigne à Paris, l'immeuble Chanel est d'un noir et blanc très graphique. L'intérieur, avec ses murs blancs striés de noir et son mobilier de goût, est exquis.

Immeuble Tod's*

トッズ ビルディング

Plan p. 86-87 / C2 *- 5-1-5 Jingumae, Shibuya-ku ☎ 03-6419-2055. Ouv. t.l.j. 11 h-20 h. Entrée libre.*

Avec ses fenêtres irrégulières, cet immeuble en forme de L, qui abrite le maroquinier et accessoiriste italien, est surprenant. Créé par l'architecte Toyo Ito, sa structure de plaques de verre et d'entrelacs de pierre symbolise un enchevêtrement de branches d'arbres.

Cat Street*
キャットストリート

***Plan p. 86-87 / B2** - Jingumae, Shibuya-ku. Gare : Harajuku, ligne JR Yamanote (sortie 2 JR guchi, 7 min à pied). Ou M° : Meiji-jingumae, lignes Chiyoda (C03) ou Fukutoshin (F15), sortie 4, 4 min à pied ; ou Omote-sando, lignes Chiyoda (C04) ou Ginza (G02) ou Hanzomon (Z02), sortie A2, 8 min à pied ; tournez dans la rue à g. après la boutique GYRE. Ouv. t.l.j. (selon les commerces). Entrée libre. www12.plala.or.jp/fusenneko/j-97-map-cat.*

Cette rue semi-piétonne plaît beaucoup, toutes générations confondues, grâce à ses boutiques de mode (moins luxueuses que dans l'avenue Omotesando dori) et ses ateliers de créateurs. L'ambiance un peu bohème la rend très agréable à arpenter.

Omotesando Hills*
表参道ヒルズ

***Plan p. 86-87 / C2** - 4-12-10 Jingumae, Shibuya-ku ☎ 03-3497-0310. Gare : Harajuku : ligne JR Yamanote (sortie 2 JR guchi, 9 min à pied). Ou M° Meiji-jingumae, lignes Chiyoda (C03) ou Fukutoshin (F15), sortie 5, 8 min à pied ; ou Omote-sando, lignes Chiyoda (C04) ou Ginza (G02) ou Hanzomon (Z02), sortie A2, 2 min à pied. Ouv. t.l.j. 11 h-21 h et 20 h le dim. (selon les commerces). Entrée libre. www.omotesandohills.com*

En 2006, cet immense et audacieux complexe, dans lequel se trouve un grand couloir en colimaçon, créé par Tadao Ando, a remplacé un ensemble de petites maisons des années 1960. Dans la lignée de **Roppongi Hills** *(p. 73)*, il regroupe un grand espace commercial, des cafés et restaurants, ainsi que des zones d'habitation.
À voir pour son architecture extérieure mais surtout intérieure.

➤ Aoyama
青山

***Plan p. 86-87 / CD2-3** - M° Omote-sando : lignes Chiyoda (C04) ou Ginza (G02) ou Hanzomon (Z02) ; sortie A5. Au M° Omote-sando, traversez le carrefour qui fait l'angle d'Omotesando dori et Aoyama dori, et continuez tout dr., rue Minami-Aoyama.*

Dans le quartier Aoyama, la **rue Minami-Aoyama** est notamment celle des grands couturiers (Issey Miyake, Yohji Yamamoto, Comme des Garçons, Cartier et bien d'autres ont ici leur showroom), ainsi que du **musée d'art Nezu** *(ci-dessous)* et du **musée mémorial Okamoto Taro** *(p. 96)*.

Immeuble Prada**
プラダ ビルディング

***Plan p. 86-87 / C2** - 5-2-6 Minami-aoyama, Minato-ku ☎ 03-6418-0400. Ouv. lun.-jeu. 11 h-20 h, ven.-dim. et j.f. 11 h-21 h. Entrée libre.*

Le très beau bâtiment, construit par Herzog et de Meuron, sans aucun pilier, est soutenu par des losanges en béton. La structure de verre qui imite le matelassé des sacs est un chef-d'œuvre.

L'immeuble Spiral*
スパイラル ビルディング

Spiral Building

***Plan p. 86-87 /C2** - 5-6-23 Minami-Aoyama, Minato-ku ☎ 03-3498-1171. Situé sur Aoyama-dori. Ouv. t.l.j. 10 h-20 h (selon les commerces, jusqu'à minuit-1 h pour le restaurant). Entrée libre. www.spiral.co.jp.*

Ce bâtiment remarquable, avec sa façade quelque peu déstructurée, est la création de Fumihiko Maki (le même architecte que le **Hillside Terrace** à Daikanyama, *p. 81*). On y trouve des magasins et des espaces d'expositions, ainsi que des cafés et restaurants.

Le musée d'art Nezu***
根津美術館

Nezu bijutsukan

***Plan p. 86-87 / D3** - 6-5-1 Minami-Aoyama, Minato-ku ☎ 03-3400-2536. Ouv. t.l.j. sf lun. 10 h-17 h (admission 30 min av. la fermeture), f. parfois entre deux expositions. Entrée payante. www.nezu-muse.or.jp.*

Ce musée est une pure merveille, autant pour sa très belle collection

Le musée d'art Nezu

d'art traditionnel (calligraphies japonaises, céramiques coréennes, peintures, laques, bronzes chinois…) que pour ses sept adorables pavillons de thé dispersés dans le jardin, qui vaut le détour. On peut assister à une cérémonie du thé *(p. 283)* à certains jours fixes dans le mois.

Du café, la vue sur le **jardin de bambous** est splendide.

Le musée mémorial Okamoto Taro

岡本太郎記念館

Okamoto Taro kinenkan

Plan p. 86-87 / C3 *- 6-1-19 Minami-Aoyama, Minato-ku ☎ 03-3406-0801. Ouv. t.l.j. sf mar. 10 h-18 h (admission 30 min av. la fermeture). Entrée payante. www.taro-okamoto.or.jp/en.*

Ce musée est situé à l'emplacement de l'atelier d'Okamoto Taro, artiste célèbre pour sa Tour du soleil érigée lors de l'Exposition universelle d'Osaka en 1970, encore installée à son emplacement d'origine. Ses toiles colorées et ses sculptures extravagantes sont exposées ici.

Le cimetière d'Aoyama★★

青山霊園

Aoyama reien

Plan p. 86-87 / D2-3 *- 2-32-2 Aoyama, Minato-ku ☎ 03-3401-3652. M° Nogizaka, ligne Chiyoda (C05, sortie 6, 10 min à pied). Ou M° : Gaienmae, ligne Ginza (G03, sortie 1b, 7 min à pied). Ouv. 24 h/24. Entrée libre. www.tokyo-park.or.jp/reien/park/access072.*

C'est l'un des plus grands espaces verts de Tokyo. Construit en 1872, sa superficie est de 26 000 m². Incontournable en avril, car c'est là que l'on peut voir les plus beaux cerisiers en fleur. On y vient même pique-niquer entre les tombes.

À la sortie du cimetière, deux grandes rues partent en fourche vers le sud. Celle de gauche vous conduit vers **Roppongi Hills** *(p. 73)*.

Le musée d'art contemporain Watari-um

ワタリウム美術館

Watari-um bijutsukan

Plan p. 86-87 / C2 *- 3-7-6 Jingumae, Shibuya-ku ☎ 03-3402-3001. M° Gaienmae, ligne Ginza (G03, sortie 3, 7 min à pied). Ouv. t.l.j. sf lun. 11 h-19 h, mer. 11 h-21 h. Entrée payante. www.watarium.co.jp.*

Ce petit musée, dessiné par l'architecte suisse Mario Botta, présente des œuvres d'artistes avant-gardistes japonais ou étrangers. De grandes expositions rétrospectives des artistes Joseph Beuys, Larry Clark, Jan Fabre, etc., ont eu lieu ces dernières années.

12 Shinjuku

Shinjuku et sa forêt de tours gigantesques reste animé à toute heure. De jour, c'est un haut-lieu des affaires où l'on trouve de nombreux hôtels internationaux, avec vue sur le mont Fuji. Les grands magasins et restaurants permettent aux *salarymen* de faire une pause déjeuner agréable pendant que le vaste parc planté de cerisiers offre un peu de calme. Le soir venu, le quartier est un lieu de sortie apprécié des Tokyoïtes. Les cinémas, salles de spectacles et cabarets polissons voisinent avec les bars, présents en grand nombre dans les intrigantes ruelles du Golden Gai…

- **Plan :** p. 98-99.
- **Arriver :** voir Carnet pratique p. 308.
- **Point de départ de la visite :** la gare de Shinjuku.
- **Se déplacer :** à pied.
- **Manger, dormir, s'amuser :** p. 232.

Tokyo : Shinjuku

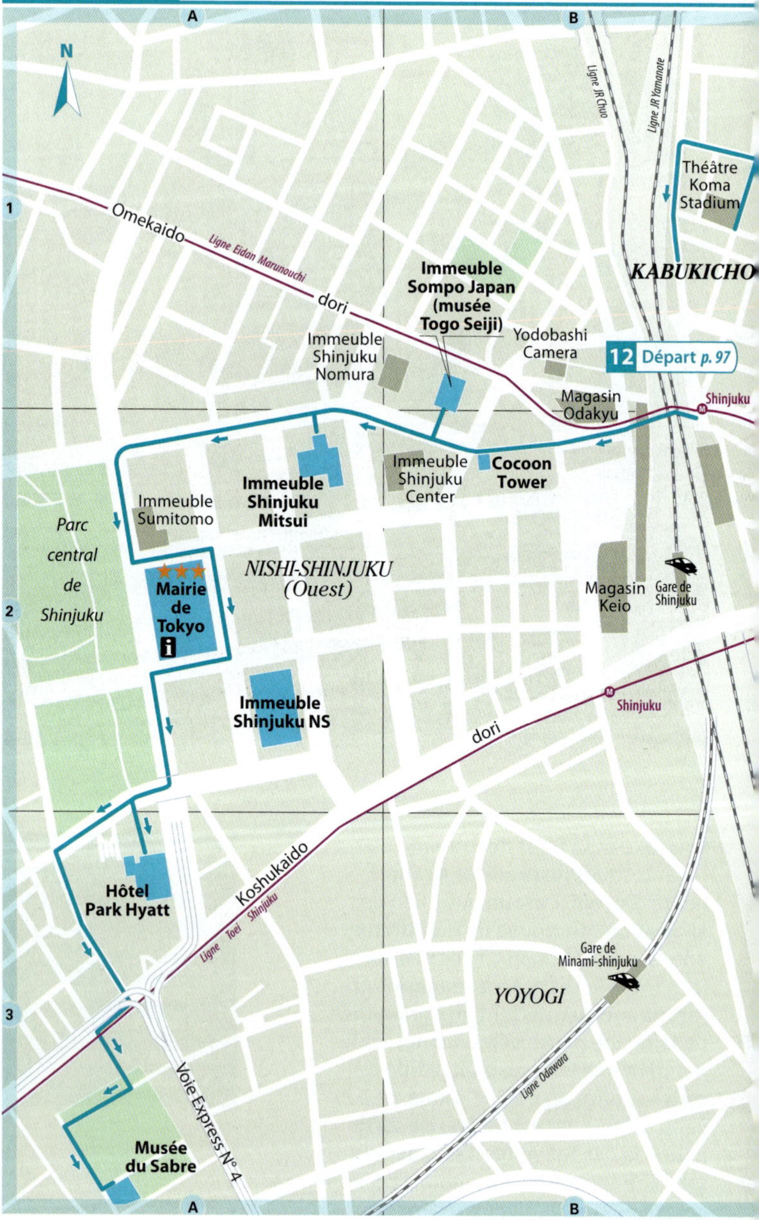

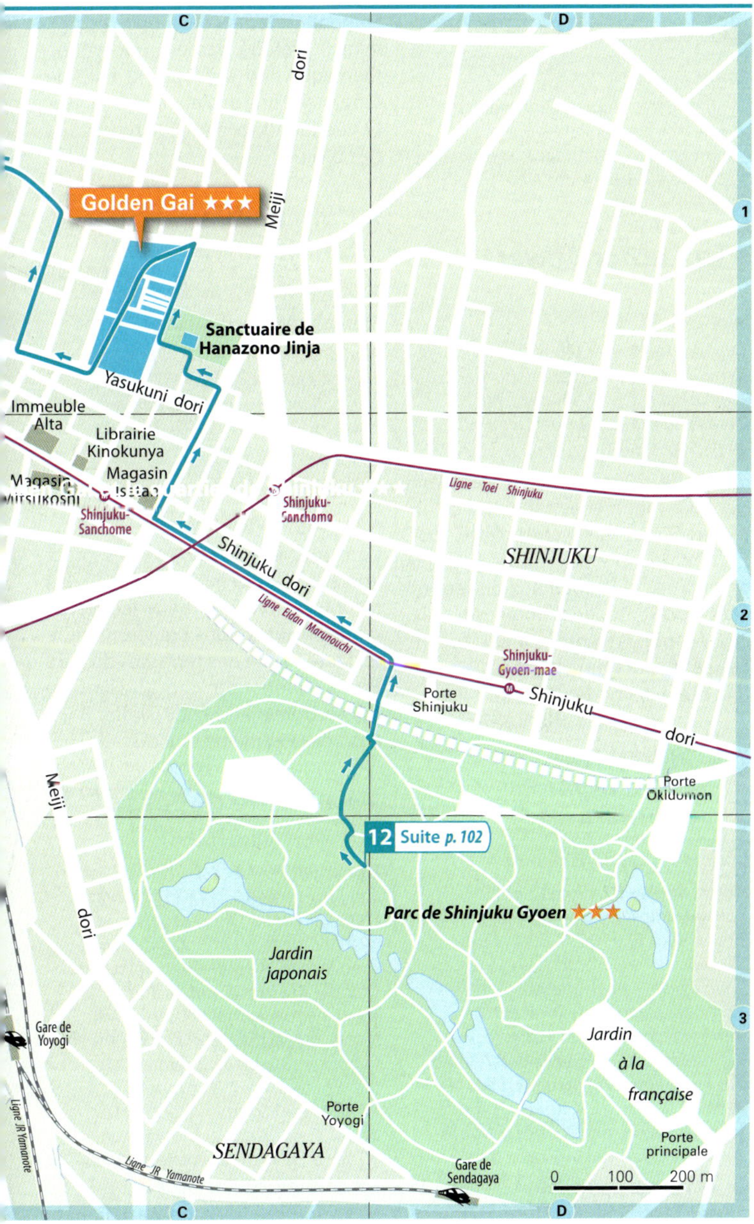
C
D
1
2
3
Golden Gai ★★★
Meiji dori
Sanctuaire de Hanazono Jinja
Yasukuni dori
Immeuble Alta
Librairie Kinokunya
Magasin
Shinjuku-Sanchome
Shinjuku-Sanchome
Ligne Toei Shinjuku
SHINJUKU
Shinjuku dori
Ligne Eidan Marunouchi
Shinjuku-Gyoen-mae
Porte Shinjuku
Shinjuku dori
Porte Okidomon
12 Suite p. 102
Parc de Shinjuku Gyoen ★★★
Jardin japonais
Gare de Yoyogi
Jardin à la française
Porte Yoyogi
Porte principale
SENDAGAYA
Ligne JR Yamanote
Ligne JR Yamanote
Gare de Sendagaya
0 100 200 m

GRATTE-CIEL

Ce quartier ouest de Shinjuku accueille les premiers gratte-ciel construits à Tokyo depuis le tremblement de terre de 1923. Étant donné la fréquence des secousses sismiques, les architectes japonais ont montré une grande habileté pour concevoir ces bâtiments réputés garantis à toute épreuve.

› La Cocoon Tower*

コクーンタワー

Plan p. 98-99 / B2 *- 1-7-3 Nishi-Shinjuku, Shinjuku-ku ☎ 03-3344-6000. Gare : Shinjuku, ligne JR Yamanote (sortie O., 3 min à pied). Ou M° Shinjuku, lignes Marunouchi (M08) ou Toei Oedo (E01), sortie A18, 3 min à pied. Entrée libre.*

Haute de 204 m, réalisée par Paul Noritaka Tange et le cabinet d'architecture Tange Associates, cette tour est remarquable par son design, qui est l'un des plus originaux du Japon : elle représente une immense toile croisée qui ressemble à un cocon. Elle abrite notamment Mode Gakuen, une école de mode.

› L'immeuble Sompo Japan*

損保ジャパン本社ビル

Sompo Japan honsha biru

Plan p. 98-99 / B1 *- Sompo Japan Honsha Bldg 42F, 1-26-1 Nishi-Shinjuku, Shinjuku-ku ☎ 03-5777-8600. Gare : Shinjuku, ligne JR Yamanote (sortie O., 5 min à pied). Ou M° Shinjuku, lignes Marunouchi (M08) ou Oedo (E01), sortie A18, 5 min à pied. Passez devant le grand magasin Odakyu, puis tournez à g. vers les hauts immeubles. Ouv. t.l.j. sf lun. 10 h-18 h (dernière admission 30 min av. fermeture). Entrée payante. www. sjnk-museum.org/en.*

Ce bâtiment abrite, au 42e étage, le **musée Togo Seiji** (Seiji Togo Memorial Sompo Japan Museum of Art). Une centaine d'œuvres du peintre japonais Seiji Togo (1897-1978), spécialisé dans le portrait féminin, y sont exposées. Mais le musée est surtout célèbre pour « son » Van Gogh (*Les Tournesols*), acheté par la compagnie d'assurances Sompo aux temps de la bulle économique, protégé derrière une vitrine thermique. Il y a aussi une toile de Cézanne et une de Renoir.
La vue sur Tokyo, depuis le musée, est très belle.

› L'immeuble Shinjuku Mitsui*

新宿三井ビルディング

Shinjuku Mitsui building

Plan p. 98-99 / A2 *- 2-1-1 Nishi-Shinjuku, Shinjuku-ku ☎ 03-3344-4827. Gare : Shinjuku, ligne JR Yamanote (sortie O., 6 min à pied). Ou M° Nishi-shinjuku, lignes Marunouchi (M07, sortie 2, 2 min à pied) ou Toei Oedo (E28, sortie A1, 1 min à pied). Entrée libre. www.shinjukumitsui55info.jp.*

Construit en 1974, ce très haut immeuble (224 m, 55 étages) est reconnaissable à sa belle façade en miroirs bleutés. Vous pouvez prendre un verre à l'une des **terrasses** de la 55 Hiroba (prononcer « go-go Hiroba ») qui se trouve en rez-de-jardin. Il y a des arbres et même une cascade !

› La mairie de Tokyo***

東京都庁 **Tokyo tocho**

Plan p. 98-99 / A2 *- 2-8-1 Nishi-Shinjuku, Shinjuku-ku ☎ 03-5321-1111. Gare : Shinjuku, ligne JR Yamanote (sortie O., 10 min à pied). Ou M° Tochomae, ligne Toei Oedo (E28, sortie A4, 1 min à pied). Ouv. t.l.j. 8 h-18 h 45. Entrée libre. www.metro.tokyo.jp. L'****observatoire****: tour N., ouv. t.l.j. sf 2e et 4e lun. 9 h 30-23 h (admission 30 min av. la fermeture) ; tour S. : ouv. t.l.j. sf 1er et 3e mar. 9 h 30-17 h 30. Lorsque la tour N. est fermée, la tour S. ouv. 9 h 30-23 h (admission 30 min av. fermeture). Entrée gratuite. www.yokoso.metro.tokyo.jp.*

Le rez-de-chaussée de ce bâtiment administratif abrite l'**office de tourisme** *(p. 310)*. Réalisé par l'architecte Kenzo Tange, il était le plus haut de

La Cocoon Tower et la mairie de Tokyo

la ville (243,4 m) jusqu'en 2006. Son étonnante architecture est monumentale avec ses tours jumelles de 48 étages dans lesquelles se trouve un **observatoire** au 45e étage *(l'ascenseur est au 1er niveau)*. Situé à 202 m, il offre des **vues panoramiques** époustouflantes sur la mégapole : de l'est de Tokyo et aussi du sud-ouest, vers le mont Fuji, visible par temps clair.
Le creux entre les deux tours fait penser à une cathédrale gothique. Où que vous soyez dans la capitale, vous repérerez de loin facilement ce bâtiment. Il y a un café-restaurant et une boutique de souvenirs dans chacune des deux tours.

LOVE

Près de la mairie de Tokyo, vous pourrez découvrir la sculpture ***LOVE*** de Robert Indiana (pseudonyme de Robert Clark), qui existe dans d'autres villes du monde : Philadelphie, New York, Madrid, Singapour, Shanghaï, Montréal. Ce Love se trouve devant l'immeuble **Shinjuku I-Land Tower** *(6-5-1 Nishi-Shinjuku, Shinjuku-ku ☎ 03-3348-1177)*.

➤ L'immeuble Shinjuku NS★

新宿NSビル（新宿エヌエスビル）

Shinjuku NS building

Plan p. 98-99 / A2 *- 6-5-1 Nishi-Shinjuku, Shinjuku-ku. Gare : Shinjuku, ligne JR Yamanote (sorties S. ou O., 7 min à pied). Ou Mº Nishi-shinjuku, ligne Marunouchi (M07, sortie 2, 2 min à pied). Entrée libre. www.shinjuku-ns.co.jp.*

Achevé en 1982, ce bâtiment est repérable par son toit en verre. À l'avant-dernier étage (le 29e), un petit pont traverse cet immeuble, ce qui est bien impressionnant du rez-de-chaussée lorsqu'on lève les yeux. C'est un bel exemple d'architecture contemporaine tokyoïte.

➤ Le musée du Sabre

刀剣博物館 **Token hakubutsukan**

***Plan p. 98-99 / A3** - 4-25-10 Yoyogi, Shibuya-ku ☎ 03-3379-1386. Gare : Shinjuku, ligne JR Yamanote (sortie O., 20 min à pied). Ouv. t.l.j. sf lun. 10 h-16 h 30 (admission 30 min av. la fermeture). Entrée payante. www.touken.or.jp.*

Le *katana* (sabre) est l'arme des samouraïs (guerriers japonais). Beaucoup ont été détruits par les troupes américaines après 1945, mais quelques chefs-d'œuvre ont subsisté et sont présentés dans ce musée. C'est ici que vous trouverez les plus beaux exemplaires de *katana* du pays, depuis l'ère Heian (794-1185) jusqu'à aujourd'hui, ainsi que des *tsuba* (garde-sabres) de toute beauté.

➤ Le parc de Shinjuku Gyoen★★★

新宿御苑

***Plan p. 98-99 / CD2-3** - 11 Naito-cho, Shinjuku-ku ☎ 03-3350-0151. Gare : Shinjuku, ligne JR Yamanote (sortie S., 10 min à pied). Ou M° Shinjuku-gyoenmae, ligne Marunouchi (M10, sortie 1, 5 min à pied). Ces sorties de JR ou de M° permettent de rentrer par l'entrée Shinjuku Gate (N.-O.). Ouv. t.l.j. sf lun. 9 h-16 h 30 (admission 30 min av. la fermeture). Entrée payante. www.env.go.jp/garden/shinjukugyoen.*

Ce très beau parc appartenait autrefois à un seigneur du nom de Naito, ce qui explique que l'on appelle parfois ce quartier « *night*-Shinjuku » (en japonais, le terme anglais *night* se prononce « *naito* »). Avec une superficie de 58,3 ha et une circonférence de 3,5 km, les jardins présentent

LOST IN TRANSLATION

Sofia Coppola a tourné *Lost in Translation* (2004) dans le luxueux **Hôtel Park Hyatt**. Même si vous n'y séjournez pas, vous pouvez vous remémorer l'ambiance du film en allant boire un verre au **New York Bar** où ont lieu des concerts de jazz dans une ambiance feutrée *(Manger, dormir, s'amuser p. 233)*. Haut de plafond et orné de bambous verdoyants, il est situé au 41ᵉ étage, offrant un point de vue panoramique imprenable sur la ville.

Le parc de Shinjuku Gyoen

Le Kabukicho

trois styles distincts : anglais, français et japonais. Après le **parc de Yoyogi** *(p. 91)*, il est le deuxième plus grand parc de la ville. La partie française des jardins a été créée à la fin du XIXe s. par l'architecte-paysagiste Henri Martinet, alors intendant des jardins de Versailles. On y compte plus de 20 000 arbres, incluant approximativement 1 500 cerisiers qui fleurissent à différentes périodes selon les espèces : fin mars pour les *shidare* (cerisier pleureur), début avril pour les *somei* (cerisier de Tokyo), jusqu'à fin avril pour les cerisiers de Kanzan. On trouve également des cèdres de l'Himalaya majestueux qui montent au-dessus du reste des arbres, des tulipiers de Virginie, des cyprès et des platanes. La serre tropicale, avec ses très nombreuses variétés de cactus, est également agréable à visiter.

➤ Le sanctuaire de Hanazono Jinja★

花園神社

Plan p. 98-99 / C1 *- 5-17-3 Shinjuku, Shinjuku-ku ☎ 03-3209-5265. Gare : Shinjuku, ligne JR Yamanote (sortie E., 7 min à pied). Ou M° Shinjuku-sanchome, lignes Marunouchi (M09) ou Fukutoshin (F13) ou Toei Shinjuku (S02), sortie E2, 1 min à pied. Situé à l'E. du Golden Gai (ci-contre).*

Coincé entre deux immeubles, ce modeste petit sanctuaire shintoïste offre une tranquillité étonnante au milieu de l'effervescence citadine du quartier. Les *torii* (portiques), le premier gris, puis les autres rouge vermillon, sont tout à fait étonnants. Les Japonais y viennent pour prier le Dieu des bonnes affaires. Dans l'allée qui mène au sanctuaire, un **marché aux puces** se tient chaque dimanche.

➤ Le Golden Gai★★★ et le Kabukicho★

Ces deux quartiers ne peuvent se découvrir que le soir car les nombreux bars et restaurants n'ouvrent qu'à la fin de la journée.

Le Golden Gai★★★

新宿ゴールデン街

Plan p. 98-99 / C1 *- Gare : Shinjuku, ligne JR Yamanote (sortie E., 7 min à pied). Ou M° Shinjuku-sanchome, lignes Marunouchi (M09) ou Fukutoshin (F13) ou Toei Shinjuku (S02), sortie E2, 1 min à pied.*

Composé de petites ruelles étroites, dans lesquelles s'alignent environ 200 bars et cafés, le fascinant Golden Gai est un quartier dans le quartier de Shinjuku. Épargné par le tremblement de terre de 1923 et les bombardements de 1945, il semble inchangé depuis 70 ans. Les bâtiments ne dépassent pas deux étages. D'aspect vétuste et malfamé, il est apprécié des artistes, des musiciens, des réalisateurs et de certaines célébrités bohèmes. Si vous n'êtes pas accompagné d'un Japonais, limitez-vous à une simple promenade. Chaque bar a sa clientèle, et beaucoup ne servent que les habitués, qui peuvent introduire de nouveaux clients. Certains établissements sont si petits que seules cinq ou six personnes peuvent y entrer. Les patrons de bars ne parlent aucune langue étrangère et ont tendance à refuser la clientèle non japonaise. Il vaut donc mieux choisir des endroits où le personnel a l'habitude des *gaijin* (les étrangers). Les soirs d'été, vous pouvez voir, assis sur le pas de leur porte et vêtus de kimonos, des travestis qui apostrophent les clients *(attention: pas de photo sans autorisation)*.

Le quartier commence à s'animer vraiment sur le tard, au moment où les gens se pressent à monter dans le dernier métro…

Le Kabukicho*

歌舞伎町

Plan p. 98-99 / BC1 *- Gare: Shinjuku, lignes JR ou Yamanote (sortie E./ Kabukicho, 7 min à pied).*

Littéralement le « quartier du *kabuki* », ce quartier est l'un des plus chauds de la capitale: boîtes de nuit, librairies pornographiques, discothèques, salles de cinéma et des centaines de bars et restaurants… Le nom « Kabukicho » provient d'un projet de reconstruction du théâtre Kabuki de Ginza au lendemain de la guerre, mais, devant les protestations du public, il n'a jamais été reconstruit. Les étroites rues offrent au visiteur une débauche de couleurs se diffusant depuis les néons multicolores des enseignes des *pachinko* (jeu de billes qui ressemble à un flipper vertical) et des salons de massages. C'est un quartier particulièrement animé où les rabatteurs ne cessent d'attirer les passants. Il faut savoir que le quartier est le QG des yakuzas et autres parrains de la mafia japonaise. C'est donc un quartier où, plus qu'ailleurs, il vaut mieux montrer profil bas! Contrairement à ce que l'on pourrait croire, ce ne sont pas les spectacles érotiques qui attirent le plus les clients, mais le karaoké, distraction favorite des Japonais. Si vous entrez dans l'un de ces bars, vous serez certainement mis à contribution avec un micro entre les mains pour pousser la chansonnette! On paie souvent assez cher l'entrée (entre 2000 et 3000 yens), mais le ticket donne droit à des consommations illimitées.

LA VIE NOCTURNE

La vie nocturne tokyoïte se concentre dans les quartiers de Shinjuku, Shibuya et Roppongi. Au cours de vos pérégrinations, vous rencontrerez certainement des groupes de *salarymen* en costume (employés des grandes entreprises) qui vont de bar en bar. Les bars japonais se caractérisent par leur exiguïté et la présence d'une *mama-san* à laquelle les habitués aiment se confier comme à une mère. L'ambiance est très familiale et c'est pourquoi l'arrivée d'étrangers est parfois ressentie comme une gêne.
Ne manquez pas d'essayer les karaokés (de *kara*, « vide », et *oke*, « orchestration »), où les clients prennent le micro en se faisant accompagner d'une musique de fond. Le répertoire est limité à la chanson japonaise, mais certains établissements disposent d'un catalogue de chansons américaines et même, parfois, françaises. Il est d'usage d'applaudir à chaque fois qu'un client a terminé sa chanson.
La boisson la plus consommée dans les bars est le *mizuwari*, du whisky à l'eau, accompagné de *tsukemono*, des amuse-bouches salés.

13 Ikebukuro

Le quartier de la gare d'Ikebukuro

Situé un peu à l'écart au nord de la ville, Ikebukuro est un coin populaire et commerçant où les jeunes aiment se retrouver, notamment dans la très *geek* Otome Road. Les universités, un théâtre réputé et le complexe commercial de Sunshine City ajoutent à l'animation…
Ne manquez pas l'élégante bâtisse du Jiyu-gakuen Myonichikan conçue par Frank Lloyd Wright, qui abrita longtemps une école primaire.

- **Plan :** p. 106.
- **Arriver :** voir Carnet pratique p. 308.
- **Point de départ de la visite :** la gare d'Ikebukuro.
- **Se déplacer :** à pied.
- **Manger, dormir, s'amuser :** p. 235.

➤ Le quartier est de la gare d'Ikebukuro

Sunshine City*

サンシャインシティ

Plan ci-dessous / B2 *- 3-1-5 Higashi-Ikebukuro, Toshima-ku ☎ 03-3989-3331.*
Gare : Ikebukuro, ligne JR Yamanote (sortie E., 10 min à pied).
Ou M° Ikebukuro, lignes Yurakucho (Y09) ou Marunouchi (M25), sortie 35.
*Ouv. t.l.j. 10 h-20 h (boutiques) et 11 h-22 h (restaurants). Entrée libre pour le complexe, mais payante pour l'****aquarium*** *et le* ***planétarium****.*
www.sunshinecity.co.jp.

Le complexe de Sunshine City fut construit en 1978 à l'emplacement d'une ancienne prison. C'est un ensemble de quatre immeubles (en tout, 60 000 m^2), dont le **Sunshine 60**, qui culmine à 240 m. Les ascenseurs mettent exactement 35 s. à atteindre le 60e et dernier étage. La vue, de là-haut, est si impressionnante que certains prétendent distinguer la courbe de la Terre ! Véritable ville dans la ville, le complexe, quelque peu désuet, comprend un hôtel, un centre culturel, de nombreux restaurants et boutiques, l'**aquarium Sunshine,** le **planétarium Konica Minolta « Manten »**, le **parc à thème Namco Namjatown** et le **musée de l'Ancien Orient**.

L'aquarium Sunshine

サンシャイン水族館

Plan ci-dessous / B2 *- World Import Mart Bldg 10-11 F, 3-1 Higashi-Ikebukuro, Toshima-ku ☎ 03-3989-3466. Situé dans l'immeuble World Import Mart Building, aux 10e et 11e ét.*
Ouv. t.l.j. avr.-oct. 10 h-20 h ; nov.-mars 10 h-18 h (admission 1 h av. la fermeture).
Entrée payante (billets combinés aquarium/planétarium/observatoire).
www.sunshinecity.co.jp/aquarium.

Tokyo : Ikebukuro

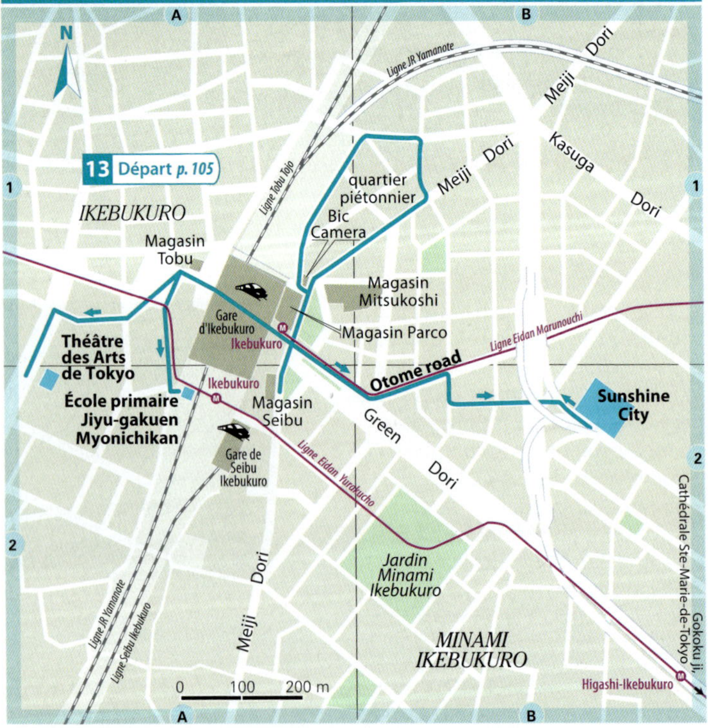

Si vous avez des enfants, nous vous recommandons la visite de cet aquarium. Vous assisterez, une fois par heure, à un spectacle de cirque avec des poissons dressés. Outre les 700 sortes de poissons venus de tous horizons, otaries, pingouins et toucans ne manquent pas à l'appel.
Cet aquarium en hauteur, sur deux niveaux, est une vraie oasis sous-marine… dans le ciel !

Le planétarium Konica Minolta « Manten »

コニカミノルタプラネタリウム満天

Plan p. 106 / B2 - World Import Mart Bldg 10 F, 3-1 Higashi-Ikebukuro, Toshima-ku ☎ 03-3989-3546. Situé dans l'immeuble World Import Mart Building, au 10e ét. Ouv. t.l.j. 10 h-21 h (dernier achat des billets : 20 h), f. quelques jours dans l'année. Les spectacles durent 40 min : 1re séance à 11 h, puis 12 h, etc., dernière à 20 h. Entrée payante (billets combinés aquarium/planétarium/observatoire). www.planetarium.konicaminolta.jp.

Doté d'un dôme de 11 m de haut, ce superbe planétarium séduit grâce à son spectacle associant des images ultra-réalistes du ciel, des images de synthèse et de la musique.
Bon à savoir : durant les spectacles de 19 h et 20 h, de l'**aromathérapie** est diffusée dans la pièce ! Prenez les places à l'avance pour ces deux séances.

Le parc à thème Namco Namjatown

ナムコ・ナンジャタウン

Plan p. 106 / B2 - World Import Mart Bldg 2-3 F, 3-1 Higashi-Ikebukuro, Toshima-ku ☎ 03-5950-0765. Situé dans l'immeuble World Import Mart Building, aux 2e et 3e ét. Ouv. t.l.j. 10 h-22 h (admission 1 h av. la fermeture). Entrée payante. www.namco.co.jp/tp/namja.

Cet étonnant et kitschissime parc à thème, créé par la marque de jeux vidéo Namco, est consacré à la **nourriture.** Les spécialités sont divisées en trois catégories : crèmes glacées provenant du monde entier, desserts, *gyozas* (raviolis d'origine chinoise) dans le **musée des Gyozas**, dont vous pourrez déguster plus de 15 sortes différentes dans des échoppes reconstituées du Tokyo d'avant-guerre. Vous apprécierez sûrement aussi les jeux et les attractions.

L'observatoire the Sunshine 60★★

サンシャイン60展望台

Plan p. 106 / B2 - Sunshine 60 Bldg 60 F, 3-1 Higashi-Ikebukuro, Toshima-ku ☎ 03-3989-3457. Situé dans l'immeuble Sunshine 60, au 60e ét. Ouv. t.l.j. 10 h-21 h 30. Entrée payante (billets combinés aquarium/planétarium/observatoire). www.sunshinecity.co.jp/observatory.

Le soir en particulier, l'observatoire est le rendez-vous des amoureux venus contempler la belle vue sur la capitale.

Le musée de l'Ancien Orient★

古代オリエント博物館

Kodai oriento hakubutsukan

Plan p. 106 / B2 - 3-1-4 Higashi-Ikebukuro, Toshima-ku ☎ 03-3989-3491. Situé dans l'immeuble Bunkakaikan Building, au 7e ét. Ouv. t.l.j. 10 h-17 h (admission 30 min av. la fermeture), f. quelques jours entre deux expositions. Entrée payante. www.aom-tokyo.com/english.

Il s'agit du seul musée du Japon spécialisé dans l'archéologie du **Moyen-Orient** et de l'**Asie centrale**. Vous pourrez admirer une grande collection d'objets de l'Antiquité orientale, en particulier d'art gréco-bouddhique de Gandhara. Des expositions temporaires sont organisées plusieurs fois dans l'année.

La rue des jeunes filles Otome road

乙女ロード

Plan p. 106 / B2 - Higashi-Ikebukuro 3 chome, Toshima-ku. Gare : Ikebukuro, ligne JR Yamanote (sortie E., 10 min à pied). Ou Mo Ikebukuro, lignes Yurakucho (Y09, sortie 35) ou Marunouchi (M25, sortie 35) ou Fukutoshin (F09, sortie C10), 10 min à pied. Ou Mo Higashi-ikebukuro, ligne

Yurakucho (Y10), sorties 6 ou 7, 3 min à pied. À l'O. de Sunshine 60, dans l'av. Kasuga.

Ikebukuro est fréquenté par de nombreuses jeunes filles, fans de boutiques spécialisées (Animate, Mandarake, *k-books*, c'est-à-dire des librairies de mangas, neufs et d'occasion, et des gadgets en rapport avec les mangas). Préférant ce quartier à Akihabara *(p. 44)* ou Nakano Broadway *(p. 111)*, ces passionnées ont tellement investi l'avenue Kasuga, qu'on l'a surnommée la « rue des jeunes filles ».

➤ Le quartier ouest de la gare d'Ikebukuro

Le théâtre des Arts de Tokyo

東京芸術劇場

Tokyo geijutsu gekijo

***Plan p. 106 / A2** - 1-8-1 Nishi-Ikebukuro, Toshima-ku ☎ 03-5391-2111. Gare : Ikebukuro, ligne JR Yamanote (sortie Metropolitan, 3 min à pied). Ou M° Ikebukuro, lignes Yurakucho (Y09) ou Marunouchi (M25) ou Fukutoshin (F09), sortie 2b, 3 min à pied. Ouv. t.l.j. 9 h-22 h, f. quelques jours dans l'année. Entrée libre. www.geigeki.jp*

Construit en 1990 et rénové en 2012, cette grande installation culturelle organise concerts, expositions, conférences et pièces de théâtre afin de promouvoir la culture dans ce quartier populaire. Tous les arts sont à l'honneur ! L'architecture est réussie : grande façade en verre, immense escalator à l'intérieur, restaurants, le théâtre se trouve sur une place agréable avec des arbres et des sculptures.

L'école primaire Jiyu-gakuen Myonichikan*

自由学園明日館

***Plan p. 106 / A2** - 2-31-3 Nishi-Ikebukuro, Toshima-ku ☎ 03-3971-7535. Gare : Ikebukuro, lignes JR Yamanote (sortie Metropolitan, 5 min à pied). Ou M° Ikebukuro, lignes Yurakucho (Y09) ou Marunouchi (M25) ou Fukutoshin (F09), sortie 2b, 5 min à pied. Ouv. t.l.j. sf lun. 10 h-16 h et 3e ven. 18 h-21 h (admission 30 min av. la fermeture). Un jour férié par mois est également réservé pour les visites de 10 h-17 h ; les jours de visites diffèrent selon les mois. Entrée payante (entrée seule ou entrée avec consommation : un thé et un biscuit). www.jiyu.jp.*

Cet édifice, conçu durant l'époque Taisho par l'architecte américain de renom Frank Lloyd Wright en 1921, a longtemps abrité une école primaire de jeunes filles, Jiyu-gakuen. Désormais ouverte au public, on peut non seulement visiter les salles de classe, le réfectoire, mais aussi louer des salles pour des réunions, concerts, mariages ou séminaires.

Pour bien profiter de cet endroit insolite, prenez le billet combiné avec une consommation, que vous aurez le plaisir de déguster dans la salle à l'immense fenêtre qui donne sur le jardin, d'un esthétisme raffiné dans ce quartier moderne et populaire.

CAFÉ À CHATS !

Vous voulez tenter une expérience insolite et totalement japonaise ? Rendez vous dans ce café où vous pourrez caresser des chats, assis tranquillement dans des fauteuils. Le **Neko no iru kyukeijo 299** est vaste, propre et gai. On peut caresser les animaux librement, mais il faut parler à voix basse. Vous pouvez prendre des boissons à un distributeur et emprunter des revues et des mangas. Réconfort assuré !

(1-23-9-5F Higashi-Ikebukuro, Toshima-ku. À 8 min à pied de la gare d'Ikebukuro, ligne JR Yamanote, sortie E ☎ 03-6914-0071. Ouv. t.l.j. 11 h-22 h. Tarifs : 200 yens les 10 min, 1 200 yens les 60 min, 1 500 yens les 90 min. www.nya-n.jp/299).

14 Le Grand Ouest

Le parc d'Inokashira koen

Dans la périphérie ouest de Tokyo, des visites originales et faciles d'accès vous attendent au départ de la gare de Shinjuku. Le musée Ghibli ravira les amoureux de l'univers du réalisateur star de dessins animés japonais, Hayao Miyazaki. Après la visite du musée, le proche quartier de Kichijoji est idéal pour se détendre et faire des emplettes, entre jolis parcs et cafés cosy. Finissez votre virée par la découverte de Nakano, fréquenté par les *otaku* qui hantent sa galerie marchande à la recherche de figurines de dessins animés ou de mangas d'occasion.

- **Plan :** p. 28-29.
- **Arriver :** voir Carnet pratique p. 308.
- **Point de départ de la visite :** la gare de Shinjuku.
- **Se déplacer :** en train depuis la gare de Shinjuku (ligne JR Chuo ou JR Sobu), puis à pied.
- **Manger, dormir, s'amuser :** p. 236.

➤ Le musée Ghibli★★★

三鷹の森ジブリ美術館

Mitaka no mori Ghibli bijutsukan

1-1-83 Shimorenjaku, Mitaka-shi ☎ 0570-05-5777. Depuis la gare de Shinjuku : ligne JR Chuo, arrêt Mitaka (15 min), sortie S. puis navette du musée (5 min, payante) ou 15 min à pied par le chemin appelé « Tamagawa Josui » (le long de la forêt de Mitaka). Ouv. t.l.j. sf mar. 10 h-18 h ; visites à heures fixes : 10 h, 12 h, 14 h et 16 h, f. durant les périodes de maintenance (vérifiez sur le site Internet). Entrée payante. www.ghibli-museum.jp. Visites uniquement sur rés. Dans une agence de voyage avant votre arrivée, ou sur le site des konbinis Lawson : www.lawson.co.jp/ghibli/museum/ticket/english, qu'il faudra retirer ensuite dans l'un des konbinis Lawson (il y en a partout dans le pays). Sur place, directement dans un konbini Lawson (la machine s'appelle Loppi).

Ce petit musée est celui du fameux Studio Ghibli ➤ *encadré p. 291*. Dès que vous aurez franchi la porte d'entrée et son immense Totoro, vous serez plongés dans le monde fantastique du studio Ghibli (Ghibli se prononce « *jibouri* »). Le musée est divisé en trois parties : deux expositions permanentes et une temporaire.

La première, consacrée à la fabrication d'un dessin animé, présente aux visiteurs les différentes techniques d'animation. La seconde montre l'atelier de travail d'un animateur. Trois salles se suivent, abordant les phases du dessin, de la production et du filmage. Dans cette ambiance de studio d'animation, vous découvrirez des croquis, peintures, etc., ainsi que des courts métrages inédits réalisés par le studio Ghibli.

L'exposition temporaire est renouvelée une fois par an. Architecture colorée et amusante, ravissant jardin dans lequel vous attend un immense robot, le « chat-bus » où les enfants peuvent pénétrer, univers fantasque du réalisateur Miyazaki… tout est fait pour ravir petits et grands !

Au musée Ghibli

➤ Kichijoji

吉祥寺

Situé dans la ville de Musashino, le quartier de Kichijoji est très agréable car on peut à la fois se promener dans son parc, y canoter ou faire du vélo. Il est très prisé des Tokyoïtes qui rêvent d'y vivre, selon certains sondages.

Le parc d'Inokashira koen

井の頭恩賜公園

Inokashira onshi koen

*4-1 Inokashira, Mitaka-shi ☎ 0422-47-6900. À 15 min de train depuis la gare de Shinjuku : lignes JR Chuo (sortie S.) ou Keio Inokashira (sortie koen guchi), arrêt Kichijoji. Ouv. t.l.j. 24 h/24. Entrée libre. **Zoo et aquarium** : ouv. t.l.j. sf lun. 9 h 30-17 h (admission 1 h av. la fermeture). Entrée payante. www.kensetsu.metro.tokyo.jp/seibuk/inokashira.*

Peu connue des touristes, cette étendue de verdure et d'eau de 38 ha attire beaucoup de monde tout au long de l'année, en particulier lors de la floraison des cerisiers. Ce parc mérite également une visite lorsque les érables rougissent en automne. Le week-end, les Tokyoïtes se rendent au petit **marché d'art et d'artisanat** organisé autour du lac, où des musiciens et des clowns amusent le public. Les visiteurs se font une joie de faire du **pédalo**, dont certains ont la forme de cygnes. Le **zoo** et l'**aquarium** sont également très appréciés par les familles et les amoureux.

En se promenant, on découvre même un petit **sanctuaire** presque caché dans les arbres et au bord de l'eau. Les allées de cyprès et d'érables ombragées, les larges chemins qui permettent aux vélos de circuler, les cafés-restaurants installés dans le parc, tout est fait pour la détente et la contemplation.

➤ Nakano

中野

Quartier calme, Nakano est l'un des vingt-trois arrondissements de la capitale. Il est connu et fréquenté pour Nakano Broadway, une galerie commerçante prisée par les *otaku* (*p. 45*).

La galerie marchande Nakano Broadway*

中野ブロードウェイ

5-52-15 Nakano, Nakano-ku
☎ 03-3388-7004. Gare : Nakano, lignes JR Chuo ou JR Sobu (sortie N., 2 min à pied). C'est à 4 min en train depuis Shinjuku (un train toutes les 3 ou 4 min). Prenez la galerie marchande Sun Mall en face de la gare. Ouv. t.l.j. 12 h-20 h (selon les commerces). Entrée libre. www.nbw.jp.

Cette galerie marchande sur cinq niveaux, construite dans les années 1960, est quelque peu vieillotte et bruyante, mais on y trouve de tout : vêtements et chaussures qui semblent passés de mode, cafés et restaurants qui ne payent pas de mine, magasins de gadgets ou de cartes téléphoniques, boutiques de vieilles poupées en porcelaine, épiceries, salons de massage et coiffeurs.

Elle est de plus en plus fréquentée, même parmi les touristes, pour ses magasins de mangas, de DVD et de figurines.

Le magasin **Mandarake**, sur plusieurs niveaux, propose mangas, dessins animés et DVD (autre magasin à Akihabara, *p. 46*). La première boutique Mandarake s'est d'ailleurs ouverte ici. Il est possible d'acheter, mais aussi de vendre ses cartes, figurines, etc., dans certaines boutiques. Les prix sont parfois exorbitants pour certaines pièces rares ! Les fous de mangas et les collectionneurs ont donc tout intérêt à se déplacer jusqu'à Nakano Broadway pour trouver leur bonheur.

UNE ESCAPADE INSOLITE

Si vous n'avez ni le temps ni l'intention de voyager à l'intérieur du Japon, vous apprécierez sans doute le **Nihon Minka En**. À 30 min en train de la gare de Shinjuku, ce musée en plein air rassemble dix-sept demeures japonaises traditionnelles (la plus ancienne date de 1687) provenant de diverses préfectures, notamment des maisons au toit de chaume.

7-1-1 Masugata, Tama-ku, Kawasaki-shi Kanagawa-ken
☎ 044-922-2181. Gare : depuis Shinjuku, ligne Odakyu, un train toutes les 10 min, arrêt Mukogaokayuen (sortie S.), puis 13 min à pied. Ouv. t.l.j sf lun. mars-oct. 9 h 30-17 h, nov.-fév. 9 h 30-16 h 30, admission 30 min av. la fermeture. Entrée payante. www. english.nihonminkaen.jp. Visites guidées gratuites en angl. (rés. obligatoire 2 sem. av. par Internet, formulaire à remplir en ligne).

Excursions autour de Tokyo

Las de Tokyo et de son agitation ? Échappez-vous et découvrez ses environs, aussi divers que passionnants. Yokohama, bouillonnante deuxième ville du pays et son plus grand port, cultive son ouverture sur le monde avec son Chinatown et son Musée maritime. Kamakura, petite cité posée au bord de l'océan Pacifique, oscille entre ville sacrée et destination de week-end à la mode. Si vous rêvez d'observer de près le mont Fuji, plongez dans une source chaude (*onsen*) à Hakone ou randonnez autour des cinq lacs, qui offrent des vues splendides sur le sommet le plus sacré du Japon. Nikko, nichée au creux de montagnes verdoyantes plantées de cèdres, possède parmi les plus beaux temples et sanctuaires du pays.

PRATIQUE

Manger, dormir, s'amuser : p. 238.

Cartes et plans : · carte de la région ci-contre · Yokohama p. 116-117 · Kamakura p. 120-121 · Hakone p. 128-129 · Nikko p. 138-139.

Se déplacer : en train et en bus.

- **De Tokyo à Yokohama (visite 14 à 15) :** env. 30 min pour relier Tokyo à Yokohama en partant de la gare de Tokyo, Shinagawa ou Shibuya.
- **De Tokyo à Kamakura (visite 14 à 15) :** env. 50 min pour rejoindre Kamakura via la ligne JR Yokosuka depuis les gares de Tokyo, Shinbashi et Shinagawa. Le Kamakura-Enoshima Pass, disponible dans les gares de Ofuna ou Fujisawa (JR Ticket Office), permet de circuler à volonté dans cette zone (JR, Enoshima Electric Railway et Shonan Monorail). *www.jreast.co.jp/e/pass/kamakura_enoshima.html.*
- **De Tokyo à Hakone (visite 14 à 16) :** Hakone est à 1 h 30 de Shinjuku ou Shinagawa. Pour vous déplacer dans Hakone, optez pour le Hakone Free Pass : valable pour 2 ou 3 j., il permet d'emprunter une succession de trains, bus, funiculaires et téléphériques sur tout le site de Hakone et de profiter de réductions. Vous pouvez l'acheter au Odakyu Sightseeing Service Center de la ligne Odakyu à la gare de Shinjuku, sortie ouest au 1er étage. *www.hakonenavi.jp/english/freepass.*
- **De Tokyo à Nikko (visite 14 à 17) :** Nikko est à 2 h de Tokyo avec le JR Tohoku Shinkansen, au départ de la gare de Tokyo ou d'Ueno. Les 2 Days Nikko Pass et le All Nikko Pass sont valables deux ou quatre jours et incluent l'aller-retour entre Asakusa et Nikko par la ligne Tobu, l'utilisation illimitée des trains et bus Tobu dans un périmètre autour de Nikko, et des réductions pour certains équipements Tobu. *www.tobu.co.jp/foreign/pass.*

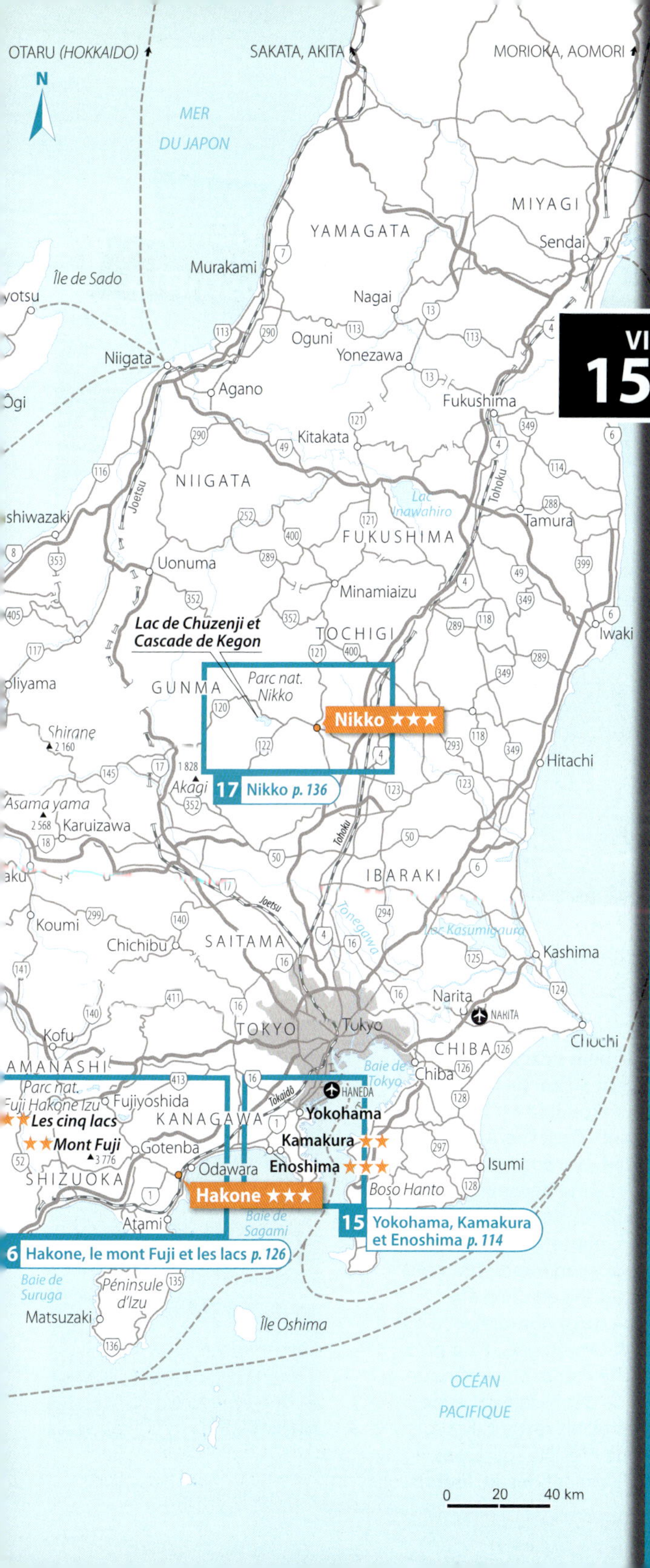
OTARU (HOKKAIDO)
SAKATA, AKITA
MORIOKA, AOMORI
N
MER
DU JAPON
MIYAGI
YAMAGATA
Sendai
Murakami
Île de Sado
Nagai
Oguni
Yonezawa
Niigata
Agano
Fukushima
Kitakata
NIIGATA
Lac Inawahiro
Tohoku
Joetsu
Tamura
FUKUSHIMA
Uonuma
Minamiaizu
Lac de Chuzenji et Cascade de Kegon
TOCHIGI
Iwaki
GUNMA
Parc nat. Nikko
Nikko ★★★
Shirane 2 160
Hitachi
Akagi 1 828
17 Nikko p. 136
Asama yama 2 568
Karuizawa
IBARAKI
Koumi
Tonegawa
Lac Kasumigaura
Chichibu
SAITAMA
Kashima
Narita
NARITA
TOKYO
Tokyo
Kofu
CHIBA
Choshi
YAMANASHI
Baie de Tokyo
Chiba
Parc nat. Fuji Hakone Izu
Fujiyoshida
HANEDA
Tokaidô
★★ Les cinq lacs
KANAGAWA
Yokohama
Kamakura ★★
★★ Mont Fuji 3 776
Gotenba
Enoshima ★★★
Isumi
Odawara
SHIZUOKA
Boso Hanto
Hakone ★★★
Atami
Baie de Sagami
15 Yokohama, Kamakura et Enoshima p. 114
6 Hakone, le mont Fuji et les lacs p. 126
Baie de Suruga
Péninsule d'Izu
Matsuzaki
Île Oshima
OCÉAN PACIFIQUE
0 20 40 km

15 Au sud : Yokohama, Kamakura et Enoshima

Le Grand Bouddha à Kamakura

Filez vers le sud et l'océan Pacifique pour deux belles excursions. À seulement 30 km de la capitale nippone, Yokohama est le premier port du pays. C'est l'occasion d'une balade sur son front de mer futuriste et de la découverte de son très authentique Chinatown. Kamakura, petite ville côtière connue pour son impressionnant Grand Bouddha en plein air, compte de (très) nombreux temples et sanctuaires. Tout près, la presqu'île d'Enoshima offre un moment de dépaysement avec ses plages et ses restaurants de fruits de mer. Ne soyez pas surpris d'y croiser des surfeurs !

- **Plans :** p. 116-117 et 120-121.
- **Arriver :** voir Carnet pratique p. 308.
- **Points de départ de la visite :** à Yokohama, M° Minatomirai et M° Ishikawacho.
  À Kamakura, la gare de Kita-Kamakura.
  À Enoshima, l'une des trois gares.
- **Se déplacer:** à pied, en train, en bus et en bateau.
- **Manger, dormir, s'amuser :** p. 238.

➤ Yokohama*

横浜

Pour se rendre à Sakuragicho, l'une des gares de Yokohama, depuis Tokyo : gare de Tokyo, lignes JR Tokaido ou JR Keihin-Tohoku ou JR Yohohama ou JR Negishi (un train toutes les 5-18 min, env. 30 min). Ou gare Shinagawa, lignes JR Keihin Kyuko ou JR Tokaido ou JR Yokosuka ou JR Keihin-Tohoku (un train toutes les 5-10 min, env. 20-30 min). Ou gare Shibuya, ligne Tokyu Toyoko (un train toutes les 5 min, env. 35-40 min).

Yokohama concilie la fascination d'un grand port et le charme d'une ville aérée. Avec ses bancs, ses amoureux ou ses familles admirant le va-et-vient des paquebots, sa ville chinoise, son cimetière des Étrangers et son quartier occidental, cette ville portuaire est idéale pour un bol d'air non loin de la capitale.

Le quartier Minato Mirai 21**

横浜みなとみらい21周辺

***p. 116-117 / A1-2** - 2-2-1 Minato Mirai, Nishi-ku, Yokohama. À 8 min à pied de la gare Sakuragicho. **Landmark Tower** ☎ 045-222-5030. Ouv. t.l.j. 11 h-20 h (boutiques) et 22 h (restaurants). Entrée libre. **Observatoire Jardin du Ciel** (Sky Garden) au 69e ét. (ascenseur dans le hall du 2e ét.) : ouv. t.l.j. 10 h-21 h et 22 h les sam. et vacances d'été (admission 30 min av. la fermeture). Entrée payante. www.yokohama-landmark.jp.*

La municipalité a réaménagé la baie afin de gagner 186 ha sur la mer. Le centre commercial **Minato Mirai 21** a donné son nom au quartier, qui comprend quelques musées *(voir plus bas)*, une grande roue de 112 m de diamètre, et les entrepôts portuaires en briques rouges de la fin du XIXe s. réaménagés en boutiques et restaurants. La très haute **tour Landmark Tower** de 296 m domine le front de mer. Pour atteindre le 69e étage, l'ascenseur ne met que 40 s. ! Par temps clair, on peut même apercevoir le mont Fuji.

Le musée d'art de Yokohama

横浜美術館 **Yokohama bijutsukan**

***p. 116-117 / A1-2** - 3-4-1 Minatomirai, Nishi-ku, Yokohama ☎ 045-221-0300. Situé dans le quartier de Minato Mirai 21. Mº Minatomirai, ligne Minatomirai (sortie 3, 3 min à pied). Ouv. t.l.j. sf jeu. 10 h-18 h (admission 30 min av. la fermeture). Entrée payante. yokohama.art.museum.*

Dans cet immense musée dédié à l'art moderne et à la photographie, signé Kenzo Tange, vous pourrez admirer *La Montagne Sainte-Victoire vue de Bellevue* de Cézanne, ainsi que des toiles avant-gardistes du début du XXe s. (Picasso, Braque, Magritte, Dalí, etc.), mais aussi de nombreux tableaux japonais de l'époque Meiji, dont *Le Mont Ogura* de Shimomura

Yokohama

Yokohama

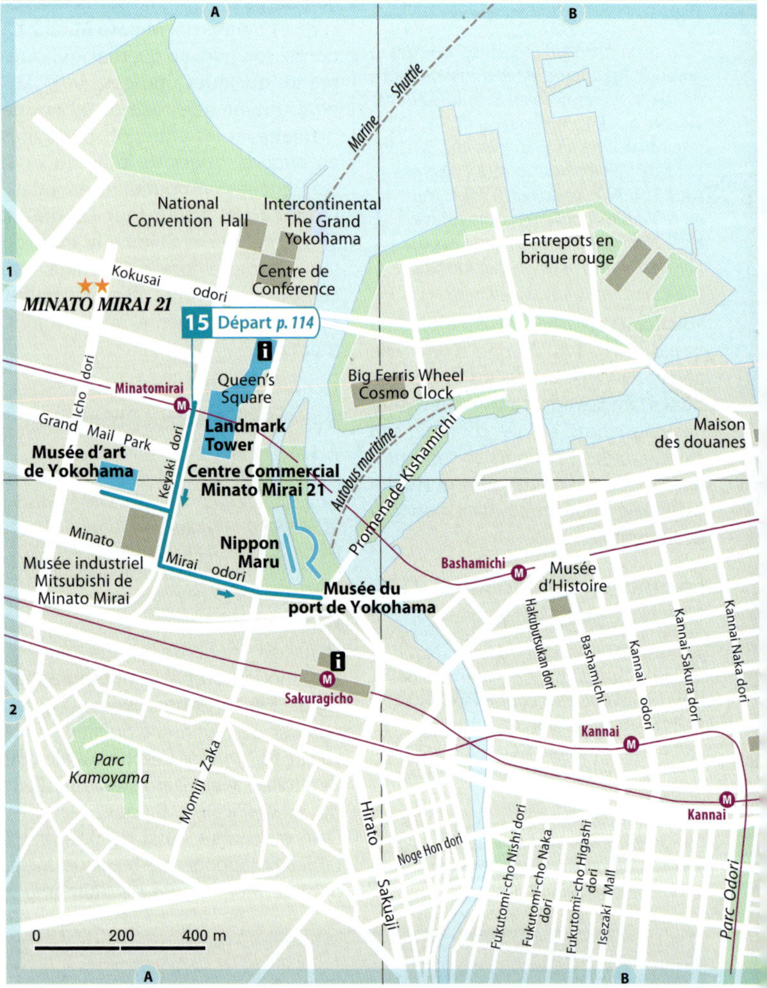

Kanzan. Les expositions temporaires sont également de qualité.

Le musée du port de Yokohama
横浜みなと博物館
Yokohama minato hakubutsukan

Plan ci-dessus / A2 *- 2-1-1 Minatomirai, Nishi-ku, Yokohama ☎ 045-221-0280. Situé dans le quartier de Minato Mirai 21. M° Bashamichi, ligne Minatomirai (sortie 2, 5 min à pied). Ouv. t.l.j. sf lun. 10 h-17 h. Entrée payante, billet valable pour le bateau. www.nippon-maru.or.jp.*

Ce musée, en forme de bateau, présente à la fois les étapes du développement portuaire local mais aussi l'évolution des technologies de construction navale.

Juste en face, le « **Nippon Maru** », un superbe quatre-mâts qui date de 1930, attend les visiteurs.

Le quartier de Chinatown*
中華街 Chukagai

Plan ci-dessus / C2 *- Yamashita-cho, Naka-ku, Yokohama. M° Motomachi*

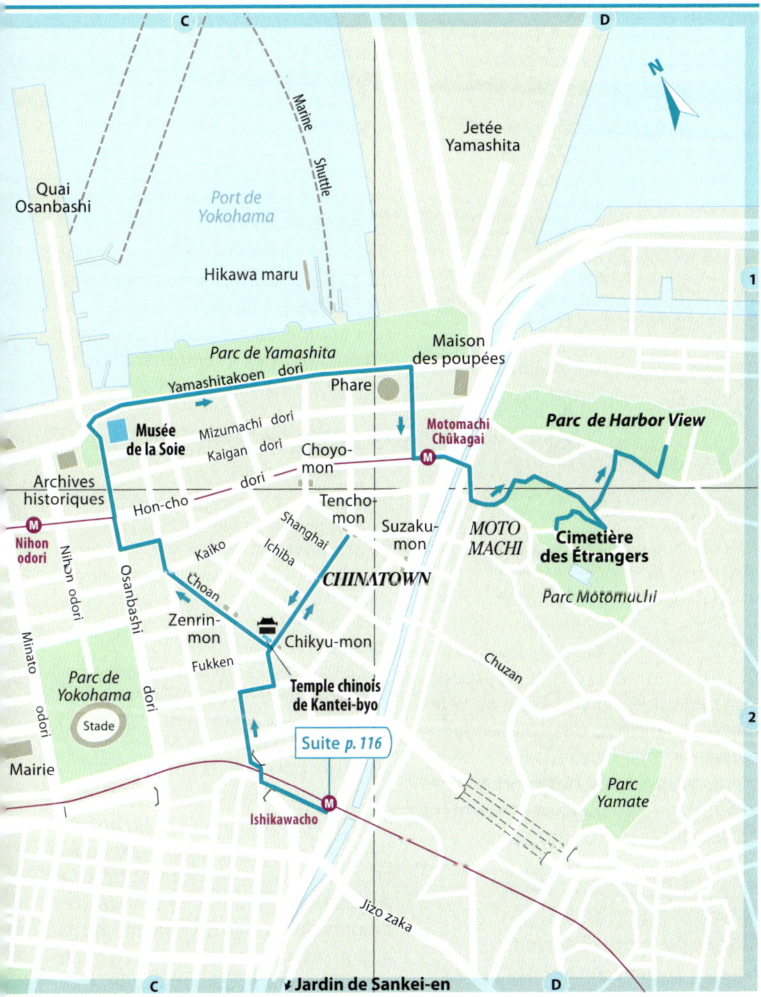

Chukagai, lignes Minatomirai (sortie 3) ou JR Negishi (sortie Chukagai guchi), 5 min à pied. ***Temple de Kantei-byo*** *: 40 Yamashita-cho ☎ 045-226-2636. Ouv. t.l.j. 9 h-19 h. Entrée libre.*

En 1859, lorsque les ports japonais ont rouvert leurs portes aux étrangers, beaucoup d'immigrés chinois sont arrivés à Yokohama et ont créé la plus grande ville chinoise du Japon, dite Chukagai. Dans ce quartier, vous pourrez admirer les dix magnifiques **portes de couleurs** différentes qui délimitent le quartier, ainsi que le splendide **temple chinois de Kantei-byo**. À la fois rococo et baroque, doté d'une frise avec des animaux, il est dédié à un héros de la guerre qui protège les richesses des dévots venant régulièrement prier.

Le musée de la Soie

シルク博物館 Silk hakubutsukan

Plan ci-dessus / C1 *- 1 Yamashita-cho, Naka-ku, Yokohama ☎ 045-641-0841. Gare : Nihonodori, ligne Minatomirai*

OUVERTURE AU MONDE

Yokohama est l'une des premières villes à s'être affranchie de la politique d'isolement du Japon (de 1641 à 1853) et à s'être ouverte au monde, un peu avant le début de l'ère Meiji, en 1868. Avec l'ouverture du Japon aux Occidentaux, aussi bien Américains qu'Européens, de nombreux *gaijin* (étrangers) arrivent par bateau au Japon en 1859. Ils accostent au port de Yokohama et s'installent dans cette ville, favorisant ainsi son accroissement, à la vitesse des échanges avec le reste du monde. Son cimetière des Étrangers *(ci-contre)* contient les tombes des personnes qui ont écrit cette page d'histoire.

(sortie 3, 3 min à pied). Situé dans le centre de la Soie. Ouv. t.l.j. sf lun. 9 h 30-17 h (admission 30 min av. la fermeture). Entrée payante. www.silkmuseum.or.jp.

Ce musée retrace la chaîne de production de la soie, du ver à soie au vêtement, et l'histoire des soieries japonaises, le tout illustré par de belles pièces, notamment des kimonos. Des expositions temporaires présentent également la soie d'autres pays.

Le parc de Harbor View

港の見える丘公園
Minato no mieru oka koen

***Plan p. 116-117 / D1** - 114 Yamate-cho, Naka-ku, Yokohama ☎ 045-671-3648. M°: Motomachi Chukagai, ligne Minatomirai (sortie 6, 5 min à pied). À 9 min à pied du parc de Yamashita. Ouv. 24 h/24. Entrée libre. www.yokohamajapan.com/things-to-do/harbor-view-park.*

Situé en haut d'une colline, ce parc offre une vue magnifique et unique sur le port de Yokohama et ses environs. C'est ici que se trouvait le consulat de France, construit en 1896: on peut encore y voir quelques maisons de style européen d'où son appellation de « colline de France ».

Le cimetière des Étrangers

外人墓地 **Gaijin bochi**

***Plan p. 116-117 / D2** - 96 Yamate-cho, Naka-ku, Yokohama ☎ 045-622-1311. M° Motomachi Chukagai, ligne Minatomirai (sortie 6, 3 min à pied). Ouv. mars-déc. : sam., dim. et j.f. 12 h-16 h (jours et horaires fluctuants). Une contribution est demandée (200 ou 300 yens env.). www.yfgc-japan.com.*

Dans ce cimetière, 4 200 citoyens de 45 pays sont enterrés. Yokohama fut pendant quelques années le seul endroit où les *gaijin* (étrangers) étaient autorisés à séjourner et mourir ➤ *encadré ci-contre*.

Le jardin de Sankei-en*

三渓園 **Sankei-en**

***Plan p. 116-117 / hors plan par C2** - 58-1, Honmoku Sannotani, Naka-ku, Yokohama ☎ 045-621-0634. De la gare Negishi : ligne JR ou Keihin Tohoku (arrêt Honmoku Sankei-en mae), 10 min de bus (nos 58, 99 ou 101), puis 7 min à pied. Ou de la gare Sakuragicho : lignes JR Tokaido ou Keihin-Tohoku ou Yohohama ou Negishi (arrêt Honmoku Sankei-en mae), 25 min de bus (nos 8 ou 148), puis 5 min à pied. Ouv. t.l.j. 9 h-17 h (admission 30 min av. la fermeture). Entrée payante. www.sankeien.or.jp.*

Ce jardin traditionnel, à la beauté typiquement japonaise, a été créé au début du XIXe s. Il comporte une pagode, des étangs, une maison traditionnelle au toit de chaume de la région de Hida Takayama (préfecture de Gifu, centre du Japon), le tout ordonné dans une belle harmonie. On peut voir le mont Fuji depuis le 3e étage de la pagode, par temps clair.

➤ Kamakura**

鎌倉

***Plan p. 120-121** - Depuis Tokyo, les gares de Tokyo, Shimbashi et Shinagawa desservent la gare Kamakura : ligne JR Yokosuka (un train toutes les 10-15 min, 50 min env.). Possibilité de descendre à la gare précédente, Kita-Kamakura, pour visiter d'abord les temples du quartier N., puis aller vers le S. Ou depuis la gare*

TEMPLES GOZAN

Les « temples Gozan » désignent l'ensemble formé par les groupes des cinq plus grands temples zen de Kamakura : Kencho-ji, Engaku-ji, Jufuku-ji, Jochi-ji et Jomyu-ji.

Yokohama : ligne JR Yokosuka, arrêts Kamakura ou Kita-Kamakura (un train toutes les 3 min, 25 min env.).

Kamakura fut la première capitale du siège du gouvernement féodal au Japon, entre 1192 et 1338. Centre politique du pays, elle a également concentré des sites religieux, en particulier zen (une branche du bouddhisme) constituant ainsi un riche patrimoine. Outre 19 sanctuaires shintos, on dénombre 65 temples bouddhiques qui valent le détour. Ville côtière et résidentielle, Kamakura jouit d'un microclimat très doux, fort apprécié de ses habitants

Le temple d'Engaku-ji★★

円覚寺 **Engakuji**

***Plan p. 120-121 / B1** - 409 Yamanouchi, Kamakura ☎ 0467-22-0478. À 5 min à pied de la gare Kita-Kamakura. Ouv. t.l.j. mars-nov. 8 h-16 h 30 et 16 h déc.-fév. Entrée payante. www.engakuji.or.jp.*

Désigné deuxième **temple Gozan** ➤ *encadré ci-dessus*, Engaku-ji est adossé à une colline boisée. Il a été construit en 1282 afin de rendre hommage aux soldats japonais et mongols décédés pendant les batailles, lors de la tentative d'invasion du Japon menée par Kubilaï Khan.

Entouré d'un beau jardin, il abrite plusieurs pavillons et oratoires dont le remarquable **pavillon des Reliques** (*Shariden*), un bâtiment réalisé selon les règles de l'art zen importé de Chine, dans lequel se trouverait une dent du Bouddha.

En haut d'une colline, vous pouvez voir aussi une **cloche** en bronze qui date de 1301 et mesure 2,50 m. C'est la cloche la plus lourde de Kamakura.

Le temple de Tokei-ji★★★

東慶寺 **Tokeiji**

***Plan p. 120-121 / B1** - 1367 Yamanouchi, Kamakura ☎ 0467-33-5100. À 2 min à pied de la gare Kita-Kamakura ou 8 min à pied du temple d'Engaku-ji. Ouv. t.l.j. mars-oct. 8 h 30-17 h et 16 h nov.-fév. Entrée payante. www.tokeiji.com.*
***Maison du Trésor :** ouv. t.l.j. sf lun. 9 h 30-15 h 30. Entrée payante.*

Fondé en 1285, **Tokei-ji** a été un refuge pour les femmes qui souhaitaient divorcer de leur époux. Il leur suffisait de passer trois années consécutives dans ce temple pour être en droit de couper les liens avec leur mari, d'où le surnom du temple, Enkiri-dera, qui signifie « le temple où l'on coupe les liens ».

Le jardin et ses massifs aux diverses variétés de fleurs est remarquable. Vous pouvez prolonger votre visite par la **maison du Trésor** *(dans l'enceinte du temple)* où se trouvent de superbes *darumas* (poupées-boules ➤ *encadré ci-dessous*) ainsi que les lettres (*Mikudari-han*) de maris accordant à leur épouse le divorce. D'admirables statues sont exposées, notamment celle en bois représentant Sho Kannon Bosatsu, un « Bien culturel important » ➤ *encadré p. 57*.

DARUMA, LA POUPÉE-BOULE

Sans bras ni jambes, la plus célèbre poupée japonaise est une simple boule. Elle représente un moine zen, Bodhidarma, appelé aussi « *daruma* ». Selon la légende, il pratiquait la méditation si intensément que ses jambes et ses bras s'en sont atrophiés. Image de la sagesse, la poupée, souvent en bois ou en papier mâché, rappelle par sa forme en culbuto que la persévérance permet de réaliser nos rêves. C'est pourquoi le *daruma* est considéré comme un porte-bonheur. À la place des yeux, il y a deux ronds blancs. Lorsqu'on souhaite la réussite d'un projet, on peint un œil et si ce projet se réalise, on peint le second.

Kamakura

A
B
1
2
3
OFUNA, YOKOHAMA, HAKONE
Départ p. 118
Kita-Kamakura
Temple de Tokei-ji ★★★
Jochi-ji
voie ferrée Shinkansen
Kuzuharaoka-jinja
Kaizo-ji
Temple de Zeniarai Benzaiten ★★
Eisho-ji
Sasuke Inari-jinja
Jufuku-ji
32
Enkyu-ji
Yagumo-jinja
Hotel de ville
Grand Bouddha Daibutsu ★★★
Kotoku-in
Temple de Hase-dera ★★
Yuigahama dori
Wadazuka
Huigahama
21
Goryo-jinja
Hase
Kokuzo-do
voie ferrée Shinkansen
Yuigahama Beach
Zaimokuza Beach
Île d'Enoshima ★★★, GOKURAKOJI, FUJISAWA
134

C
D
N
1
2
3
Temple d' Engaku-ji ★★
Temple de Meigetsu-in ★★
Temple de Kencho-ji ★★★
Kakuon-ji
Enno-ji
Sanctuaire de Tsurugaoka Hachimangu ★★
Raiko-ji
Annexe du musée préfectoral
Tombe de Minamoto Yoritomo
Kamakura-gu
Temple de Zuisen-ji
Egaraten-jinja
Musée du Trésor national
Temple de Sugimoto-dera ★★
Hokai-ji
Komachi dori
Jomyo-ji
Myoo-in
Kamakura
Temple de Hokoku-ji ★★★
Daigyo-ji
Hongaku-ji
Myohon-ji
Betsugan ji
Daiho ji
Anyo-in
Myoho-ji
Honko-ji
Keiun-ji
Myocho-ji
Ankokuron-ji
Kofuku-ji
Chosho-ji
Gosho-jinja
voie ferrée Shinkansen
Hosho-ji
Kuhon-ji
Komyo-ji
0 250 500 m
ZUSHI, YOKOSUKA

Le temple de Meigetsu-in★★

明月院 **Meigetsuin**

Plan p. 120-121 / C1 *- 189 Yamanouchi, Kamakura ☎ 0467-24-3437. À 7 min à pied de la gare Kita-Kamakura ou 5 min à pied du temple de Tokei-ji (p. 119). Ouv. t.l.j. 9 h-16 h et juin 8 h 30-17 h. Entrée payante (supplément en juin pour la floraison des hortensias). www.kamakura-burabura.com/meisyokitakamakrameigetuin.*

Ce temple bouddhique est si connu pour ses hortensias qui fleurissent en juin qu'on le surnomme «temple aux hortensias». Il renferme une statue, Trésor national ➤ *encadré p. 41*, du fondateur de l'édifice, Uesugi Shigefusa. Admirez la belle fenêtre ronde qui donne sur le jardin.

Le temple de Kencho-ji★★★

建長寺 **Kenchoji**

Plan p. 120-121 / C1 *- 8 Yamanouchi, Kamakura ☎ 0467-22-0981. À 13 min à pied de la gare Kita-Kamakura ou 10 min à pied du temple de Meigetsu-in (ci-dessus). Ouv. t.l.j. 9 h-16 h 30. Entrée payante. www.kenchoji.com.*

Entouré de verdure, ce temple zen fondé en 1253 par Hojo Tokiyori, et construit par le moine chinois Rankei Doryu (*Daigaku Zenji* en japonais) de l'école Rinzai *(p. 273)*, est officiellement désigné premier temple Gozan. Il sera reconstruit plusieurs fois à la suite de tremblements de terre et d'incendies. Le Hondo (pièce principale) et la porte Karamon datent de 1646. Ne manquez pas la cloche en bronze de 1255 classée «Trésor national» ➤ *encadré p. 41*.

Le sanctuaire de Tsurugaoka Hachimangu★★

鶴岡八幡宮 **Tsurugaoka Hachimangu**

Plan p. 120-121 / C2 *- 2-1-31 Yukinoshita, Kamakura ☎ 0467-22-0315. À 10 min à pied de la gare Kamakura ou 15 min à pied du temple de Kencho-ji. Ouv. t.l.j. avr.-sept. 5 h-21 h, oct.-mars 6 h-21 h (admission 30 min av. la fermeture) et 1er-3 janv. 24 h/24. Entrée libre. www.tsurugaoka-hachimangu.jp.* ***Musée du Trésor national*** *: ouv. t.l.j.*

sf lun. 9 h-16 h 30. Entrée payante. www.hachimangu.or.jp/about/precious.

Ce sanctuaire shinto de 1063, initialement construit au bord de l'eau et déplacé à son emplacement actuel en 1191, est sans conteste le plus beau et le plus grand de Kamakura. Après être passé sous trois grands *torii* (portiques), vous visiterez les jardins et les étangs. Il est très fréquenté lors des *matsuri* (festivals), et le 15 septembre, jour de la fête annuelle du sanctuaire (les participants portent des masques comiques ou grotesques). À l'intérieur se trouve le **musée du Trésor national** (Tsurugaoka Hachimangu homotsuden) où sont conservés des *mikoshi* (autels portatifs) utilisés pendant les *matsuri* (festivals) ainsi que des objets de culte.

Le temple de Sugimoto dera**

杉本寺 **Sugimoto dera**

***Plan p. 120-121 / D2** - 903 Nikaido, Kamakura ☎ 0467-22-3463. À 25 min à pied de la gare Kamakura ou 20 min à pied du sanctuaire de Tsurugaoka Hachimangu (ci-contre). Ou de la gare Kamakura : bus à l'arrêt nº 5, ligne Keikyu, nºs 23, 24 ou 36, arrêt Sugimoto Kannon (10 min env.), puis 1 min à pied. Ouv. t.l.j. 8 h-16 h 30 (admission 15 min av. la fermeture). Entrée payante sugimotodera.com.*

Selon une légende, les trois statues de la déesse Kannon qui trônent dans ce temple ont échappé à un terrible incendie il y a plus de 750 ans. Elles se seraient déplacées sous un cèdre afin d'être épargnées, d'où le nom du temple, Sugimoto-dera, qui signifie « sous le cèdre ». Comme de nombreux temples, celui-ci a été reconstruit au XVIIe s., mais il serait le plus vieux de la ville (734).

Le temple de Hokoku-ji***

報国寺 **Hokokuji**

***Plan p. 120-121 / D2** - 2-7-4 Jomyo-ji, Kamakura ☎ 0467-22-0762. À 4 min à pied du temple de Sugimoto-dera. Ou en bus de la gare Kamakura : bus à l'arrêt nº 5, ligne Keikyu, nºs 23, 24 ou 36 jusqu'à Jomyo-ji (10-15 min env.), puis 2 min à pied. Ouv. t.l.j. 9 h-16 h. Entrée payante. Thé matcha payant dans le pavillon à thé attenant (jusqu'à 15 h 30). www.houkokuji.or.jp.*

Construit en 1334, le Hokoku-ji est un temple bouddhique zen, faisant partie aujourd'hui de la secte Rinzai, *(p. 273)*. Vous pourrez y admirer de magnifiques sculptures de bouddhas. Outre le petit jardin, c'est surtout la belle bambouseraie, avec ses quelque 2 000 « moso-bambous » (la plus grande espèce) qui fait le charme de ce site exceptionnel.

Le temple de Zuisen-ji*

瑞泉寺 **Zuisenji**

***Plan p. 120-121 / D2** - 710 Nikaido, Kamakura ☎ 0467-22-1191. À 20 min à pied du temple de Hokoku-ji. Ouv. t.l.j. 9 h-17 h (admission 30 min av. la fermeture). Entrée payante www.kamakura-zuisenji.or.jp.*

Ce temple a été dessiné par le prêtre zen de l'école Rinzai *(p. 273)*, qui a également réalisé le Kokedera (Jardin des mousses) de Kyoto *(p. 179)*. Il est également nommé le « temple des fleurs de Kamakura » tant la variété des fleurs qu'il recèle est remarquable.

LE DIEU DE L'ARGENT

Le temple de Zeniarai Benzaiten est dédié au « dieu de l'Argent ». Selon une légende, si l'on plonge de l'argent dans la source de ce sanctuaire pendant les jours du Serpent (zodiaque chinois), on est assuré de voir cette somme se multiplier dans les mois qui suivent. C'est, paraît-il, la déesse-serpent Ugajin qui a révélé cette source à Minamoto no Yoritomo *(p. 124)* le jour du Serpent, lors du mois du Serpent de l'année du Serpent, annonçant que cette eau apporterait la paix et la prospérité au pays.

Sur les petits autels dédiés à cette déesse, on prie également pour devenir riche.

Le temple de Hase-dera

Le temple de Zeniarai Benzaiten**

銭洗い弁財天
Zeni Arai Benzaiten

Plan p. 120-121 / B2 *- 2-25-16 Sasuke, Kamakura ☎ 0467-25-1081. À 20 min à pied de la gare Kamakura ou du Grand Bouddha Daibutsu (ci-dessous). Ouv. t.l.j. 8 h-16 h 30. Entrée libre.*

Le temple de Zeniarai Benzaiten se trouve dans une grotte à laquelle on accède par un petit tunnel, puis une rangée de *torii* (portiques). Au fond de la grotte se trouve une source d'eau dans laquelle on vient laver ses pièces et billets dans des petits paniers tressés, que l'on fait sécher ensuite ➤ *encadré p. 123*.

Le Grand Bouddha Daibutsu***

鎌倉大仏
Kamakura Daibutsu

Plan p. 120-121 / B2 *- 4-2-28 Hase, Kamakura ☎ 0467-22-0703. De la gare Kamakura : ligne Enoden, arrêt Hase, puis 7 min à pied. Situé dans le temple de Kotobuku-in. Ouv. t.l.j. avr.-sept. 8 h-17 h 30 et oct.-mars 8 h-17 h. Entrée payante.* ***Intérieur du bouddha*** *: 8 h-16 h 30. Supplément à payer. www.kotoku-in.jp.*

Du haut de ses 11,40 m et de ses 124 t., cet imposant Daibutsu en bronze (« Grand Bouddha » en japonais) est le monument le plus visité de Kamakura. Fondu vers 1252, il représente Amida (la lumière éternelle) en position du lotus.

La femme de Minamoto no Yoritomo, le fondateur du shogunat de Kamakura (il a régné de 1192 à 1199), a ordonné la construction de ce bouddha sur le modèle de celui de Nara *(p. 191)*.

Le bâtiment qui abritait ce Grand Bouddha aurait été détruit par un typhon ou un tsunami, à la fin du XVIe s., le laissant à l'air libre.

Le temple de Hase-dera**

Hasedera

Plan p. 120-121 / A2 *- 3-11-2 Hase, Kamakura ☎ 0467-22-6300. À 10 min à pied du Grand Bouddha Daibutsu. Ouv. t.l.j. mars-sept. 8 h-17 h et oct.-fév. 8 h-16 h 30. Entrée payante. www.hasedera.jp.*

Construit pour honorer la déesse Kannon aux 11 têtes, ce temple est entouré d'un parc avec vue sur la mer, édifié sur le flanc d'une montagne. Selon la légende, le moine Tokudo Shonin aurait découvert en

721 un camphrier, dans la forêt près du village de Hase, dont le tronc était si grand qu'il permettait de sculpter deux statues de Kannon (déesse de la Miséricorde). L'une d'entre elles a été intégrée au temple de Hase-dera tandis que l'autre, la plus grande, avait été jetée à la mer, accompagnée du vœu que la statue réapparaisse afin de sauver le peuple. En 736, la statue échoua sur une plage près de Kamakura et fut apportée ici pour l'honorer. Vous admirerez des centaines de statues de « Jizo » (statues pour l'âme des enfants défunts).

➤ Enoshima★★★

江ノ島

Plan p. 120-121 / hors plan par A3 *- Depuis les gares de Kamakura ou de Hase : ligne Enoden (un train toutes les 12 min), arrêt Enoshima (19 min depuis Kamakura ou 23 min depuis Hase). Depuis Tokyo, gare Shinjuku : ligne JR Shonan Shinjuku (un train toutes les 30-40 min), arrêt Fujisawa, puis ligne Enoden, arrêt Enoshima (11 min). À env. 20 min à pied de la gare Enoshima : traversez le faubourg balnéaire, puis suivez la route en passant entre la plage de Higashiyama et le port de pêche.*

La presqu'île d'Enoshima (4 km de circonférence) se trouve à 5 km à l'ouest de Kamakura: elle est reliée à la ville de Fujisawa par un pont de 600 m de long. Connue pour ses belles plages, ses palmiers et ses surfeurs bronzés, Enoshima est une station balnéaire très agréable. Ses plages sont prisées par les jeunes Tokyoïtes pour leur proximité avec la capitale.

Il est possible de traverser l'île en peu de temps en suivant le chemin principal sur lequel vous trouverez temples, sanctuaires, jardin botanique, boutiques d'artisanat et restaurants.

Vous pourrez également vous promener sur la colline Shoten-jima, dans ses ruelles étroites et pentues, d'où vous jouirez d'une superbe vue sur la baie.

Enoshima

16 À l'ouest : Hakone, le mont Fuji et les lacs

Le mont Fuji et le lac d'Ashi

Situé à un peu plus d'une heure à l'ouest de Tokyo, le site naturel de Hakone est d'une grande harmonie. Ses paysages où se dessinent volcans, lac et forêts, ses sources chaudes (*onsen*) où l'on s'immerge doucement, et ses musées séduisent de nombreux citadins venus se mettre au vert. Inscrit au Patrimoine mondial par l'Unesco, le mont Fuji, montagne la plus élevée du pays (3 776 m), correspond à l'idéal nippon: quand la nature s'accorde avec la perfection esthétique. À son pied, la région des cinq lacs est propice à de belles randonnées, tout en offrant une vue imprenable sur le sommet. Si vous avez la chance d'être là pendant l'été, son ascension est une aventure inoubliable.

- **Plan :** p. 128-129.
- **Arriver :** voir Carnet pratique p. 308.
- **Point de départ de la visite :** la gare de Gora.
- **Se déplacer :** à pied, en train, en bus, en téléphérique, en bateau *(Hakone free pass, p. 112)*.
- **Manger, dormir, s'amuser :** p. 240.

➤ Hakone★★★

箱根

Depuis Tokyo : gare de Shinjuku, ligne Odakyu train limited express Romance car (un train toutes les 30 min), arrêt Hakone-Yumoto (1 h 25), ou ligne Odakyu train express (un train toutes les 6-20 min), arrêt Odawara (1 h 10), puis ligne Hakone Tozan (un train toutes les 30 min), arrêt Hakone-Yumoto (15 min). Ou de la gare de Shinagawa, ligne JR Tokaido (un train toutes les 10 min), arrêt Odawara (1 h), puis ligne Hakone Tozan Train (un train toutes les 30 min), arrêt Hakone-Yumoto (15 min).

Cernée de montagnes, la région de Hakone permet de s'évader de Tokyo pour profiter des nombreuses sources thermales (*onsen*), visiter des musées et se promener sur ou autour du lac, tout en admirant le mythique mont Fuji.

Le musée en plein air Chokoku-no-Mori★★

彫刻の森美術館

Chokoku no mori bijutsukan

***Plan p. 128-129 / B1** - 1121 Ninotaira, Ashigarashimo-gun, Hakone ☎ 0460-82-1161. De la gare Hakone-Yumoto : ligne Hakone Tozan Train (un train toutes les 15 min env.), arrêt Chokoku no mori (35 min), puis 2 min à pied. Ouv. t.l.j. 9 h-17 h (admission 30 min av. la fermeture). Entrée payante. www.hakone-oam.or.jp.*

Ce musée en plein air de 70 ha est dédié à la sculpture moderne et contemporaine. Les œuvres de Rodin, Maillol, Zadkine, Niki de Saint Phalle et Giacometti, notamment, se marient élégamment avec la nature environnante. Un pavillon entier est dédié à Picasso : vous y verrez 300 peintures, sculptures, objets en or, tapisseries et céramiques de l'artiste.

Le parc aquatique Yunessun

箱根小涌園ユネッサン

Hakone Kowakien Yunessun

***Plan p. 128-129 / B2** - 1297 Ninotaira Hakone-machi Ashigarashimo-gun Kanagawa-ken ☎ 0460-82-4126. De Hakone-Yumoto : bus, ligne Izu-Hakone ou Hakone-Machi ou Kojiri, en direction de Moto-Hakone, arrêt Kowakien (30 min env.). Ouv. 9 h-18 h zone publique, 11 h-18 h zone privée (admission 1 h av. la fermeture). Entrée payante. www.yunessun.com.*

Niché au cœur des monts de Hakone, ce parc aquatique regroupe 25 attractions différentes autour du thème de l'*onsen* et du Spa, dans un cadre exceptionnel. Vous aurez l'occasion unique de vous relaxer dans des bains à base de thé vert, de charbon, de café ou même de vin !

Le parc est divisé en deux sections : l'une, publique, dans laquelle le port du maillot de bain est obligatoire (les bains sont mixtes) ; la seconde, privée, où les hommes et les femmes sont séparés (le port du maillot de bain est interdit). On peut également, en réservant, privatiser son propre *onsen* pour quelques heures *(supplément payant)*.

Le parc de Hakone Gora

箱根強羅公園 **Hakone Gora koen**

***Plan p. 128-129 / B1** - 1300 Ashigarashimo-gun, Gora, Hakone ☎ 0460-82-2825. Gora : funiculaire, ligne Hakone Tozan Cable Car, arrêt Koenkami ou Koenshimo, 1 min à pied. Ouv. t.l.j. 9 h-17 h (admission 30 min av. la fermeture). Entrée payante. www.hakone-tozan.co.jp/gorapark.*

Ce parc est superbe, notamment pour la variété de ses fleurs. Il possède un jardin de pierres, d'autres jardins de style occidental dont un de roses, une serre tropicale, ainsi qu'un point central autour d'une fontaine.

Il offre une très belle **vue** sur les montagnes voisines.

Le musée Lalique de Hakone★

箱根ラリック美術館

Hakone Lalique bijutsukan

***Plan p. 128-129 / A1** - 186-1 Sengokuhara, Hakone, Ashigarashimo-gun ☎ 0460-84-2255. De Gora : bus, ligne Hakone Tozan Bus, arrêt Sengoku annaisho-mae (15 min env.), 3 min*

Hakone

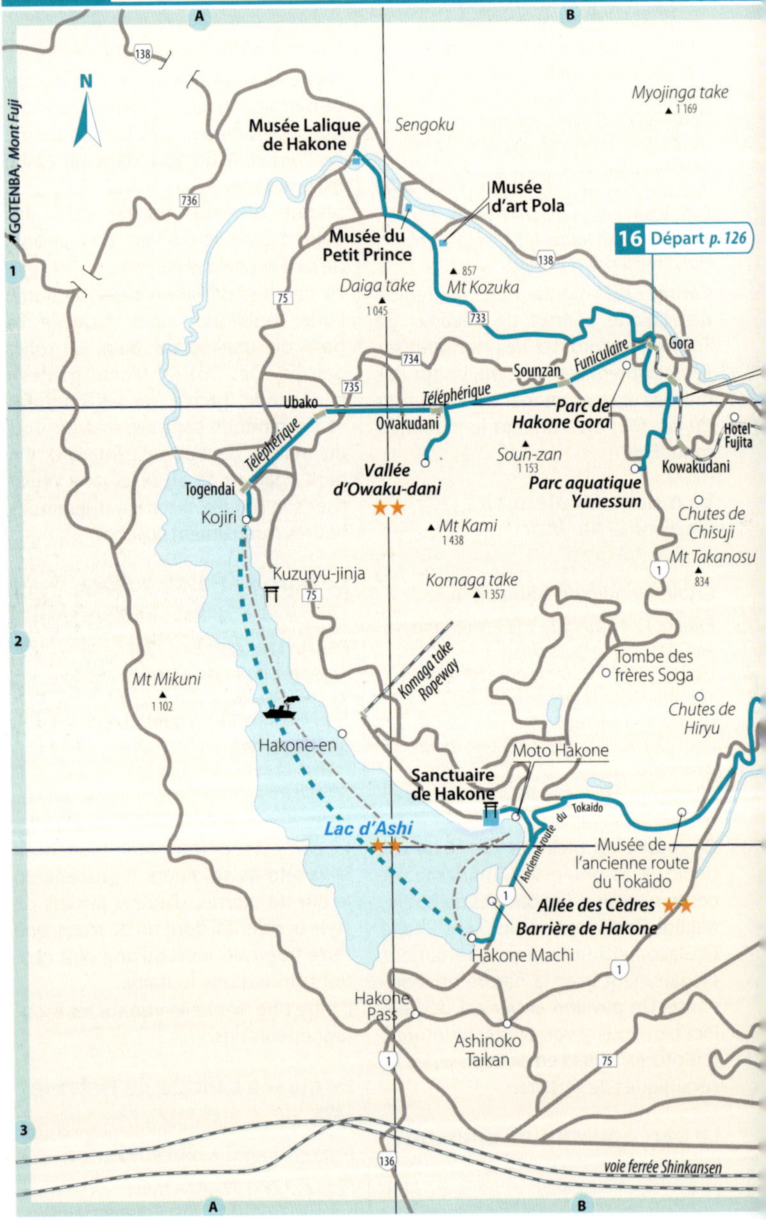
A
B
N
GOTENBA, Mont Fuji
138
736
75
Musée Lalique de Hakone
Sengoku
Myojinga take
1 169
Musée d'art Pola
Musée du Petit Prince
16 Départ p. 126
138
857
Mt Kozuka
Daiga take
1 045
733
Gora
734
Sounzan
Funiculaire
735
Ubako
Téléphérique
Owakudani
Parc de Hakone Gora
Hotel Fujita
Téléphérique
Soun-zan
1 153
Kowakudani
Togendai
Vallée d'Owaku-dani
Parc aquatique Yunessun
Kojiri
Chutes de Chisuji
Mt Kami
1 438
Mt Takanosu
834
1
Kuzuryu-jinja
75
Komaga take
1 357
1
2
Tombe des frères Soga
Komaga take Ropeway
Mt Mikuni
1 102
Chutes de Hiryu
Hakone-en
Moto Hakone
Sanctuaire de Hakone
Ancienne route du Tokaido
Lac d'Ashi
Musée de l'ancienne route du Tokaido
Allée des Cèdres
Barrière de Hakone
Hakone Machi
1
Hakone Pass
Ashinoko Taikan
1
75
3
136
voie ferrée Shinkansen
A
B

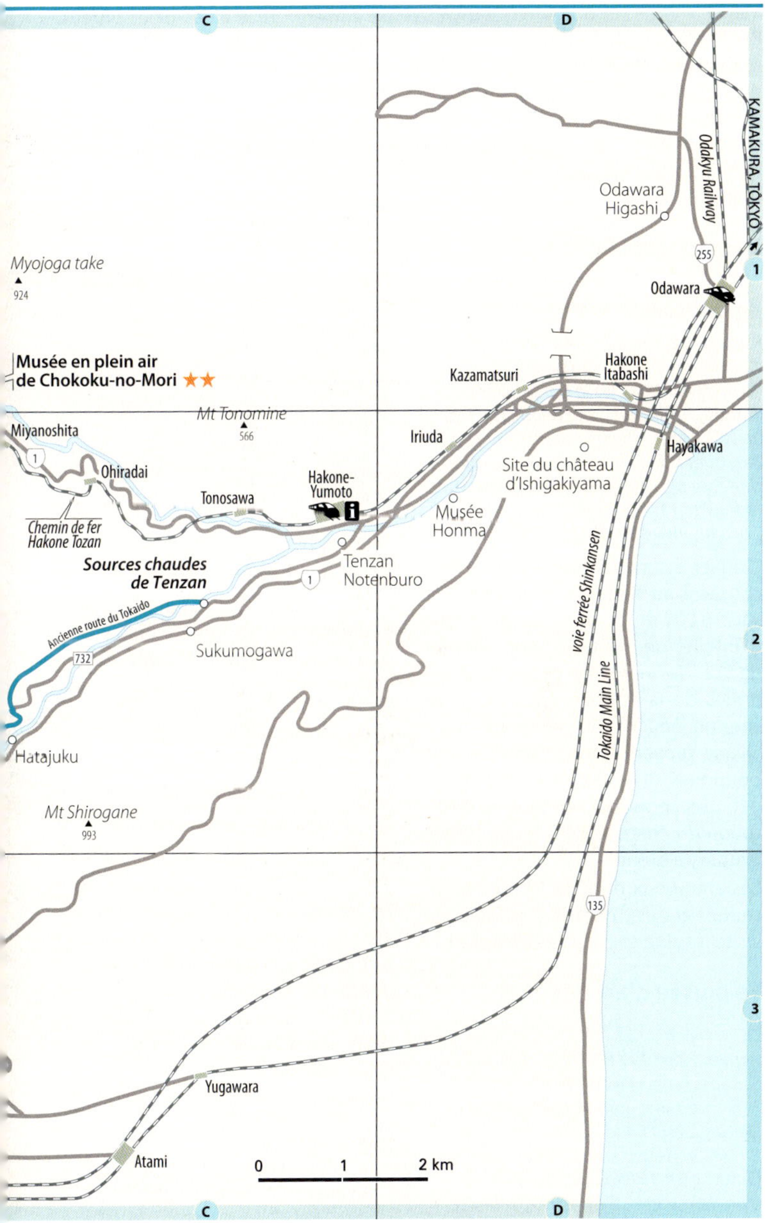

C
D
KAMAKURA, TÔKYÔ
Odakyu Railway
Odawara Higashi
255
1
Odawara
Myojoga take
924
Musée en plein air de Chokoku-no-Mori ★★
Kazamatsuri
Hakone Itabashi
Mt Tonomine
566
Miyanoshita
1
Ohiradai
Iriuda
Hayakawa
Site du château d'Ishigakiyama
Tonosawa
Hakone-Yumoto
Musée Honma
Chemin de fer Hakone Tozan
Sources chaudes de Tenzan
Tenzan Notenburo
1
Ancienne route du Tokaido
732
Sukumogawa
voie ferrée Shinkansen
2
Tokaido Main Line
Hatajuku
Mt Shirogane
993
135
3
Yugawara
Atami
0
1
2 km

à pied. Ouv. t.l.j. 9 h-17 h (admission 30 min av. la fermeture), f. entre 2 expositions. Entrée payante. www.lalique-museum.com.

Maître verrier et bijoutier français, René Lalique est célèbre pour ses réalisations de style Art nouveau et Art déco. Vous y verrez, dans un cadre exceptionnel, de très belles pièces représentatives de cet artiste, ainsi qu'une exposition temporaire sur un thème en rapport avec les verreries.

Le musée du Petit Prince★

星の王子様ミュージアム Hoshi no ojisama museum

***Plan p. 128-129 / B1** - 909 Sengokuhara, Hakone-machi, Ashigarashimo-gun ☎ 0460-86-3700. De la gare Hakone-Yumoto : train, ligne Hakone Tozan Train, arrêt Gora, puis bus, ligne Hakone Tozan Bus, arrêt Kawamuko Hoshi no ojisama museum (20 min env.). Ouv. t.l.j. 9 h-18 h (admission 1 h av. la fermeture). Entrée payante. www.tbs.co.jp/l-prince/en.*

Premier et unique musée au monde consacré au Petit Prince, il présente sur 10 000 m² la vie exceptionnelle d'Antoine de Saint-Exupéry, créateur de l'un des héros les plus emblématiques de la littérature française. Le site, un peu kitsch, ressemble à un village provençal avec des rues, des boutiques, et même une chapelle. Le bâtiment principal est une reconstitution du château dans lequel Saint-Exupéry a grandi.

Les amoureux du Petit Prince seront séduits et c'est l'occasion de faire une visite insolite et décalée à Hakone !

Le musée d'art Pola★

ポーラ美術館 Pola bijutsukan

***Plan p. 128-129 / B1** - 1285 Kozukayama, Sengokuhara, Hakone-machi, Ashigarashimo-gun ☎ 0460-84-2111. De Gora : bus, ligne Sightseeing Shuttle Bus (15 min env.), arrêt devant le musée. Ouv. t.l.j. 9 h-17 h (admission 30 min av. la fermeture), f. entre 2 expositions. Entrée payante. www.polamuseum.or.jp.*

Voici un musée qui vaut le détour, aussi bien pour les œuvres qui y sont présentées que pour son architecture, tout à fait remarquable. Dans le bâtiment, construit en sous-sol pour s'intégrer au paysage, inondé de lumière grâce à ses baies vitrées, vous pourrez admirer des pièces de maîtres européens comme Monet, Renoir, Picasso ainsi que des créations orientales ou japonaises de Léonard Foujita ou Yasushi Sugiyama.

La vallée d'Owaku-dani★★

大涌谷 Owakudani

***Plan p. 128-129 / AB2** - Ashigarashimo-gun Hakone-machi ☎ 0460-84-9605. De Gora : funiculaire, ligne Hakone Tozan Cable Car (9 min), arrêt Sounzan, puis téléphérique, ligne Hakone Tozan Ropeway, arrêt Owaku-dani (1er arrêt, 8 min). Ou de la gare Togendai : téléphérique, ligne Hakone Tozan Cable Car (rive N.-E. du lac d'Ashi), arrêt Owakudani (18 min). Ouv. t.l.j. avr.-nov. 9 h-16 h 30 et déc.-mars 9 h-16 h. **L'accès peut être fermé en raison de l'activité volcanique.** www.owakudani.com.*

Owaku-dani, « la Grande Vallée Bouillante », vous offrira une vision spectaculaire et lunaire : des jets de vapeur d'eau et de soufre jaillissent de crevasses dissimulées dans la roche et s'élèvent du cratère du volcan Kamiyama (1 438 m), avec le mont Fuji en toile de fond.

De l'esplanade principale, sur la gauche, un chemin vous conduira aux fumerolles.

Le sentier à droite, vous mènera en 10 min à Tamago-Chaya, une plateforme d'observation. Vous pourrez y acheter et déguster la spécialité locale : les *kuro tamago*. Ce sont des œufs noirs, bouillis dans les sources d'eau chaude ➤ *encadré ci-dessous*.

ŒUFS NOIRS

Selon la tradition japonaise, chaque œuf noir consommé augmenterait l'espérance de vie : sept années supplémentaires par œuf ! Bon appétit !

Le lac d'Ashi**

芦ノ湖 Ashinoko

Plan p. 128-129 / AB2-3 *- D'Owakudani à Togendai : téléphérique, ligne Hakone Tozan Ropeway (2 arrêts, 16 min ;* ***fermeture possible en raison de l'activité volcanique, mise en place de bus de substitution****), puis à pied jusqu'à Togendai-ko (embarcadère) situé un peu plus bas pour faire une croisière sur le lac (50 min env.) jusqu'à Hakone-Machi-ko (port). Croisière payante sf avec le Hakone Free Pass (p. 112). www.izuhakone.co.jp/hakone-yuransen.* ***Ancienne barrière de Hakone*** *: ouv. t.l.j. mars-nov. 9 h-17 h et déc.-fév. 9 h-16 h 30 (admission 30 min av. la fermeture). Entrée payante. www.hakonesekisyo.jp/english.*

Une croisière sur ce grand lac de cratère volcanique (21 km de circonférence) entouré de montagnes, vous permettra, par temps clair, de jouir d'une vue imprenable sur le mont Fuji, le plus haut sommet du pays (3 776 m). Quelque peu touristique (notamment si vous prenez le bateau pirate, mais il y en a d'autres), elle vaut cependant le détour. À proximité du lac, l'ancienne **barrière de Hakone** (Hakone sekisho) était l'un des postes de contrôle qui assuraient la sécurité de la ville d'Edo (actuelle Tokyo) ; il y en avait 53 sur le Tokaido ➤ *encadré p. 132*. Le musée, près du site, présente l'histoire de ce poste de contrôle, grâce à des objets, des plans, des gravures et des armures.

L'allée des Cèdres**

杉並木 Suginamiki

Plan p. 128-129 / B3 *- Hakone-machi, Ashigarashimo-gun, Hakone. Promenade : env. 25 min.*

Cette allée de 2 km faisait partie de l'ancienne route du Tokaido *encadré p. 132*. Elle est bordée de cèdres tricentenaires qui ont été plantés afin de faire de l'ombre aux voyageurs,

Un torii (portique) sur le lac d'Ashi

TOKAIDO, « ROUTE DE LA MER DE L'EST »

Durant la période Edo (1603-1868), « cinq grandes routes » striaient le territoire nippon. Parmi elles, le Tokaido, la « route de la mer de l'Est » reliant Kyoto à Edo. La plus importante et la plus fréquentée, elle sillonnait la région de Hakone, nœud du trafic et point hautement stratégique. Elle s'étendait sur pas moins de 492 km. Afin de s'assurer qu'aucune arme ou marchandise frauduleuse n'étaient importées dans la capitale, chaque voyageur était contrôlé. Les femmes étaient elles aussi surveillées, afin d'éviter que les épouses des *daimyo* (seigneurs locaux) ne s'échappent d'Edo. On comptait 53 postes de contrôle sur le Tokaido.
L'**ancienne barrière de Hakone** était le poste de contrôle le plus grand et le plus important : elle se visite encore de nos jours *(p. 131)*. Le dessinateur, graveur et peintre japonais Utagawa Hiroshige (1797-1858) est très célèbre pour ses estampes, notamment *Les Cinquante-trois stations du Tokaido*, série peinte entre 1833 et 1834.

notamment les shoguns (seigneurs) qui marchaient au premier rang.

Le sanctuaire de Hakone*

箱根神社 **Hakone jinja**

Plan p. 128-129 / B2 *- 80-1 Moto-Hakone, Ashigarashimo-gun, Hakone ☎ 0460-83-7123. De la gare Hakone-Yumoto : bus, ligne Hakone Tozan Bus (40 min env.), arrêt Moto-Hakone, puis 10 min à pied. Ouv 24 h/24. Entrée libre, mais payante pour la* ***salle des Trésors*** *(ouv. t.l.j. 9 h-16 h). hakonejinja.or.jp.*

Ce sanctuaire, fondé en 757, est caché parmi les cèdres et les pins, formant une harmonie parfaite avec le lac d'Ashi en contrebas. C'est ici que Minamoto no Yoritomo, le fondateur du shogunat de Kamakura, trouva refuge après sa défaite à Odawara en 1180. Le *torii* (portique) est construit sur l'eau. Vous pourrez l'admirer du bateau lors de la traversée sur le lac d'Ashi.

Les sources chaudes de Tenzan

天山湯治郷

Tenzan Open Air Spa ou Tenzan Tohji-kyo

Plan p. 128-129 / C2 *- 208 Yumoto-jaya, Hakone-machi, Ashigarashimo-gun ☎ 0460-86-4126. De la gare Hakone-Yumoto à Okuyumoto Iriguchi : bus, ligne Hakone Tozan Bus en direction de Moto-Hakone via Hatajuku (10 min env.). Situé à 500 m après l'hôtel Okada. Ouv. 9 h-23 h (admission 1 h av. la fermeture). Nécessaire de bain non fourni. Entrée payante. Attention : interdits aux tatoués.*

En plus de son site naturel exceptionnel et de sa vue privilégiée sur le mont Fuji, Hakone est réputée pour ses *onsen*, des bains publics aux sources chaudes reconnus pour leurs vertus thérapeutiques (à ne pas confondre avec les bains privés, les *sento* ➤ *encadré ci-dessous*).

Cet établissement, offrant une grande variété de bains en intérieur et en

SENTO* ET *ONSEN

Entrer dans un *sento* sera l'une des expériences les plus dépaysantes de votre voyage. Mais attention : ici, le bain est fait non pour se laver mais pour se détendre. Il vous faudra donc bien vous nettoyer (sous la douche) avant d'y pénétrer. Une fois prêt, entrez-y doucement car la température de l'eau oscille entre 40 et 50 °C !
La version thermale du bain public s'appelle *onsen*. Il y en a des centaines, dispersés un peu partout au Japon. Un grand nombre d'entre eux sont sulfureux, et on leur attribue des vertus curatives pour les rhumatismes et les maladies nerveuses. Attention, leur température varie entre 44 et 67 °C !
Parfois en plein air, on les appelle alors *rotenburo*.

plein air, vous permettra de vous relaxer selon la tradition japonaise.

➤ L'ascension du mont Fuji★★

富士山 Fuji san

Depuis la gare de Shinjuku, ligne JR Chuo (un train toutes les 10 min), arrêt Otsuki, puis ligne Fujikyu (un train toutes les 45 min), arrêt Kawaguchiko (2 h 45 env. au total) ; ou lignes JR LEX Kaiji ou Azusa ou Super Azusa jusqu'à Kawaguchiko (2 h env.). Depuis la gare de Tokyo, lignes JR LEX Kaiji ou Azusa ou Super Azusa, arrêt Kawaguchiko (2 h env.). Possibilité d'y aller en bus : gare JR Shinjuku (Shinjuku Bus Terminal, devant le Building Yasuda Seimei, à 2 min à pied de la sortie O. de la gare JR Shinjuku), ligne Fujikyu ou Keio soit en direction de Kawaguchiko (1 h 45 env.), soit en direction de Kawaguchiko-Yoshida guchi, la 5e station du mont Fuji (2 h 20 env.). Ou gare JR Tokyo (sortie Yaesu S.), ligne de bus JR ou Fujikyu, en direction de Kawaguchiko (2 h 45 env.). Rés. : bus-en.fujikyu.co.jp ; highway-buses.jp/fuji ; www.jreast.co.jp/e/fuji.

L'ascension du mont Fuji n'est autorisée que **du 1er juillet au 14 septembre**. Ce rendez-vous annuel attire des milliers de randonneurs en quête de panoramas incroyables ou simplement d'un peu de fraîcheur.

Il existe plusieurs possibilités pour atteindre le sommet, mais celle qui plaît le plus consiste à débuter l'escalade en début d'après-midi de la 5e station (*go-gome*), de passer la nuit dans un refuge à la 8e station (*hachi-gome*) par exemple et de terminer l'escalade avant l'aube pour voir le soleil se lever *(vers 4 h 30, selon les jours)*. Cela vous oblige à passer une nuit au sommet : de nombreux refuges jalonnent le chemin (il est conseillé de réserver avant, *p. 240*). Prévoyez environ 9 h pour la montée et 5 h pour la descente.

Pour ceux que la marche rebute, un service de bus relie Kawaguchiko à la 5e station (étape). De là, il ne faut « plus que » 4 h de marche pour atteindre le sommet. Attention, il y a

CONSEILS ET RENSEIGNEMENTS

La température moyenne au sommet du mont Fuji étant de 4,8 °C en juillet et 5,8 °C en août, et de soudaines chutes de neige pouvant se produire encore en été, il vaut mieux ne pas oublier d'emporter des vêtements chauds et de bonnes chaussures, même en plein été. *Rens. pour l'ascension : mtfuji-jp.com. Pour le parcours Kawaguchiko-Yoshida-guchi : www.city.fujiyoshida.yamanashi.jp. Ou informations en angl. au ☎ 0555 24-1236.*

souvent foule, notamment les week-ends et lors des vacances d'*obon* (mi-août). Et, parfois, les conditions climatiques ne permettent pas de monter jusqu'au sommet.

Bon à savoir : depuis 2014, pour préserver la beauté du site, les autorités invitent désormais les grimpeurs à s'acquitter d'une somme de 1 000 yens à partir de la 5e station. C'est un droit de passage qui permet de limiter les dégradations.

Le parcours Kawaguchiko-Yoshida-guchi

Depuis la gare de Tokyo : ligne JR Shinkansen Kodama jusqu'à Mishima (55 min env.), puis bus, ligne Fujikyu, arrêt Kawaguchiko (2 h 20 env.). Situé sur le versant N. Départ : 5e station de Kawaguchiko (2 305 m). Durée : 6-7 h (montée), 3 h (descente). Il y a 20 refuges sur ce parcours. Nous vous recommandons : montée de la 5e à la 8e station (3 h env.) et arrêt dans un refuge. Puis de la 8e station au sommet (3-4 h env.). Si vous partez vers minuit de la 8e station, vous arriverez pour le lever du soleil, vers 4 h.

C'est le parcours le plus fréquenté et le mieux aménagé, où le chemin en zigzag passe par des paysages volcaniques, rocheux et poussiéreux. La descente est différente de la montée.

Le parcours Gotemba-guchi

Depuis la gare de Tokyo : ligne JR Shinkansen Kodama (55 min env.), arrêt Mishima, puis ligne JR Tokaido (7 min), arrêt Numazu, et ligne JR Gotemba (35 min), arrêt Gotemba. Situé sur le versant E. Départ : 5e station de Gotemba-guchi (1 440 m). Durée : 8 h (montée), 3 h 30 (descente). Il y a 2 refuges sur ce parcours.

C'est le parcours le plus long et le plus difficile. Entre la 5e et la 7e station, le chemin passe par un énorme champ de cendres, souvenir de l'éruption de 1707. Le passage des rochers entre la 7e et la 8e station peut s'avérer difficile.

Le parcours de Fujinomiya-guchi ou voie de Mishima-guchi

Depuis la gare de Tokyo : ligne JR Shinkansen Kodama (55 min env.), arrêt Mishima, puis bus, ligne Fujikyu City Bus (2 h 05 env.), arrêt Fujinomiya-guchi. Situé sur le versant S. Départ : 5e station de Fujinomiya (2 400 m). Durée : 5 h (montée), 3 h 30 (descente). Il y a 10 refuges sur ce parcours (Manger, dormir, s'amuser *p. 241**).*

C'est le parcours le plus court, mais situé sur le « mauvais » versant : le lever de soleil ne s'admire qu'au sommet. Le chemin de descente est le même que celui de la montée, il y a donc souvent beaucoup de monde.

Le parcours de Subashiri-guchi

Depuis la gare de Tokyo : ligne JR Shinkansen Kodama jusqu'à Mishima (55 min env.), puis train, ligne JR Tokaido jusqu'à Numazu (7 min), et train, ligne JR Gotemba jusqu'à Gotemba (35 min). Enfin, de Gotemba à Subashiri-guchi, bus, ligne Fujikyuko Gotemba Bus (1 h env.). Situé sur le versant N.-E. Départ : 5e station de Subashiri-guchi (1 970 m). Durée : 5 h 30 (montée), 3 h (descente).

Cette piste, dont la pente est la plus douce, rejoint celle de Kawaguchiko-Yoshida-guchi (8e station). Le parcours offre de belles vues sur les forêts et la végétation alpine.

➤ Les cinq lacs**

富士五湖 **Fujigoko**

De Fuji-Yoshida au lac de Kawaguchiko : bus, ligne Fujikyu (7 min). La gare de Kawaguchiko permet de visiter cette région et de se rendre en bus : à Kawaguchiko guchi, la 5e station du mont Fuji (ligne Fujikyu Tozan, 55 min) ; au lac de Saiko (ligne Fujikyu, 27 min) ; au lac de Yamanakako (ligne Fujikyu, 38 min) ; au lac de Motosuko (ligne Fujikyu, 30 min).

Les cinq grands lacs qui s'étirent au nord du mont Fuji (« *ko* » signifie lac en japonais) sont : Kawaguchiko (au nord), Yamanakako (au nord-est), Saiko, Shojiko et Motosuko (au nord-ouest). Les trois premiers sont les plus appréciés pour leur très belle vue sur le Fuji. L'été, il est possible d'y camper, pêcher, faire du bateau, et, l'hiver, du patin à glace et du ski de fond.

Le lac de Kawaguchiko*

河口湖 **Kawaguchiko**

Kawaguchiko, Yamanashi-ken. Accès : voir ci-dessus. Téléphérique (Tenjosan Park Kachikachi yama Ropeway ; payant), situé sur la partie inférieure de la rive orientale du lac de Kawaguchiko : ouv. t.l.j. 9 h-17 h 10 ; mi-avr. mi-oct. 9 h-17 h 20 ; déc.-fin fév. 9 h 30-16 h 40. www.kachikachiyama-ropeway.com/en. Vous pouvez redescendre à pied (40 min env.).

Le splendide lac de Kawaguchiko, situé au centre des cinq lacs (831 m d'alt.), est célèbre pour refléter, comme dans un miroir inversé, la face nord du mont Fuji. Il sert de lieu de départ pour les personnes qui veulent l'escalader.

À proximité du lac, un **téléphérique** permet d'accéder à un observatoire sur le mont Tenjo. Depuis cette plate-forme panoramique (1 104 m), vous aurez une superbe vue sur le lac *(photo ci-contre)* et par temps clair sur le mont Fuji et vous découvrirez le sanctuaire Komitabe.

Le musée d'art d'Itchiku Kubota*

久保田一竹美術館

Kubota Itchiku bijutsukan

2255, Kawaguchi, Fuji Kawaguchiko-machi, Minamitsuru-gun, Yamanashi-

Le lac de Kawaguchiko

ken ☎ 0555-76-8811. De la gare Kawaguchiko, bus, ligne Retro Bus (25 min), arrêt Kubota Itchiku bijutsukan mae, 4 min à pied. Ouv. t.l.j. avr.-nov. 9 h 30-17 h 30 et déc.-mars 10 h-16 h 30 (admission 30 min av. la fermeture), f. le mar. sf oct.-nov. Entrée payante. www.itchiku-museum.com.

Ce musée présente les œuvres de Itchiku Kubota qui utilisa les techniques de teinture de l'époque Muromachi (XIVe-XVIe s.) pour créer des kimonos contemporains, ainsi que la collection de bijoux anciens en pâte de verre recueillie par ce maître. Ce lieu est à voir également pour son jardin, son architecture étonnante et son salon de thé.

Le lac de Saiko

西湖 Saiko

Fuji Kawaguchiko-machi, Minamitsuru-gun, Yamanashi-ken. Accès : voir p. 133. Situé à 8 km à l'O. du lac de Kawaguchiko.

Une belle forêt borde le paisible lac de Saiko, deuxième plus petit lac après celui de Shojiko.

Le lac de Yamanakako

山中湖 Yamanakako

Fuji Kawaguchiko-machi, Minamitsuru-gun, Yamanashi-ken. Accès : voir p. 133. Situé à 9 km de la ville Fuji-Yoshida.

Le lac de Yamanakako est le plus grand et le plus élevé des cinq lacs, à 982 m. C'est l'un des lieux de villégiature les plus populaires du Japon, avec ses nombreuses pensions, chambres d'hôtes, magasins et restaurants, très touristique, particulièrement en été. C'est ici que se trouve le musée de littérature de Yukio Mishima.

Le lac de Shojiko

精進湖 Shojiko

Fuji Kawaguchiko-machi, Minamitsuru-gun, Yamanashi-ken. Accès : voir p. 133. Situé à 18 km à l'O. de la ville Fuji Yoshida.

Avec une circonférence de 5 km, le lac de Shojiko est le plus petit des cinq lacs. La vue sur le mont Fuji à partir de la rive nord est extraordinaire.

Le lac de Motosuko

本栖湖 Motosuko

Fuji Kawaguchiko-machi, Minamitsuru-gun, Yamanashi-ken. Accès : voir p. 133. Situé à 23 km à l'O. de la ville Fuji-Yoshida et à 4 km au S. du lac de Shojiko.

Depuis la rive nord du Motosuko, le plus profond des cinq lacs, vous aurez une vue exceptionnelle sur le mont Fuji. C'est l'un des lacs les moins touristiques, malgré une flore et une faune remarquables.

17 Au nord : Nikko

Le pont sacré Shinkyo

« Qui n'a pas vu Nikko ne connaît pas le beau », dit un proverbe japonais. Séparée de l'agitation tokyoïte par deux heures de train, cette bourgade construite à flanc de montagne est en effet l'une des plus belles du pays. Ses sanctuaires et ses temples, véritables chefs-d'œuvre architecturaux, sont nichés dans un cadre naturel idyllique, entre cèdres centenaires et torrents impétueux. Ce lieu sacré est inscrit au Patrimoine mondial de l'humanité par l'Unesco.

- **Plan :** p. 138-139.
- **Arriver :** voir Carnet pratique p. 308.
- **Point de départ de la visite :** Omotesando.
- **Se déplacer :** à pied et en bus.
- **Manger, dormir, s'amuser :** p. 242.
- **Coup de cœur de l'auteur :** Émerveillement au sanctuaire de Toshogu p. 142.

Nikko★★★

➤ Le parc national de Nikko

日光国立公園

Nikko kokuritsu koen

Depuis Tokyo : gare Asakusa, ligne Tobu-Isesaki, arrêt Tobu Nikko (1 h 45-2 h). Avec le JR Pass : gare Tokyo, Shinkansen, ligne JR Tohoku (50 min), arrêt Utsunomiya, puis ligne JR Nikko, arrêt Nikko (45 min). Pour vous rendre sur les sites du parc national de Nikko, prenez le bus World Heritage Bus devant la gare Tobu Nikko (arrêt 2C) ou devant la gare Nikko (arrêt 1C). Ces deux gares sont à 3 min à pied l'une de l'autre.

Le site de Nikko étant tellement vaste, nous vous conseillons, sur place, d'aller en bus jusqu'à **Omotesando**, de visiter le sanctuaire de Toshogu, et les sites autour. Ensuite, vous pouvez visiter le sanctuaire de Futarasan, puis redescendre vers le temple de Rinno-ji et le pont sacré Shinkyo. Enfin, prenez un bus pour le lac de Chuzenji et la cascade de Kegon, avant de reprendre un bus pour la gare Tobu Nikko ou Nikko. S'il vous reste du temps, n'hésitez pas à découvrir la villa impériale Tamozawa *(p. 141)*. À l'office du tourisme de la gare Tobu Nikko, vous trouverez des plans et dépliants.

Le pont sacré Shinkyo★

神橋 **Shinkyo**

***Plan p. 138-139 / B2** - 1112-1 Kami-hatsuishi-machi, Nikko ☎ 0288-54-0535 (bureau). De la gare Tobu Nikko (arrêt 2C) ou de la gare Nikko (arrêt 1C) : bus World Heritage Bus jusqu'à Shinkyo (5 min). Situé à côté de la rue principale. Ouv. t.l.j. 9 h-16 h, f. à certaines occasions. Entrée payante. www.shinkyo.net.*

Construit en 766, puis reconstruit en 1636, long de 27 m, l'admirable pont sacré Shinkyo, laqué vermillon, est situé au-dessus de la rivière Daiya qui mène au centre historique de Nikko. Appelé également « le pont des serpents », la légende raconte que le prêtre Shodo Shonin, à l'origine du premier temple bouddhiste de Nikko, aurait réussi à traverser la rivière grâce au soutien de deux serpents ayant pris la forme d'un pont.

Le sanctuaire de Toshogu★★★

日光東照宮 **Nikko Toshogu**

***Plan p. 138-139 / B1** - 2301 Sannai, Nikko ☎ 0288-54-0560. De la gare Tobu Nikko (arrêt 2C) ou de la gare Nikko (arrêt 1C) : bus World Heritage Bus jusqu'à l'arrêt Omotesando (10 min). Ouv. t.l.j. 8 h-17 h et 16 h de nov.-mars. Entrée payante. Attention : le billet combiné pour les trois sites (Toshogu, Futarasan, Rinno-ji) n'existe plus, il faut payer séparément. **Musée du Trésor** : ouv. t.l.j. avr.-oct. 8 h-17 h et 16 h de nov.-mars. Entrée payante, www.toshogu.jp/english. Comptez au moins 2 h de visite.*

À l'abri d'une forêt de cèdres, le sanctuaire shinto de Toshogu est inscrit au Patrimoine mondial de l'Unesco. Avec leurs couleurs étincelantes, leurs dorures clinquantes et leurs lignes courbées originales, les bâtiments sont caractéristiques de l'architecture Momoyama (1568-1600). Construit en 1636 pour émerveiller les habitants, il est dédié au shogun Ieyasu Tokugawa et abrite son tombeau. Il comprend de nombreux bâtiments de culte, dont 39 sont inscrits comme « Biens culturels importants » ➤ *encadré p. 57* et d'autres comme « Trésors nationaux » ➤ *encadré p. 41*. On y trouve notamment un mausolée, monument funéraire de grande dimension dans lequel repose le tombeau d'Ieyasu, et une pagode à 5 étages. Ce sanctuaire a été déclaré « Patrimoine national ». Nous vous en proposons une visite privée *(p. 143)*.

Le musée d'art Toshogu★

日光東照宮美術館

Nikko Toshogu bijutsukan

***Plan p. 138-139 / B1** - Situé à l'E. du site du sanctuaire de Toshogu, à 50 m. Ouv. t.l.j. avr.-oct. 8 h-17 h et 16 h de nov.-mars (admission 30 min av. la fermeture). Entrée payante. www.toshogu.jp/shisetsu/bijutsu.html.*

Nikko

Dans ce musée du sanctuaire, vous verrez une belle collection de 150 portes en cèdre et de panneaux coulissants.

Cette collection a été dirigée par Taikan Yokohama, au début du xxe s. Parmi eux se trouvent *Le Vieux Pin* dessiné par Arai Kanpo et *Le Camélia* par Katayama Nanpu.

Le sanctuaire de Futarasan★

二荒山神社 **Futarasan jinja**

Plan ci-dessus / B1 *- Situé à l'O. du sanctuaire de Toshogu, à 10 min à pied ☎ 0288-54-0535. Ouv. t.l.j. avr.-oct. 8 h-17 h et nov.-mars 8 h-16 h (admission 30 min av. la fermeture). Entrée payante. www.futarasan.jp.*

Fondé en 782 par le prêtre Shodo Shonin, puis reconstruit en 1610, ce sanctuaire, consacré à trois divinités du mont Nantai, forme un ensemble de plusieurs édifices. Parmi les plus remarquables, il faut citer le **Honden** et le **Haiden**, cœur du sanctuaire, le Bestugu Takino-o-jinja Honden, dont le plan de construction remonterait à l'an 825, et le Shin-yosha, le plus ancien témoignage du style architectural qui allait inspirer les premières phases de construction du sanctuaire de Toshogu. Vous verrez, devant le **Honden**, la « lanterne des spectres », en bronze : la légende dit que des épéistes auraient croisé le fer avec des spectres attirés par la lumière de

la lanterne, car on y voit des traces de *katana* (épée). Dans l'enceinte du sanctuaire, vous admirerez trois pins noirs millénaires. Le festival de Yayoi, qui se tient du 13 au 17 avril chaque année en l'honneur des divinités locales, a lieu dans ce sanctuaire.

Le mausolée du Taiyu-in**

家光廟大猷院 **Iemitsu byo Taiyu-in**

Plan p. 138-139 / A1 *- ☎ 0288-53-1567. Situé en face du sanctuaire de Futarasan, à 200 m. Ouv. t.l.j. avr.-oct. 8 h-17 h et 8 h-16 h nov.-mars (admission 30 min av. la fermeture). Entrée payante. rinnoji.or.jp/precincts/taiyuin.*

Le mausolée du Taiyu-in est consacré à Iemitsu, le troisième shogun Tokugawa, petit-fils d'Ieyasu. Il fut édifié en face du sanctuaire de Toshogu dans lequel repose, son grand-père qu'il vénérait. Construit en 1653, il est moins grand et moins coloré que le sanctuaire de Toshogu. Cependant, il est davantage en harmonie avec la nature et le principe d'esthétisme «*wabi*», qui exprime la simplicité, la nature et la solitude. Le sanctuaire se compose de six zones successives, délimitées par autant de portes. Après avoir franchi plusieurs portes, dont celle de Yasha-mon, magnifiquement décorée d'arabesques, vous passerez sous la porte de Kara-mon, de style chinois. Le mausolée débute ici par le **Haiden** (oratoire). Le plafond est décoré par 140 dragons et le mur peint d'un superbe lion chinois réalisé par les célèbres frères Kano. Vous accéderez ensuite au **Honden** (pièce principale), resplendissant par les peintures de dragons volants et du phénix, oiseau légendaire, se trouvant au plafond.

Dans le dernier sanctuaire, l'Okunoin qui se trouve après la porte de Koka-mon, reposent les cendres de Tokugawa Iemitsu *(accès interdit)*. Lorsqu'on lui construisit son mausolée, on donna à Iemitsu son nom posthume, Taiyu-in, d'où l'appellation de ce mausolée.

Le temple de Rinno-ji**

輪王寺 **Rinno-ji**

Plan p. 138-139 / B2 *- 2300 Sannai, Nikko ☎ 0288-54-0531. Ouv. t.l.j. avr.-oct. 8 h-17 h et nov.-mars 8 h-16 h (admission 30 min av. la fermeture). Entrée payante.* ***Musée du Trésor*** *: mêmes horaires. Entrée payante. rinnoji.or.jp/precincts/houmotsuden.* ***Attention : le temple est en rénovation jusqu'en mars 2019****, mais le musée reste ouvert. Le temple est sous échafaudages, on peut cependant visiter l'intérieur.*

Le prêtre bouddhiste Shodo Shonin a construit ce grand temple en 766. Dans le **Sanbutsu-do**, il abrite trois bouddhas (en bois, recouverts de laque et, par-dessus, de feuilles d'or) : Bato-Kannon (déesse à tête de cheval, protectrice du règne animal), Amida Nyorai (Bouddha de la

LA CÉRÉMONIE GOHAN SHIKI

C'est dans le temple de Rinno-ji que se déroule chaque année, le 2 avril, le **Gohan Shiki**, cérémonie des « mangeurs de riz forcés ». À cette occasion, les moines bouddhistes font avaler de grands bols de riz à des notables en s'assurant qu'ils mangent tout jusqu'au dernier grain… Cela permettrait de conjurer le mauvais sort.

Lumière infinie) et Senju-Kannon (déesse aux Mille bras), statues qui font 8,5 m de haut. Au nord-ouest du **Sanbutsu-do**, vous verrez le Sorinto, une colonne de cuivre qui renferme 10 000 volumes de sutras bouddhistes. Havre de paix au cœur des montagnes, ce temple est célèbre pour son beau jardin japonais voué à la méditation, le Shoyo-en.

En face du temple, le **musée du Trésor** (Rinno-ji homutsuden) expose, par roulement, 6 000 objets bouddhistes.

➤ Aux alentours de Nikko

Le lac de Chuzenji*

中禅寺湖 **Chuzenji ko**

Plan p. 138-139 / hors plan par A3 *- Chugushi, Nikko. De la gare Tobu Nikko (arrêt 2C) ou de la gare Nikko (arrêt 1C) : bus World Heritage (direction Chuzenji-onsen ou Yumoto-onsen), arrêt Chuzenji-onsen (40 min env.). Possibilité de prendre le bus du pont Shinkyo, dans la rue principale. Pour revenir à la gare de Nikko ou de Tobu Nikko, prévoyez 50 min env. Le lac se situe à 18 km de Nikko. Tour du lac en bateau (env. 1 h) : avr.-nov. Payant. Le bateau se prend à l'entrée du lac, près de l'arrêt du bus Chuzenji-ko ☎ 0288-55-0360. www.chuzenjiko-cruise.com.*

La route montagneuse est extrêmement sinueuse (48 tournants) et la vue du bus très belle. Une fois sur place, on peut faire le tour du lac en bateau ou à pied. Vous verrez de superbes villas au bord de ce lac volcanique de 21 km de circonférence, né d'une éruption du mont Nantai. Les paysages sont splendides, les arbres et montagnes tout autour du lac se reflétant dedans.

La cascade de Kegon*

華厳の滝 **Kegon no taki**

Plan p. 138-139 / hors plan par A3 *- À 5 min à pied du lac de Chuzenji. Ouv. t.l.j. mars-nov. 8 h-17 h, déc.-fév. 9 h-16 h 30, mai-sept. 7 h 30-18 h, oct. 7 h 30-17 h (admission 10 min av. la fermeture). Entrée payante.*

Vous pourrez prendre un ascenseur pour vous approcher de la fantastique cascade de Kegon, qui jaillit d'un flanc rocheux et abrupt. Elle est connue pour être le lieu de prédilection de suicides romanesques. Ils sont en effet nombreux ces amants contrariés qui n'ont pas hésité à se jeter ensemble du haut de ses 97 m ! Quand on pense qu'en japonais « amour » se dit « aï »…

Faites attention aux morsures des singes en liberté, ils sont nombreux près de la cascade…

La villa impériale Tamozawa*

日光田母沢御用邸

Nikko Tamozawa goyotei

Plan p. 138-139 / A2 *8-27 Hon-cho, Nikko ☎ 0288-53-6767. De la gare Tobu Nikko (arrêt 2C) ou de la gare Nikko (arrêt 1C) : bus World Heritage, arrêt Tamozawa (15 min). Ouv. t.l.j. sf mar. en basse saison 9 h-16 h 30 et 17 h avr.-oct. (admission 30 min av. la fermeture). Entrée payante. www.park-tochigi.com/tamozawa.*

Cette villa fut la résidence d'été de la famille de l'empereur jusqu'en 1947. Apportée d'Edo (actuelle Tokyo) en 1872, elle est une partie de l'ancienne résidence du clan Tokugawa. De plain-pied, les pièces sont reliées entre elles par des corridors qui forment des jardins intérieurs, merveille architecturale. Vous pourrez également admirer le splendide **jardin de Nikko Tamozawa goyotei kinen koen** qui se trouve autour de la demeure.

À l'abri d'une immense forêt de cèdres, le sanctuaire de Toshogu étonne par la richesse et l'originalité de son ornementation.

Coup de cœur de l'auteur

Émerveillement au sanctuaire de Toshogu

En suivant la splendide allée bordée de cèdres, vous arriverez devant un escalier, **Sennin ishidan** («escalier en pierre des mille hommes»). Passez sous le *torii* (portique) de granit, vous verrez, à gauche, une **pagode de cinq étages** (32 m). Elle symbolise de bas en haut: la terre, l'eau, le feu, le vent et le ciel. Les animaux dessinés au 1er étage représentent les douze signes du zodiaque. Un escalier vous mènera à la **porte d'Omote-mon** (ou Nio-mon), gardée par les protecteurs Ni-oh, Agyo et Ungyo *(p. 275)*, et par deux lions chinois en pierre (Karajishi).

La première cour intérieure

Après la porte d'Omote-mon, dans la première cour, se dressent à droite trois **Entrepôts sacrés** (Sanjinko) dans lesquels sont enfermées les décorations servant au *matsuri* (festival). À gauche, l'écurie sacrée **Shinyosha** abrite un cheval blanc sculpté, offert au Japon par la Nouvelle-Zélande. En haut, sur un fronton de bois, se trouve la sculpture allégorique des ***sansaru***, les trois singes dits de la Sagesse: «Je n'entends pas ce qu'il ne faut pas entendre, je ne dis pas ce qu'il ne faut pas dire, je ne vois pas ce qu'il ne faut pas voir», précepte bouddhiste venu de l'hindouisme. Contemplez la **fontaine sacrée** (à gauche), vasque de granit surmontée d'un toit chinois avec des dorures. Derrière, vous apercevrez le **Rinzo**, une **bibliothèque** conservant plus de 6000 sutras (textes transmettant l'enseignement de Bouddha). Depuis la plateforme au-dessus de la cour, admirez le grand **candélabre** en bronze, don du huguenot François Caron (arrivé au Japon en 1636) au shogun Tokugawa Iemitsu. Derrière se dressent la **tour du Tambour** et, à sa gauche, le **temple de Yakushi-do**, dont le plafond (Honji-do) est orné d'un dragon qui semble rugir.

La deuxième cour intérieure

Dans la deuxième cour, le **portail de la Lumière du Soleil** (Yomei-mon), supporté par 12 colonnes, est orné de bas-reliefs représentant quelques 500 animaux mythiques et des fleurs. Monumental et richement décoré, il mène au **sanctuaire de Toshogu**.

Le sanctuaire de Toshogu

La belle **porte de Karamon** franchie, vous accédez au Honsha, partie principale du sanctuaire, formé de deux bâtiments: le **Haiden**, qui représente le monde des humains, et le **Honden**, celui des dieux. Dans le **Haiden**, admirez des panneaux ornés de phénix et de fleurs, ainsi que les plafonds à caissons. Le **Honden** *(f. au public)*, partie la plus sacrée du site, se compose de trois pièces: le Heiden, le Naijin et le Nainaijin. C'est dans ce dernier que se trouve le Palais sacré, un sanctuaire laqué d'or dédié aux shoguns Ideyasu, Hideyoshi et Yoritomo, devenus divinités après leur mort. À droite du **Haiden**, un corridor mène au **musée du Trésor**, qui expose des armures, des sabres, ainsi que des objets sacrés précieux, puis à la Tour du trésor abritant les cendres d'Ieyasu. Au-dessus de la porte d'entrée du corridor, contemplez la sculpture du Nemuri neko («chat endormi»), écoutant un couple de passereaux sculpté dans son dos. Avec les ***sansaru*** (les trois singes), ce chat est l'autre symbole de Nikko.

PRATIQUE

Départ: *de la gare Nikko ou Tobu Nikko, en bus jusqu'à Omotesando (10 min), puis à pied jusqu'à l'entrée du site.*
Durée: *2 h.*

BUDGET

Billet d'entrée: 1 300 yens.

Kyoto

Capitale historique du pays, Kyoto peut être considérée comme un véritable « musée du Japon traditionnel ». En effet, près de 20 % des « trésors nationaux » sont conservés dans ses fameux sanctuaires, qui comptent parmi les plus anciens du pays, et ses temples souvent magnifiés par d'innombrables jardins. La ville est également le centre d'un artisanat de haute qualité au savoir-faire séculaire et pourtant toujours bien ancré dans la vie d'aujourd'hui.
Kyoto, c'est aussi la ville des geishas. Les quartiers de Gion et de Pontocho sont connus dans le monde entier pour le raffinement de leurs *zashiki* (lieux où l'on rencontre des geishas), où les *maiko* (jeunes geishas) reçoivent l'enseignement le plus authentique.
Avec 1,5 million d'habitants, Kyoto reste une ville à taille humaine, bien plus paisible que la frénétique Tokyo. Pour paraphraser Nicolas Bouvier dans *Chroniques japonaises*, Kyoto est certainement l'une des dix villes au monde où il fait bon vivre.
Nous vous invitons à arpenter ses avenues verdoyantes et ses ruelles aux maisons anciennes pour profiter de son charme unique.

PRATIQUE

Manger, dormir, s'amuser : p. 244.
Cartes et plans : · plan de l'agglomération de Kyoto p. 146-147 · le centre-ville p. 150-151 · de Gion au temple Kiyomizudera p. 156-157 · autour du pavillon d'Or p. 160-161 · le chemin de la Philosophie p. 166-167 · le sud de Kyoto et Fushimi p. 170-171 · Arashiyama p. 176.
Se déplacer : à pied, à vélo, en bus, en métro, en train, en taxi.
- **À pied et à vélo :** ville à taille humaine beaucoup moins étendue que Tokyo, Kyoto se visite facilement à pied ou à vélo, notamment dans ses quartiers anciens.
- **En bus :** la ville dispose également d'un bon réseau de bus, qui dessert facilement tous les lieux de visite. Le terminal de bus est idéalement situé, à la sortie de la gare JR de Kyoto.
- **En métro et en train :** le réseau de métro de Kyoto est pratique, mais dispose de peu de lignes. Pour les quartiers d'Arashiyama et de Fushimi, privilégiez le train.
- **En taxi :** très nombreux, ils peuvent être une bonne option, dès lors que l'on est à plusieurs.

VISITES
18 à 24

Kyoto

KYOTO
A
B
N
Temple Kozan-JI
TAKAO
1
Temple Jingo-Ji
Temple Shoden-Ji
KITA-KU
Temple Josho-Ji
Temple Koetsu-Ji
TAKAGAMINE
20 Autour du Pavillon d'Or p. 159
KINUGASA
Pavillon d'Or Temple Kinkaku-ji ★★★
Temple Ryoan-ji ★★★
Musée Domoto
Temple Sembon Shakado
23 Arashiyama p. 175
UTANO
Temple Ninna-Ji
UKYO-KU
Sanctuaire Kitano Tenmangu
Ryoannji-michi
Temple Daikaku-Ji
Takaoguchi
Omuro
Toji in
Kitanohakubaicho
SAGANO
Myoshin ji
KITANO
Temple Seiryo-Ji
2
Ligne Keifuku Kitano
Narutaki
Temple Myoshin-Ji
OMURO
Villa Okoshi Sanso
Torokko-Arashiyama
Saga-Arashiyama
Tokiwa
NAKAGYO-KU
Katabirano-tsu ji
Hanazono
Ligne Keihan Keishin
Torokko Saga
Kurumazaki
Ligne
JR San-in
Village du Cinéma
Nishioji dori
Randen Saga
Rokuoin
Temple Koryu-Ji
UZUMASA
Arisugawa
Uzumasa Tenjinagawa
Nishioji Oike
Keifuku-Arashiyama
Temple Tenryu-Ji
Musée municipal
Uzumasa
Kaikonoyashiro
Arashiyama
NISHINOKYO
Temple Horin-Ji
Randen-Tenjingawa
Sanjo dori
Yamanouchi
Nishioji Sanjo
Ligne Keifuku Arashiyama
ARASHIYAMA
Shijo dori
Sai in
Sai
UMEZU
SHIMOGYO-KU
Matsuo
Ligne Hankyu Arashiyama
Gojo
dori
Nishioji dori
3
Temple Saiho-Ji (Kokedera) ★★★
KAMIKATSURA
Ligne Hankyu Kyoto
Nishi-Kyogoku
Shichijo
Kamikatsura
Villa Katsura ★★★
NISHIKYO-KU
KAWASHIMA
Katsura
Nishioji
Kujo
Ligne Tokaido
Ligne Shinkansen
OE
4
MOZUMECHO
MINAMI-KU
1000 m
OSAKA

C
D
Hachimanmae
Temple Renge-Ji
Yase-yuen
Kokusaikaikan
Miyakehachiman
KAMIGAMO
Étang et Parc Takaragaike
Takaragaike
SHUGAKU-IN
24 Le nord de Kyoto p. 180
Villa Shugaku-in ★★★
1
Kitayama
Kitayama
Matsugasaki
Karasuma
dori
Riv. Tanako
Jardin Botanique
Kitayama dori
Shugaku in
Sanctuaire Imamiya
KITA SHIRAKAWA
Kitaoji
Ligne Eizan
Ichijoji
Kitaoji dori
Temple Shisendo
Temple Daitoku-Ji ★★★
SHIMOGAMO
Sanctuaire Shimogamo ★★
TAKANO
Chayama
MURASAKINO
Kuramaguchi
NISHIJIN
SAKYO-KU
Mototanaka
Temple Hokyo
Temple Shokoku-Ji
DEMACHIYANAGI ★★
Demachiyanagi
Imadegawa
Imadegawa
Agence impériale
21 Le Chemin de la Philosophie p. 164
Parc impérial
Karasuma
Kawaramachi
2
Chemin de la Philosophie ★★★
Shirakawa
Palais
Jingu Marutamachi
Marutamachi
dori
SHISHIGATANI
18 Le centre-ville p. 148
Senbon
Château Nijo
Higashioji
Temple Nanzen-Ji
Nijojomae
Shiyakushomae
Sanjo-Keihan
Higashiyama
Oike
Karasuma-Oike
Nijo
PONTOCHO
19 De Gion au temple Kiyomizudera p. 154
Omiya
Karasuma
Gion-Shijo
Sanctuaire Yasaka jinja
Shijo
Kawaramachi
Sijo
Le quartier de Gion ★★★
Shijo-Omiya
Horikawa
HIGASHIYAMA-KU
Temple Kiyomizudera
Misasagi
Tambaguchi
MISASAGI
3
22 Le sud de Kyoto et Fushimi p. 169
Yamashina
Musée national
Ligne JR Kosei
Keifuku-Yamashina
Shichijo
Temple Sanjusangendo
Ligne Tokaido
Gare JR Kyoto
YAMASHINA-KU
Ligne Tokaido Shinkansen
Temple To-Ji
Tofukuji
Higashino
Toji
Kujo
Tozai
Temple Tofuku-Ji ★★★
Jujo
Ligne Kintetsu Kyoto
Tobakaido
Nagitsuji
Jujo
Fushimi-Inari
INARIYAMA
KANSHUJI
4
Sanctuaire Fushimi Inari ★★★
Inari
Métro Tozai
NAGOYA, TOKYO
Kamitobaguchi
Fukakusa
Kuinabashi
Ligne JR Nara
FUKAKUSA
Ono
Fujinomori
Ligne Keihan
Château Fushimi Momoyama
Musée du Saké Gekkeikan Okura ★★

18 Le centre-ville

Dans le quartier de Pontocho

Véritable cœur battant de la vie kyotoïte, le quartier du centre-ville a tout pour plaire. Ses quelques rues typiques autour de Pontocho, ses grandes avenues fréquentées et ses immenses galeries commerçantes mettent tout le monde d'accord. Profitez de la proximité du Palais impérial et du château Nijo pour vous plonger dans le Japon féodal. Mais n'oubliez pas de faire un détour par le passionnant musée du Manga. Enfin, avec ses nombreux hôtels et ses boutiques, le centre-ville est un point d'ancrage idéal pour se loger.

- **Plan :** p. 150-151.
- **Arriver :** voir Carnet pratique p. 308.
- **Point de départ de la visite :** le pont Shijo.
- **Se déplacer :** à pied puis en métro, bus ou taxi pour la fin de la visite.
- **Manger, dormir, s'amuser :** p. 244.

➤ La rue Pontocho★★★

先斗町

Plan p. 150-151 / D2-3 - Dernière ruelle à g. avant le pont.

Si vous ne deviez dîner qu'une fois à Kyoto, ce serait ici. Entre les rues Sanjo et Shijo, Pontocho est une mince rue piétonne dallée, bordée des deux côtés de très nombreux restaurants. Cuisine japonaise, étrangère ou fusion, on y dîne entre 18 et 23 h. La plupart des établissements ont des menus en anglais.

Entre mai et septembre, ceux situés du côté de la rivière proposent de dîner sur des terrasses sur pilotis. Certainement la meilleure façon de goûter à la cuisine locale un soir d'été à Kyoto *(Manger, dormir, s'amuser p. 244)*.

➤ La rue Shijo★★

四条通

Plan 150-151 / CD3 - C'est la rue principale de Kyoto, qui part du sanctuaire Yasaka, à l'E. de Gion.

Shijo coupe Kyoto d'est en ouest, entre les sanctuaires Yasaka et Matsuno. Jusqu'à l'avenue Karasuma, la rue Shijo est le cœur commercial de la ville, un axe très emprunté aussi bien par les piétons que les véhicules. Tout le long, les enseignes multicentenaires côtoient les plus récentes. S'y dressent aussi les quatre plus importants grands magasins de la ville : **Marui**, **Takashimaya**, **Fuji Daimaru** et **Daimaru**.

Le sous-sol de Takashimaya vaut le détour pour ses rayons traiteur et épicerie fine ; parcourez les étages de Fuji Daimaru *(à l'angle de la rue Teramachi)* pour ses boutiques de mode et d'accessoires pour la maison *(5e étage)*.

➤ Le marché Nishiki★★★

錦

Plan 150-151 / C2 - Une rue parallèle au N. de Shijo. Première à g. en remontant la galerie Teramachi.

Toute la cuisine de Kyoto est ici. Le marché animé Nishiki, c'est environ 130 boutiques, maraîchers, poissonniers et tout ce qui peut remplir une table familiale à Kyoto. Certainement le seul endroit de la ville où il n'est pas mal vu de déguster, tout en marchant, certaines préparations culinaires !

Le marché Nishiki

Kyoto : le centre-ville

Palais impérial, Palais Sento
C
D
Marutamachi
Marutamachi dori
PONT MARUTAMACHI
Takeyamachi dori
Ebisugawa dori
Nijo dori
Oshikoji dori
Karasuma dori
Higashino-Toin
Ainomachi
Takakura
Sakaimachi
Yanaginobanba
Tominokoji
Fuyacho
Gokomachi
Kawaramachi
Kawabata dori
PONT NIJO
PONT OIKE
Musée international du Manga
Oike dori
Karasuma Oike
Kyoto Shyakusho Mae
Canal Takasegawa
Negakoji dori
Musée de Kyoto Sanjo
Sanjo dori
Sanjo
PONT SANJO
PONTOCHO
Rokkaku dori
Galerie Teramachi ★★
Galerie Shinkyogoku ★★
Rue Pontocho ★★★
Takiyakushi
Marché Nishiki ★★★
Kiyamachi dori
Rivière Kamo
Nishikikoji dori
Magasin Daimaru
Fuji Daimaru
Magasin Marui
PONT SHIJO
Karasuma
Rue Shijo ★★
Shijo
Kawaramachi
Magasin Takashimaya
Magasin Hankyu
18 Départ p. 148
Gion, Temple Kiyomizu
Ayakoji dori
Bukkoji dori
Takatsuji dori
Ligne Karasuma
Ligne Keihan
1
2
3

COUTEAUX JAPONAIS

Au début de la rue Nishiki se trouve la célèbre boutique de couteaux japonais, **Aritsugu**. On y vend toutes les tailles de lames, pour tous les aliments de votre cuisine, et vous pouvez même faire graver votre nom sur la lame. On y parle l'anglais. (**Aritsugu,** *Nishiki Gokomachi 219* ☎ *075-221-1091. Ouv. t.l.j. 9h-17h30).*

➤ Les galeries Teramachi et Shinkyogoku★★

Plan p. 150-151 / D2-3 *- À 200 m sur la dr. après l'avenue Kawaramachi lorsqu'on vient de la rivière.*

Un passage obligé pour tous ceux qui visitent Kyoto, surtout les jours de pluie où l'on vient faire quelques derniers achats dans ce labyrinthe de rues piétonnes couvertes et colorées. Shinkyogoku fait le bonheur des groupes de lycéens japonais en voyage à Kyoto tandis que Teramachi comporte plus de boutiques traditionnelles.

Dans ces galeries marchandes, il y a aussi bien un 100 yen Shop, que des friperies (pour y trouver des kimonos et *yukata* bon marché), voire des boutiques renfermant quelques trésors : estampes, bougies traditionnelles ou encore papier japonais.

N'hésitez pas à poursuivre votre chemin sur Teramachi plus au nord (la rue n'est alors plus couverte) pour visiter les boutiques d'antiquités, des galeries d'art et la boutique de thé Ippodo, qui est une véritable institution.

➤ Le Palais impérial★ et le Palais Sento

御所 / 仙洞御所

Plan p. 150-151 / C2 *- Kyoto Goen 3* ☎ *075-211-1215. M° Imadegawa, ligne Karasuma. Visites guidées gratuites (1 h), rés. préalable obligatoire : lun.-ven. à 10h et 14h en avr.-mai et oct.-nov. L'autorisation de visite des sites impériaux s'obtient sans difficulté à l'Agence impériale, située au N.-O. du palais Gosho près de la porte Seishomon : ouv. lun.-ven. 8h45-12h et 13h-17h,. f. 1er et 3e sam. du mois, sam. après-midi, dim. et j.f. Apportez votre passeport, remplissez le formulaire en angl. pour réserver la visite du Palais Sento, de la villa Katsura (p. 179) et de*

Le château Nijo

la villa Shugaku-in (p. 181). Ces trois visites se font à heures fixes et sont obligatoirement guidées (angl. et jap.), mais entièrement gratuites. Attention, la visite des deux villas impériales n'est pas autorisée aux personnes de moins de 18 ans non accompagnées d'un adulte. Il est aussi possible de réserver en ligne : sankan.kunaicho.go.jp/english.

Enserré comme un joyau au cœur d'un magnifique parc de 84 ha, le Palais impérial est presque entièrement inaccessible aux visiteurs puisqu'il faut se contenter de circuler entre quelques bâtiments, dont les portes ont été ouvertes afin que l'on puisse apercevoir la décoration des pièces. Le premier Palais impérial fut construit en 794 au moment où Kyoto (alors Heian) fut choisie comme capitale à la place de Nara *(p. 189)*. Ravagé par les flammes à plusieurs reprises, il fut reconstruit en 1855. L'empereur y résida jusqu'en 1868, avant le transfert de la capitale à Edo, aujourd'hui Tokyo.

Le parc du Palais reste un lieu magnifique pour une jolie balade ou un pique-nique au printemps, sous les cerisiers (particulièrement au nord-ouest du parc).

Toujours dans l'enceinte du parc, le **Palais Sento,** originellement construit en 1600 pour l'empereur Gomizuno, le Sento Gosho, ou palais des Empereurs retirés, a été entièrement détruit en 1708, reconstruit et à nouveau détruit avant d'être définitivement relevé en 1854. Son jardin a été dessiné par l'empereur lui-même, aidé d'un célèbre architecte paysagiste de l'époque : Kobori Enshu.

➤ Le musée international du Manga★

京都国際マンガミュージアム

Plan p. 150-151 / B2 *- Karasuma Oike Agaru ☎ 075-254-7414. M° Karasuma, ligne Karasuma. Ouv. t.l.j. sf mer. 10 h-18 h. 800 yens. www.kyotomm.jp.*

Ouvert en novembre 2006, ce musée unique au monde s'est donné pour mission non seulement de conserver le plus grand nombre possible de mangas (plus de 300 000 à ce jour), mais aussi de mettre à la disposition du public tous les outils pour comprendre la naissance et l'évolution de cet art typiquement japonais. Aménagé dans une ancienne école primaire dont plusieurs salles ont été préservées, ce musée propose régulièrement des expositions temporaires de qualité. On s'amuse de voir des locaux y passer des heures à lire des mangas dans tous les coins du bâtiment.

➤ Le château Nijo★★

二条城 **Nijojo**

Plan p. 150-151 / A1 *- Nijojo-cho 541 ☎ 075-841-0096. M° Nijojo-Mae, ligne Tozai. Ouv. t.l.j. 8 h 45-17 h (16 h pour le Ninomaru Palace) sf mar. en janv., juil.-août et déc. (admission 1 h av. la fermeture), f. 26 déc.-4 janv. 600 yens www.city.kyoto.jp/bunshi/nijojo.*

Vous pourrez conclure cette promenade dans le centre-ville par la visite du **château Nijo.** Classé au Patrimoine mondial par l'Unesco, cet impressionnant édifice de 1603 fut construit pour Tokugawa Ieyasu. Plusieurs shoguns y ont résidé jusqu'à l'abdication du dernier d'entre eux, en 1867. L'année suivante, le Nijo devint le nouveau siège impérial ; puis, quand l'empereur décida de s'établir à Edo (qu'il allait rebaptiser Tokyo), on y installa la préfecture de Kyoto.

Depuis 1893, le château appartient à la ville et se visite comme un monument historique. Il est constitué de cinq bâtiments disséminés dans des cours et des jardins. Presque toutes les pièces ont été décorées par des maîtres des XVIe et XVIIe s. de l'école Kano, spécialisée dans la peinture sur feuille d'or. Oubliez la légendaire retenue esthétique japonaise, ici tout éblouit.

19 De Gion au temple Kiyomizudera

La rue Sannenzaka

Si vous ne deviez passer qu'une journée à Kyoto, c'est dans ce quartier là qu'il faudrait vous rendre. Riche en expériences et sensations typiquement japonaises, il possède un esthétisme raffiné. Le long des maisons basses de Gion, vous croiserez sûrement, surtout en fin de journée, geishas et *maiko*, leurs jeunes apprenties. En montant vers le sanctuaire Yasaka et le grand temple Kiyomizudera, laissez-vous happer par l'animation des échoppes et boutiques, avant de vous offrir un moment de plénitude dans les jardins des temples Kennin-ji et Kodai-ji. Une balade rare dans l'un des plus beaux quartiers du Japon.

- **Plan :** p. 156-157.
- **Arriver :** voir Carnet pratique p. 308.
- **Accès :** depuis la gare centrale, bus n° 206 (terminal D2), arrêt Gion *(230 yens, env. 30 min)*.
- **Point de départ de la visite :** le pont Shijo.
- **Se déplacer :** à pied.
- **Manger, dormir, s'amuser :** p. 246.

➤ La rue Hanamikoji★★

花見小路

Plan p. 156-157 / B1 - À g. dans Shijodori lorsqu'on vient du sanctuaire Yasaka, à dr. lorsqu'on vient de la rivière. ***Gion Corner****: 3 150 yens. www.kyoto-gioncorner.com.*

La rue **Hanamikoji** est sans aucun doute la rue la plus dépaysante de Kyoto. Sur quelques centaines de mètres, des établissements aux façades anonymes cachent souvent des *zashiki*, maisons de thé où l'on rencontre les *geiko* (« geisha » dans le dialecte kyotoïte), ou des restaurants étoilés. Difficile de résister au lèche-vitrines devant cet alignement de boutiques traditionnelles, de salons de thé, de pâtisseries aux saveurs *matcha* (thé vert) ou *azuki* (haricot rouge). À l'extrémité de cette rue, sur la gauche, se trouve le **Gion Corner**, un théâtre pour les touristes. Le spectacle, qui a lieu tous les jours à 18 h et 19 h, est une courte sélection des différents arts japonais : *bunraku (p. 287)*, cérémonie du thé, musique de cour, danses de *maiko* (apprenties geishas).

➤ Le temple Kennin-ji★★

建仁寺

Plan p.156-157 / AB2 - Komatsu-cho 584 ☎ 075-561-6363. Ouv. t.l.j. 10 h-16 h mars-oct. et 10 h-16 h 30 nov.-fév. (admission 30 min av. la fermeture). 500 yens. www.kenninji.jp.

Ce temple, fondé en 1202 par le moine Yosai, est le plus vieux centre zen de la ville. Il renferme de nombreux « Trésors nationaux » ➤ *encadré p. 41* comme la peinture sur or de la divinité de la foudre **Raijin** et du vent **Fujin** ainsi que l'incroyable dragon peint au plafond du bâtiment central. Le petit jardin central, organisé autour de trois grandes pierres et composé de mousses, fait naître une incroyable sensation d'harmonie.

Pour ceux qui veulent prolonger l'expérience, le temple organise des séances de méditation le 2e dimanche de chaque mois, à partir de 8 h.

LA DANSE DES GEISHAS

Deux fois par an, au printemps et à l'automne, les geishas de Gion dansent la *Kamogawa odori* (« danse de la rivière ») au théâtre Pontocho Kaburenjo. Ce spectacle, qui existe depuis 1872, d'une grande qualité, constitue l'une des seules occasions de voir les geishas pratiquer leur art. Au mois d'avril, ce sont les *maiko* qui viennent danser au Gion Kaburenjo ; leurs danses sont appelées *Miyako odori*, constituant une tradition vieille de plus d'un siècle.

➤ La rue Shinbashi★★★

新橋

Plan p. 156-157 / AB1 - Remontez vers Shijodori et traversez l'av. en continuant la rue Hanamikoji sur 300 m jusqu'à ce que vous croisiez la rue Shinbashi, à g.

Après avoir traversé un Gion beaucoup plus moderne, celui des boîtes de nuit et des karaokés, vous découvrirez un petit quartier de maisons basses et anciennes bordées par un faible ruisseau et des cerisiers.

Il est très agréable de flâner dans cette rue, surtout le soir, où l'on a de fortes chances de croiser des *geiko*.

➤ Le sanctuaire Yasaka jinja★★★ et le parc Maruyama★

八坂神社／丸山公園

Plan p. 156-157 / BC1-2 - Gion-cho 625 ☎ 075-561-6155. À l'extrémité E. de l'av Shijodori. www.yasaka-jinja.or.jp.

Marquant la fin de l'avenue Shijodori, le **Yasaka jinja**, érigé en 876, est le sanctuaire le plus important de la ville jouant le rôle de protecteur pour l'ancienne capitale impériale. Il est à l'origine du célèbre *Gion matsuri*, festival de Gion (du 14 au 17 juillet), la grande fête purificatrice shinto de Kyoto.

L'endroit idéal pour vous procurer un talisman, *omamuri* ➤ *encadré p. 158*, et invoquer les *kami (p. 272)*.

Kyoto : de Gion au temple Kiyomizudera

C
D
N
Awata Jinja
Temple Shoren-in
Keage
Mausolée de l'Empereur Hanazono
Shirakawa
1
CHION IN
Temple Chion-in
Temple An-yo-ji
Ligne Tozai
Parc Maruyama
Maruyama Music Hall
Choraku-ji
Sorin-ji
Higashi-Otani
Shogun-Zuka
HIGASHIYAMA-KU
gori
Saigyo an
Temple Kodai-ji ★★
2
Ryozen Kannon
Kyoto Gokoku Jinja
Temple Shoho-ji
Higashi-Yama-Scenic-Driveway
Rue Sannenzaka ★★★
Joku-in
Temple Kiyomizudera ★★★
3
KIYOMIZU DERA
Cimetière oribeyama
Kiyomizu
142
Koyasu Kannon
250 m
Temple Daigo-ji

Plus à l'est encore, l'agréable **parc Maruyama** s'anime plus particulièrement les soirs d'avril au moment de la floraison des cerisiers.

➤ Le temple Kodai-ji★★

高台寺

Plan p. 156-157 / C2 - Shimokawara-cho 526 ☎ 075-561-9966. Au S. du parc Maruyama, sur les hauteurs. Ouv. t.l.j. 9 h-17 h 30 (admission 30 min av. la fermeture). 600 yens. www.kodaiji.com.

Demeure de Nene, veuve du général Toyotomi Hideyoshi (1537–1598), le **temple Kodai-ji**, fondé en 1606, regroupe de beaux éléments de la culture japonaise que l'on découvre au fil de la visite : jardin sec, pavillons de thé, chapelles mortuaires de laques décorées. Le temple organise régulièrement de petites expositions d'artisanat local et des ouvertures nocturnes afin de profiter autrement du jardin, dessiné par Kobori Enshu *(p. 282)*.

➤ Les rues Ninenzaka et Sannenzaka★★★

Plan p. 156-157 / B2-3 - Au S. du temple Kodai-ji (ci-dessus).

Entre le temple **Kodai-ji** et le temple **Kiyomizudera**, longues d'un kilomètre, les tumultueuses ruelles de **Ninenzaka** et **Sannenzaka** sont bordées de belles vitrines en tout genre et d'agréables salons de thé. Le lieu idéal pour trouver vos cadeaux et la céramique de vos rêves car le quartier fut longtemps le lieu de prédilection des potiers de la ville, en témoignent encore les nombreuses galeries.

Tout comme dans les ruelles de Gion, vous serez ici renvoyés plusieurs siècles en arrière lorsque les demeures faites de bois et de torchis ne dépassaient pas deux étages. En chemin, faites un petit détour pour admirer la **pagode Yasaka**.

Le temple Kiyomizudera

L'*OMAMURI* PORTE-BONHEUR

L'*omamuri* est une amulette en tissu que l'on porte sur soi ou dans son sac. Il en existe de différentes sortes selon le domaine pour lequel on souhaite avoir de la chance : amour, santé, travail… et même accouchement facile ou victoire sportive. Achetée dans les sanctuaire, elle protège pendant un an. C'est aussi l'occasion de rapporter un souvenir à petit prix.

➤ Le temple Kiyomizudera★★★

清水寺

Plan p. 156-157 / C3 - Kiyomizu-cho 1-294 ☎ 075-551-1234. En haut de la rue Sannenzaka. Ouv. t.l.j. 6 h-18 h, 18 h 30 en été et 21 h à certaines périodes. 300-400 yens. www.kiyomizudera.or.jp.

Fondé en 798, le **temple Kiyomizudera** est certainement le temple le plus fréquenté de l'ancienne capitale. Dédié à la déesse Kannon aux onze têtes, dont la statue n'est exposée qu'une fois tous les 33 ans, il est surtout connu pour sa terrasse sur pilotis, qui offre une vue superbe sur toute la ville.

Ne manquez pas de boire à la source de l'eau pure pour repartir en parfaite santé. Pendant la saison des cerisiers et des couleurs d'automne, le temple organise des illuminations nocturnes de toute beauté.

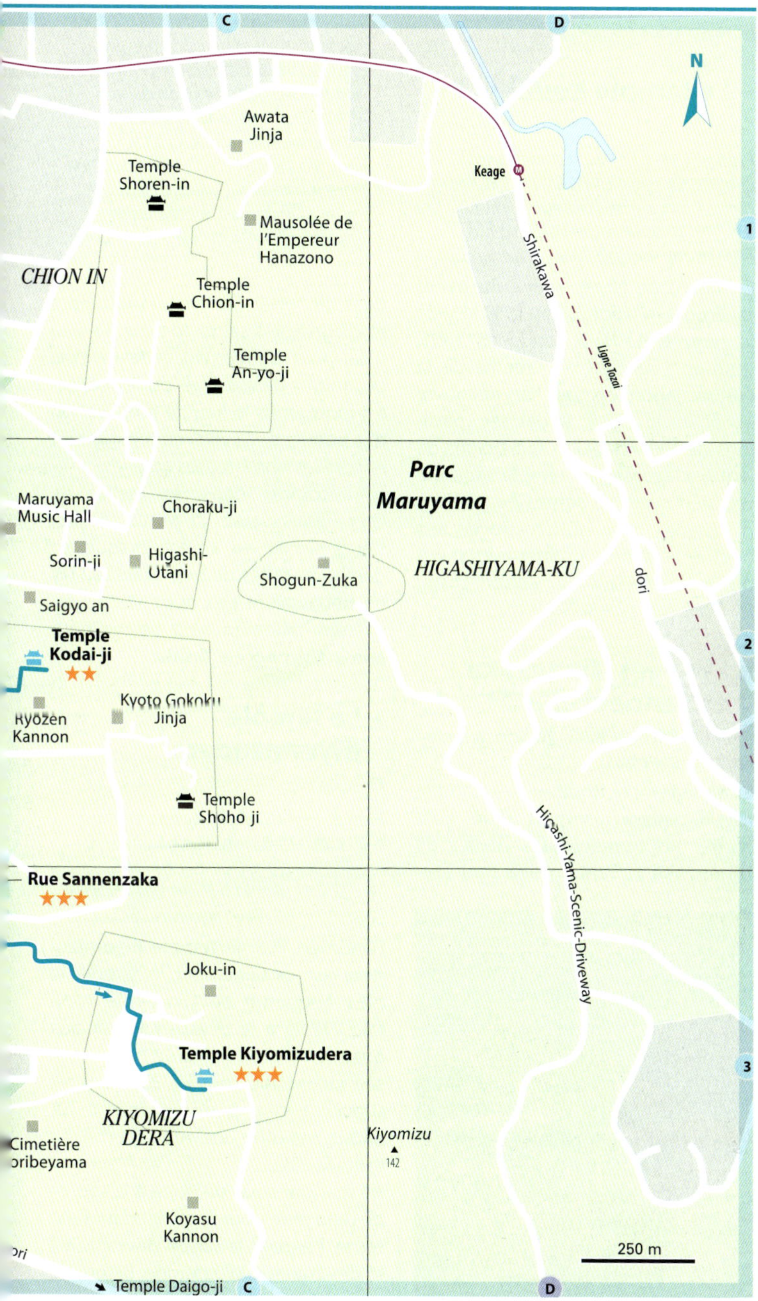
C
D
N
Awata Jinja
Temple Shoren-in
Keage
Mausolée de l'Empereur Hanazono
1
Shirakawa
CHION IN
Temple Chion-in
Temple An-yo-ji
Ligne Tozai
Parc Maruyama
Maruyama Music Hall
Choraku-ji
Sorin-ji
Higashi-Otani
Shogun-Zuka
HIGASHIYAMA-KU
dori
Saigyo an
2
Temple Kodai-ji ★★
Kyoto Gokoku Jinja
Ryozen Kannon
Temple Shoho ji
Higashi-Yama-Scenic-Driveway
Rue Sannenzaka ★★★
Joku-in
Temple Kiyomizudera ★★★
3
KIYOMIZU DERA
Kiyomizu
142
Cimetière
Koyasu Kannon
250 m
Temple Daigo-ji
C
D

Plus à l'est encore, l'agréable **parc Maruyama** s'anime plus particulièrement les soirs d'avril au moment de la floraison des cerisiers.

➤ Le temple Kodai-ji★★

高台寺

Plan p. 156-157 / C2 - Shimokawara-cho 526 ☎ 075-561-9966. Au S. du parc Maruyama, sur les hauteurs. Ouv. t.l.j. 9h-17h30 (admission 30 min av. la fermeture). 600 yens. www.kodaiji.com.

Demeure de Nene, veuve du général Toyotomi Hideyoshi (1537–1598), le **temple Kodai-ji**, fondé en 1606, regroupe de beaux éléments de la culture japonaise que l'on découvre au fil de la visite: jardin sec, pavillons de thé, chapelles mortuaires de laques décorées. Le temple organise régulièrement de petites expositions d'artisanat local et des ouvertures nocturnes afin de profiter autrement du jardin, dessiné par Kobori Enshu *(p. 282)*.

➤ Les rues Ninenzaka et Sannenzaka★★★

Plan p. 156-157 / B2-3 - Au S. du temple Kodai-ji (ci-dessus).

Entre le temple **Kodai-ji** et le temple **Kiyomizudera**, longues d'un kilomètre, les tumultueuses ruelles de **Ninenzaka** et **Sannenzaka** sont bordées de belles vitrines en tout genre et d'agréables salons de thé. Le lieu idéal pour trouver vos cadeaux et la céramique de vos rêves car le quartier fut longtemps le lieu de prédilection des potiers de la ville, en témoignent encore les nombreuses galeries.

Tout comme dans les ruelles de Gion, vous serez ici renvoyés plusieurs siècles en arrière lorsque les demeures faites de bois et de torchis ne dépassaient pas deux étages. En chemin, faites un petit détour pour admirer la **pagode Yasaka**.

Le temple Kiyomizudera

L'*OMAMURI* PORTE-BONHEUR

L'*omamuri* est une amulette en tissu que l'on porte sur soi ou dans son sac. Il en existe de différentes sortes selon le domaine pour lequel on souhaite avoir de la chance: amour, santé, travail… et même accouchement facile ou victoire sportive. Achetée dans les sanctuaire, elle protège pendant un an. C'est aussi l'occasion de rapporter un souvenir à petit prix.

➤ Le temple Kiyomizudera★★★

清水寺

Plan p. 156-157 / C3 - Kiyomizu-cho 1-294 ☎ 075-551-1234. En haut de la rue Sannenzaka. Ouv. t.l.j. 6h-18h, 18h30 en été et 21h à certaines périodes. 300-400 yens. www.kiyomizudera.or.jp.

Fondé en 798, le **temple Kiyomizudera** est certainement le temple le plus fréquenté de l'ancienne capitale. Dédié à la déesse Kannon aux onze têtes, dont la statue n'est exposée qu'une fois tous les 33 ans, il est surtout connu pour sa terrasse sur pilotis, qui offre une vue superbe sur toute la ville.

Ne manquez pas de boire à la source de l'eau pure pour repartir en parfaite santé. Pendant la saison des cerisiers et des couleurs d'automne, le temple organise des illuminations nocturnes de toute beauté.

20 Autour du pavillon d'Or

Le pavillon d'Or

Le nord-ouest de Kyoto concentre un exceptionnel patrimoine appartenant à la secte bouddhiste zen Rinzai, fondée en 1191. Vous y trouverez une forte concentration de jardins secs, dont le célèbre et mystérieux Ryoan-ji. Aux antipodes de cette élégante sobriété, la résidence du shogun Yoshimitsu Ashikaga, le Pavillon d'or, recouvert de feuilles d'or, continue d'éblouir et de passionner les foules depuis le XVe s.

- **Plan :** p. 160-161.
- **Arriver :** voir Carnet pratique p. 308.
- **Accès :** depuis la gare de Kyoto, train local depuis la gare centrale JR, ligne Sagano, arrêt Hanazono *(11 min, 200 yens)* et 5 min à pied.
- **Point de départ de la visite :** le temple Myoshin-ji.
- **Se déplacer :** à pied, en taxi ou en bus.
- **Conseils :** le quartier est fréquenté par de nombreux groupes de touristes. Nous vous conseillons de débuter la balade tôt afin de pouvoir profiter d'un instant de sérénité, souvent accordé en matinée.
- **Manger, dormir, s'amuser :** p. 248.

Kyoto : autour du pavillon d'Or

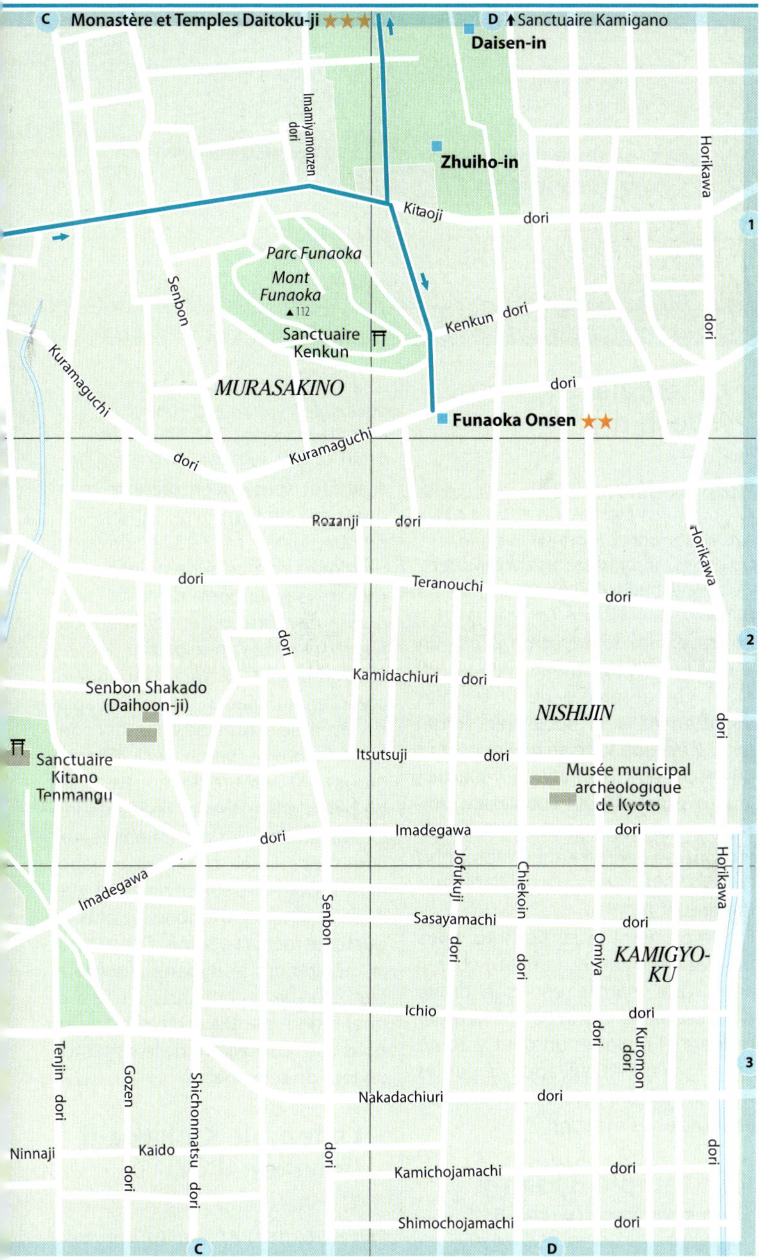
C
Monastère et Temples Daitoku-ji ★★★
D
Sanctuaire Kamigano
Daisen-in
Zhuiho-in
Imamiyamonzen dori
Horikawa
Kitaoji
dori
1
Parc Funaoka
Mont Funaoka
112
Senbon
Sanctuaire Kenkun
Kenkun dori
dori
Kuramaguchi
MURASAKINO
dori
Funaoka Onsen ★★
Kuramaguchi
dori
Rozanji
dori
Horikawa
dori
Teranouchi
dori
2
dori
Kamidachiuri
dori
Senbon Shakado (Daihoon-ji)
NISHIJIN
dori
Sanctuaire Kitano Tenmangu
Itsutsuji
dori
Musée municipal archéologique de Kyoto
dori
Imadegawa
dori
Imadegawa
Jofukuji
Chiekoin
Horikawa
Senbon
Sasayamachi
dori
dori
dori
Omiya
dori
KAMIGYO-KU
Ichio
dori
dori
Kuromon dori
3
Tenjin dori
Gozen
Shichonmatsu
Nakadachiuri
dori
Ninnaji
Kaido
dori
dori
dori
Kamichojamachi
dori
dori
Shimochojamachi
dori
C
D

Le temple Myoshin-ji★★

妙心寺

Plan p. 160-161 / A3 - Ukyo-ku, Hanazono Myoshinji-cho 1 ☎ 075-461-5226. À 400 m à dr. en sortant de la gare Hanazono. Les portes du complexe restent ouvertes 24 h/24. www.myoshinji.or.jp. Jardins : ouv. t.l.j. 9 h-17 h. 300-500 yens.

La traversée du **Myoshin-ji** est un véritable dépaysement. Fondé en 1337, cet ensemble de 46 temples appartenant à la secte zen Rinzai *(p. 273)* est une suite de ruelles pavées où se croisent habitants du quartier, jeunes étudiants de l'université voisine et moines. Le **jardin du Taizo-in,** attribué au peintre Kanno Motonobu (1475-1559), est particulièrement remarquable.

En empruntant la sortie nord, vous pouvez rejoindre le temple Ryoan-ji après une marche en ligne droite d'un kilomètre à travers un quartier résidentiel typique : on peut y admirer le soin minutieux apporté par les riverains à leurs pots fleuris, déposés en façade des maisons.

Le temple Ryoan-ji et son jardin sec★★★

龍安寺

Plan p. 160-161 / A2 - Ukyo-ku, Ryoanji Goryonoshita-cho 13 ☎ 075-463-2216. À 12 min à pied depuis la porte N. du temple Myoshin-ji (ci-contre). Ouv. t.l.j. mars-nov. 8 h-17 h, déc.-fév. 8 h 30-16 h 30. 500 yens. www.ryoanji.jp.

Il ne faut sous aucun prétexte manquer ce chef-d'œuvre attribué au peintre Soami (1472-1523) : un jardin de pierres composé de quinze petits rochers savamment disposés pour que le paysage soit entièrement différent selon où l'on se place.

Cinq groupes de pierres se répondent, comprenant chacun une pierre aplatie, arrondie et dressée selon les codes du *karesansui* (jardin sec). Chaque groupe est entouré de mousses, puis de petits galets blancs recréant ainsi en miniature les îlots inhabités aux larges des côtes chinoises et japonaises. Quel que soit le point de vue, il est impossible d'embrasser plus de quatorze rochers à la fois. Conçu pour la méditation, le **Ryoan-ji** souffre, il faut bien le reconnaître, d'une fréquentation parfois excessive ; aussi nous vous conseillons de le visiter tôt, un jour de semaine.

Le temple Kinkaku-ji (Pavillon d'Or)★★★

金閣寺 **Rokuon-ji**

Plan p. 160-161 / B1 - Kita-ku, Kinkakuji-cho 1 ☎ 075-461-0013. À 17 min à pied depuis le Ryoan-ji (ci-dessus). Ou bus n° 59 direction Shijo Kawaramachi, arrêt

Le jardin sec du temple Ryoan-ji

Kikkaku-ji Mae (10 min, 230 yens). Ou taxi (5 min, env. 850 yens). Ouv. t.l.j. 9 h-17 h. 400 yens. www.shokoku-ji.jp.

Entièrement doré à l'or fin, c'est probablement le monument le plus célèbre du Japon. Édifié en 1394, il fut d'abord la résidence du shogun Yoshimitsu Ashikaga (1358-1408), avant de devenir un temple bouddhique appelé **Rokuon-ji**.

Le pavillon d'Or avait par miracle échappé aux incendies lorsque, un soir de juillet 1950, un jeune moine décida d'y mettre le feu. Cet événement a inspiré Yukio Mishima pour l'écriture de son ouvrage, *Le Pavillon d'or*, l'un des plus fameux romans japonais. Le bâtiment que l'on peut admirer aujourd'hui, bien qu'en tout point identique à l'original, date donc de 1955. Souvent happé par la beauté du Pavillon d'or dans son formidable écrin de verdure, on oublie d'admirer l'étang et les petits îlots qui viennent enrichir cette harmonieuse composition.

➤ Le temple Daitoku-ji★★★

大徳寺

***Plan p. 146-147 / C1** - Kita-ku, Daitokuji-cho 53 ☎ 075-491-0019. À 15 min à pied depuis le Pavillon d'or (ci-dessus). Ou bus n° 12 direction Shijo Kawaramachi, arrêt Daitoku-ji Mae (10 min, 230 yens). Ou taxi (5 min, env. 850 yens). Ouv. t.l.j. 9 h-17 h (16 h 30 déc.-fév.). Comptez 400 yens pour chaque temple. Pour retourner dans le centre-ville : bus nos 12 ou 206 pour la gare centrale.*

Il s'agit en fait d'un ensemble de 23 temples (il n'est permis d'en visiter que sept) appartenant à l'école zen Rinzai *(p. 273)* et dont le premier fut élevé autour de 1320 pour l'empereur Go-Daigo (1287-1338). Le grand maître Sen no Rikyu et Toyotomi Hideyoshi en firent leur lieu de prédilection pour y développer l'art de la cérémonie du thé. Il est d'ailleurs possible de visiter une pièce typique dans le **Koto-in**.

Si vous n'avez le temps de voir qu'un seul temple sur les sept, c'est le **Daisen-in** qu'il faut choisir sans hésiter. Non seulement pour ses peintures de l'école Kano qui décorent les pièces, mais surtout pour les jardins zen, au nombre de trois, qui figurent parmi les plus connus du Japon.

Un autre temple mérite également une visite : le **Zuihô-in** dont les pierres ont été disposées en forme de croix, hommage « zen » à l'ancien propriétaire qui s'était converti au christianisme.

➤ Les bains de Funaoka Onsen★★

船岡温泉

***Plan p. 160-161 / D1** - Kita-ku, Murasaki minami Funaoka-cho 82-1 ☎ 075-441-3735. À 500 m au S. du temple Daitoku-ji (ci-dessus), rue Kuramaguchi. Ouv. t.l.j. 15 h-1 h, à partir de 8 h le dim. 430 yens.*

Bains publics non mixtes ouverts en 1923, le **Funaoka Onsen** résiste au temps et aux modes. L'établissement propose plusieurs styles de bains : en cyprès, médicinaux, extérieur, ainsi qu'un sauna… le tout dans une ambiance délicieusement rétro.

Les personnes tatouées pourront se voir refuser l'entrée.

21 Le chemin de la Philosophie

Le chemin de la Philosophie durant hanami

La route qui mène du temple Ginkaku-ji (pavillon d'Argent) au temple Nanzen-ji, que l'on appelle « chemin de la Philosophie », est un incontournable de votre visite de Kyoto. Ce parcours, ainsi nommé parce que les moines des temples environnants viennent y méditer depuis des siècles, alterne entre parties calmes au cœur de la nature et zones d'habitations, où l'on tombe parfois sur un café ou une échoppe. Début avril, au moment où les cerisiers sont en fleur, une foule de Japonais aime s'y retrouver.

- **Plan :** p. 166-167.
- **Arriver :** voir Carnet pratique p. 308.
- **Point de départ de la visite :** le pavillon d'Argent.
- **Se déplacer :** à pied.
- **Manger, dormir, s'amuser :** p. 249.

➤ Le pavillon d'Argent★★★

銀閣寺 **Ginkaku-ji**

Plan p. 166-167 / D1 *-Ginkakuji-cho 2 ☎ 075-771-5725. Depuis la gare de Kyoto (terminal A1) ou le centre-ville, depuis Shijo-Kawaramachi ou Sanjo-Kawaramachi, bus n° 17, arrêt Ginkakuji michi. Puis continuez tout dr. sur l'av. Imadegawa jusqu'au pied de la montagne où se trouve le temple. Ouv. t.l.j. 8 h 30-17 h et déc.-fév. 9 h-16 h 30. 500 yens.*

Le shogun Ashikaga Yoshimasa se fit construire ce pavillon en 1482 lorsqu'il perdit le pouvoir. Le généralissime en retraite y mena une vie entièrement tournée vers les arts et les plaisirs. À l'inverse de son grand-père, fondateur du pavillon d'Or *(p. 162)*, Yoshimasa n'a jamais voulu recouvrir sa demeure de plaques d'argent, comme le raconte à tort l'histoire populaire. C'est l'architecture, en tout point identique, qui a donné aux historiens l'envie de le baptiser ainsi. À sa mort, le pavillon d'Argent devint un temple bouddhique, le Jisho-ji, ce qu'il est encore aujourd'hui.
Le jardin est alors modifié et devient l'un des plus beaux exemples de **jardins japonais** : pins magnifiquement taillés, alliance de mousses et de roches, étendues d'eau et étendues sèches. Les amateurs ne cessent de chercher les traces de son créateur, celui-ci n'ayant jamais laissé son nom.

➤ Le temple Honen-in★

法然院

Plan p. 166-167 / D1 *-Shishigatani Goshiyonodan-cho 30 ☎ 075-771-2420. www.honen-in.jp. En sortant du pavillon d'Argent, prenez immédiatement sur votre g., suivez la route jusqu'au virage à angle dr., le 1er temple sur votre g. est le Honen-in. Ouv. t.l.j. 6 h-16 h. Entrée libre.*

Ce petit temple, qui date de 1680, est dédié au moine Honen, célèbre pour avoir cherché toute sa vie à faire du bouddhisme une religion populaire. Attention, l'intérieur est souvent fermé au public. Franchissez tout de même la belle porte de style rural récemment rénovée et découvrez un jardin simple, où fleurissent d'imposants camélias en hiver.

➤ Le temple Eikando★★

永観堂

Plan p. 166-167 / D3 *- Eikando-cho 48 ☎ 075-761-0007. Eikan do. À la sortie du chemin de la Philosophie, entre le pavillon d'Argent (ci-contre) et le Nanzen-ji (ci-dessous). Ouv. t.l.j. 9 h-17 h (admission 1 h av. la fermeture). 600 yens (1 000 yens durant l'automne). www.eikando.or.jp.*

Fondé en 856, son nom est associé à celui du moine Eikan, qui y vécut au XIe s. On vient surtout ici pour admirer la statue du **Bouddha** regardant par-dessus son épaule (*Mikaeri no Amida*), une posture très rare qui s'explique par le récit de la rencontre entre la divinité et Eikan. Celui-ci était en train de prier lorsqu'il se rendit compte que Bouddha était assis à côté de lui. Troublé, il s'arrêta de prier. C'est alors que Bouddha, se tournant vers lui, lui demanda : « Pourquoi t'arrêtes-tu, Eikan ? » Celui-ci répondit qu'il voulait seulement vérifier qu'il ne rêvait pas.
On peut visiter les différentes pièces du temple et monter jusqu'à la pagode. De là-haut, on a une vue magnifique sur la ville.
Le temple est également connu pour ses nombreux érables japonais qui prennent de flamboyantes teintes à la mi-novembre. Des ouvertures nocturnes sont alors organisées de 17 h 30 à 21 h.

➤ Le temple Nanzen-ji★★★

南禅寺

Plan p. 166-167 / D3 *- Nanzenji Fukuchi-cho 86 ☎ 075-771-0365. Ouv. t.l.j. 8 h 40-17 h et 16 h 30 déc.-fév. 500 yens. www.nanzen.net.*

C'est l'un des plus importants monas-

Kyoto : le chemin de la Philosophie

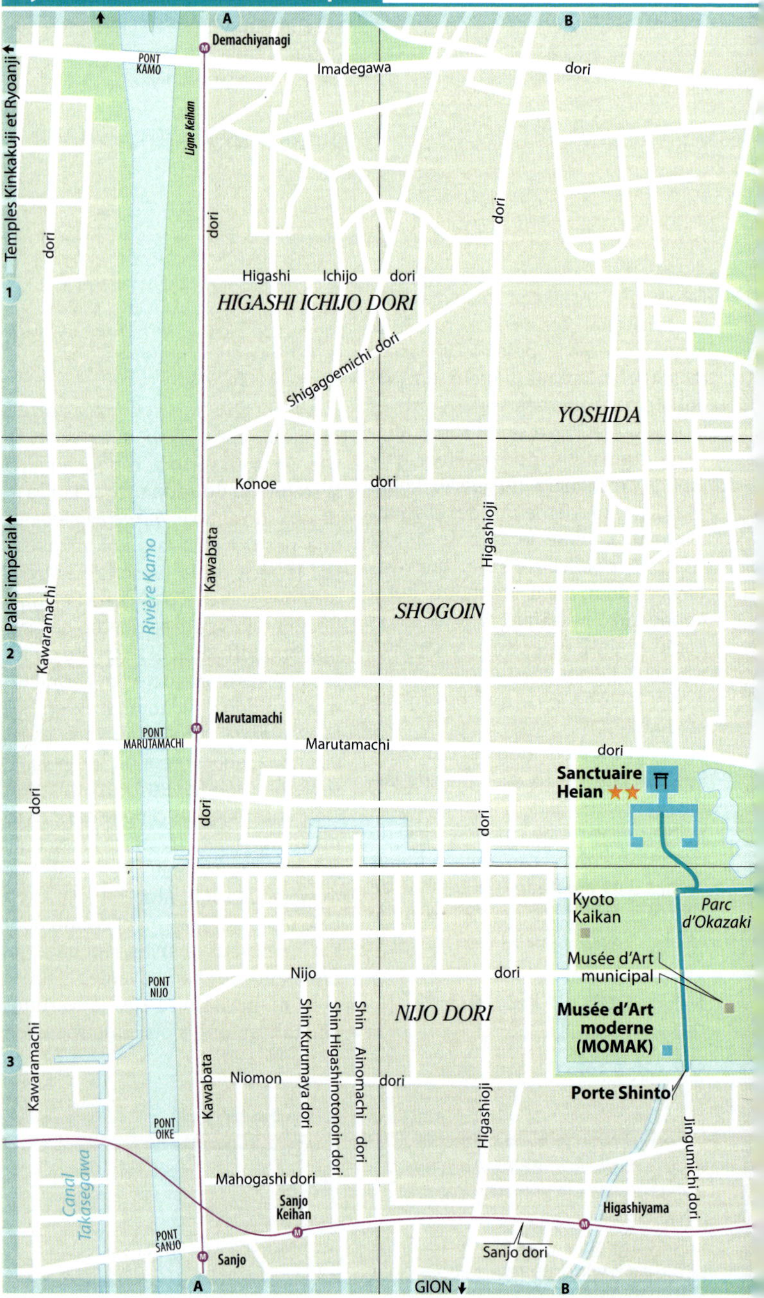

C
D
21 Départ p. 164
Imadegawa
dori
Pavillon d'Argent ★★★
Jardin Hakusasonso
Shirakawa
Parc Yoshi yama
JODOJI
1
Sanctuaire Yoshida Jinja
Temple Honen-in
dori
Sanctuaire Munetada Jinja
SHIN NYO DO
Temple Anraku-ji
Temple Shinnyo-do
Temple Reikan-ji
dori
Le chemin de la Philosophie (Tetsugakunomichi) ★★★
Temple Konkai Komyo-ji
2
KONKAI KOMYO JI
Okazaki Betsuin
Sanctuaire Okazaki Jinja
Shirakawa
Shishigatani
Marutamachi
dori
dor
OKAZAKI
Temple Mangan
Okazaki dori
dori
Temple Eikando ★★
Musée Norma
Nijo
dori
Shirakawa
Temple Nanzen-ji ★★★
3
Jardin Murin-an
Temple Tenjuan
Temple Konchi-in
Jardin Nanzen-in
N
250 m
Ligne Tozai
C
D

tères de Kyoto. Sa construction commença dès 1291, à l'emplacement d'une villa ayant appartenu à l'empereur Kamenaya. Il est aujourd'hui administré par la secte Rinzai *(p. 273)*. On visite essentiellement l'**Hondo** (bâtiment principal) et le **Dai Rojo** (appartements abbatiaux), qui furent transférés depuis le Palais impérial en 1611.

À l'intérieur, on découvre de nombreuses peintures de l'école Kano et une statue de l'époque Heian. Trois autres petits temples dépendent du Nanzen-ji, avec chacun un jardin que l'on peut visiter.

Ne manquez surtout pas le **Tenjuan** *(9h-17h. 400 yens)*, situé dans l'angle S.-O., ainsi que son merveilleux jardin de pierre et d'érables, dessiné au début du XIVe s.

N'hésitez pas non plus à vous promener dans les environs du Nanzen-ji, vous y découvrirez d'innombrables jardins appartenant à des maisons privées visibles de l'extérieur.

➤ Le sanctuaire Heian★★

平安神宮

***Plan p. 166-167 / B2** - Okazaki Nishitenno-cho 97 ☎ 075-761-0221. Au N. du parc Okazaki. Ouv. t.l.j. 1er-14 mars et sept.-oct. 6h-17h30 (17h nov.-fév. et 18h mi-mars à août). Jardin: ouv. 8h30-17h (heure de fermeture variable selon saison); entrée 600 yens. www.heianjingu.or.jp.*

Élevé à l'origine en 1895 pour commémorer le 1100e anniversaire de la ville de Kyoto, le sanctuaire a été reconstruit en 1979 dans le plus pur style Heian. Il est dédié aux empereurs Kammu (736-805) et Komei (1831-1867), respectivement le premier et le dernier empereur qui résidèrent à Kyoto.

Le vaste jardin, qui présente une grande variété de paysages, est un véritable enchantement.

LA VOIE DU SABRE

À quelques pas au nord-est du parc Okazaki se trouve la boutique **Tozando**, spécialisée dans les reproductions de sabres japonais, ainsi que des sabres et armures d'entraînement pour la pratique du kendo *(Shogoin Entomi-cho 24, ouv. t.l.j. 10h-19h, Manger, dormir, s'amuser p. 249)*.

UN REPAS DE MOINES ?

À proximité du temple Nanzen-ji, faites l'expérience d'un repas composé de tofu, préparé par les moines et servi au cœur d'un jardin japonais, dans le fameux restaurant **Okutan** *(11h-16h, Manger, dormir, s'amuser p. 249)*.

➤ Le quartier d'Okazaki★

岡崎公園

***Plan p. 166-167 / B2-3** - Okazaki Ensho-ji-cho. **Musée d'Art moderne** ☎ 075-761-4111. Ouv. t.l.j. sf lun. 9h30-17h et 20h le ven. d'avr. à mi-août (admission 30 min av. la fermeture), f. entre 2 expositions. Surveillez l'actualité du musée via le site, celui-ci fermant parfois pour de longues périodes. www.momak.go.jp.*

Le **quartier Okazaki** est composé de parcs, canaux et musées divers. Il est agréable d'y flâner, en particulier au printemps car les cerisiers y sont nombreux.

À gauche de l'imposante **porte Shinto**, le **musée d'Art moderne** (MOMAK) organise fréquemment des expositions d'artistes japonais des périodes Meiji et Taisho (de la fin du XIXe s. jusqu'à la fin des années 1920, grandes années d'effervescence artistique et d'échanges avec l'Occident).

22 Le sud de Kyoto et Fushimi

Le sanctuaire Fushimi Inari

Souvent délaissé, le sud de Kyoto regorge pourtant de véritables trésors. Les sculptures bouddhiques centenaires du temple Sanjusangendo semblent vouloir rivaliser avec les merveilles du Musée national. Dans le temple du Tofuku-ji, les jardins miniatures conçus en 1938 par le grand paysagiste Mirei Shigemori prouvent la pérennité de l'art paysager japonais. Enfin, le sanctuaire Fushimi Inari et ses milliers de *torii* orangés, étagés sur des collines boisées, forment l'une des images les plus connues du Japon.

- **Plan :** p. 170-171.
- **Arriver :** voir Carnet pratique p. 308.
- **Point de départ de la visite :** la gare JR de Kyoto.
- **Se déplacer :** en bus.
- **Conseils :** si vous partez de la gare de Kyoto, munissez-vous d'un ticket de bus journalier que vous pouvez acheter directement auprès du chauffeur *(500 yens)*.
- **Manger, dormir, s'amuser :** p. 249.

Le sud de Kyoto

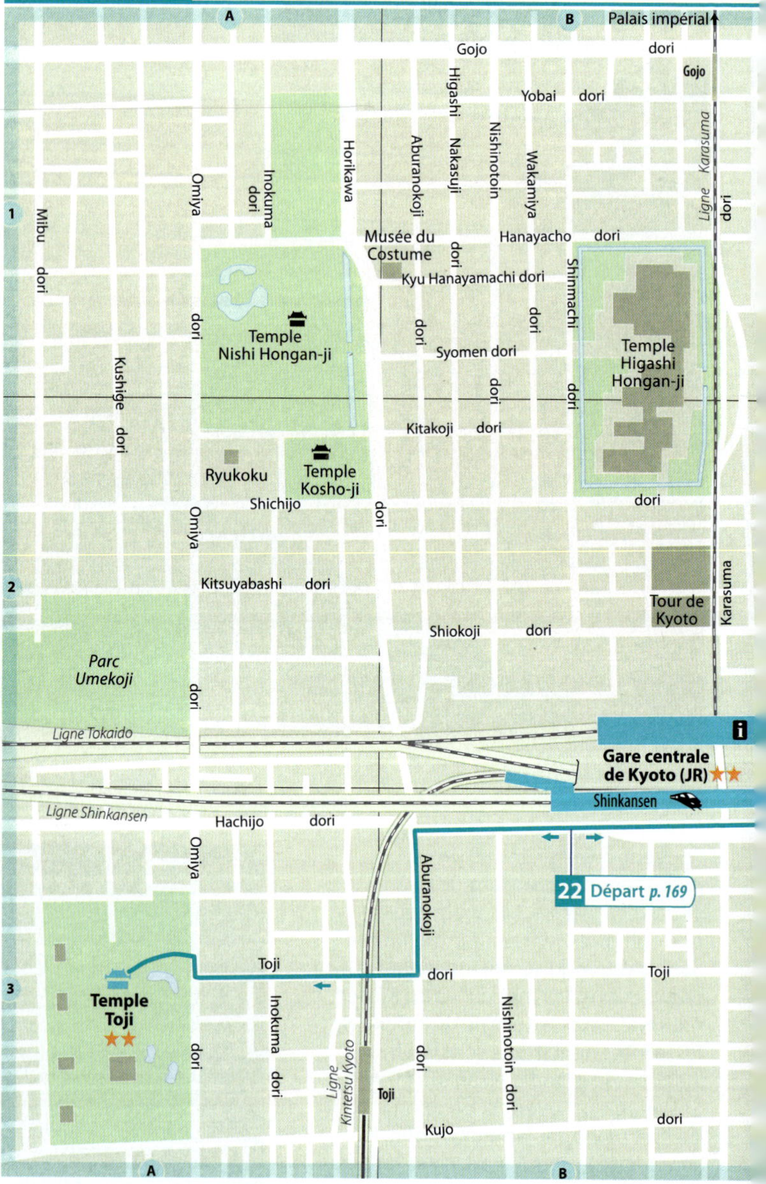

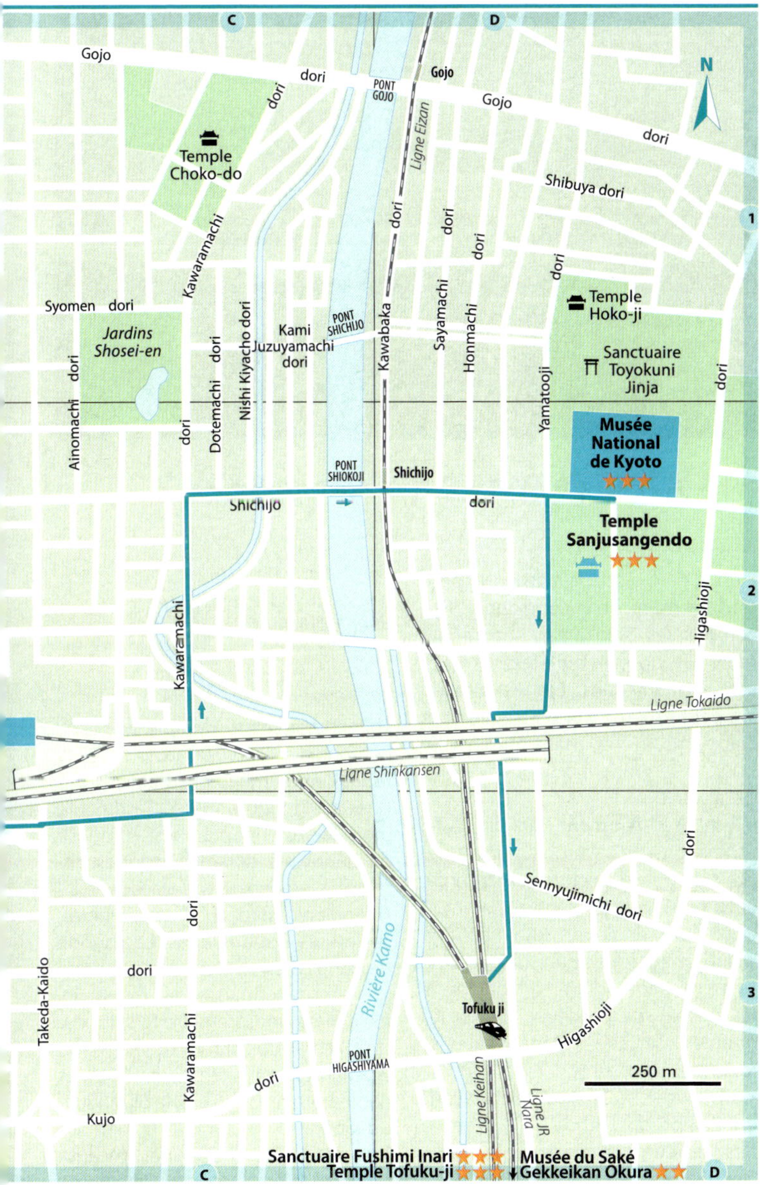

Gojo dori
Gojo
PONT GOJO
Gojo dori
Temple Choko-do
Ligne Eizan
Shibuya dori
Kawaramachi
dori
Syomen dori
Jardins Shosei-en
Kami Juzuyamachi dori
PONT SHICHIJO
Kawabaka
Sayamachi
Honmachi
Temple Hoko-ji
Sanctuaire Toyokuni Jinja
Yamatooji
Ainomachi dori
Dotemachi dori
Nishi Kiyacho dori
Musée National de Kyoto
PONT SHIOKOJI
Shichijo
Shichijo dori
Temple Sanjusangendo
Higashioji
Kawaramachi
Ligne Tokaido
Ligne Shinkansen
Sennyujimichi dori
Rivière Kamo
Takeda-Kaido
Tofuku ji
Higashioji
PONT HIGASHIYAMA
250 m
Kawaramachi
dori
Kujo
Ligne Keihan
Ligne JR Nara
Sanctuaire Fushimi Inari
Temple Tofuku-ji
Musée du Saké Gekkeikan Okura
C
D
N
1
2
3

La gare JR de Kyoto

➤ La gare JR de Kyoto**

京都駅／伊勢丹

Plan p. 170-171 / BC2.

C'est la gare principale de Kyoto pour tous les trains de la compagnie JR, y compris les Shinkansen, l'incomparable TGV japonais qui a fêté il y a peu ses cinquante ans. Elle est desservie par le métro (ligne Karasuma) et comporte un important terminal de bus qui se rendent aux quatre coins de la ville.

L'immense bâtiment de la gare, achevé en 1997, vaut bien une visite pour son architecture excentrique ainsi que pour les centres commerciaux qu'il englobe, notamment le grand magasin Isetan qui occupe toute la partie droite du bâtiment. Retrouvez sur plusieurs étages les grandes marques internationales et les griffes japonaises.

Aux sous-sols 1 et 2, des rayons entiers proposent de la nourriture des meilleures enseignes de la ville.

Depuis le toit terrasse, la vue sur le sud de la ville vous permet d'apercevoir la haute pagode du **temple Toji** *(ci-contre)* et la tour de Kyoto côté nord.

➤ Le temple Toji**

東寺

Plan p. 170-171 / A3 *- Kujo-cho 1*
☎ 075-691-3325. À 10 min à pied de la gare centrale de Kyoto. Ou bus n° 207, arrêt Toji Higashi Mon Mae. 230 yens sans le pass journalier. Ouv. t.l.j. 8 h 30-17 h 30 et 16 h 30 de mi-sept. à mi-mars. 500-800 yens. www.toji.or.jp.

Toji, littéralement « temple de l'Est », fut fondé en l'an 796 juste après la fondation de Kyoto et administré par la secte Shingon. Classé Patrimoine mondial de l'Unesco, il est composé de bâtiments datant d'époques différentes et permet de découvrir de splendides, mais aussi inquiétantes, sculptures bouddhiques. La pagode de cinq étages, un des symboles les plus reconnaissables de Kyoto, fut édifiée une première fois au xe s. sur l'ordre du grand moine Kobo Daishi, puis reconstruite en 1644, et demeure, avec ses 57 m, la plus haute du Japon.

Tous les 21 du mois, une **brocante** très populaire se tient au **Toji**. Allez-y dès 8 h ou 9 h pour éviter la foule et trouver la perle rare. On y vend de tout ou presque : kimonos, antiquités, outils, vaisselle, jouets et nourriture.

Depuis le Toji, vous pouvez retourner déjeuner dans les environs de la gare, puis poursuivre en bus et train le reste de la journée.

➤ Le Musée national de Kyoto★★★

京都国立博物館

***Plan p. 170-171 / D2** - Chaya-cho 527 ☎ 075-525-2473. À 20 min à pied à l'E. de la sortie principale de la gare JR de Kyoto. Ou depuis la gare, quai D2, bus n° 208, arrêt Hakubutsukan-Sanjusangendo mae. 230 yens sans le pass journalier. Ouv. mar.-dim. 9 h 30-17 h (admission 30 min av. la fermeture). 520 yens pour la collection permanente. www.kyohaku.go.jp.*

En rénovation pendant plusieurs années, le **Musée national de Kyoto** a réouvert ses portes en septembre 2014. Le nouveau bâtiment qui accueille la collection du musée retrace l'histoire de l'art japonais sur trois niveaux aérés, des origines (*haniwa* de l'époque des Kofuns) au XVIIe s. (paravents peints par Sotatsu, le fondateur de l'école Korin). Il est de plus particulièrement réputé pour ses collections de sculptures d'époques Nara, Heian et Kamakura, qui figurent parmi les plus belles que l'on puisse voir au Japon.

➤ Le temple Sanjusangendo★★★

三十三間堂

***Plan p. 170-171 / D2** - Sanjusangendo mawari-cho 657 ☎ 075-561-0467. À 20 min à pied à l'E. de la sortie principale de la gare JR de Kyoto. Ou depuis la gare, quai D2, bus n° 208, arrêt Hakubutsukan-Sanjusangendo mae. 230 yens sans le pass journalier. Ouv. t.l.j. 8 h-17 h et 9 h-16 h 16 nov.-31 mars (admission 30 min av. la fermeture). 600 yens. www.sanjusangendo.jp.*

Dédié à la déesse Kannon, le temple Sanjusangendo est constitué d'une salle immense divisée en 33 travées (*sanjusan* signifie d'ailleurs « trente-trois ») entre les poteaux soutenant le bâtiment principal. C'est le bâtiment en bois le plus long du Japon (125 m). Mais si le temple est célèbre, c'est surtout pour ses 500 statues représentant la déesse, qui datent du XIIe et du XIIIe s.

Photos interdites dans la salle des statues, ouvrez bien les yeux, la visite en vaut la peine !

➤ Le temple Tofuku-ji★★★

東福寺

***Plan p. 146-147 / C4** - Honmachi San-cho 778 ☎ 075-561-0087. Depuis*

Le jardin du temple Tofuku-ji

le temple Sanjusangendo (p. 173) : 20 min à pied ou bus n° 208 depuis l'arrêt Hakubutsukan-Sanjusangendo mae, arrêt Tofukuji. 230 yens sans le pass journalier. Ouv. t.l.j. 9 h-16 h, 16 h 30 avr.-oct. (admission 30 min av. la fermeture). 400 yens. www.tofukuji.jp.

Ignoré par une majorité de touristes, le **Tofuku-ji** n'en est pas moins l'une des plus belles découvertes que vous ferez à Kyoto. Outre le temple lui- même, fondé en 1236 mais entièrement reconstruit en 1911 à la suite d'un incendie, il faut absolument aller admirer les **trois jardins zen** dessinés par Mirei Shigemori en 1938. Les compositions de rochers, de végétation et de sable, résolument modernes avec leurs formes symétriques, restent très respectueuses de la tradition et de l'esprit zen.

➤ Le sanctuaire Fushimi Inari★★★

伏見稲荷

Plan p. 146-147 / C4 *- Fukakusayabunouchi-cho 68*
☎ 075-641-7331. À 2 stations de la gare JR de Kyoto (ligne Nara, train local), arrêt Inari. Ou depuis le centre de Kyoto : ligne Keihan, train local, arrêt Fushimi Inari. Ouv. t.l.j. 24 h/24. Entrée libre. www.inari.jp.

Des plaques votives au sanctuaire Fushimi Inari

Le **sanctuaire Fushimi Inari** est un site très apprécié par les touristes au Japon. Originellement dédié au dieu du Riz et du Saké, on y portait des offrandes en espérant de bonnes récoltes. Depuis les années 1980 et le déclin de l'agriculture au Japon, nombreux sont les entreprises et commerces de tout type, à soutenir le sanctuaire pour demander de bons résultats. Ce sont eux qui payent pour qu'un *torii*, les fameuses portes orange vif, à leur nom soit dressé sur le chemin qui mène au sommet de la montagne. Environ 5 000 *torii* forment un chemin magique pour une balade très agréable, qu'il vaut mieux faire l'après-midi pour de jolies photos. Les renards *(kitsune)* étant les messagers du dieu, les statues de l'animal sont omniprésentes sur le site.

À mi-chemin, après environ 40 min de marche, superbe vue sur Kyoto à l'intersection Yotsutsuji ; au-delà, la balade devient redondante et n'offre plus de point de vue.

➤ Le musée du Saké Gekkeikan Okura★★

月桂冠大倉記念館

Plan p. 146-147 / hors plan par C4 *- Minamihama-cho 247*
☎ 075-623-2056. À 5 min à pied de la station Keihan Chushojima, depuis Fushimi Inari en train local. Ouv. t.l.j. 9 h 30-16 h 30, f. 28 déc.-4 janv. et le 15 août. 300 yens. www.gekkeikan.co.jp/enjoy/museum.

Si l'on parle souvent de *saké* pour désigner le vin de riz japonais, il faudrait plutôt parler de *Nihonshu*. Le *saké* fait référence à l'alcool en général dans la langue japonaise. Le **musée du Saké Gekkeikan Okura** permet de voir les différentes étapes de fermentation du riz dans des bâtiments anciens bien conservés. Une visite historique qui se terminera forcément par une dégustation et quelques achats dans la boutique du musée, qui propose notamment de très belles bouteilles rétro.

23 Arashiyama

Dans le jardin de la villa Katsura

Le bucolique quartier d'Arashiyama, à l'extrémité ouest de Kyoto, prend place dans un cadre naturel encore bien préservé. Au pied du mont qui donne son nom au quartier, enjambée par l'élégant pont Togetsukyo, la rivière Katsura coule paisiblement. La bambouseraie, très photogénique, ne doit cependant pas faire oublier les splendides jardins du quartier, à commencer par ceux du Tenryu-ji et de la villa Okoshi Sanso. De nombreux restaurants, cafés et boutiques permettent de faire une pause ou quelques achats. Enfin, plus au sud, le jardin de mousse du Saiho-ji est à voir : organisez votre visite en suivant nos conseils (*p. 179*).

- **Plan :** p. 176.
- **Arriver :** voir Carnet pratique p. 308.
- **Accès :** depuis la gare centrale JR de Kyoto, ligne Sagano Line Rapid Service, arrêt Saga Arashiyama *(12 min, 240 yens)*. Depuis le centre-ville de Kyoto, gare Kawaramachi, ligne Hankyu (correspondance à Katsura), arrêt Arashiyama *(20 min env., 220 yens)*.
- **Point de départ de la visite :** la gare JR de Saga Arashiyama ou d'Arashiyama.
- **Se déplacer :** à pied.
- **Conseils :** on trouve des vélos à louer autour de la gare d'Arashiyama, une bonne solution pour visiter le quartier.
- **Manger, dormir, s'amuser :** p. 250.

➤ Le pont Togetsukyo

渡月橋

Plan ci-dessous / AB2.

Cet élégant pont, malgré sa structure en béton, a conservé sa forme légèrement courbée d'origine. La vue sur la montagne, à travers le Togetsukyo depuis la rive gauche, est l'une des plus connues de Kyoto.

➤ Le temple Tenryu-ji★★★

天竜寺

Plan ci-dessous / A2 *- Sagatenruji Zuzukinobaba-cho ☎ 075-881-1235. À 10 min à pied de la gare JR Saga Arashiyama ou de la gare Arashiyama Hankyu. Ouv. t.l.j. 8 h 30-17 h 30 et 17 h 21 oct.-20 mars. 500 yens pour la visite du jardin seulement. 600 yens pour celle du jardin et du temple. www.tenryuji.com.*

Fondé en 1339 par le shogun Takauji Ashikaga en l'honneur de l'empereur Go Daigo, le **temple Tenryu-ji** est le plus important des cinq grands temples zen de Kyoto. Le jardin est attribué au paysagiste Soseki (1271-1346) qui a aussi dessiné le jardin des Mousses du Saiho-ji *(p. 179)*. On retrouve son style dans la « cascade sèche » en rochers qui se « jette » dans un petit étang. Celui-ci a la forme de l'idéogramme chinois « cœur » qui, dans la terminologie zen, représente l'illumination. L'intégration du jardin au paysage naturel y est particulièrement remarquable.

La bambouseraie

嵯峨野竹林 **Sagano Chikurin**

Plan ci-dessous / A2.

En empruntant la sortie nord du jardin du temple Tenryu-ji *(ci-contre)*, on arrive directement dans la **bambouseraie** qui fait la renommée du quartier.

Kyoto : Arashiyama

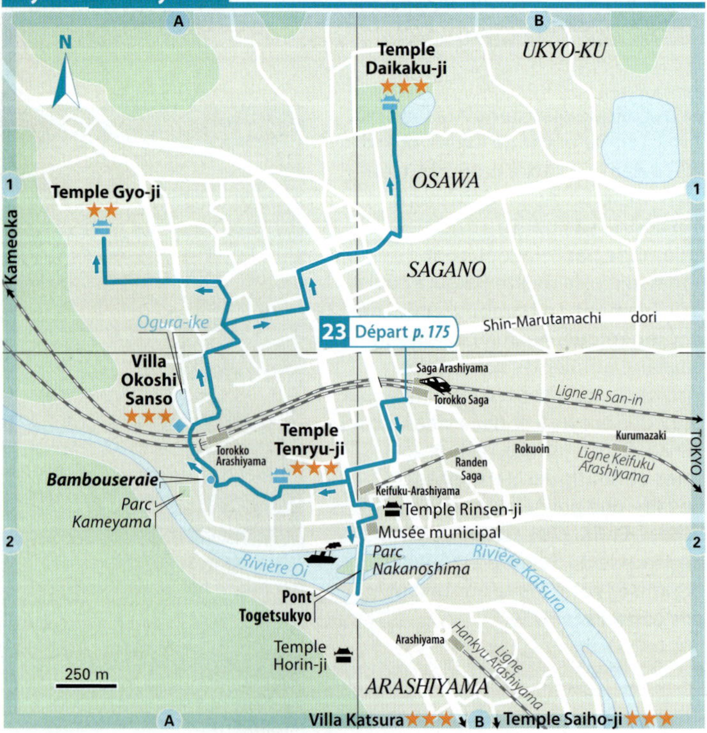

La bambouseraie d'Arashiyama

➤ La villa Okoshi Sanso★★★

大河内山荘

Plan ci-contre / A2 - Saga Ogurayama Tabutchiyama-cho 8 ☎ 075-872-2233. Ouv. t.l.j. 9h-17h. 1 000 yens avec bol de thé vert et pâtisserie japonaise offerts. À la fin de votre balade, vous pouvez retrouver la gare JR en redescendant la bambouseraie ou bien la gare Hankyu en prenant à dr. à travers le parc et ainsi éviter la foule.

Son tarif refroidit souvent les non-initiés mais, ne vous y trompez, pas vous êtes bien face à l'un des plus beaux jardins secrets de Kyoto.

Situé à l'extrémité ouest de la bambouseraie *(ci-contre)*, la résidence du célèbre acteur Okochi Denjiro (1896-1962), qui a notamment tourné dans les premiers films d'Akira Kurosawa *(p. 291)*, propose une balade à travers un dédale de petits chemins taillés dans une nature parfaitement maîtrisée: parterre de mousses, lanternes discrètes et fleurs de saison.

Un incontournable en automne. La vue depuis le belvédère offre une belle perspective sur Kyoto. La balade se termine par une pause thé vert, accompagné d'une pâtisserie japonaise.

➤ Le temple Gyo-ji★★

祇王寺

Plan ci-contre / A1 - Saga Toriimotokoza-cho-32 ☎ 075-861-3574. Ouv. t.l.j. 9h-17h (admission 30 min av. la fermeture). 300 yens. www.giouji.or.jp.

En poursuivant vers l'est, on découvre quelques jolies boutiques d'artisanats, objets divers en bambou et belles céramiques brutes. Parmi les nombreux temples que l'on croise, le **temple Gyo-ji** est le plus apaisant. Ce lieu de retraite fut occupé par des dames de cour entrées en religion suite à une déception sentimentale. La minuscule demeure est entourée d'un somptueux sol tapissé de mousses d'où s'élancent de hauts érables.

Recommandé pour les voyageurs qui n'ont pu obtenir d'invitation au temple **Saiho-ji** *(p. 179)*.

La descente de la rivière Hozugawa

➤ Le temple Daikaku-ji★★★

大覚寺

Plan p. 176 / B1 *- Saga Osawa-cho 4 ☎ 075-871-0071. À 15 min à pied depuis la gare JR Saga Arashiyama (vers le N.) ou à 5 min en bus n° 91, direction Daikakuji. Ouv. t.l.j. 9 h-17 h (admission 30 min av. la fermeture). 500 yens. www.daikakuji.or.jp.*

Fondé en 876 par l'empereur Junna, ce temple est célèbre pour ses statues bouddhiques attribuées à Kobo Daishi (774-835).

Mais son jardin, l'un des plus vieux du Japon, vaut à lui seul le détour. Il a été dessiné d'après le paysage chinois du lac Dongtinghu, et ses formes s'accordent merveilleusement bien avec les collines d'Arashiyama qui se détachent en arrière-plan.

➤ La descente de la rivière Hozugawa★★

保津川下り

Plan p. 176 / hors plan par A1 *- Hozu-cho 2 ☎ 077-122-5846. Depuis la gare centrale JR de Kyoto, ligne Sagano Line Rapid Service, arrêt Kameoka, 20 min, tarif 410 yens, puis courte marche vers le ponton d'embarquement. Ouv. t.l.j. 9 h-15 h 30, 10 h-14 h 30 1er déc.-9 mars, rés. conseillée. 4 100 yens (2 700 yens pour les enfants). www.hozugawakudari.jp/en.*

Il est possible de commencer la visite du quartier en débarquant sur les berges de la rivière après une descente qui s'étend sur 16 km. Elle permet, en deux heures, de rejoindre Arashiyama depuis Kameoka, ville située de l'autre côté des montagnes.

Le trajet se fait sur une très longue barque dirigée par deux hommes à l'aide de rames et d'un grand bâton. N'ayez pas peur d'être parfois éclaboussé, certains rapides donnent quelques frissons. Les paysages dans ses gorges sont très bien préservés et il n'est pas rare de voir des singes, sur les pentes, venus vous observer.

➤ Le temple Saiho-ji★★★ (Kokedera ou jardin des Mousses)

西芳寺

***Plan p. 146-147 / A3** - Matsuojingatani-cho 56 ☎ 075-391-3631. En taxi : env. 15 min, depuis Arashiyama ou depuis la station Hankyu Katsura, c'est le moyen le plus simple.*
Ou en bus : depuis la gare de Kyoto (plate-forme C6), prenez le bus 73 (Kyoto Bus) et descendez à la station Kokedera. Départ toutes les 05 et 23 de chaque heure.
Comptez une bonne heure de trajet.
Ouv. t.l.j. 10 h-17 h sur rés. uniquement.
3 000 yens. Attention, les formalités pour visiter ce temple sont particulières.
Voir encadré ci-dessous.

Niché au pied d'une petite montagne, le **Saiho-ji** est un monastère zen construit à l'époque Kamakura (1192-1333) par le paysagiste Muso Soseki. Les moines qui vivent ici entretiennent, depuis 700 ans, le «jardin des Mousses» qui comporte plus de cent espèces différentes.

La promenade le long du petit sentier de l'étang en forme de cœur (il a en réalité la forme de l'idéogramme chinois kokoro qui signifie cœur) est un émerveillement renouvelé à chaque pas. Les mousses, éclairées par le soleil oblique, changent de couleur suivant les heures et les saisons.

➤ La villa Katsura★★★

***Plan p. 146-147 / B3** - Katsura Rikyu.*
Depuis la gare de Kyoto : bus n° 33 ou 60 (terminal C6), arrêt M° Katsura Rikyu-mae (30 min). Depuis le centre de Kyoto, gare Kawaramachi : train, ligne Hankyu, direction Umeda, arrêt gare Katsura (15 min), puis à 5 min en taxi.
Voir formalités pour une visite guidée (en jap.) p. 152.

Construite pour Toshihito Hachijo (1579-1629), le jeune frère de l'empereur Go Yozei (1571-1617), la villa Katsura est attribuée à Kobori Enshu, le même architecte qui dessina le Sento Gosho. Sa conception, entièrement nouvelle pour l'époque, marque une étape décisive dans l'art des jardins japonais et, encore aujourd'hui, la villa Katsura est une référence absolue pour tous les paysagistes.
Remarquablement conservée, la villa Katsura est l'un des joyaux du patrimoine japonais.

TEMPLE SAIHO-JI : FORMALITÉS

Pour éviter un déplacement inutile, envoyez une **demande d'autorisation** de visite au minimum 5 jours à l'avance en écrivant directement au temple *(Saihoji Temple, 56 Jingatani-cho, Matsuo Nishikyo-ku, Kyoto, 615-8286, Japan).* Indiquez en anglais les jours auxquels vous souhaitez venir, le nombre de participants et le nom du représentant du groupe, sans oublier de joindre une enveloppe timbrée à l'adresse de votre hôtel à Kyoto pour la réponse.
Concernant le **droit d'entrée**, sachez que vous devrez, lors de la visite, vous acquitter d'un «don» de 3 000 yens qui vous donnera le droit d'assister aux cérémonies et de formuler un vœu sur une planchette en bois que vous laisserez au temple.
Ce droit d'entrée est censé dissuader ceux qui n'éprouvent pas un réel intérêt pour le temple. Les milliers de touristes qui visitaient chaque année le Kokedera soulevaient tant de poussière qu'il en allait de la survie des mousses…

24 Le nord de Kyoto

Une mariée au sanctuaire Shimogamo

Au nord de la ville, Demachiyanagi est un quartier encore méconnu où se forme la rivière Kamogawa. Une promenade sur ses berges, aménagées et magnifiquement intégrées à la beauté naturelle du cadre, est l'occasion de découvrir le quotidien des habitants : familles venues pique-niquer, classes d'écoliers en sortie, étudiants à la recherche d'un moment de quiétude, peintres amateurs… Un endroit idéal pour apprécier la qualité de vie fièrement revendiquée par les Kyotoïtes. Non loin de là, le sanctuaire Shimogamo et la villa Shugaku-in méritent une visite.

- **Plan :** p. 146-147.
- **Arriver :** voir Carnet pratique p. 308.
- **Point de départ de la visite :** la gare de Demachiyanagi.
- **Se déplacer :** à pied.
- **Manger, dormir, s'amuser :** p. 251.

➤ Le quartier Demachiyanagi★★

出町柳

Plan p. 146-147 / CD2 - Facilement accessible via la ligne de train Keihan depuis le centre-ville, gare Gion Shijo ou Sanjo, en quelques min seulement, 210 yens, terminus Demachiyangi. Depuis la gare JR Kyoto, bus nº 17, arrêt Demachiyanagi Eki Mae (35 min env., 230 yens).

Sur la rive gauche, les alentours de la gare Demachiyanagi se composent de nombreux petits restaurants et cafés où viennent se rassasier les professeurs et étudiants des prestigieuses universités Kyodaï et Doshisha *(Manger, dormir, s'amuser p. 251)*.

Passez sur la rive droite en traversant les deux petits ponts qui enjambent la rivière Kamogawa et pénétrez dans la **galerie marchande** Demachiyanagi. Cette *shotengai* (allée de commerces) vous propose une courte balade gourmande et authentique à travers la cinquantaine d'étals; elle mêle aussi bien les adresses réputées comme la pâtisserie traditionnelle Futaba, que les simples marchands de légumes produits dans les environs. Ne manquez pas le grand magasin Le Plus où tous les articles coûtent 100 yens, idéal pour découvrir toute l'ingéniosité japonaise appliquée aux objets du quotidien.

Revenez sur vos pas et découvrez, niché dans le petit bois Tadasu no Mori, le **sanctuaire Shimogamo**.

➤ Le sanctuaire Shimogamo★★

下鴨神社

Plan p. 146-147 / C1 - Shimogamo Izumigawa-cho 59 ☎ 075-781-0010. Ouv. t.l.j. 5 h 30-18 h (hiver 6 h 30-17 h). Entrée libre. www.shimogamo-jinja.or.jp.

Établi à la fin du VIe s., le **sanctuaire Shimogamo** est antérieur à la fondation de la ville de Kyoto. Lorsque celle-ci est achevée en 794, le sanctuaire se voit alors confier la protection de la ville contre les invasions des esprits malins venant du nord. L'ensemble actuel, reconstruit lors des grandes rénovations commandées par l'empereur Komei (1831-1867) en 1863, est classé au Patrimoine mondial par l'Unesco. Le bâtiment principal est lui soumis à la règle shinto *shikinen sengu* qui ordonne la reconstruction des autels shinto tous les vingt et un ans afin de purifier à nouveau le site et l'ensemble des matériaux nécessaires. Tradition religieuse par laquelle se transmettent de génération en génération les techniques de construction.

Lieu fortement lié à l'histoire de la ville, de nombreuses fêtes purificatrices s'y déroulent tout au long de l'année. Le calme ambiant, l'architecture élégante et chatoyante de style Heian en font également un lieu privilégié pour les cérémonies de mariage et baptêmes.

➤ La villa Shugaku-in★★★

修学院離宮

Plan p. 146-147 / D1 - Départs fréquents, direction Kurama ou Yasaei, arrêt Shugakuin (7 min, 210 yens), puis 12 min à pied vers l'E. Voir formalités pour une visite guidée (en jap.) p. 152.

Cette villa fut construite sur l'ordre du shogun Tokugawa pour l'empereur Gomizuno lorsque celui-ci renonça au trône, en 1629. C'est l'empereur lui-même qui en aurait dessiné les plans sous l'influence, sans doute, de son maître paysagiste Kobori Enshu. On visite successivement les trois pavillons qui possèdent chacun leur jardin. C'est depuis le plus haut d'entre eux, le Pavillon dans les nuages, que s'ouvre la plus belle vue sur l'étang et l'ensemble du domaine.

Excursions autour de Kyoto

La région de Kyoto offre de belles excursions à la journée. Nara, tout d'abord, retient l'attention : première capitale impériale, centre religieux et creuset de la culture japonaise, c'est une étape incontournable. Plus méconnus, de nombreux villages proches de Kyoto méritent aussi une visite : bains chauds à Kurama, escale nature à Kibune, temple ancien à Uji ou étape gastronomique à Ohara, il y en a pour tous les goûts. Amanohashidate saura quand à elle combler les amoureux d'embruns et d'océan.

PRATIQUE

Manger, dormir, s'amuser : p. 252.
Cartes et plans : · carte de la région ci-contre · Nara p. 190-191.
Se déplacer : en train et en bus.
- **De Kyoto à Kurama (visite 24 à 25) :** train depuis Kyoto jusqu'à Kibune Guchi (27 min, départs fréquents).
- **De Kyoto à Ohara (visite 24 à 25) :** vous rejoindrez le village d'Ohara en bus (env. 1 h depuis la gare de Kyoto avec la ligne n° 17) ou en train (env. 35 min depuis la gare Demachiyanagi).
- **De Kyoto à Amanohashidate (visite 24 à 25) :** depuis la gare de Kyoto, vous serez à Amanohashidate en 2 h via le train Express Hashidate.
- **De Kyoto à Uji (visite 24 à 25) :** on relie la gare de Kyoto à la ville d'Uji en seulement 12 min avec la ligne JR, direction Nara.
- **De Kyoto à Nara (visite 24 à 26) :** la gare de Nara est à 45 min de Kyoto en empruntant la ligne JR.

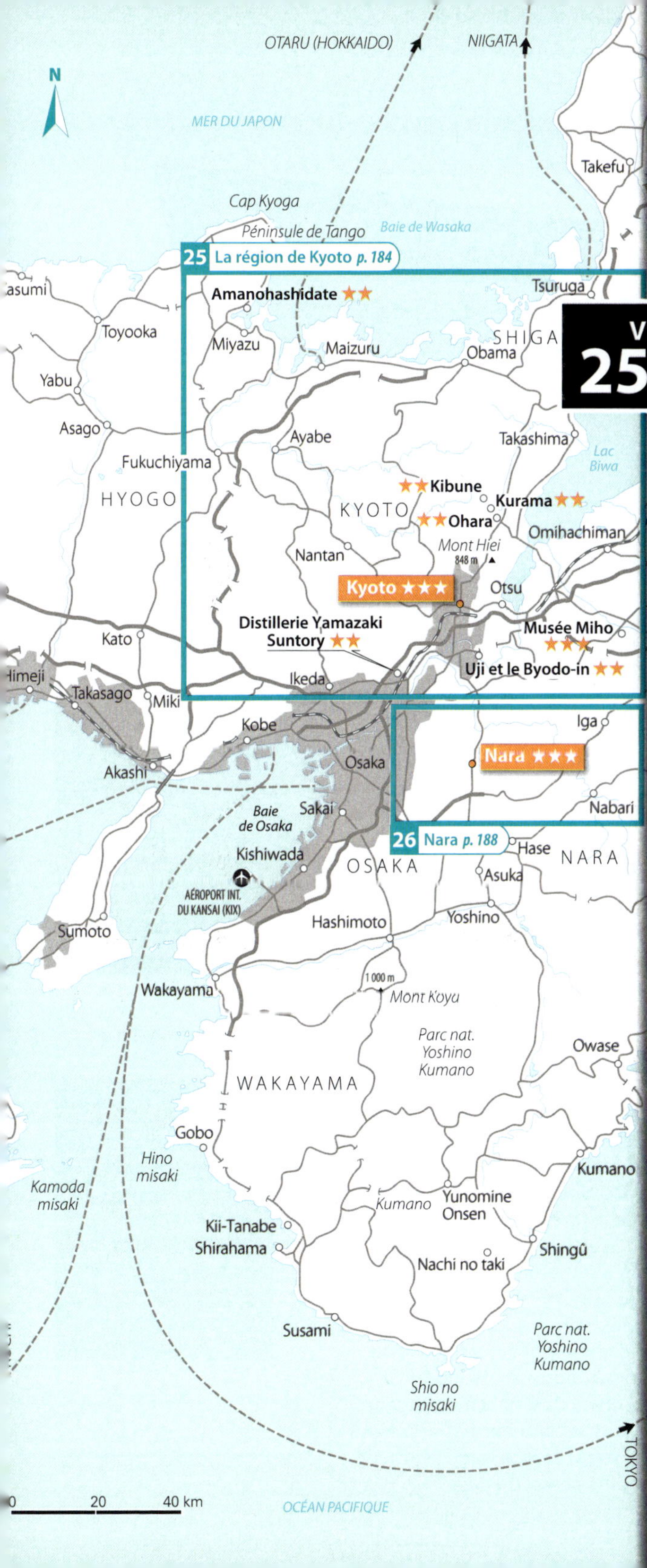
OTARU (HOKKAIDO)
NIIGATA
N
MER DU JAPON
Takefu
Cap Kyoga
Péninsule de Tango
Baie de Wasaka
25 La région de Kyoto p. 184
Tsuruga
asumi
Amanohashidate ★★
Toyooka
Miyazu
Maizuru
SHIGA
Obama
Yabu
Asago
Ayabe
Takashima
Fukuchiyama
Lac Biwa
★★Kibune
HYOGO
Kurama★★
KYOTO
★★Ohara
Omihachiman
Nantan
Mont Hiei
848 m
Kyoto ★★★
Otsu
Distillerie Yamazaki
Suntory ★★
Musée Miho ★★★
Kato
Uji et le Byodo-in ★★
Himeji
Takasago
Ikeda
Miki
Kobe
Iga
Osaka
Nara ★★★
Akashi
Sakai
Baie de Osaka
Nabari
26 Nara p. 188
Hase
Kishiwada
NARA
OSAKA
Asuka
AÉROPORT INT. DU KANSAI (KIX)
Yoshino
Sumoto
Hashimoto
1 000 m
Wakayama
Mont Koya
Parc nat. Yoshino Kumano
Owase
WAKAYAMA
Gobo
Hino misaki
Kumano
Kamoda misaki
Kumano
Yunomine Onsen
Kii-Tanabe
Shirahama
Shingû
Nachi no taki
Susami
Parc nat. Yoshino Kumano
Shio no misaki
TOKYO
0
20
40 km
OCÉAN PACIFIQUE

25 La région de Kyoto

La presqu'île d'Amanohashidate

Aux portes de Kyoto, la campagne reprend ses droits. Plusieurs villages authentiques, ayant conservé leur rythme ancestral, vous attendent: Kibune possède un joli sanctuaire caché au cœur de la forêt; Kurama déploie son *onsen* avec vue sur les montagnes et les cyprès centenaires; Ohara s'anime les jours de marché et attire les gastronomes venus goûter aux *kyoyasai*; enfin Uji, connue pour son thé, abrite le temple historique du Byodo-in. Si vous avez envie de voir la mer du Japon, faites un saut vers Amanohashidate et sa langue de terre: son paysage est classé parmi les plus beaux du pays.

- **Carte:** p. 183.
- **Arriver:** voir Carnet pratique p. 308.
- **Point de départ de la visite:** la gare de Kyoto.
- **Se déplacer:** en train et à pied.
- **Manger, dormir, s'amuser:** p. 252.

➤ La balade de Kibune à Kurama***

Carte p. 183 - Forfait journalier comprenant le trajet A/R en train, l'entrée au temple de Kurama et l'entrée aux bains (en vente à la gare Eizan Demachiyanagi, 1 700 yens). Départs fréquents, direction Kurama, arrêt Kibuneguchi (27 min).

Pour les voyageurs qui souhaitent s'aérer, une balade entre la vallée de Kibune et de Kurama, au nord de Kyoto, est idéale. Elle offre une belle demi-journée de marche à travers des chemins bordés de cèdres centenaires pour s'achever par un *onsen (p. 286)* afin de profiter d'un bain réparateur.

Depuis l'arrêt Kibuneguchi, suivez la route remontant le cours d'eau sur votre droite : vous croiserez quelques beaux établissements, les restaurants *kawadoko*, qui servent des repas sur des terrasses posées quelques centimètres au-dessus de la rivière *(Manger, dormir, s'amuser p. 252)*.

Après deux kilomètres de marche, vous arrivez face au bel escalier du sanctuaire Kibune Jinja.

Le sanctuaire Kibune**

貴船神社

Kurama Kibune-cho 180 ☎ 075-741-2016. Ouv. t.l.j. 6 h-20 h mai-nov., 6 h-18 h déc.-avr. Entrée libre. www.kifunejinja.jp.

Lieu simple et envoûtant, le sanctuaire Kibune bénéficie d'un cadre exceptionnel au cœur de la forêt, bercé par le bruit de l'eau et baigné d'une belle lumière, filtrée par les érables. Dédié aux divinités de l'eau, vous pouvez vous procurer des prédictions, *omikushi*, qui ne se révèlent qu'une fois trempées dans la source de celui-ci.

Le temple Kurama**

鞍馬寺

Kurama Hon-cho 1074 ☎ 075-741-2003. Ouv. t.l.j. 9 h-16 h 30, 17 h juin-août. Gratuit avec le forfait ou 200 yens.

Depuis le village de Kibune, traversez le petit pont rouge afin de pénétrer dans la forêt, enceinte de ce temple dédié à Bishamonten, protecteur des guerriers, et où aurait été accueilli enfant le futur grand général Minamoto Yoshitsune (1159-1189), héros légendaire qui continue de nourrir l'imaginaire japonais.

La première partie difficile de l'ascension jusqu'au premier temple dure environ 20 min, le reste de la promenade de mausolées en mausolées demande peu d'efforts. Après les premiers lacets en descente, on arrive au bâtiment principal du temple qui renferme une statue de Bishamonten. La vue depuis le belvédère sur les monts alentours est superbe.

Descendez pendant une vingtaine de minutes jusqu'à la porte principale, en ayant pris bien soin de vous incliner devant les deux cèdres multicentenaires croisés en chemin, puis prenez sur votre gauche pour traverser le village et vous rendre aux **bains de Kurama**.

Les bains de Kurama***

鞍馬温泉

Kurama Hon-cho 520 ☎ 075-741-2131. Ouv. t.l.j. 10 h-20 h. Gratuit avec le forfait ou 1 000 yens.

Terminez votre journée par un bain réparateur en vous plongeant dans les sources chaudes, tout en admirant la cime des cèdres composant le paysage *(Manger, dormir, s'amuser p. 252)*. Il est possible de se restaurer dans l'établissement avant de repartir *(plats simples, moins de 1 500 yens)*.

Pour les voyageurs pudiques, prenez sur votre droite depuis la sortie du temple pour rejoindre la gare de Kurama et redescendre vers Kyoto.

➤ Le village d'Ohara**

大原

Carte p. 183 - Gare de Kyoto : bus nº 17 sur le quai C3 (env. 1 h, 600 yens). Ou gare Demachiyanagi, quai C (env. 35 min, 430 yens). Départ toutes les 20 min.

Petit village situé au nord-est de Kyoto, Ohara est réputé pour la qualité de ses terres agricoles. Ainsi, chaque dimanche matin entre 6h et 9h, petits et grands chefs restaurateurs se retrouvent au marché afin d'y trouver les légumes savoureux qui font la renommée de la cuisine kyotoïte. N'hésitez pas à goûter les *tsukemono* (légumes marinés).

Cadre parfait pour une promenade bucolique et gourmande, O'Hara permet également la découverte d'un temple exceptionnel, le **temple Sanzen-in**.

Le temple Sanzen-in★★★

三千院

Ohara Raikoin-cho 540 ☎ 075-744-2531. Depuis l'arrêt de bus Ohara, traversez la route et prenez en direction du N.-E., remontez la ruelle commerçante jusqu'à l'entrée du temple. Ouv. t.l.j. 9h-17h30 mars-oct., 8h30-17h30 nov., 9h-16h30 déc.-fév. (admission 30 min av. la fermeture). 700 yens. www.sanzenin.or.jp.

Fondé en 804 par le moine Saicho, créateur de la secte Tendai *(p. 273)*, le temple Sanzen-in émerveille par la qualité de ses deux principaux jardins: le **Shuhekien**, jardin classique composé d'un étang reposant au pied d'une colline miniature faite de pierres et de buissons minutieusement taillés; le jardin de mousses entourant le **mausolée Ojo Gokuraku-in,** protégé par des cèdres centenaires et de beaux érables.

La petite **salle des Trésors** contient trois magnifiques ensembles de portes coulissantes.

Le temple Shorin-in★

勝林院

Chorin-in-cho 187 ☎ 075-744-2409. Ouv. t.l.j. 9h-17h. 300 yens. Prenez sur votre dr. à la sortie du temple Sanzen-in (ci-dessus), à 100 m.

Fondé au Xe s., ce beau bâtiment en bois, sur un parterre de mousses, renferme une statue imposante de Bouddha et de ses gardiens Bishamon. Un endroit simple et reposant.

➤ Le musée Miho★★★

ミホミュージアム

***Carte p. 183** - Shigaraki, 300 ☎ 0748-82-3411. Gare de Kyoto: ligne JR Tokaido (Biwako), arrêt Ishiyama (15 min, 240 yens), sortie S. Puis, bus Teisan sur la plate-forme n° 3, arrêt Miho Museum (env. 50 min, un bus par heure, 820 yens). Ouv. t.l.j. sf lun. 10h-17h. 1 100 yens. Surveillez l'actualité du musée, celui-ci pouvant parfois fermer pour plusieurs semaines. www.miho.or.jp/english/index.htm.*

Le trajet depuis Kyoto n'est pas perdu: vous traverserez une très jolie campagne de rizières avec des villages fermiers et de belles maisons anciennes, magnifiquement entretenues.

L'arrivée au musée est en soi un petit spectacle: après avoir acheté votre billet d'entrée à la réception, vous êtes dirigé vers de petites voitures électriques conduites par des femmes en tailleur qui vous feront traverser un tunnel de métal dans un silence impressionnant. Un vrai film d'anticipation des années 1960!

Le bâtiment principal, construit par l'architecte sino-américain Ieoh Ming Pei, n'est pas sans rappeler une autre de ses réalisations, la Pyramide du Louvre, construite comme lui en verre et métal, avec le triangle pour base.

Niché au milieu d'une nature sauvage, le musée aborde les cultures chinoise et perse, égyptienne, grecque et romaine ainsi que celles des pays d'Asie du Sud et de l'Ouest.

Il y a quelques très belles pièces, superbement mises en scène, comme cette statue de la reine Arsinoé II qui semble sortir tout droit des pyramides égyptiennes ou ce bouddha en pierre du Pakistan (IIe s.) dont le bras coupé ajoute au mystère. Des expositions temporaires sont également présentées.

Un détail qui a son importance: le musée Miho doit son existence à la générosité d'une secte religieuse, la Shinji Shumeikai, qui compte plus de 300 000 adeptes dans le monde.

➤ Amanohashidate★★

天橋立

Carte p. 183 - Depuis la gare de Kyoto : train Express hashidate (2 h), un seul train par heure. www.amanohashidate.jp.

Situé au nord de la préfecture de Kyoto, sur la côte de la mer du Japon, Amanohashidate est considéré comme l'un des trois plus beaux sites du pays avec l'île sanctuaire Miyajima et la baie de Matsushima. Sa plage *(à 5 min de la gare)* de 3,6 km de long forme comme un pont entre deux pointes de terre. Vous pouvez la traverser à pied, en louant un vélo ou plus rapidement en passant par la mer sur un des bateaux qui font la navette entre les deux pointes.

Mais pour profiter pleinement du spectacle, il faut monter à un des deux observatoires : côté sud, **Amanoashidate View Land** *(ouv. t.l.j. env. 9h-17h30, 850 yens)*, petit parc d'attractions rétro ; côté nord, **Kasamatsu** *(ouv. t.l.j. env. 8h-17h, 660 yens)*. Les deux ascensions se font via un funiculaire et ne durent que quelques minutes.

Les week-ends d'ete, la plage est très fréquentée. L'hiver, les chutes de neige ne sont pas rares, et les fruits de mer et poissons délicieux.

➤ Uji

宇治

Carte p. 183 - Depuis la gare de Kyoto : ligne JR direction Nara, arrêt Uji (12 min, 240 yens).

Uji est réputée pour son thé vert, *matcha*, qui passe pour être le meilleur du Japon. Il est possible d'en déguster le long des petites maisons de thé qui bordent la rivière ainsi que des *soba* ou glaces parfumées au *matcha*. La ville est célèbre car elle sert d'arrière-plan à une dizaine de chapitres du *Dit du Genji*, le premier roman japonais écrit au Xe s. *(p. 300)*.

Mais c'est son temple bouddhique, le Byodo-in, qui attire chaque année des milliers de touristes et qui figure sur les pièces de 10 yens.

Le temple Byodo-in★★

平等院

Carte p. 183 - Ujirenge 116
☎ 077-421-2861. Ouv. t.l.j. 9h-17h. 600-900 yens. www.byodoin.or.jp.

Avant de devenir un temple, en 1052, le Byodo-in fut la propriété de Toru Minamoto (IXe s.), puis de la famille Fujiwara. La pièce la plus intéressante du temple est le Hoo-do (« pièce du Phénix »), qui a été construite en 1053. Bel exemple de l'architecture Heian, l'ensemble représente un phénix au moment où il se pose sur le sol. Là, vous pouvez admirer une sculpture représentant un Bouddha Amida assis sur un piédestal en forme de lotus. Elle date du XIe s. et est attribuée au moine Jocho.

Le petit musée du temple (**homotsukan**) renferme une magnifique collection de sculptures et de bronzes.

➤ La distillerie Yamazaki Suntory★★

山崎蒸溜所

Carte p. 183 - Hakushu-cho
☎ 075-962-1423. Gare centrale JR de Kyoto : Kyoto local line (15 min, 220 yens). Depuis le centre-ville : Hankyu local line (33 min, 270 yens). Située à 10 min de la gare de Yamazaki. Durée de visite : 1 h. Rés. oblig. (par tél.). Ouv. t.l.j. 9h30-17h. Guide audio en français sur demande lors de la rés. Entrée gratuite. www.suntory.co.jp/factory/yamazaki.

Fondée en 1923 par Shinjiro Torii, le père du whisky japonais, après un long séjour en Écosse, c'est la plus ancienne distillerie du Japon. Elle tire profit d'eau exceptionnellement pure, réputée déjà depuis des siècles car ce fut un lieu de prédilection du grand maître du thé Sen no Rikyu *(p. 163)*.

La visite permet de comprendre le processus de distillation du malt et se termine bien entendu par une dégustation de quelques variétés qui, depuis 2010, atteignent souvent la plus haute marche des classements mondiaux.

26 Nara

Le temple Todai-ji

Située à moins d'une heure de Kyoto et d'Osaka, Nara fut jusqu'à la toute fin du VIIIe s. le lieu de résidence de la famille impériale et des grandes instances religieuses du pays. Aujourd'hui, c'est une petite ville provinciale où se croisent touristes et… daims (près de 1500 en liberté). Elle est célèbre pour son immense parc truffé de temples, qui figurent parmi les plus beaux du pays : huit sont à ce titre inscrits sur la liste du Patrimoine mondial par l'Unesco.

- **Plan :** p. 190-191.
- **Arriver :** voir Carnet pratique p. 308.
- **Point de départ de la visiste :** la gare JR de Nara.
- **Se déplacer :** à pied.
- **Manger, dormir, s'amuser :** p. 252.

Nara★★★

➤ Le temple Kofuku-ji★

興福寺

Plan p. 190-191 / C2 - Nobori Oji-cho ☎ 074-222-7755. À 15 min à pied de la gare de Nara en empruntant le rue Sanjo. Ouv. t.l.j. 9 h-17 h. Entrée libre. www.kohfukuji.com. Musée du Trésor : ouv. t.l.j. 9 h-17 h. 600 yens.

Fondé en 710, le **temple Kofuku-ji** est le temple de la famille Fujiwara, puissante famille au cœur de l'histoire du pays et qui administra le Japon jusqu'en 1185 *(p. 258)*. Complexe de plus de 150 bâtiments, les incendies successifs en ont férocement réduit l'envergure, et les bâtiments que l'on peut voir aujourd'hui ne datent « que » de 1143, telle la **pagode à trois étages**.

La salle du **musée du Trésor (Kokuho-kan)** renferme des statues classées « Trésors nationaux » ➤ *encadré p. 41*. Jamais les artistes n'ont pu retrouver cette vérité des traits, que l'on peut observer sur le visage du moine Ganjin ou sur la face étrangement souriante du Bouddha thérapeute, Yakushi Nyorai, et surtout la finesse des traits androgynes d'Ashura, sculpture à trois visages, l'une des plus appréciées des Japonais.

Lorsque vous quittez le temple, vous pénétrez dans l'immense parc de 660 ha où des centaines de daims apprivoisés se promènent en liberté ➤ *encadré ci-contre*.

➤ Le Musée national de Nara★

奈良国立博物館

Plan p. 190-191 / C2 - Nobiroji-cho 50 ☎ 074-222-7771. À 5 min à pied à l'E. du temple Kofuku-ji. Ouv. mar-dim. 9 h 30-17 h. 520 yens pour la collection permanente. www.narahaku.go.jp.

Le **Musée national de Nara**, situé dans le parc de Nara, est principalement dédié à l'art bouddhique japonais. Le bâtiment d'origine, créé il y a plus de 100 ans, a été agrandi par une nouvelle aile, qui est reliée à l'édifice original par un passage souterrain.

Les deux ailes présentent la collection permanente du musée, qui comprend des statues bouddhistes, des peintures, des parchemins et objets cérémoniels principalement en provenance du Japon. La nouvelle aile abrite également des expositions temporaires, y compris les expositions annuelles de trésors du **temple Todai-ji**, à l'automne.

DAIMS EN LIBERTÉ

À Nara, vous croiserez partout des daims en liberté. Parfois vus comme des messagers des dieux, ils sont aussi très gourmands et n'hésiteront pas à venir manger dans votre main (ou votre sac !). Le **parc de Nara** possède un charme unique, et vous ne regretterez pas d'y consacrer une journée. Si vous avez la chance d'y être en octobre, vous pourrez assister à la spectaculaire cérémonie de sciage des bois des cerfs.

➤ Le jardin Isuien★★

依水園

Plan p. 190-191 / D2 - Suimon-cho 74 ☎ 074-225-0781. À 10 min au N. du Musée national de Nara (ci-dessus). Ouv. mer.-lun. 9 h 30-16 h 30 (admission 30 min av. la fermeture). 900 yens.

Ce magnifique jardin est divisé en deux parties. La première, conçue au milieu du XVIe s. sur un ancien terrain du **temple Kofuku-ji** *(ci-contre)* par un riche marchand, s'organise autour d'un étang. La seconde est reprise et magnifiée en 1899 par un élève de l'école de thé *urasenke*, autour du pavillon de thé. Dans la plus pure tradition des grands jardins japonais, le jardin dévoile une utilisation magistrale de la technique du paysage emprunté. La composition du paysage incorpore le toit de la grande porte sud **(Nandaimon)** du **temple Todai-ji** *(ci-après)*.

Nara

➤ Le temple Todai-ji★★★

東大寺

Plan ci-dessus / D1-2 *- Zoshi-cho 406-1 ☎ 074-222-5511. À 5 min à pied au N.-E. du jardin Isuien (p. 189). Ouv. t.l.j. nov.-fév. 8 h-16 h 30, mars 8 h-17 h, avr.-sept. 7 h 30-17 h 30 et oct. 7 h 30-17 h. 500 yens. www.todaiji.or.jp.*

Classé au «Patrimoine mondial de l'Unesco», cet imposant temple bouddhique, fondé en 752, est le plus important jamais construit au Japon : il suffit de passer la porte principale du sud sous l'œil menaçant des gardiens géants pour s'en rendre compte !

C'est un projet monumental ordonné par l'empereur Shomu, qui souhaitait

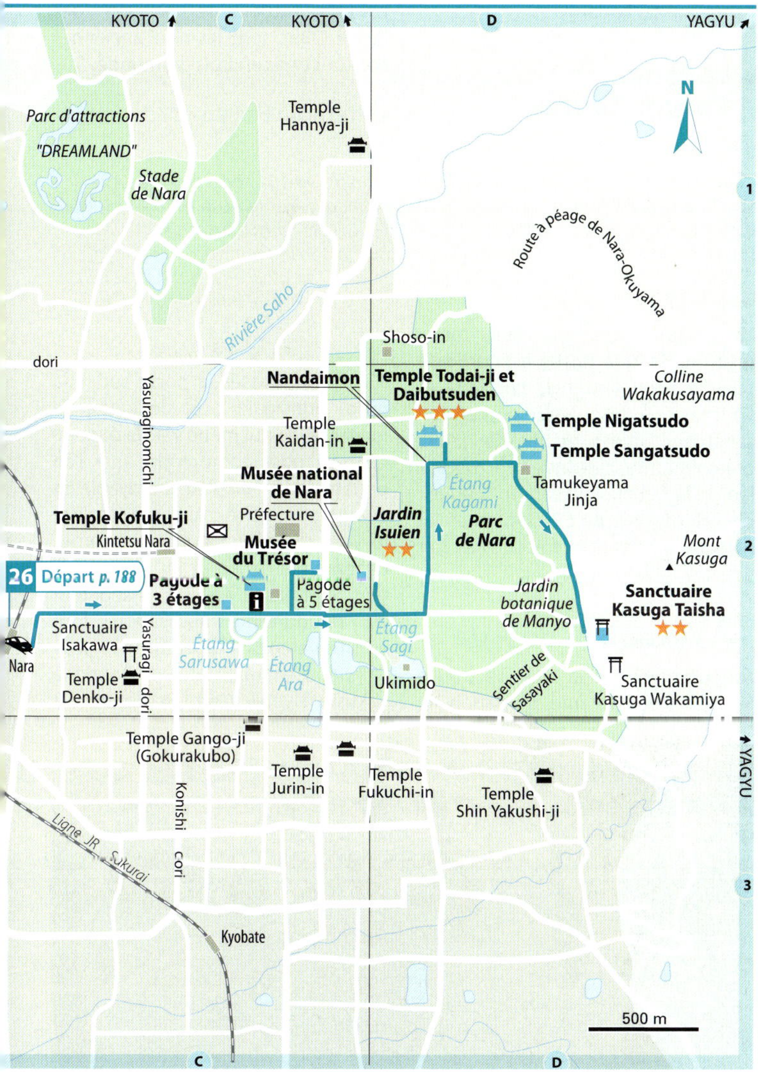

centraliser les organes du pouvoir du jeune pays et des écoles bouddhiques Kegon et Ritsu.

Il est constitué d'un pavillon principal (**Daibutsuden**), de temples secondaires, dont les temples **Nigatsudo** et **Sangatsudo**, de pagodes et de salles.

Le Daibutsuden est une reconstruction datant de 1692, qui ne fait que deux tiers du bâtiment original. Avec ses 57 m de large sur 48,5 m de haut, il est le plus grand bâtiment en bois du monde. Il abrite l'impressionnant **Daibutsu**, bouddha de bronze en position assise, qui est plus remarquable par sa taille, 15 m de haut, que sa finesse.

À moins de 10 min à l'E. du Daibutsuden, se trouve le **temple Nigatsudo**, élégant bâtiment en bois qui offre une très belle vue sur le complexe du **Todai-ji**.

➤ Le sanctuaire Kasuga Taisha★★

春日大社

Plan p. 190-191 / D2 - Kasugano-cho 160 ☎ 074-222-7788. À 20 min à pied au S. du temple Nigatsudo (p. 191) en traversant le parc. Ouv. t.l.j. avr.-sept. 6 h-18 h, oct.-mars 6 h 30-17 h. 500 yens. www.kasugataisha.or.jp.

L'incroyable chemin qui mène jusqu'au **Kasuga Taisha** est bordé de plus de 3 000 lanternes en pierre et vous invite à découvrir le plus ancien sanctuaire shinto de la ville (768). D'architecture classique, ce mausolée de la famille Fujiwara *(p. 258)* est décoré de plus de 500 lanternes en pierre allumées deux fois l'an (les 3 et 4 février, et le 15 août).

➤ À l'extérieur de Nara

Au sud-ouest de la ville, se trouve le plus vieux temple du Japon, le **Horyu-ji**. Certains de ses bâtiments, comme l'admirable pavillon des Rêves (739), sont les plus anciennes constructions en bois du monde…

Le temple Horyu-ji★★★

法隆寺

Plan p. 190-191 / hors plan par A3 - Ikomagun Ikaruga-cho ☎ 074-575-2555. Gare JR de Nara : train en direction de Kyuhoji, Shin-Imamiya, ou JR Namba sur la ligne Yamatoji, arrêt Horyuji (12 min, 220 yens). Puis 20 min à pied vers le N. Ouv. t.l.j. 8 h-17 h et 16 h 30 4 nov.-21 fév. 1 500 yens. www.horyuji.or.jp.

Il suffit de passer la porte sud – la porte principale – et de longer la longue allée qui mène vers la pagode centrale pour comprendre que l'on pénètre dans un lieu incroyable et chargé d'histoire. Afin de réaliser le vœu du défunt empereur Yomei, l'impératrice Suiko et le prince héritier Shōtoku (572-621), instigateur du bouddhisme au Japon, font construire en 607 un édifice religieux et y déposent une statue du Bouddha Yakushi Nyorai. Cette sculpture est

Rite de purification au temple de Todai-ji

aujourd'hui visible dans la salle de lecture, le Kondo.
À sa gauche la **pagode à cinq étages** présente, au rez-de-chaussée et sur chacun de ses côtés, des épisodes de la vie de Bouddha.
Plus à l'est, dans les anciens quartier du prince, se trouve le pavillon octogonal appelé pavillon des Rêves (**Yumedono**) où il recevait, en songe, la réponse à ses soucis. Vous êtes alors face à la plus vieille construction en bois du monde.
Tout comme le **temple Kofuku-ji** (*p. 189*), la **salle des Trésors** renferme d'incroyables richesses, entre autres de remarquables sculptures bouddhiques des VIe et VIIe s., ainsi qu'une broderie (**Tenjukoku Mandara**) datant de 622.

Le temple Toshodai-ji*

唐招提寺

Plan p. 190-191 / A3 *- Gojo-cho 13-46 ☎ 074-233-7900. Gare Kintetsu Nara : train, direction Nishinokyo via Yamatosaidaiji (env. 15 min, 260 yens). Le temple Toshodai-ji se trouve légèrement au N. de la gare. Ouv. t.l.j. 8 h 30-17 h (admission 30 min av. la fermeture). 600 yens. Salle du Trésor : 9 h-16 h 1er mars-1er août et 1er sept.-1er déc. www.toshodaiji.jp.*

Par miracle, le **temple Toshodai-ji** n'a subi ni incendie ni destruction guerrière depuis sa fondation en 759 ! Il a été érigé par le moine Ganjin à son arrivée de Chine.
Outre la statue en laque du fondateur, on y admirera celle du **Bouddha Vairocana**, également en laque sèche, qui mesure 3,30 m de hauteur.

Le temple Yakushi-ji**

薬師寺

Plan p. 190-191 / A3 *- Nishinokyo-cho 457 ☎ 074-233-6001. Gare Kintetsu Nara : train, direction Nishinokyo via Yamatosaidaiji (env. 15 min, 260 yens). Le temple Yakushi-ji se trouve immédiatement au S. de la gare. Ouv. t.l.j. 8 h 30-17 h (admission 30 min av. la fermeture). 1 100 yens. www.nara-yakushiji.com.*

La pagode à trois étages

La pagode à trois étages est en rénovation jusqu'au printemps 2019.

Le « sentier de l'histoire », qui fut emprunté par de nombreux personnages célèbres (d'où son nom), sépare le Toshodai-ji de son voisin, le Yakushi-ji. Ce deuxième temple fut fondé en 680, mais plusieurs fois détruit.
Sa **pagode à trois étages** et son Bouddha thérapeute (696) en sont les principaux centres d'intérêt.

Osaka et ses environs

Située à une quarantaine de kilomètres au sud-ouest de Kyoto, Osaka est le cœur de la gigantesque conurbation du Kansai, formée avec Kyoto et Kobe. Avec 2,6 millions d'habitants, c'est la troisième ville du Japon, après Tokyo et Yokohama.
Visiter cette ville moderne et dynamique figure rarement au menu des touristes… à tort ! Son château vaut certainement le coup d'œil, mais c'est avant tout l'animation de la cité qui séduit. Aux alentours d'Osaka, deux excursions vous permettront toutefois de retrouver le Japon ancestral : le château d'Himeji, fière forteresse médiévale qui vous plongera dans un film de samouraïs, et le mont Koya, immense complexe religieux formé par 117 temples bouddhiques et un cimetière, où reposent 250 000 personnes.

PRATIQUE

Manger, dormir, s'amuser : p. 254.
Cartes et plans : · carte de la région ci-contre · Osaka p. 198-199.
Se déplacer : en métro et en train.
- **À Osaka (visite 27) :** la ville d'Osaka est assez étendue et ses centres d'intéret sont très dispersés. Pour vos déplacements intérieurs, n'hésitez pas à utiliser le métro qui est, comme dans la plupart des villes japonaises, très performant. La ligne de train Osaka Loop permet de faire facilement le tour de la cité.
- **D'Osaka au château d'Himeji (visite 27 à 28) :** env. 1 h de train rapide depuis la gare d'Osaka ; seulement 30 min de train Shinkansen depuis Shin-Osaka (arrêt Himeji).
- **D'Osaka au mont Koya (visite 27 à 28) :** depuis la gare Namba Nakai d'Osaka, vous mettrez env. 2 h pour rejoindre le mont Koya ; train de la Nankai Line (arrêt Gokurakubashi), puis funiculaire pour Koyasan.

VISITES 27 et 28

Osaka et ses environs

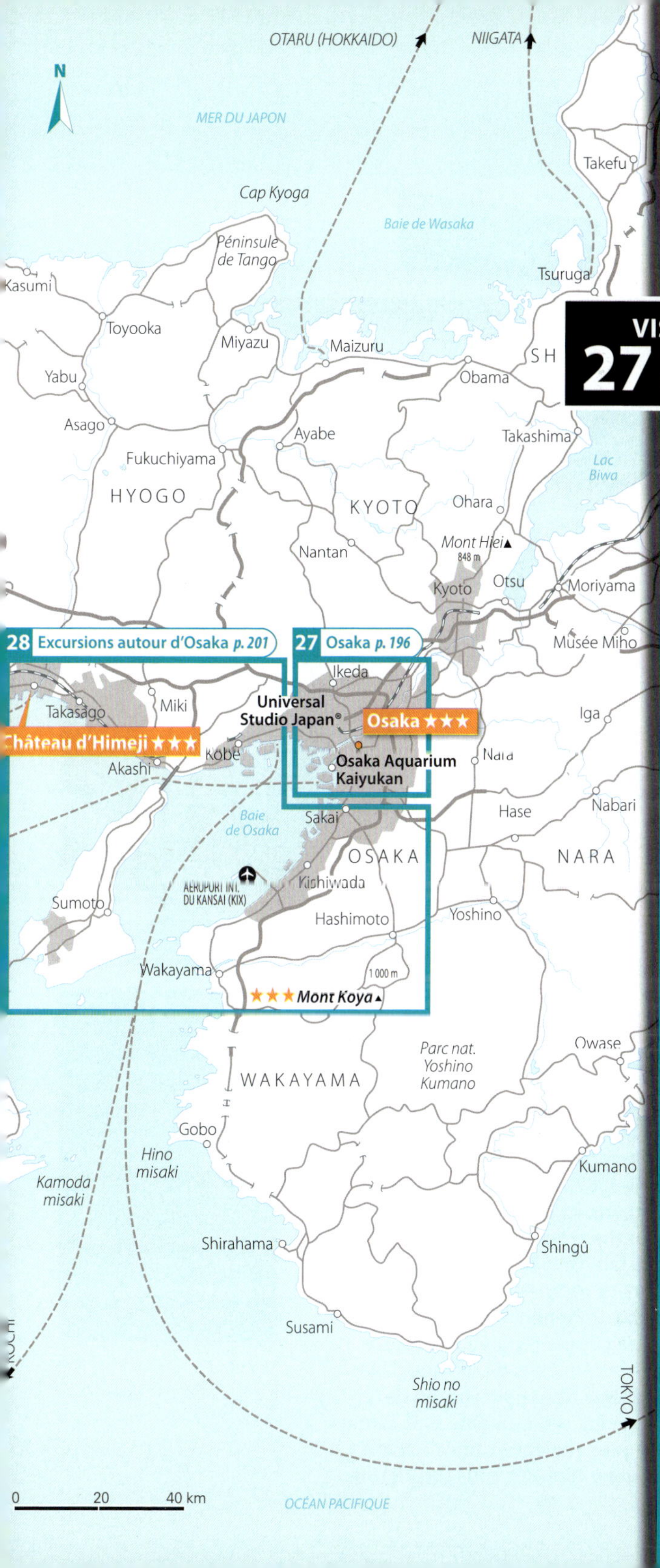

27 Osaka

Osaka

Dès le VIe siècle, Osaka a profité des échanges avec la Chine et la Corée, favorisant l'essor du bouddhisme au Japon, mais aussi du commerce : la capitale du Kansai est en effet depuis toujours une ville de marchands. Quand le Japon se referme sur lui même à l'époque Edo (1615-1867), c'est encore grâce à sa production de riz et à sa gastronomie que la ville continue de grandir. Aujourd'hui, sa vitalité fait d'elle la véritable rivale de Tokyo. Ses galeries marchandes animées bourdonnent d'acheteurs depuis 150 ans ; sa cuisine réputée se déguste aussi bien sur les étals de rue que dans les restaurants d'*okonomiyaki* ou de *yakiniku* ; enfin, ses habitants sont connus pour être plus chaleureux qu'à Tokyo. Osaka saura à coup sûr vous surprendre.

- **Plan :** p. 198-199.
- **Arriver :** voir Carnet pratique p. 308.
- **Accès :** depuis Kyoto, prenez la JR Rapid Service *(30 min, 560 yens)*.
- **Se déplacer :** les sites étant dispersés, il faut prendre un train entre chaque visite.
- **Manger, dormir, s'amuser :** p. 254.

Osaka★★★

➤ Le quartier nord : Umeda et la gare d'Osaka

梅田

Plan p. 198-199 / B1 - Ne pas confondre avec la gare de Shin-Osaka (où arrivent et d'où partent les Shinkansen). On y arrive depuis Kyoto via la ligne JR locale ou Hankyu en 30 à 45 min suivant le type de train.

C'est un grand carrefour pour la région puisque c'est ici que la majorité des lignes de train pour Kyoto ou Kobe passent. La gare JR d'Osaka et les centres commerciaux qui l'entourent ont subi une large transformation, achevée en 2011. Les bâtiments sud et nord de la gare JR sont liés par une grande place servant de pont, le **Toki ni Hiroba** (qui signifie « place du Temps »), au-dessus des voies et sous un immense toit en verre.

L'est de la gare est une grande zone commerciale faite de petites rues où les restaurants foisonnent. N'hésitez pas à vous y perdre en début de soirée pour y dîner et faire des achats.

➤ Le château d'Osaka★★

大阪城

Plan p. 198-199 / D2 - Osakajo 1-1 ☎ 06-6941-3044. Depuis la gare JR d'Osaka, prenez l'Osaka Loop Line, arrêt Osakajo-koen (10 min), puis 10 min à pied. Ouv. t.l.j. 9 h-17 h (admission 30 min av. la fermeture), f. 28 déc-1er janv. 600 yens. www.osakacastle.net.

La tour principale que l'on visite est une reconstruction du château, édifié principalement par Toyotomi Hideyoshi en 1585. Le dernier étage offre une très belle vue sur la ville.

Le château est entouré d'un grand parc très fréquenté au printemps et en automne. C'est l'endroit parfait pour un pique-nique lors de la floraison des cerisiers ! Les amoureux des châteaux trouveront sans doute davantage de satisfaction en allant jusqu'à Himeji *(à 40 min d'Osaka par le Shinkansen, p. 202)* dont la forteresse a échappé à la fois aux incendies et aux bombardements.

➤ Le sud d'Osaka

Le quartier sud d'Osaka (**Minami**) est diamétralement opposé à celui d'Umeda, pas seulement géographiquement. En effet, moins *business*, plus populaire, on peut y manger pour trois fois rien.

La galerie marchande Kuromon

黒門市場

Plan p. 198-199 / C4 - Près de la station Nippombashi (ligne Sennichimae), sortie 10. 1re à dr. sur la rue Sennichimae. www.kuromon.com.

C'est un véritable coup de cœur que l'on a pour cette galerie marchande typique d'Osaka, qui a plus de 170 ans d'histoire ! Très populaire chez les locaux et les touristes asiatiques, la plupart des échoppes proposent aussi de déguster sur place ce qu'elles vendent : sashimis (les poissonniers sont nombreux et le thon est souvent la spécialité), *okonomiyaki*, *tempura*, bœuf japonais. Certainement le plus bel endroit pour manger de la *street food* dans la région. On se régale pour pas grand-chose, dans une atmosphère unique.

Le quartier de Denden Town Nippombashi

でんでんタウン

Plan p. 198-199 / C4 - Gare : Ebisuho, ligne Sakaisuji (sorties 1A ou 1B).

THÉ JAPONAIS

Au bout de la galerie marchande **Kuromon** *(ci-dessus)*, la boutique **Ocha no Yamaguchien** propose une large sélection de thés japonais que vous pourrez goûter avant d'acheter.
(Chūō-ku Nihonbashi 2-11-7, Osaka, ☎ 06-6641-3420. Ouv. t.l.j. sf dim. 9 h-18 h)

Osaka

(Aéroport Itami)
KOBE
JUSO
A
B
1
2
3
4
DAIMOTSU
OSAKA-KO
SAKURAJIMA
Universal Studio Japan
NISHI-YODOGAWA-KU
FUKUSHIMA-KU
UMEDA
NISHI-KU
AMERICA MURA
NANIWA-KU
TAISHO-KU
NISHINARI-KU
Rivière Shin Yodo
Rivière Dojima
Rivière Tosabori
Rivière Aji
Rivière Dotombori
Rivière Shirinashi
Riv. Kizu
Voie express Hanshin Ikeda
Tokaido Main Line
Voie express Hanshin Kobe
Ligne Hanshin Main
Ligne Osaka Loop
Voie express Hanshin Osakako
Voie express Hanshin Loop
Voie express Hanshin Nishi-Osaka
YODOGAWA BASHI
Himejima
Yadogawa
Ebie
Hanshin-Noda
Fukushima
Noda
Chidoribashi
Nishikujo
Bentencho
Taisho
Ashiharabashi
Imamiya
Nakatsu
Umeda
Nishi-Umeda
Daikokucho
Gare d'Osaka
TOKI NI HIROBA
Naniwa
Suji
dori
Nakanoshima
Tosabori
Parc Utsubo
Honmachi dori
Nagahori
Shin-Naniwa
Minato dori
Marché central
Musée des Transports
Magasin Big Step
Yotsubashi
Minatomachi
Amidaike
Théâtre Shin Kabukiza
Gymnase
Musée d'Artisanat japonais
Parc Chishima
(Aéroport int. du Kansai)
Osaka Aquarium Kaiyukan, Musée Suntory, Musée maritime

SHIN-OSAKA
TENGACHAYA
NARA
KYOTO
NARA
MIYAKOJIMA-KU
KITA-KU
JOTO-KU
KITAHAMA
MINAMI
CHUO-KU
SHINSAIBASHI
HIGASHI-NARI-KU
DOTOMBORI
NAMBA
DENDEN TOWN
TENNOJI-KU
IKUNO-KU
Miyakojima
Tenjinbashi Suji
Ligne Tokaido Main
Voie express Hanshin Moriguchi
dori
Tenma
Sakuranomiya
Parc Ogimachi
Okawa
Parc de Sakuranomiya
Osaka-Tenmangu
Musée des Céramiques orientales
Ligne Keihan Main
Ligne Katamachi
Musée Fujita
Kyobashi
Municipalité
Tenmangu
Osakajo-Kitazume
Parc Nakano Shima
Tosabori
Consulat de France
Yodoya-bashi
Kitahama
Temmabashi
dori
Château d'Osaka
Osakajo-koen
Préfecture
Musée municipal
Hokoku Jinja
Suji
Honmashi dori
Honmachi dori
Chuo dori
Voie express Hanshin Higashi Osaka
Stade Nissei
Morinomiya
Midosuji
Tanimachi
Matsuyamachi
Sakai
dori
Shinsaibashi
Nagahori
dori
Jemachi
Tamatsukuri
Horenzi Yokocho
Loop
Théâtre national de Bunraku
Kosugu
Vieux marché de Tsuruhashi
Nipponbashi
Namba
Sennichimae
Hanshin
Doguyasuji
Ikutama Jinja
Tsuruhashi
Galerie marchande Kuromon
Stade d'Osaka
express
Centre Commercial Namba Parks
Tamatsukuri
Ligne Osaka Loop
Momodani
Voie
Matsuyamachi
Imamiya Ebisu Jinja
Shitennoji
Tour de Tsutenkaku
Parc Tennoji
Zoo
Musée d'Art traditionnel
Uehonmachi
Shin-Imamiya
Tennoji
Teradacho
500 m
C
D
1
2
3
4
N

Littéralement, la « ville électrique ». C'est l'Akihabara *(p. 44)* d'Osaka, en plus petit certes, mais qui a conservé tout son charme grâce aux nombreuses petites boutiques indépendantes, que l'on a désormais du mal à trouver à Tokyo. Jeux vidéo (avec la fameuse boutique Super Potato, mieux fournie que celles de Tokyo), manga (boutique Mandarake), figurines, modèles réduits et magasins spécialisés en informatique.

Contrairement à Tokyo, il est parfaitement accepté ici de négocier les prix. Faire de bonnes affaires est le sport favori des habitants d'Osaka. N'hésitez donc pas à les imiter.

Le quartier de Namba
なんば

Plan p. 198-199 / BC3 *- M° Namba.*

Derrière Takashimaya et le Swiss Hotel, le centre commercial **Namba Parks** vaut le détour pour son architecture (conçue par l'Américain Jon Jerde) ainsi que ses nombreux restaurants et boutiques.

La rue Sennichimae Doguyasuji
千日前道具屋筋

Plan p. 198-199 / CD3 *- Nambasennichimae, Chuo-ku. roche du M° Namba, ligne Sennichimae, (sortie 2). Boutiques ouv. 9 h-10 h jusqu'à 21 h-22 h, selon les commerces. www.doguyasuji.or.jp.*

Cette rue couverte très étroite est le paradis des chefs amateurs et professionnels de la restauration. Des dizaines de boutiques y vendent tout le nécessaire pour vos plats et votre table. Vous y trouverez un large choix de couteaux de cuisine des artisans locaux, de vaisselle ou de poêles et casseroles adaptées à la cuisine japonaise. Vous pourrez également y acheter des reproductions de plats cuisinés en résine tels que ceux qui sont utilisés dans les vitrines de restaurants.

Le quartier de Dotombori**
どうとんぼり

Plan p. 198-199 / BC3 *- Proche du M° Namba (sortie 14).*

Dotombori est le symbole de Minami, le quartier sud d'Osaka.

Autrefois quartier des cinémas, c'est désormais le cadre d'une vie nocturne animée, où les bons restaurants sont souvent peu onéreux. Une fois le soleil couché, Dotombori vous émerveillera avec son atmosphère très électrique. Le panneau géant de la compagnie locale Glico, représentant un coureur levant les bras, est un des symboles d'Osaka au Japon.

L'endroit est parfait pour terminer votre journée et déguster la cuisine locale : *okonomiyaki*, viande grillée (*yakiniku*), *takoyaki*, *ramen* ou encore *kushi katsu* (brochette de fritures).

Un étal de takoyaki, rue Dotombori

28 Excursions autour d'Osaka

Le château d'Himeji

La baie d'Osaka propose quelques lieux de loisirs à ne pas manquer. L'aquarium, avec son gigantesque requin-baleine, est l'un des plus impressionnants qui soient. L'Universal Studio Japan® donne un petit air de Californie à la région avec ses attractions très cinégéniques. Plus loin, le château d'Himeji plaît aux férus d'histoire et aux fans de cinéma *chanbara*. Après cette parenthèse ludique, le mont Koya, parsemé d'une centaine de temples et d'un prodigieux cimetière envahi de mousse, apporte calme et sérénité.

- **Carte :** p. 195.
- **Arriver :** voir Carnet pratique p. 308.
- **Point de départ de la visite :** Osaka.
- **Se déplacer :** en train.

L'aquarium d'Osaka

➤ La baie d'Osaka

Le quartier de la baie d'Osaka a connu un fort développement dans les années 1990 pour accueillir de grands complexes de shopping et loisirs. Il est alors devenu l'un des lieux de sortie privilégiés des jeunes de la région. Les superlatifs ne manquent pas : l'un des plus grands **aquariums** au monde, jouxtant la plus haute grande **roue** du monde et seul **parc d'attractions** des studios Universal hors des États-Unis. Les distractions sont donc nombreuses dans ce quartier dynamique.

Universal Studio Japan®

Depuis la gare JR d'Osaka : Osaka Loop Line puis à la gare Nishikuj, prenez la ligne Yumesaki jusqu'à Universal City (15 min env., 180 yens). Ouv. t.l.j., consulter les horaires sur le site. Pass 1 jour : 6 980 yens (adulte), 4 880 yens (enfant 4-11 ans). www.usj.co.jp/e.

Ouvert en 2001, c'est le premier du genre en dehors des États-Unis. *Spiderman*, *Jurassic Park*, *Retour vers le futur* ou *Shrek* sont à l'honneur. Et si l'on s'éloigne un peu du Japon, une journée dans ce parc peut s'avérer un cadeau parfait pour vos enfants. Les attractions majeures, depuis l'été 2014, sont situées dans le nouveau monde consacré à Harry Potter.

Mieux vaut éviter les week-ends et jours fériés : la foule est alors dense ! Frissons garantis et recommandés lors des animations pour Halloween (octobre-novembre).

Osaka Aquarium Kaiyukan
海遊館

Tempozan Harbor Village, Kaigandori 1-1-10 ☎ 06-6576-5501. Depuis la gare JR d'Osaka : Yamatoji line puis changez à Bentencho pour prendre la ligne Chuo, arrêt Osakako (20 min, env. 400 yens). Ouv. t.l.j. 10 h-20 h. Tarif adulte 2 300 yens, enfant 7-15 ans 1 200 yens. www.kaiyukan.com.

Construit tout près du port d'Osaka, à l'ouest de la ville, cet aquarium géant est l'un des plus impressionnants du monde. Il célèbre le monde marin de l'océan Pacifique à travers une quinzaine de bassins dont le plus vaste mesure 9 m de haut. Celui-ci abrite le plus grand poisson du monde, le requin-baleine.

➤ Le château d'Himeji★★★
姫路城

Hon-cho 68 ☎ 079-285-1146. Depuis Osaka, train rapide pour Himeji (env. 1 h,

1 490 yens). Depuis Shin-Osaka : train Shinkansen, arrêt Himeji (env. 30 min, 3 220 yens). Depuis la gare de Kyoto : train Shinkansen, arrêt Himeji (45-60 min, env. 5 000 yens l'aller simple). Ouv. t.l.j. 9 h-17 h, 18 h 27 avr.-31 août. 1 000 yens.

Construit à l'emplacement d'un fort bâti en 1333, **Himeji** est le plus grand des douze châteaux féodaux qui ont résisté aux guerres et aux incendies. Et c'est aussi l'un des plus élégants et ingénieux. Le remarquable donjon principal, haut de 4 étages, construit en 1609 par Ikeda Terumasa, gendre du shogun Tokugawa Ieyasu, est entouré de murs blancs, d'où son surnom de « château du héron blanc ». De nombreux systèmes de protections sont encore visibles : râteliers pour armes blanches ou arquebuses, meurtrières, portes dissimulées pour attaques surprises et un troublant jeu de couloirs et de portes qui donne l'impression d'être dans un labyrinthe. Mais tout cela n'a jamais réellement pu faire ses preuves, le château n'ayant jamais été attaqué ! Si ce n'est dans les films *Ran* (1985) et *Kagemusha* (1980) du réalisateur Akira Kurosawa, qui a utilisé une partie du complexe comme décor.

Le site, classé à l'Unesco, est magnifique au moment de la floraison des cerisiers, en avril.

Après cinq années de rénovations majeures, le château est à nouveau visible depuis mars 2015.

➤ Le mont Koya★★★

高野山 Koyasan

Depuis la gare Namba Nankai d'Osaka : prenez un train de la Nankai Line, arrêt Gokurakubashi, puis le funiculaire pour Koyasan (env. 2 h). www.koyasan.or.jp.

Le mont Koya appartient dans sa quasi-totalité à la secte bouddhiste Shingon. Son fondateur, le **moine Kukai** (774-835, également connu sous le nom de Kôbô-Daïshi), y éleva le premier temple en 816. Au cours des siècles suivants, près de 1 000 temples furent construits, mais la plupart ont aujourd'hui disparu, détruits par des incendies.

DORMIR DANS UN TEMPLE

C'est au mont Koya que vous pourrez expérimenter la vie monacale locale en passant une nuit dans un temple. On vous y servira un excellent dîner ainsi qu'un petit-déjeuner végétariens et vous pourrez assister aux prières du matin. *(Réservez sur le site officiel du Koyasan : http://eng.shukubo.net. Hébergement avec repas compris à partir de 9 000 yens/nuit et par pers.)*

Situé sur un plateau entouré de huit sommets composés de forêts de cryptomères centenaires, Koyasan regroupe encore plus de 100 temples dont le **Kongobu-ji**, temple mère qui gère le culte Shingon sur tout l'archipel *(ouv. t.l.j. 8 h 30-17 h, admission 30 min av. la fermeture, 500 yens)*.

Ne manquez pas de visiter le **cimetière Okunoin** et ses centaines de milliers de stèles aux formes diverses recouvertes de mousses, où reposent empereurs et anciens chefs de clans, samouraïs ordinaires, gens d'hier et d'aujourd'hui. Ainsi que Kukai lui-même. Pour que l'expérience soit complète, nous vous conseillons de dormir sur place ➤ *encadré ci-dessus*.

Au mont Koya

Manger, dormir, s'amuser…

Toutes nos bonnes adresses région par région

Toutes nos adresses sont classées par visite et par quartiers. Elles ont été testées et sélectionnées par nos auteurs, en toute indépendance. N'hésitez pas à suivre leurs coups de cœur ♥ et à nous communiquer les vôtres !

Tokyo

Les prix indiqués pour l'hébergement sont établis sur la base d'une chambre double de catégorie standard, en haute saison, sans le petit-déjeuner. Ils sont susceptibles de varier en fonction de la date de votre séjour et de votre moyen de réservation. Les tarifs mentionnés pour les restaurants sont calculés sur la base d'un plat du jour ou d'un menu, boisson non comprise.

➤ ASAKUSA ET RYOGOKU

Visite 1, p. 30 ; plan p. 32

Asakusa

Visite p. 31, Carnet pratique p. 308

OÙ DORMIR ?

Autour de 9 900 yens

K's House Tokyo Oasis
ケイズハウス東京オアシス
Plan p. 32 / A1. *10-14 Asakusa 2-Chome, Taito-ku. À 13 min à pied du M° Asakusa (sortie 1). www.kshouse.jp/tokyo-oasis-e. 8 ch. et 4 dortoirs de 4 à 5 lits (2 950-9 900 yens/pers.). Pas de petit-déj.*
Cette auberge de jeunesse offre tous les avantages d'un hôtel traditionnel : pas de couvre-feu ni de supplément pour les personnes non membres. Les chambres sont parfaitement tenues, mêlant esprit japonais et modernité occidentale. Salle à manger commune, avec cuisine équipée et four à micro-ondes.

Asakusa Town Hotel 浅草タウンホテル
Plan p. 32. *1-2-1 Asakusa, Taito-ku. Proche du M° Asakusa (sortie 1) ☎ 03-3841-8954, fax 03-3845-2639. www.townhotel24.co.jp.*
Très pratique pour visiter le quartier car il se trouve juste à côté de la porte du Kaminari-mon. Les chambres sont un peu petites, mais propres et confortables. Le personnel de l'hôtel est très serviable et parle un peu l'anglais.

Entre 14 000 et 18 400 yens

Ryokan Asakusa Mikawaya Honten
旅館 三河屋本店
Plan p. 32 / A1. *1-30-12 Asakusa, Taito-ku. À 2 min à pied du M° Asakusa (sortie 1) ☎ 03-3844-8807, fax 03-3844-7830. www.asakusamikawaya.com.*
L'entrée (un peu négligée) et l'accueil (en jap. et angl.) peuvent déconcerter quelque peu, mais ne vous y trompez pas, cet établissement propose des chambres japonaises bien tenues. Il est très bien situé pour découvrir le quartier.

Entre 15 150 et 28 900 yens

Ryokan Asakusa Shigetsu 旅館浅草指月
Plan p. 32 / A1. *1-31-11 Asakusa, Taito-ku. À 5 min à pied du M° Asakusa (sortie 1) ☎ 03-3843-2345, fax 03-3843-2348. www.shigetsu.com. S.-d.-b. commune à la japonaise et dans certaines ch. Internet gratuit.*
Ce *ryokan* traditionnel, dans une maison en bois en plein cœur du centre animé d'Asakusa, est très calme.

Entre 19 600 et 26 800 yens

Sukeroku No Yado Sadachiyo
助六の宿 貞千代
Plan p. 32 / A1. *2-20-1 Asakusa, Taito-ku. À 10 min à pied du M° Tawaramachi (sortie 2) ☎ 03-3842-6431, fax 03-3842-6433. www.sadachiyo.co.jp.*
Proche du temple du Senso-ji, c'est l'un des rares vrais *ryokan* traditionnels de Tokyo avec des chambres à tatami.

Plus de 35 000 yens

Asakusa View Hotel 浅草ビューホテル
Plan p. 32 / A1. *3-17-1 Nishi-Asakusa, Taito-ku. À 8 min à pied du M° Tawaramachi (sortie 2) ☎ 03-3847-1111, fax 03-3842-2117. www.viewhotels.co.jp/asakusa. Restaurants, café, bar, jardin japonais, bains japonais, piscine.*
Décoré dans le style Art déco, c'est l'hôtel le plus international d'Asakusa. Il y a néanmoins quelques chambres japonaises. Très belle vue sur le temple du Senso-ji.

OÙ MANGER ?

Entre 1 000 et 3 000 yens

Daikokuya *(tempura)* 大黒家天麩羅
Plan p. 32 / A1. *1-38-10 Asakusa, Taito-ku. À 4 min à pied du M° Asakusa (sortie 1) ☎ 03-3844-1111. Ouv. t.l.j. 11 h-20 h 30, 21 h sam. et j.f. www.tempura.co.jp.*

Ce restaurant date de 1887 ! On y fait toujours la queue pour déguster leur *ebitendon* (crevettes sur du riz), très copieux et pas trop cher (1 950 yens), ainsi que les *tempura* (1 800 yens).

Maguro Bito Shin Nakamise dori ten *(sushi)* まぐろ人 新仲見世店
***Plan p. 32 / A1.** 1-28-8 Asakusa, Taito-ku. À 4 min à pied du M° Asakusa (sortie 1) ☎ 03-5828-5838. Ouv. t.l.j. 11 h-22 h. www.magurobito.com.*
Voici un bon *kaiten zushi* (restaurant de sushis présentés sur plateau tournant), mais un peu plus cher et chic que les autres. Très bonne ambiance dans les salles, réparties sur 2 niveaux.

Sometaro *(okonomiyaki)* 染太郎
***Plan p. 32 / A1.** 2-2-2 Nishi-Asakusa, Taito-ku. À 10 min à pied du M° Asakusa (sortie 1) ☎ 03-3844-9502. Ouv. t.l.j. 12 h-22 h.*
Ce vieux restaurant est l'occasion de goûter des *okonomiyaki (p. 294)* dans une ambiance amicale. Vous serez servi uniquement sur des tables basses, assis sur des tatamis.

Entre 1 500 et 2 000 yens

Sansada *(tempura)* 三定
***Plan p. 32 / A1.** 1-2-2 Asakusa, Taito-ku. À 3 min à pied du M° Asakusa (sortie 2). Dans la rue Nakamise dori, lorsque vous êtes sous la porte du Kaminari-mon, tournez à g. C'est le 1er restaurant dans la galerie ☎ 03-3841-3200 ou 3400. Ouv. t.l.j. 11 h 30-21 h 30. www.tempura-sansada.co.jp.*
Édifié en 1837, ce restaurant est réputé dans le quartier. Goûtez le *tendon* : de la *tempura* (fritures de crevettes et de légumes) sur du riz, la spécialité de la maison.

Entre 2 000 et 5 000 yens

Aramasa *(cuis. japonaise)* あらまさ
***Plan p. 32 / A1.** 2-12-8 Nishi-Asakusa, Taito-ku. À 8 min à pied du M° Asakusa (sortie 2) ☎ 03-3844-4008. Mar.-sam. 17 h-23 h, j.f. 16 h 30-22 h 30.*
On mange ici autour d'un feu, comme dans le nord du Japon. La cuisine est conviviale et originale : demandez le *kiritampo-nabe* (du riz fraîchement enroulé autour d'une brochette pour être grillé au feu de bois, que l'on fait cuire dans un *nabe*, ou marmite, avec des légumes) ou l'*inaniwa-udon* (des pâtes de blé, spécialités d'Akita, au nord du pays).

Dojo Iidaya *(loches et cuis. japonaise)* どぜう飯田屋
***Plan p. 32 / A1.** 3-3-2 Nishi-Asakusa, Taito-ku. À 9 min à pied du M° Asakusa (sortie 2) ☎ 03-3843-0881. Ouv. jeu.-mar. 11 h 30-21 h. www.asakusa-ryoin.jp/iidaya.*
Ce restaurant familial propose des *dojo* (loches ou petites anguilles) d'excellente qualité.

Komagata Dojo *(loches)* 駒形どぜう
***Plan p. 32 / A2.** 1-7-12 Komagata, Taito-ku. À 5 min à pied du M° Asakusa (sortie 2) ☎ 03-3842-4001. Ouv. t.l.j. 11 h-21 h. www.dozeu.com.*
Dans ce restaurant, qui date de 1801, on mange assis sur des nattes de paille autour d'un brasero où cuisent de petites anguilles goûteuses. Ambiance populaire et cadre pittoresque. Une expérience unique !

Miuraya *(fugu)* 三浦屋
***Plan p. 32 / A1.** 2-19-9 Asakusa, Taito-ku. À 12 min à pied du M° Asakusa (sortie 2) ☎ 03-3841-3151. Ouv. t.l.j. 12 h-22 h, f. mer.-jeu. avr.-juil., août et mer. en sept. www.fugu-miuraya.jp.*
Vous pouvez ici déguster le célèbre *fugu (p. 293)*. Le service est très efficace et le patron possède une fantastique collection d'objets liés au sumo.

Tatsumiya *(nabe et cuis. japonaise)* たつみ屋（東南屋）
***Plan p. 32 / A1.** 1-33-5 Asakusa, Taito-ku. À 3 min à pied du M° Asakusa (sortie 2) ☎ 03-3842-7373. Ouv. t.l.j. 11 h-21 h 30.*
Agréable restaurant servant des *nabe* (légumes et viande cuits dans une marmite), des *dojo* (petites anguilles) et de la cuisine traditionnelle japonaise. Admirez les commodes en bois et l'*irori* (brasero) à l'ancienne. On peut s'installer sur des tables classiques, mais aussi sur des tables basses sur tatamis, avec des trous pour les jambes (*horigotatsu*).

Toritako *(poulet)* 鳥多古
***Plan p. 32 / A1.** 2-32-11 Asakusa, Taito-ku. À 6 min à pied du M° Asakusa (sortie 2) ☎ 03-3844-2756. Ouv. lun.-sam. 18 h 30-21 h. Rés. oblig. www.vesta.dti.ne.jp/~toritako/contents/topframe.*
Petit restaurant de 14 places dont la spécialité est le poulet : en brochettes ou en *nabe* (légumes et viande cuits dans une marmite). Quand il n'y en a plus, le patron ferme le restaurant, même avant l'heure de fermeture !

Yakko *(unagi)* うなぎやっこ
Plan p. 32 / A1. *1-10-2 Asakusa, Taito-ku. À 8 min à pied du M° Asakusa (sortie 2)* ☎ *03-3841-9886. Ouv. jeu.-mar. 11 h 30-21 h. www.asakusa-unagi.com.*
Depuis 200 ans, Yakko sert des plats d'anguille cuisinés à la façon Edo. Le restaurant est spacieux et peut accueillir plus de 100 convives ! L'auteur Natsume Soseki en parle dans l'un de ses romans *(p. 289)*.

Entre 3 000 et 4 000 yens

Ichimon *(cuis. japonaise)* 浅草一文
Plan p. 32 / A1. *3-12-6 Asakusa, Taito-ku. À 13 min à pied du M° Asakusa (sortie 2). Grand tonneau à l'entrée* ☎ *03-3875-6800. Ouv. lun.-ven. 18 h-23 h, sam.-dim. et j.f. 17 h-22 h. www.asakusa-ichimon.com.*
Pour perpétuer la tradition, on paie en *mon* (ancienne monnaie japonaise), que l'on achète en arrivant (100 yens = 1 mon). Le *zaru-dofu* (tofu froid) est la référence de la maison.

Entre 4 000 et 10 000 yens

Maekawa *(unagi)* 前川
Plan p. 32 / A2. *2-1-29 Komagata, Taito-ku. À 3 min à pied du M° Asakusa (sortie 4)* ☎ *03-3841-6314 ou 050-5787-6152. Ouv. t.l.j. 11 h 30-21 h. www.unagi-maekawa.com.*
Édifié il y a 200 ans, ce délicieux restaurant propose des anguilles (*unagi*) dans un cadre agréable. Recommandé le soir pour sa vue sur la rivière Sumida et l'immeuble Asahi ! Vous serez servi dans une pièce japonaise avec tatamis et tables basses.

Chinya *(sukiyaki)* ちんや
Plan p. 32 / A1. *1-3-4 Asakusa, Taito-ku. À 5 min à pied du M° Asakusa (sortie 2). Près de la porte du Kaminari-mon* ☎ *03-3841-0010. Ouv. t.l.j. sf mar. 12 h-15 h 30 et 16 h 30-21 h 30, sam.-dim. et j.f. 11 h 30-21 h. www.chinya.co.jp.*
L'un des plus vieux restaurants d'Asakusa, qui sert, depuis plus de 100 ans, un excellent *sukiyaki (p. 292)*.

➤ Café, bar

Kamiya Bar 神谷バー
Plan p. 32 / A1. *1-1-1 Asakusa, Taito-ku. À 2 min à pied du M° Asakusa (sortie 3)* ☎ *03-3841-5400. Ouv. mer.-lun. 11 h 30-22 h. www.kamiya-bar.com.*
Fondé à la fin du XIXe s., c'est l'un des premiers cafés occidentaux de Tokyo. Vous pourrez découvrir sa spécialité : le Denki Bran, un cocktail à base de vin, gin et cognac.

Asahi Sky Room アサヒスカイルーム
Plan p. 32 / A2. *Asahi 1-23-1 Azumabashi, Sumida-ku. À 5 min à pied du M° Asakusa (sortie 5)* ☎ *03-5608-5277. Ouv. t.l.j. 10 h-21 h 30. Au 22e ét.*
C'est le lieu idéal pour boire une bière (*Asahi* !) en fin de journée ou le soir, et pour avoir une vue imprenable sur la rivière Sumida et la tour de Tokyo Sky Tree.

➤ Pâtisserie

Umemura 梅むら
Plan p. 32 / A1. *3-22-12 Asakusa, Taito-ku. À 13 min à pied du M° Asakusa (sortie 6)* ☎ *03-3873-6992. Ouv. 12 h 30-19 h, f. dim. www.kazumin.net/asakusa/umemura.*
Certes, le lieu est modeste, mais les pâtisseries japonaises aux haricots rouges (*anmitsu*) sont très réputées. Il y a souvent la queue devant le magasin.

SHOPPING

➤ Antiquités

Shimizu Honten 清水本店
Plan p. 32 / A1. *2-30-11 Asakusa, Taito-ku. À 8 min à pied du M° Asakusa (sortie 2). Au N. du temple du Senso-ji* ☎ *03-3841-5950. Ouv. t.l.j. sf mer. 9 h 30-18 h. www.hanayome.biz/wa/detail/shimizu2.*
Dans cette échoppe, qui existe depuis 1873, vous trouverez une belle sélection d'objets traditionnels, d'estampes et de vases (à partir de 50 000 yens). Les sabres sont à partir de 500 000 yens !

➤ Éventails

Bunsendo 文扇堂
Plan p. 32 / A1. *1-30-1 Asakusa, Taito-ku. À 4 min à pied du M° Asakusa (sortie 6)* ☎ *03-3841-0088. Ouv. mar.-dim. 10 h 30-18 h.*
Spécialisée dans les éventails japonais, cette boutique vous en propose des raffinés, bien plus que dans d'autres adresses.

➤ Mode et maison

Fujiya Tenugui-ten ふじ屋 手ぬぐい店
Plan p. 32 / A1. *2-2-15 Asakusa, Taito-ku.*

À 5 min à pied du M° Asakusa (sortie 1) ☎ 03-3841-2283. Ouv. ven.-mer. 10 h-18 h. www.asakusa-noren.ne.jp/tenugui-fujiya.
De belles serviettes et d'élégants mouchoirs typiquement japonais afin d'effectuer des cadeaux légers et pas chers.

Hanato 花藤
Plan p. 32 / A1. *2-25-6 Asakusa, Taito-ku. À 11 min à pied du M° Asakusa (sortie 6) ☎ 03-3841-6411. Ouv. 10 h-19 h 30, f. mar. et 2e mer. entre sept.-fév. www2.plala.or.jp/Asakusa-Hanatoh.*
Une adresse incontournable pour les lanternes en papier (*chochin*). Vous pouvez en demander à votre nom (réalisation : 40 min-1 h). Il y a aussi des *daruma (p. 119)* et des *maneki neko*, les chats qui appellent les clients à l'entrée des magasins.

Noren House Bengara
のれん専門店べんがら
Plan p. 32 / A1. *1-35-6 Asakusa, Taito-ku. À 5 min à pied du M° Asakusa (sortie 6) ☎ 03-3841-6613. Ouv. t.l.j. lun.-ven. 10 h-18 h, sam.-dim. et j.f. 10 h-19 h, f. 3e jeu. du mois. www.bengara.com.*
On vend ici des *noren* (morceau de tissu orné d'un motif que l'on place au-dessus de la porte d'une maison) et des objets en tissu japonais, notamment pour faire les emballages (*furoshiki*).

➤ Vêtements de fête

Adachiya あだちや
Plan p. 32 / A1. *2-22-12 Asakusa, Taito-ku. À 11 min à pied du M° Asakusa (sortie 1) ☎ 03-3841-4915/4691. Ouv. t.l.j. 10 h-19 h 30 avr.-sept., f. mar. oct.-mars.*
Un très grand choix de costumes de fête, comme le *happi* (« tee-shirt » japonais), l'*obi* (ceinture) ou le *momoshiki* (sorte de caleçon long pour hommes).

Ryogoku

Visite p. 34, Carnet pratique p. 308

OÙ MANGER ?

Entre 3 000 et 7 000 yens

Tomoegata *(chanko)* ちゃんこ巴潟
Plan p. 32 / A3. *2-17-6 Ryogoku, Sumida-ku. À 3 min à pied de la gare de Ryogoku (sortie E.) ☎ 03-3632-5600. Ouv. t.l.j. sf lun. juin-août 11 h 30-14 h et 17 h-23 h, sam.-dim. et j.f. 11 h 30-14 h et 16 h 30-23 h. www.tomoegata.com.*
Vous ne pourrez pas rater la belle devanture avec un petit toit au-dessus de l'entrée de ce restaurant pittoresque, ainsi que ses grosses lanternes. L'intérieur est spacieux (300 places), avec des pièces à la japonaise sur tatamis ou à l'occidentale. C'est l'occasion de déguster la cuisine de sumo, le *chanko-nabe*.

Chanko Kirishima *(chanko)* ちゃんこ霧島
Plan p. 32 / A3. *2-13-7 Ryogoku, Sumida-ku. À 2 min à pied de la gare de Ryogoku (sortie E.) ☎ 03-3632-8710. Ouv. t.l.j. 11 h 30-23 h, 22 h 30 j.f. Plus cher le soir.*
Ce restaurant, tenu par un ancien sumotori, propose les plats traditionnels que mangent les lutteurs : le *chanko-nabe (p. 292)*.

Entre 6 500 et 10 000 yens

Yoshiba *(chanko)* 吉葉
Plan p. 32 / A3. *2-14-5 Yokozuna, Sumida-ku. À 11 min à pied de la gare Ryogoku (sortie O.) ; passez devant le jardin de Kyu-Yasuda, continuez tout dr. puis tournez à dr. Ou à 6 min à pied du M° Ryogoku (sortie A4) ☎ 03-3623-4480. Ouv. t.l.j. sf dim. et j.f. 11 h 30-14 h et 17 h-22 h. www.kapou-yoshiba.jp.*
Au milieu du restaurant se tient un ring de sumo à taille réelle ! La spécialité de la maison est le *chanko-nabe (p. 292)*. À midi, menus à partir de 1 000 yens.

S'AMUSER

➤ Tournois de sumo

Les tournois à Tokyo n'ont lieu que trois fois par an pendant deux semaines : janv., mai et sept. Infos : www.sumo.or.jp/en/index. Les places sont en vente un mois avant les tournois (de 3 800 yens à 38 000 yens). Les grandes sociétés achètent la quasi-totalité des places assises. Vous pouvez essayer d'en commander sur Internet, ou bien, un jour de tournoi, en acheter dès le matin (à 8 h) sur place : peu chères (2 900 yens), elles sont en haut des gradins. Les tournois commencent à 10 h, mais les lutteurs les plus cotés se battent à partir de 16 h.

Kokujikan
Plan p. 32 / A3. *1-3-28 Yokoami, Sumida-ku. À 2 min à pied de la gare Ryogoku (sortie O.). Ou à 5 min à pied du*

M° Ryogoku (sortie A4). Se situe à côté du musée Edo-Tokyo ☎ 03-3623-5111. www.sumo.or.jp/kokugikan.
Superbe salle pour assister à un tournoi de sumo.

➤ Entraînement de sumo

Arashio beya
***Hors plan p. 32 par A3.** 2-47-2 Nihombashi Hama-cho, Chuo-ku. Proche du M° Hamacho (sortie A2) ☎ 03-3666-7646. Entraînement : 6 h 30-10 h. Entrée gratuite. www.arashio.net.*
Il faut téléphoner la veille (entre 16 h et 20 h) pour demander l'autorisation d'assister à un entraînement (le personnel ne parle pas l'angl.). L'arène étant petite, on ne peut voir les lutteurs que de l'extérieur du bâtiment, par la fenêtre.

Azumazeki beya
***Plan p. 32 / B2.** 4-6-4 Komagata, Sumida-ku. À 3 min à pied du M° Honjo-azumabashi (sortie A2) ☎ 03-3625-0033. Entraînement : 7 h-10 h 30. Entrée gratuite, mais rés. obligatoire par tél. www.azumazeki.jp.*
Vous pouvez assister à un entraînement de sumo, mais il faut respecter quelques règles d'usage : être silencieux et s'asseoir en tailleur ou sur les genoux. Les photos ne sont pas acceptées. Les groupes ne doivent pas dépasser 6-7 pers.

➤ UENO ET YANAKA

Visite 2, p. 36 ; plan p. 37

Ueno

Visite p. 38, Carnet pratique p. 308

OÙ DORMIR ?

Entre 10 000 et 16 000 yens

New Izu 伊豆ホテル
***Plan p. 37 / B3.** 3-13-1 Higashiueno, Taito-ku. À 5 min à pied de la gare Ueno (sortie principale) ☎ 03-3831-8666, fax 03-3837-2145. www.izuhotel.co.jp. Internet gratuit, laverie en libre service (à pièces). Pas de petit-déj.*
Les chambres sont simples, propres et plutôt spacieuses, à la japonaise (8 tatamis) ou à l'occidentale.

Ueno Touganeya Hotel
上野東金屋ホテル
***Plan p. 37 / B3.** 3-17-5 H igashiueno, Taito-ku. À 2 min à pied de la gare d'Ueno (sortie Asakusa guchi) ☎ 03-3834-1601, fax 03-3832-5424. www.tougane-h.com. Petit-déj. japonais, poste Internet gratuit à l'entrée. Wifi gratuit. Laverie.*
Cet établissement est charmant, le personnel aux petits soins et un *yukata* est posé sur le lit…

Hotel Rainbow ホテルレインボー
***Plan p. 37 / A3.** 2-13-1 Ueno, Taito-ku. À 6 min à pied de la gare Ueno (sortie Park Exit). Ou à 3 min à pied du M° Ueno (sorties 6 ou 7). Près du musée Shitamachi ☎ 03-3833-7716, fax 03-3833-7857. www.hotel-rainbow.jp.*
Cet hôtel offre l'avantage d'être près de la gare, idéal pour visiter les musées d'Ueno. Un peu fatiguées (moquette usée), les chambres sont cependant spacieuses (toilettes et s.-d.-b. séparées).

Suigetsu Hotel Ohgai-so
水月ホテル鷗外荘
***Plan p. 37 / A2.** 3-3-21 Ikenohata, Taito-ku. À 10 min à pied de la gare d'Ueno (sortie Park Exit) ☎ 03-3822-4611, fax 03-3823-4340. www.ohgai.co.jp. 39 ch. japonaises et 85 ch. occidentales. Deux bains communs à la japonaise.*
Un hôtel disposé autour de la maison de Mori Ohgai, un écrivain de l'ère Meiji (1868-1912), plantée au milieu d'un charmant jardin.

OÙ MANGER ?

Moins de 1 500 yens

Isen Honten *(tonkatsu)* 井泉本店
***Hors plan p. 37 par B3.** 3-40-3 Yushima, Bunkyo-ku. À 3 min à pied de la gare d'Okachimachi (sortie N.) ☎ 03-3834-2901. Ouv. lun.-sam. 11 h 30-20 h 50, dim. et j.f. 11 h 30-20 h 30, f. mer. www.isen-honten.jp.*
Dans une venelle parallèle à la rue de Chuo-dori, cette adresse traditionnelle et très conviviale sert d'excellentes spécialités de porc pané (*tonkatsu*), dont on peut suivre la préparation dans la cuisine, ouverte sur la salle. Excellents riz blanc et soupe au *miso* au porc. Salle à l'arrière avec tables sur tatamis. Personnel avenant.

Entre 3 000 et 5 000 yens

Sasanoyuki *(tofu)* 笹乃雪
Plan p. 37 / B2. *2-15-10 Negishi, Taito-ku. À 5 min à pied de la gare d'Uguisudani (sortie N.) En face de l'école primaire Negishi ☎ 03-3873-1145. Ouv. mar.-dim. 11 h 30-20 h. www.sasanoyuki.com.*
Dans ce restaurant établi en 1691, des spécialités de tofu et la cuisine des moines *(p. 293)* sont servies dans une ambiance populaire. Le menu est composé de 6 plats. Il y a aussi un menu végétarien.

♥ **Hantei** *(brochettes kushi-age)* はん亭
Plan p. 37 / A2. *2-12-15 Nezu, Bunkyo-ku. À 2 min à pied du M° Nezu ☎ 03-3828-1440. Ouv. t.l.j. sf lun. 11 h 30-15 h et 17 h-23 h, j.f. 16 h-21 h 30. www.hantei.co.jp.*
Dans cette vieille maison en bois de 3 étages, l'intérieur est extraordinaire. Commencez par le menu. Si vous avez encore faim, vous pouvez toujours commander d'autres petits plats.

À partir de 10 000 yens

♥ **Nibiki** *(fugu et chanko-nabe)* にびき
Hors plan p. 37 par B1. *3-3-7 Shitaya, Taito-ku. À 10 min à pied de la gare d'Uguisudani (sortie S.) ☎ 03-3872-6250. Ouv. 17 h-22 h, f. lun., 31 déc.-4 janv. et août. Rés. recommandée pour plus de 6 pers. Fugu uniquement entre oct.-mars. Reste de l'année : chanko-nabe.*
Un restaurant plus que centenaire où l'on mange le *fugu (p. 293)* le moins cher de Tokyo. Ambiance populaire de marché aux poissons avec ce qu'il faut de tradition et de gentillesse. Le menu sashimis et *nabe (p. 293)* est une expérience fabuleuse. Pour décrypter la carte et se fondre dans l'ambiance, mieux vaut être accompagné par un Japonais.

➤ Pâtisseries

Usagiya うさぎや
Hors plan p. 37 par B3. *1-10-10 Ueno, Taito-ku. À 8 min à pied de la gare d'Okachimachi (sortie S.) Près du grand magasin Matsuzakaya ☎ 03-3831-6195. Ouv. jeu.-mar. 9 h-18 h. www.ueno-usagiya.jp.*
Le *dorayaki* (gâteau fourré de haricots rouges) est la spécialité de la maison.

Torindo 桃林堂
Plan p. 37 / A2. *1-5-7 Ueno Sakuragi, Taito-ku. À 15 min à pied de la gare d'Ueno (sortie Park Exit). Situé au N. du parc d'Ueno ☎ 03-3828-9826. Ouv. t.l.j. 9 h-17 h. www.sweets-net.jp/shop/torindo-ueno.*
Entre le parc d'Ueno (au N.) et le quartier de Yanaka, cette adresse est idéale pour déguster, sur place ou à emporter, de bonnes pâtisseries japonaises traditionnelles. La spécialité est le *soba-manju* (gâteau fait à partir de farine de sarrasin) ou la soupe de haricot rouge (*shiruko*). Vous pouvez également consommer du thé vert *matcha*.

SHOPPING

➤ Estampes

Sairakudo 西楽堂
Hors plan p. 37 par B3. *1-18-11 Ueno, Taito-ku. À 3 min à pied de la gare d'Okachimachi (sortie S.) ☎ 03-3833-0024. Ouv. lun.-ven. 10 h 30-17 h 30. www.ukiyoe.or.jp/sairakudo.*
Sairakudo fournit de nombreux musées en *ukiyo-e (p. 284)*. On y trouve d'authentiques estampes du XVIIIe s. et de belles reproductions, à partir de 7 000 yens.

➤ Souvenirs

Le marché d'Ameyoko アメ横
Plan p. 37 / AB3. *4-7-8 Ueno, Taito-ku. Proche de la sortie de la gare d'Okachimachi. Ouv. t.l.j. 10 h-20 h env., souvent f. mer.*
Proche du parc d'Ueno, ce grand marché couvert permet de dénicher aussi bien des vêtements occidentaux et des accessoires de mode, que des alcools, de la maroquinerie, des montres, etc. Le tout est entre 20 et 50 % moins cher qu'ailleurs.

Yanaka

Visite p. 42, Carnet pratique p. 308

Autour de 11 000 yens

Sawanoya ryokan 澤の屋旅館
Plan p. 37 / A1. *2-3-11 Yanaka, Taito-ku. À 8 min à pied du M° Sendagi (sortie 1) ☎ 03-3822-2251. Location de vélos. Machine à laver et fer à repasser dans la buanderie. Wifi gratuit. Ordinateurs dans le lobby (1er niveau). www.sawanoya.com.*
Un *ryokan* traditionnel confortable et accueillant. Bain commun et chambres

à la japonaise. Du thé et du café sont proposés gratuitement en libre service dans le réfectoire.

Entre 12 000 et 16 000 yens

Annex Katsutaro ryokan
アネックス勝太郎旅館
***Plan p. 37 / A1.** 3-8-4 Yanaka, Taito-ku. À 9 min à pied de la gare JR de Nippori (sortie S.). Ou à 3 min à pied du M° Sendagi (sortie 2) ☎ 03-3828-2500, fax 03-3821-5400. Location de vélos. Ordinateur avec Internet en libre accès. Laverie (à pièces). Petit-déj. (430 yens ou 870 yens). Nombreux restaurants dans la rue et un konbini ouvert 24 h/24. www.katsutaro.com.*
Idéalement situé pour découvrir le quartier de Yanaka, cet immeuble de trois étages (avec ascenseur) est chaleureux. Les chambres sont aménagées à la japonaise. Du café et du thé sont en libre service gratuitement dans la salle commune.

OÙ MANGER ?

Entre 1 000 et 2 000 yens

Soba Azegami *(soba)* そば 畔上
***Plan p. 37 / A1.** 3-11-11 Yanaka, Taito-ku. À 5 min à pied de la gare JR de Nippori (sortie N.) ou du M° Sendagi (sortie 1). Situé dans la rue Yanaka Ginza ☎ 03-5815-8710. Ouv. mar.-ven. 11 h-16 h, 17 h-22 h, sam.-dim. 11 h-22 h, f. le lun.*
Dans ce restaurant au décor simple, vous goûterez de délicieux *soba* (pâtes à la farine de sarrasin). Vous pourrez les accomoder de *tempura* de légumes (*kakiage*). Pour 800 yens, vous aurez un menu avec *soba*, viande grillée (*yakiniku*), riz blanc et petits légumes.

♥ **Café Kabaya** カヤバ珈琲
***Plan p. 37 / A1.** 6-1-29 Yanaka, Taito-ku. À 10 min à pied de la gare JR de Nippori (sortie S.) ou du M° Nezu (sortie 2). En face du musée annexe de Shitamachi. Il fait l'angle de la rue Kototo dori et Sansaki zaka dori ☎ 03-3823-3545. Ouv. lun.-sam. 8 h-23 h, dim. 8 h-18 h. Formule boisson et gâteau : 800 yens à partir de 14 h. //kayaba-coffee.com.*
Cet adorable petit café, à la façade marron foncé, dans une maison traditionnelle sur deux étages, vous séduira par son charme : des tables au rez-de-chaussée, des tatamis et des tables basses au 1er étage. Attention, pour aller à l'étage, il faut se déchausser et l'escalier est un peu étroit. Idéal pour le petit-déjeuner ou pour une pause café.

SHOPPING

➤ Papeterie et papier japonais

Isetatsu いせ辰
***Plan p. 37 / A1.** 2-18-9 Yanaka, Taito-ku. À 4 min à pied du M° Sendagi (sortie 1) ☎ 03-3823-1453. Ouv. t.l.j. 10 h-18 h, f. 1er janv. www.isetatsu.com.*
Charmante petite boutique spécialisée dans le papier japonais qui existe depuis 1864. C'est un fabricant de papier du style Edo Chiyogami, des papiers aux graphismes et motifs imprimés durant l'époque Edo (1615-1867).

➤ Souvenirs

Yuzuriha ユズリハ
***Plan p. 37 / A1.** 2-34-5 Sendagi, Bunkyo-ku. Sur le même trottoir que la boutique précédente ☎ 03-5832-9720. Ouv. t.l.j. 10 h-20 h.*
Dans cette boutique, vous trouverez d'élégants souvenirs : porte-monnaie, parfums d'intérieur au cyprès, tasses, *tenugui* (fine serviette en coton), etc.

➤ AKIHABARA

Visite 3, p. 44 ; plan p. 45

OÙ DORMIR ?

Entre 4 900 et 5 900 yens

First Cabin Akihabara
ファーストキャビン秋葉原
***Plan p. 45 / B2.** 3-38 Kanda Sakumacho, Chiyoda-ku. À 4 min à pied de la gare d'Akihabara (sortie Showa Dori) ☎ 03-6240-9798. first-cabin.jp/locationlist/akihabara.html. Ch. simples (prix pour une pers.).*
Cet hôtel-capsule de luxe est idéalement situé près de la gare JR Akihabara. Les chambres, ressemblant à une cabine de première classe d'avion, sont élégantes et propres. La chambre première classe est plus spacieuse que la *business*. C'est l'occasion de dormir dans un lieu insolite à Tokyo !

OÙ MANGER ?

Entre 1 000 et 2 000 yens

Komakishokudo Kamakura Fushikian
(cuis. végétarienne et shojin ryori)
こまきしょくどう 鎌倉不識庵
Plan p. 45 / B2. *8-2 Kanda-Neribeicho, Chiyoda-ku. Proche de la gare d'Akihabara. Situé dans le complexe Chabara aki-oka marche*
☎ 03-5577-5358. Ouv. t.l.j. 11 h-20 h. konnichiha.net/fushikian.
Pour les végétariens et les amateurs de cuisine zen, dite *shojin ryori (p. 292)*, nous vous conseillons particulièrement ce restaurant. Dans un décor pur et simple, vous pourrez goûter cette cuisine saine et légère.

Entre 3 000 et 6 000 yens

Kanda Enzo Akihabara UDX ten
(yakiniku) 神田 炎蔵 秋葉原**UDX**店
Plan p. 45 / B2. *4-14-1 Sotokanda, Chiyoda-ku. À 2 min à pied de la gare d'Akihabara (sortie Showa Dori)*
☎ 03-5289-8480. Ouv. t.l.j. déj. : lun.-ven. 11 h-15 h, sam.-dim. et j.f. 11 h-17 h ; dîner : lun.-sam. 17 h-23 h, dim. et j.f. 17 h-22 h.
Un bon restaurant de *yakiniku* (viande grillée) à l'ambiance tamisée. On prend place sur des tables classiques ou basses avec tatamis. À midi, menu à 900 yens.

Entre 8 000 et 10 000 yens

♥ **Myojinshita Kandagawa Honten**
(unagi) 明神下 神田川本店
Plan p. 45 / B2. *2-5-11 Soto-Kanda, Chiyoda-ku. À 6 min à pied du M° Ochanomizu (sortie Ichijiri-bashi) ou du sanctuaire de Kanda Myojin. ☎ 03-3251-5031. Ouv. mar.-sam. 11 h 30-13 h 30 et 17 h-20 h 30, f. j.f. Rés. indispensable. www.unagidaisuki.com/mkandagawa.*
Ouverte depuis 1805, cette maison traditionnelle en bois, comme on n'en voit pratiquement plus dans la capitale, possède des petites salles particulières à tatamis où l'on sert de succulentes anguilles (*unagi*) cuites au feu de bois. À découvrir !

➤ Café

@Home Cafe @ほぉ~むカフェ
Plan p. 45 / B2. *4-3-3 Soto-Kanda, Chiyoda-ku. À 3 min à pied de la gare d'Akihabara (sortie Akihabara Electric Town exit). Au 5ᵉ ét. du magasin Don Quijote, en face de l'escalator*
☎ 03-5298-5411. Ouv. t.l.j. 11 h 30-22 h et 10 h 30-22 h le w-e. www.cafe-athome.com.
Expérience unique si vous voulez vous faire servir un café par une serveuse déguisée ! Dans ce *maid café*, les assiettes sont en forme de cœur ! Vous pouvez même vous faire photographier avec une serveuse *(supplément payant)*.

Café and Wazake N san san san ichi
CAFÉ & 和酒 **N3331**
Plan p. 45 / A2. *1-25-4 Kanda Suda-cho, Chiyoda-ku. À 4 min à pied de la gare d'Akihabara (sortie Akihabara Electric Town exit) ☎ 03-5295-2788. Ouv. lun.-sam. 11 h-23 h, dim. et j.f. 11 h-21 h. www.n3331.com.*
Ce café original est situé entre les rails de la ligne Chuo et la ligne Sobu. On peut déjeuner ou dîner, tout près des trains, et même y boire du saké.

Gundam Café ガンダムカフェ
Plan p. 45 / B2. *1-1 Kanda hanaoka-cho, Chiyoda-ku. Proche de la gare d'Akihabara (sortie Akihabara Electric Town exit) ☎ 03-3251-0078. Ouv. t.l.j. 10 h-22 h. www.g-cafe.jp.*
Le Gundam Café est un incontournable pour les amoureux de science-fiction. Un grand Gundam trône au-dessus du bar. Les serveuses sont en short court et veste rose. Les plats font la part belle à la décoration : les aliments sont à l'effigie de Gundam et les assiettes décorées. Le curry ou le dessert *gunpla-yaki* (Gunpla est une maquette de robot) en forme de Gundam plaisent à tous les âges

AKB48 Café & Shop AKB48
カフェ**&**ショップ
Plan p. 45 / B2. *1-1 Kanda Hanaoka-cho, Chiyoda-ku. Proche de la gare d'Akihabara (sortie Akihabara Electric Town exit) ☎ 03-5297-4848. Ouv. lun.-jeu. 11 h-22 h, ven. et veille de j.f. 11 h-23 h ; sam. 10 h-23 h, dim. et j.f. 10 h-22 h. akb48cafeshops.com/akihabara.*
AKB48 est un groupe féminin de J-pop, créé en 2005, à l'origine formé par 48 chanteuses. Très à la mode, il possède sa propre salle de spectacles dans le quartier d'Akihabara (AKB signifie Akihabara). Dans ce café, vous pouvez manger tout en regardant des vidéos du groupe.

➤ Pâtisserie

Takemura 竹むら
Plan p. 45 / A2. *1-19 Kanda Sudacho, Chiyoda-ku. À 10 min à pied de la gare d'Akihabara ☎ 03-3251-2328. Ouv. mar.-sam. 11 h-20 h.*
Pâtisserie fondée en 1930. L'*anmitsu* (mélange de haricots rouges, de sucre liquide et de gelée), le *shiruko* (soupe de haricot rouge) et l'*age-manju* (gâteau frit) sont délicieux. Pâtisseries à déguster sur place ou bien à emporter.

SHOPPING

Voir également les adresses proposées dans la visite 3, p. 45-46.

➤ Alimentation

CHABARA AKI-OKA MARCHE
チャバラ アキ・オカ マルシェ
Plan p. 45 / B2. *8-2 Neribecho, Kanda, Chiyoda-ku. Proche de la gare d'Akihabara (sortie Akihabara Electric Town exit) ☎ 03-3258-0051. Ouv. t.l.j. sf 1er janv. et 1er mer. entre juin-nov. 11 h-20 h. www.jrtk.jp/chabara.*
Dans ce complexe vous pouvez acheter des produits alimentaires provenant de toutes les régions du Japon, d'Okinawa (au sud) à Hokkaido (au nord) !

➤ Artisanat

2k540 aki oka artisan ニーケーゴーヨンマル アキ・オカ アルチザン
Plan p. 45 / B1. *5-9 Ueno, Taito-ku. Situé entre les gares Akihabara (sortie Central ticket gate ou Akihabara Electric Town exit) et Okachimachi (sortie S.), sous les rails qui se trouvent en hauteur ☎ 03-6806-0254. Ouv. t.l.j. sf mer. 11 h-19 h (selon les artisans). www.jrtk.jp/2k540.*
Vous pourrez ici acheter des objets artisanaux et vous initier à leur fabrication, tout en voyant faire les artisans.

➤ Robots

Kaiyodo Hobby Lobby Tokyo
海洋堂ホビーロビー東京
Plan p. 45 / B2. *Radio Kaikan 1F, 1-15-16 Soto-Kanda, Chiyoda-ku. Proche de la gare d'Akihabara (sortie Akihabara Electric Town exit) ☎ 03-3253-1951. Ouv. t.l.j. sf événement 11 h-20 h. www.kaiyodo.co.jp.*
C'est le seul magasin au Japon du fabricant de maquettes Kaiyodo, connu pour ses maquettes et figurines de robots, de King-Kong, Godzilla, de personnages de mangas et *anime*.

➤ MARUNOUCHI ET LE PALAIS IMPÉRIAL

Visite 4, p. 48 ; plan p. 50

Marunouchi

Visite p. 49, Carnet pratique p. 308

OÙ DORMIR ?

À partir de 23 000 yens

Hôtel Ryumeikan ホテル龍名館東京
Hors plan p. 50 par B2. *1-3-22 Yaesu, Chuo-ku. À 3 min à pied de la gare de Tokyo (sortie Yaesu-guchi, au N.) ☎ 03-3271-0971, fax 03-3271-0977. 135 ch. dont 4 japonaises. Restaurant. Wifi gratuit. www.ryumeikan-tokyo.jp.*
Hôtel bien situé, les chambres sont insonorisées, spacieuses et les lits sont larges. Le restaurant japonais Hanagoyomi, au dernier, étage offre une belle vue.

OÙ MANGER ?

Entre 5 000 et 6 000 yens

Robata Honten *(izakaya)* 爐端本店
Plan p. 50 / B3. *1-3-8 Yurakucho, Chiyoda-ku. À 3 min à pied du Mº Hibiya (sortie A4) ☎ 03-3591-1905. Ouv. lun.-sam. 17 h-23 h.*
Ce restaurant propose comme spécialité le *robata-yaki*, des aliments grillés au charbon de bois devant les clients. Une expérience à ne pas manquer !

SHOPPING

➤ Centres commerciaux, mode

KITTE キッテ
Plan p. 50 / B2. *2-7-2 Marunouchi, Chiyoda-ku. Proche de la gare de Tokyo (sortie Marunouchi S.) ou du Mº Tokyo (sortie directe par le souterrain) ☎ 03-3216-2811. Ouv. t.l.j. boutiques : lun.-sam. 11 h-21 h, dim. et j.f. 11 h-20 h ; restaurants : lun.-sam. 11 h-23 h, dim. et j.f. 11 h-22 h. jptower-kitte.jp.*

Créé en mars 2013, c'est le premier complexe commercial fondé par les bureaux de poste japonais. Il comprend des boutiques (vêtements, artisanat, mobilier), ainsi que des restaurants. Le bureau central de la Poste est situé juste à côté.

Shin-Marunouchi building ou Shin-Marubiru
丸の内ビルディング / 丸の内ビル
Plan p. 50 / B2. *1-5-1 Marunouchi, Chiyoda-ku. Proche de la gare de Tokyo (sortie Marunouchi S.) ou du M° Tokyo (sortie directe par le souterrain) ☎ 03-5218-5100. Ouv. t.l.j. boutiques : lun.-sam. 11 h-21 h, dim. et j.f. 11 h-20 h ; restaurants : lun.-sam. 11 h-23 h, dim. et j.f. 11 h-22 h. www.marunouchi.com.*
Cet immeuble comprend bureaux, restaurants et zone commerciale avec des magasins de mode et de déco chic.

Muji 無印良品
Plan p. 50 / B3. *3-8-3 Marunouchi, Chiyoda-ku. Proche du M° Yurakucho (sortie D9) ☎ 03-5208-8241. Ouv. t.l.j. 10 h-21 h. www.muji.net.*
Muji est une marque de vêtements et d'objets pour la maison, signifiant littéralement « marque sans nom ». Il y a d'autres enseignes à Tokyo, mais celle-ci, sur 3 niveaux, est l'une des plus grandes.

➤ Saké

Hasegawa Saketen (Tokyo Station GranSta)
はせがわ酒店（東京駅GranSta店）
Plan p. 50 / B2. *1-9-1 Marunouchi, Chiyoda-ku ☎ 03-6420-3409. Situé dans la gare de Tokyo, au s.-s. Ouv. t.l.j. lun.-sam. 7 h-22 h, dim. 7 h-21 h. www.hasegawasaketen.com.*
Chaîne de magasins de saké, avec plusieurs boutiques à Tokyo. Vous aurez un large éventail de saké japonais en provenance de différentes préfectures. Il y en a plus de 800 sortes !

Palais impérial

Visite p. 51, Carnet pratique p. 308

OÙ DORMIR ?

Entre 45 000 et 140 000 yens

Imperial Hotel Tokyo 帝国ホテル東京
Plan p. 50 / B3. *1-1-1 Uchisaiwai-cho, Chiyoda-ku. À 3 min à pied du M° Hibiya (sortie A13) ☎ 03-3504-1111, fax 03-3581-9146. Wifi gratuit. www.imperialhotel.co.jp/e/tokyo. Restaurants, piscine, sauna, massages, etc.*
Cet hôtel, créé en 1890, est une institution : élégance, service impeccable et son sens de l'hospitalité en font un lieu apprécié par de nombreux visiteurs. Situé au bord du parc de Hibiya, il est idéalement placé pour visiter la capitale.

SHOPPING

➤ Souvenirs et matériel électronique

L'International Arcade
インターナショナルアーケード
Plan p. 50 / B3. *2-1-1 Yurakucho, Chiyoda-ku. À 6 min à pied de la gare de Yurakucho (sortie Ginza deguchi). Suivez la ligne de chemin de fer vers le S. Sous le panneau « International Arcade », il y a inscrit : « Duty Free, Shopping Mall ». Ouv. t.l.j. 24 h/24. www.sanchoku-inshokugai.com.*
Le long des voies ferrées, cette arcade un peu désuète, qui date des années 1960, permet d'acheter, en détaxe, souvenirs, bijoux et matériel électronique.

➤ Estampes

Sakai *(ukiyo-e)* 酒井好古堂
Plan p. 50 / B3. *1-2-14 Yurakucho, Chiyoda-ku. À 5 min à pied du M° Hibiya (sortie A4) ☎ 03-3591-4678. Ouv. t.l.j. 10 h-18 h. www.ukiyo-e.co.jp.*
Fondée en 1870, c'est l'une des galeries les plus connues du Japon parmi celles spécialisées dans l'*ukiyo-e (p. 284)*. Il est préférable de téléphoner avant de s'y rendre pour prévenir de votre venue.

➤ Librairie

Bonjin-sha 凡人社
Hors plan p. 50 par A2.
8F Hyurikku Hirakawacho bldg, 1-3-13 hirakawa-cho, Chiyoda-ku. À 3 min à pied du M° Hanzomon (sortie 1) ☎ 03-3239-8673. Ouv. 10 h-17 h, f. dim. et j.f. www.bonjinsha.com/event.
Spécialisée dans les livres d'apprentissage du japonais pour les étrangers. Un bon moyen de prolonger son voyage !

➤ NIHONBASHI ET GINZA

Visite 5, p. 54 ; plan p. 55

Nihonbashi

Visite p. 55, Carnet pratique p. 308

OÙ DORMIR ?

Entre 13 000 et 16 500 yens

Smile Hotel スマイルホテル
Hors plan p. 55 par B2. *2-13-5 Nihonbashi Kayaba-cho, Chuo-ku. Proche du M° Kayabacho (sortie 1)*
☎ 03-3668-7711, fax 03-3668-7719. www.smile-hotels.com.
Immanquable avec son smiley apposé au sommet de la façade, cette chaîne propose des chambres standard tout équipées. Vaste petit-déjeuner buffet japonais et occidental.

Center Hotel Tokyo センターホテル東京
Plan p. 55 / B2. *15-13 Nihonbashi Kabuto-cho, Chuo-ku. À 6 min à pied du M° Kayabacho (sortie 2)*
☎ 03-3667-2711, fax 03-3661-5442. www.centerhotel.co.jp.
À peine entré, vous serez charmé par la qualité de l'accueil et l'atmosphère du hall (marbre noir, lumière tamisée, musique jazz…). Petites chambres simples, silencieuses et confortables. Un des étages est entièrement non fumeur. Petit-déjeuner japonais.

Hotel Kazusayaホテルかずさや
Hors plan p. 55 par B1. *4-7-15 Hon-cho, Nihonbashi Chuo-ku. Proche de la gare de Shinnihonbashi (sortie 4)*
☎ 03-3241-1045, fax 03-3241-1077. www.h-kazusaya.co.jp.
Un petit établissement au calme, situé au cœur d'un quartier résidentiel. Chambres confortables et bien insonorisées. Petit-déjeuner occidental ou japonais.

Plus de 30 000 yens

Ryokan Ryumeikan Ochanomizu Hontenホテル龍名館お茶の水本店
Hors plan p. 55 par B1. *3-4 Kanda-surugadai, Chiyoda-ku. À 3 min à pied de la gare d'Ochanomizu (sortie Hijiri bashi guchi). Ou à 2 min à pied de la cathédrale Nicholai-do*
☎ 03-3251-1135, fax 03-3251-0270. www.ryumeikan-honten.jp.
Dans un bel édifice avec un *toro* (lanterne en pierre) à l'entrée, qui comprend des bureaux, et une clientèle de *salarymen (p. 104)*. Les chambres japonaises traditionnelles comprennent une s.-d.-b. avec une baignoire ronde à la japonaise. L'accueil est digne d'un grand établissement. Il a rouvert en août 2014, après des travaux de rénovation.

OÙ MANGER ?

Entre 1 000 et 3 000 yens

♥ **Muromachi Sunaba** *(soba)* 室町 砂場
Hors plan p. 55 par B1. *4-1-13 Nihonbashi Muromachi, Chuo-ku. À 3 min à pied de la gare de Shinnihonbashi (sortie 1)*
☎ 03-3241-4038. Ouv. lun.-ven. 11 h 30-21 h, sam. 11 h 30-16 h, f. dim. et j.f.
L'un des restaurants de *soba* (pâtes de sarrasin) les plus réputés de Tokyo, fondé en 1869 : parmi les plats les plus demandés par les fidèles clients, ceux servis avec des *tempura (p. 293)*. Très belle salle s'ouvrant sur un jardin japonais. Celle à l'étage propose des menus complets (plus cher le soir, de 5 150 à 8 000 yens), mais uniquement sur rés.

De 3 000 et 5 000 yens

Taimeiken *(cuis. occidentale)*
たいめいけん
Plan p. 55 / B1. *1-12-10 Nihonbashi, Chuo-ku. À 2 min à pied du M° Nihonbashi (sortie D4)*
☎ 03-3271-2464. Il y a deux restaurants. Au r.-d.-c. : t.l.j. 11 h-20 h 30, dim. et j.f. 11 h-20 h. Au 1er ét. : 11 h-14 h et 17 h-20 h, sam. 11 h-14 h 30. www.taimeiken.co.jp.
Peut-être un peu démodé mais toujours aussi bon ! Essayez l'*omuraisu*, une omelette avec du riz à l'intérieur, ou un riz au curry. Le musée du Cerf-Volant se trouve au-dessus du restaurant (5e ét.).

Entre 5 000 et 12 000 yens

♥ **Iseju** *(sukiyaki)* 伊勢重
Hors plan p. 55 par B1. *14-9 Nihonbashi-Kodenmacho, Chuo-ku. À 3 min à pied du M° Kodenmacho (sortie 2) ☎ 03-3663-7841. Ouv. lun.-sam. 11 h-21 h 30. //iseju.com.*
C'est le plus ancien *sukiyaki (p. 292)* de Tokyo (fondé en 1869) et probablement l'un des meilleurs. La viande est cuite

devant vous sur du charbon de bois. Le restaurant a sa boucherie (en face).

Entre 10 000 et 15 000 yens

Toriyasu *(canard)* 鳥安
Hors plan p. 55 par B1. *2-11-7 Higashi-Nihonbashi, Chuo-ku. À 4 min à pied du M° Higashi-nihonbashi (sortie B3) ☎ 03-3862-4008. Ouv. 17 h-22 h, f. dim. et j.f. www.aigamotoriyasu.com.*
Ce restaurant existe depuis 1872. Sa spécialité ? Le succulent canard grillé à la sauce de soja !

SHOPPING

➤ Artisanat

Kuroeya 黒江屋
Plan p. 55 / B1. *Kuroeya Kokubu bldg 2F, 1-2-6 Nihonbashi, Chuo-ku. À 3 min à pied du M° Nihonbashi (sortie B12) ☎ 03-3272-0948. Ouv. 9 h-18 h, f. sam.-dim. et j.f. www.kuroeya.com.*
Laques japonaises authentiques (*maki-e*) de bonne qualité : bols, baguettes, plateaux… Les prix varient entre 3 000 yens pour un lot de deux bols (avec baguettes et *furoshiki*, tissu pour les envelopper) et 80 000 yens pour une boîte à trois étages !

Zohiko 像彦
Hors plan p. 55 par B1. *2-2-2-1F Nihonbashi Honcho, Chuo-ku. À 4 min à pied de la gare de Shinnihonbashi (sortie 3) ☎ 03 3510 1751. Ouv. t.l.j. sf dim. et j.f. 10 h-17 h 30. www.zohiko.co.jp.*
Belle boutique de laques de très bonne qualité et proposant un vaste choix de bols, assiettes, plateaux, boîtes.

Gallery Yoluca ギャラリーヨルカ
Hors plan p. 55 par B2. *3-11-12 Higashi-Nihonbashi, Chuo-ku. Proche du M° Higashi-nihonbashi (sorties A4 ou B4) ☎ 03-5847-2434. Ouv. t.l.j. 12 h-19 h, jours de fermeture variables selon les expositions. www.materiobase.jp.*
Cette galerie propose des objets artisanaux et organise parfois des expositions présentant le travail de designers et d'artistes.

➤ Librairie

Maruzen 丸善
Plan p. 55 / B2. *2-3-10 Nihonbashi, Chuo-ku. Proche du M° Nihonbashi (sortie B3) ☎ 03-6214-2001. Ouv. t.l.j. 9 h 30-20 h 30. www.junkudo.co.jp.*
Dans cette librairie fondée en 1869, il y a au rayon des livres étrangers des ouvrages en anglais sur le Japon.

Ginza

Visite p. 57, Carnet pratique p. 308

OÙ DORMIR ?

Entre 8 000 et 16 000 yens

Hotel Ginza Daiei ホテル銀座ダイエー
Plan p. 55 / A3. *3-12-2 Ginza, Chuo-ku. À 3 min à pied du M° Ginza (sortie A6) ☎ 03-3545-1111, fax 03-3545-1177. www.ginza-daiei.co.jp.*
Avec sa façade de briques rouges, cet hôtel bien situé permet de rejoindre facilement le quartier de Tsukiji *(p. 61)*. Les chambres ne sont pas très spacieuses, mais elles sont confortables et dotées d'une connexion Internet gratuite.

Entre 16 000 et 20 000 yens

Ginza Grand Hotel 銀座グランドホテル
Hors plan p. 55 par A3. *8-6-15 Ginza, Chuo-ku. À 3 min à pied de la gare de Shimbashi (sortie Ginza guchi) ☎ 03-3572-4131, fax 03-3572-4254 www.ginzagrand.com. Restaurants, bar.*
À proximité des magasins, cet hôtel propose des chambres modernes et agréables. Le service est efficace.

OÙ MANGER ?

Autour de 1 500 yens

Ginza Tenryu *(cuis. chinoise)* 銀座天龍
Plan p. 55 / A3. *2-6-1 Tenryu, Chuo-ku. À 6 min à pied du M° Ginza (sortie A13) ☎ 03-3561-3543. Ouv. lun.-sam. 11 h 30-21 h 30, dim. 11 h 30-20 h 30. www.ginza-tenryu.com.*
Tout le monde vient manger ici les célèbres *gyoza* (raviolis au porc chinois) géants de la maison. Ambiance cantine et décor très simple, au milieu des bureaux rutilants de Ginza. Autre spécialité, le poulet frit, servi à partir de 15 h.

Entre 3 000 et 5 000 yens

Alice's Fantasy Restaurant *(cuis. internationale)*
ファンタジーダイニング 迷宮の国のアリス
Hors plan p. 55 par A3. *Taiyo Bldg 5F, 8-8-5 Ginza, Chuo-ku ☎ 03-3574-6980.*

À 5 min à pied du M° Ginza (sortie A2). Ouv. t.l.j. lun.-ven. 17 h-23 h 30, sam.-dim. 16 h-23 h 30. www.alice-restaurant.com/meikyu. On peut réserver sur Internet.
Vous avez envie de manger dans le monde fantastique d'*Alice au pays des merveilles* ? À Tokyo, rien n'est impossible ! Dans un décor étonnant, des serveuses en robes courtes et tabliers vous serviront pizzas, salades, pâtes, le tout joliment présenté.

Oomatsuya *(soba)* 大松屋
Plan p. 55 / A3. *5-6-13 Ginza, Chuo-ku, 7e ét. À 2 min à pied du M° Ginza (sortie B3) ☎ 03-3571-7053. Ouv. 17 h 30-22 h, f. dim. et j.f. www013.upp.so-net.ne.jp/omatsuya.*
L'intérieur ressemble à une maison de samouraï telle qu'on en trouve au nord du Japon. Spécialité : les *soba (p. 294)*.

Tsunahachi *(tempura)*
新宿つな八 銀座松屋店
Plan p. 55 / A3. *3-6-1 Ginza, Chuo-ku. Au 8e ét. de Matsuya. À 2 min à pied des M° Ginza (sortie A13) ou Marunouchi (sortie C8) ou Hibiya (sortie B2) ☎ 03-3567-1374. Ouv. t.l.j. 11 h-22 h. www.tunahachi.co.jp.*
Cette chaîne de restaurant est réputée pour la finesse de ses beignets (*tempura*). Menu à midi : 2000 yens pour un assortiment de *tempura*, du riz blanc, de la soupe et des petits légumes.

Yukun Sakagura Ginza *(cuis. régionale)*
有薫酒蔵銀座店
Plan p. 55 / A3. *Seio bldg B1, 2-2-18 Ginza, Chuo-ku. À 5 min à pied du M° Ginza (sortie C8) ☎ 03-3561-6672. Ouv. mar.-ven. 11 h 30-13 h 30, lun.-ven. 17 h-22 h 30, sam. 16 h-21 h, f. dim. et j.f. www.ginza-yuukun.co.jp.*
On sert ici la cuisine de Kyushu (sud du Japon) : divers poissons, grillés ou en sashimis, langue de bœuf, légumes, etc. Il vaut mieux y aller tôt à cause de la foule.

Chichibu Nishiki *(cuis. japonaise)*
秩父錦
Plan p. 55 / A3. *2-13-14 Ginza, Chuo-ku, derrière Showa dori. À 6 min à pied du M° Higashi-ginza (sortie 3) ☎ 03-3541-4776. Ouv. 17 h-22 h 30, f. sam.-dim. et j.f.*
La vieille maison vous séduira dès l'entrée : coincée entre deux immeubles modernes, cet édifice en bois foncé sur deux étages avec un toit à chaque niveau est typiquement traditionnel ; on dirait une maison à la campagne. Les légumes frais de montagne et le saké du terroir vous combleront de bonheur.

Entre 5 000 et 8 500 yens

Yasuko *(oden)* やす幸
Plan p. 55 / A3. *7-8-14 Ginza, Chuo-ku. À 7 min à pied du M° Ginza (sortie B3) ☎ 03-3571-0621 ou 3467. Ouv. t.l.j. 16 h-22 h 30. www.ginzayasuko.com.*
Un peu cher pour un restaurant d'*oden* (cuisine bouillie), mais l'ambiance vaut le détour.

Neboke *(cuis. régionale)* ねぼけ銀座店
Plan p. 55 / A3. *7-6-8 Ginza, Chuo-ku. À 4 min à pied du M° Ginza (sortie B3) ☎ 03-3572-9640. Ouv. lun.-ven. 17 h-22 h 30, sam. 16 h-21 h 30, f. dim. et j.f. www.kazuoh.com/shop/neboke.html.*
Spécialités de l'île de Shikoku, au sud de Honshu (sashimis, *shabu-shabu*, etc.).

Entre 9 000 et 20 000 yens

♥ **Ginza Seamon** *(sushi)* 鰤門
Plan p. 55 / A3. *Sakaguchi bldg, 6e ét., 5-5-13 Ginza, Chuo-ku. À 2 min à pied du M° Ginza (sortie B3). Situé dans la rue Namiki dori, à côté de la boutique Cartier ☎ 03-5537-0010. Ouv. t.l.j. lun.-ven. 11 h 30-15 h et 17 h-23 h, sam. 11 h 30-15 h 30 et 17 h-23 h, dim. et j.f. 11 h 30-15 h 30 et 17 h-22 h. www.seamon.jp.*
Une excellente *sushiya* (restaurant de sushis) où l'on pousse le raffinement jusqu'à vous proposer trois sortes de sauce de soja ! Menus de midi à 3 800 yens.

➤ Café

Monsoon Cafe G-zone Ginza
モンスンカフェ**G-Zone** 銀座
Plan p. 55 / A2. *1-2-3 Ginza, Chuo-ku. À 8 min à pied du M° Ginza (sortie C8) ☎ 03-5524-3631. Ouv. t.l.j. 11 h 30-1 h, lunch 11 h 30-14 h, 15 h sam.-dim. et j.f. www.monsoon-cafe.jp/gzone.*
Au Moonsoon Cafe, vous serez totalement dépaysé ! On vous servira des plats du sud-est asiatique dans un cadre exotique qui vous fera oublier que vous êtes au Japon. Haut de plafond, tables et chaises en bois, plantes vertes : bonne ambiance garantie dans ce café-restaurant ethnique !

Lupin ルパン
Plan p. 55 / A3. *Tsukamoto Fudosan bldg B1, 5-5-11 Ginza, Chuo-ku. À 5 min à pied du M° Ginza (sortie B6) ☎ 03-3571-0750. Ouv. 17 h-23 h 30, f. dim., lun. et j.f. www.lupin.co.jp.*
Ce bar, ouvert dans les années 1930, évoque la belle époque de Ginza.

➤ Pâtisserie

♥ **Toraya** とらや 銀座店
Plan p. 55 / A3. *7-8-6 Ginza, Chuo-ku. À 4 min à pied du M° Ginza (sortie A2) ☎ 03-3571-3679. Ouv. t.l.j. 10 h-20 h, dim. et j.f. 10 h-19 h. www.toraya-group.co.jp.*
Cette pâtisserie japonaise existe depuis 450 ans. Au 1er étage, il y a un café, où l'on sert du thé vert (*gyokuro, matcha, sencha*) et des gâteaux japonais. Il y a d'autres boutiques à Tokyo et ailleurs, même à Paris, depuis plus de 30 ans !

SHOPPING

Voir également les adresses proposées dans la visite 5, p. 56-59.

➤ Artisanat

Takumi たくみ
Hors plan p. 55 par A3. *8-4-2 Ginza, Chuo-ku. À 8 min à pied du M° Ginza (sortie C2) ☎ 03-3571-2017. Ouv. lun.-sam. 11 h-19 h, f. dim. et j.f. www.ginza-takumi.co.jp.*
Ce magasin est idéal pour faire des cadeaux car il propose une belle sélection d'objets artisanaux (céramiques, textiles) et des jouets traditionnels.

➤ Électronique

Apple Store アップルストア 銀座
Plan p. 55 / A3. *3-5-12 Ginza, Chuo-ku. À 2 min à pied du M° Ginza (sortie A10) ☎ 03-5159-8200. Ouv. t.l.j. 9 h-21 h.*
C'est le premier magasin Apple ouvert au Japon ; il y en a deux autres à Tokyo (à Shibuya, Omotesando, etc.).

➤ Jouets

Hakuhinkan Toy Park 博品館トイパーク
Hors plan p. 55 par A3. *8-8-11 Ginza, Chuo-ku. À 5 min à pied du M° Ginza (sortie A2) ☎ 03-3571-8008. Ouv. t.l.j. 11 h-20 h. www.hakuhinkan.co.jp.*
C'est le plus grand magasin de jouets de Tokyo : des peluches à la poupée Rika chan, des Lego aux trains électriques, des jouets télécommandés aux jeux en bois, des jeux électroniques aux héros des *anime*, tout se trouve ici.

➤ Papeterie et papier japonais

Itoya 伊東屋
Plan p. 55 / A3. *2-7-1 Ginza, Chuo-ku. À 5 min à pied du M° Ginza (sortie A13) ☎ 03-3561-8311. Ouv. lun.-sam. 10 h-20 h, dim. et j.f. 10 h-19 h. www.ito-ya.co.jp.*
Cette papeterie plus que centenaire propose sur huit étages un choix impressionnant de cartes postales, de papiers japonais rares et du matériel de bureau. Il y en a d'autres à Tokyo (Shinjuku, Shibuya ou Ikebukuro).

Ryuzendo 龍善堂
Plan p. 55 / A3. *5-8-5 Ginza, Chuo-ku. Proche du M° Ginza (sortie A5) ☎ 03-3571-4321. Ouv. lun.-sam. 11 h-19 h.*
Beaucoup de jolies choses en papier (enveloppes, papier à lettres) mais aussi du matériel de calligraphie, ainsi qu'un grand choix de bâtons d'encens.

➤ Saké

Ginza Kimijimaya 銀座 君嶋屋
Plan p. 55 / A2. *Konya Bldg 1F, 1-2-1 Ginza, Chuo-ku ☎ 03-5159-6880. Proche du M° Ginza-itchome, ligne Yurakucho, (Y19, sortie 3). Ouv. t.l.j. lun.-ven. 10 h 30-21 h, sam. 10 h 30-20 h, dim. et j.f. 10 h 30-19 h. www.kimijimaya.co.jp/english.html.*
Les étrangers voulant acheter du saké japonais seront très bien reçus dans ce magasin, établi depuis 1892. La maison mère se trouve à Yokohama. Vous pourrez choisir parmi les meilleurs sakés. Un large choix de vins français, italiens et autres, également, et d'autres alcools.

Yanagiya saketen 柳屋酒店
Plan p. 55 / A3. *3-4-15 Ginza, Chuo-ku. À 2 min à pied du M° Ginza (sortie A13) ☎ 03-3561-0947. Ouv. t.l.j. 10 h 30-19 h, f. sam.-dim. et j.f.*
Dans cette boutique, vous trouverez différents saké, mais aussi du tabac.

S'AMUSER

➤ Kabuki

Deux salles proposent toute l'année des spectacles de kabuki (p. 287).

Le programme est annoncé dans les journaux gratuits que l'on trouve dans les grands hôtels. D'ordinaire, ils ont lieu à 11 h et à 16 h 30. Le prix des billets varie de 3 000 à 20 000 yens. On peut généralement louer des places pour le jour même. Programme des pièces de kabuki et autres spectacles traditionnels : www.ntj.jac.go.jp. Infos sur le kabuki : www.kabuki-bito.jp.

Kabuki-za 歌舞伎座
Plan p. 55 / A3. *4-12-15 Ginza, Chuo-ku. Proche du M° Higashi-ginza (sortie 3) ☎ 03-3545-6800. www.kabuki-za.co.jp.*
Inauguré en 1889, c'est le plus célèbre des théâtres de *kabuki*. Les représentations ont lieu presque quotidiennement, et les pièces sont de qualité. Rénové en 2013, sa façade bariolée, son grand rideau violet à l'entrée et ses ornements intérieurs : tout vaut le détour !

Shimbashi Enbujo 新橋演舞場
Hors plan p. 55 par A3. *6-18-2 Ginza, Chuo-ku. À 5 min à pied du M° Higashi-ginza (sortie 6) ☎ 03-3541-2600. www.kabuki-bito.jp/eng.*
Ouvert en 1925, puis reconstruit en 1948 et en 1982, ce théâtre à l'aspect moderne contient plus de 1 400 places. Des pièces de *kabuki* y sont données, ainsi que d'autres spectacles.

➤ DE TSUKIJI À LA BAIE DE TOKYO

Visite 6, p. 60 ; plan p. 61

Tsukiji

Visite p. 61, Carnet pratique p. 308

OÙ DORMIR ?

Autour de 12 000 yens

Ginza Capital Hotel
銀座キャピタルホテル
Plan p. 61 / B1. *2-1-4 Tsukiji, Chuo-ku. À 2 min à pied du M° Tsukiji (sorties 3 ou 4) ☎ 03-3543-8211, fax 03-3543-7839. www.ginza-capital.co.jp. Restaurants.*
Une solution peu onéreuse dans le quartier du marché aux poissons, proche également de Ginza *(15 min à pied)*. Moderne et confortable.

OÙ MANGER ?

Entre 2 600 et 4 000 yens

♥ **Sushi Dai** *(sushi)* 寿司大
Plan p. 61 / B1. *5-2-1 Tsukiji, Chuo-ku. Proche du M° Tsukijishijo (sortie A1). Dans l'enceinte du marché aux poissons de Tsukiji (marché intérieur couvert dit « jonai »), bât. 6 ☎ 03-3547-6797. Ouv. 5 h-16 h, mer. jusqu'à 9 h ou 10 h. www.tsukijigourmet.or.jp/22_sushidai.*
Petit restaurant où l'on mange au comptoir. Deux menus au choix (7 ou 11 pièces de sushis). Le poisson, à peine arrivé sur les étals du marché, est tout simplement succulent : presque aussi ferme que de la viande, il est translucide de fraîcheur. En accompagnement, soupe *miso* de poissons, omelette roulée, quelques *maki* et thé vert *matcha*.

Entre 3 000 et 5 000 yens

Sushi Sei *(sushi)* 寿司清
Plan p. 61 / B1. *4-13-9 Tsukiji, Chuo-ku. À 5 min à pied du M° Tsukijishijo (sortie A1) ☎ 03-3541-7720 (r.-d.-c.) ou 03-3546-8777 (1er ét.). Ouv. lun.-ven. 8 h 30-14 h et 17 h-20 h, sam. 8 h-20 h, dim et j.f. 9 h 30-20 h, f. mer. www.tsukijisushisay.co.jp.*
Prévoyez une demi-heure de queue. À midi, vous trouverez des menus à 2 500 yens : un assortiment de sushis.

Tsukiji Edogin *(sushi)* 築地 江戸銀
Plan p. 61 / B1. *4-5-1 Tsukiji, Chuo-ku. À 5 min à pied du M° Tsukijishijo (sortie A1) ☎ 03-3543-4401. Ouv. lun.-sam. 11 h 30-14 h 30, 17 h-21 h 30 et 20 h le dim. www.tsukiji-edogin.co.jp.*
Ce restaurant profite de sa situation (près du marché aux poissons) pour offrir d'excellents et copieux sushis, ainsi que de bons *tempura* (beignets). Abordable.

Entre 8 000 et 12 000 yens

Tamura *(kaiseki)* つきぢ田村
Plan p. 61 / B1. *2-12-11 Tsukiji, Chuo-ku. À 10 min à pied du M° Tsukijishijo (sortie A1) ☎ 03-3541-2591. Ouv. mar.-sam. 11 h 30-21 h 30, lun,, dim. et j.f. 11 h 30-14 h 30 et 17 h-21 h 30 www.tsukiji-tamura.com.*
Le chef fait des conférences sur la cuisine *kaiseki* *(p. 295)* à l'université. Très raffiné, le menu change chaque mois.

Baie de Tokyo

Visite p. 63, Carnet pratique p. 308

OÙ DORMIR ?

Autour de 20 000 yens

Hotel Unizo Shinbashi
ホテルユニゾ新橋
Plan p. 61 / A1. *3-5-2 Shinbashi, Minato-ku. À 3 min à pied de la gare de Shimbashi (sortie Karasumori guchi) ☎ 03-3591-3351, fax 03-3592-1977. www.hotelunizo.com/shimbashi. Resto.*
Fréquenté par les hommes d'affaires, hôtel bien situé et pas trop onéreux.

Autour de 40 000 yens

The Prince Park Tower Tokyo
ザ・プリンス パークタワー東京
Hors plan p. 61 par A2. *4-8-1 Shibakoen, Minato-ku. À 8 min à pied du M° Shibakoen ☎ 03-5400-1111, fax 03-5400-1110. www.princehotels.com/en/parktower.*
Cet hôtel, qui appartient au groupe Prince, se dresse à quelques pas de la tour de Tokyo *(p. 77)*, au cœur d'un parc très calme. Luxueux mais sans ostentation, il offre depuis le 33e étage une vue exceptionnelle sur toute la ville. Proche du quartier de Tsukiji *(30 min à pied ou 10 min à pied jusqu'au M° Daimon qui mène en 4 min au marché par la ligne Toei Oedo)*, c'est un bon choix pour rayonner dans la zone du port de Tokyo.

OÙ MANGER ?

À partir de 4 300 yens

Washoku En *(izakaya)*
和食 えん 汐留店
Plan p. 61 / A1. *1-5-2 Higashi-Shinbashi, Minato-ku. À 2 min à pied de la gare de Shimbashi (sortie 1D). Au 42e ét. de Shiodome City Center ☎ 03-5537-2096. Ouv. t.l.j. lun.-ven. 11 h 30-15 h, sam.-dim. et j.f. 11 h 30-16 h, 17 h-23 h 30. www.wasyoku-en.com.*
Tout en dégustant des plats typiquement japonais, vous aurez le plaisir d'admirer la ville du 42e étage !

Entre 5 000 et 15 000 yens

♥ **Ginza Sushizen** *(sushi)* すし善
Plan p. 61 / A1. *7-8-10 Ginza, Chuo-ku. À 6 min à pied du M° Shimbashi (sortie 1) ou du M° Ginza (sortie A1) ☎ 03-3569-0068. Ouv. t.l.j. 11 h-14 h 30 et 17 h-22 h 30, f. dim. www.sushizen.co.jp/en.*
Une excellente *sushiya*. Un peu cher le soir, mais le menu de midi est à moins de 4 000 yens. Décor simple, en bois clair.

Entre 6 500 et 12 000 yens

Hanashanshou *(cuis. japonaise)* 花山椒
Plan p. 61 / A1. *1-7-1 Higashi-Shinbashi, Minato-ku. Au 25e ét. du Park hotel Tokyo Shiodome ☎ 03-6252-1177. Ouv. t.l.j. 11 h 30-15 h et 17 h 30-22 h. en.parkhoteltokyo.com/dining/hanasanshou/.*
Excellente cuisine japonaise typique de Kyoto (*kaiseki, p. 295*), très raffinée, dans un cadre merveilleux. Une étoile au guide Michelin depuis 2008. Astuce : les prix sont moins élevés le midi.

➤ Salon de thé

♥ **Nakajima no ochaya** 中島の御茶屋
Plan p. 61 / A1. *1-1 Hamarikyuteien, Chuo-ku. À 7 min à pied des M° Shiodome ou Tsukijishijo (sortie Shiodome) ☎ 03-3541-0200. Ouv. t.l.j. 9 h-16 h 30. Formules : 510 ou 720 yens.*
Dans le jardin de Hama-rikyu, cette belle maison de thé installée depuis 1704 vous permettra de faire une petite pause gourmande autour d'un thé vert japonais et d'une pâtisserie.

SHOPPING

➤ Centre commercial

Shiodome SIO-SITE 汐留シオサイト
Plan p. 61 / A1. *1-8-2 Higashi-Shinbashi, Minato-ku. À 4 min à pied de la gare de Shimbashi (sortie 4). Ouv. t.l.j. www.sio-site.or.jp.*
Nombreux restaurants et commerces dans cet immense complexe.

➤ Artisanat japonais

The Tolman Collection
ザ・トールマン コレクション
Plan p. 61 / A2. *2-2-18 Shiba Daimon, Minato-ku. À 4 min à pied du M° Daimon (sortie A6) ☎ 03-3434-1300. Ouv. t.l.j. mer.-dim. 11 h-19 h. www.tolmantokyo.com.*
Dans ce beau magasin d'artisanat japonais, vous pourrez trouver de jolies estampes anciennes. Des expositions temporaires d'artistes contemporains sont également proposées.

➤ ODAIBA

Visite 7, p. 66 ; plan p. 67

Nous ne vous recommandons pas de loger dans ce quartier car les prix des hôtels sont assez élevés.

OÙ MANGER ?

Entre 2 000 et 5 000 yens

Tama Sushi *(sushi)* 築地玉寿司
Plan p. 67 / A2. *Decks Tokyo Beach 5e ét. 1-6-1 Daiba, Minato-ku. À 5 min à pied du Mo Tokyo Teleport (sortie B) ☎ 03-3599-6556. Ouv. t.l.j. lun.-sam. 11 h-23 h. www.tamasushi.co.jp. Formule buffet à volonté de sushis, au comptoir (hommes : 4 860 yens ; femmes : 3 780 yens ; enfants de 3-12 ans : 2 160 yens). Demande de la formule buffet à volonté jusqu'à 21 h.*
Belle vue sur la mer. Vous pouvez choisir la formule buffet à volonté de sushis, vous aurez un large choix de poissons ! Il y a aussi d'autres menus qui ne font pas partie de la formule buffet.

À partir de 16 500 yens

Hamayu *(teppanyaki)* 浜木綿
Plan p. 67 / A2. *Hotel Grand Pacific Odaiba 30F. 2-6-1 Daiba, Minato-ku. Proche du Mo Daiba. Au 30e ét. de l'hôtel Grand Pacific ☎ 03-5500-6606. Ouv. t.l.j. 11 h 30-14 h 30 et 17 h 30-21 h. www.grandpacific.jp/eng/restaurant/hamayu.php.*
Viande d'excellente qualité dans un cadre exceptionnel. Vous aurez une vue splendide sur la baie de Tokyo et le pont Rainbow. À midi, menu : 6 000 yens.

➤ ROPPONGI

Visite 8, p. 72 ; plan p. 73

OÙ DORMIR ?

Entre 31 000 et 34 000 yens

ANA Intercontinental Hotel Tokyo
ANA インターコンチネンタルホテル東京
Plan p. 73 / B1. *1-12-33 Akasaka, Minato-ku. Proche du Mo Tameike-sanno (sortie 13) ☎ 03-3505-1111, fax 03-3505-1155. www.anaintercontinental-tokyo.jp/e. Restaurants, café, bar, etc.*
Cet hôtel est situé dans le quartier Akasaka Ark Hills, dans lequel se trouvent des ambassades et où beaucoup d'étrangers, notamment français, se sont installés. Idéal pour visiter le quartier des arts de Roppongi et ses musées, ainsi que pour sortir le soir. Les chambres sont spacieuses et élégantes, le service est remarquable.

Autour de 46 000 yens

Hotel Okura Tokyo ホテルオークラ東京
Plan p. 73 / B2. *2-10-4 Toranomon, Minato-ku. À 8 min à pied du Mo Kamiyacho (sortie 4b) ou du Mo Toranomon (sortie 3) ☎ 03-3582-0111, fax 03-3582-3707. www.hotelokura.co.jp/tokyo/en. Restaurants, bar, café, piscine, sauna, salle de gym, etc.*
C'est l'un des plus prestigieux hôtels du monde. Service impeccable, excellents restaurants, superbe jardin… L'hôtel possède même son propre musée (en travaux, ouverture prévue en 2019) !

OÙ MANGER ?

Entre 1 000 et 4 000 yens

Honmura An *(udon et soba)*
ホンムラアン
Plan p. 73 / A2. *7-14-18 Roppongi, Minato-ku. À 2 min à pied du Mo Roppongi (sortie 4b). Au 2e niveau ☎ 03-5772-6657. Ouv. mar.-dim. 12 h-14 h 30 et mar.-ven. 17 h 30-22 h, sam.-dim. et j.f. 17 h 30-21 h 30, f. 3e mar. du mois. www.honmuraantokyo.com/eng.*
Udon et *soba* composent le menu de ce restaurant, au choix chauds ou froids, servis dans de grands bols. *Soba* au *natto* (soja fermenté) pour les amateurs. Le patron parle bien l'anglais et veille particulièrement au bien-être de ses hôtes.

De 3 000 à 5 000 yens

♥ **Gonpachi** *(izakaya)* 権八
Hors plan p. 73 par A2. *1-13-11 Nishi-Azabu, Minato-ku. À 10 min à pied du Mo Roppongi (sortie 2) ☎ 03-5771-0170. Ouv. t.l.j. 11 h 30-3 h 30, en semaine menus midi jusqu'à 15 h. 356 places. www.gonpachi.jp/nishiazabu.*
Dans cette immense salle, on commande plusieurs petits plats que l'on partage entre amis : c'est le principe de l'*izakaya*. Le restaurant connaît un

grand succès depuis que le Premier ministre Koizumi y a invité George Bush. Son décor a inspiré Quentin Tarantino pour la dernière scène de combat du film *Kill Bill*, où la mariée se fait attaquer par des Japonais !

Toricho *(yakitori et spécialités de poulet)* 鳥長
Plan p. 73 / A2. *7-14-1 Roppongi, Minato-ku. À 3 min à pied du M° Roppongi (sortie 4a) ☎ 03-3401-1827. Ouv. lun.-sam. 17 h-23 h, j.f. 17 h-22 h, f. le dim.*
Cette *yakitoriya* (restaurant de *yakitori*), assez chic, propose de nombreuses sortes de brochettes : poulet et beaucoup de légumes. Demandez le *chochin-yaki* (tube d'œuf), rare.

Entre 5 000 et 8 000 yens

♥ **Nodaiwa** *(unagi)* 野田岩
Plan p. 73 / B2. *1-5-4 Higashi-Azabu, Minato-ku. À 5 min à pied du M° Kamiyacho (sortie 2) ☎ 03-3583-7852. Ouv. lun.-sam. 11 h-13 h 30 et 17 h-20 h. Tables et chaises, et tables basses sur tatamis. www.nodaiwa.co.jp*
Fondé en 1790, c'est l'un des plus célèbres restaurants d'anguille à Tokyo. Beau cadre et mets délicieux.

Entre 7 000 et 15 000 yens

Tan Etsu *(sushi)* 淡悦
Plan p. 73 / A2. *9-7-4 Akasaka, Minato-ku. Proche du M° Roppongi (sorties 4a ou 8). Dans Tokyo Midtown (3e ét.) ☎ 03-5413-8668. Ouv. lun.-ven. 11 h-16 h et 17 h-23 h, sam., dim. et j.f. 11 h-22 h. www.tan-etsu.jp.*
Le bar à sushis donne sur le jardin qui entoure l'immense Tokyo Midtown. Le menu de midi est très avantageux. Parfait avant ou après une visite au musée d'art Suntory, situé au même étage.

Roppongi Fukuzushi *(sushi, sashimi)* 六本木 福鮨
Plan p. 73 / A2. *5-7-8 Roppongi, Minato-ku. À 5 min à pied du M° Roppongi (sortie 3) ☎ 03-3402-4116. Ouv. t.l.j. 11 h 30-14 h et 18 h-23 h, café 13 h 30-17 h. f. dim. et j.f. www.roppongifukuzushi.com.*
L'accueil est extrêmement chaleureux et le cadre est très agréable, avec un petit jardin japonais. Les sushis et sashimis sont un délice. Menus moins chers le midi (2 500 yens).

Entre 9 000 et 17 000 yens

♥ **Roku Roku** *(sushi)* 六緑
Plan p. 73 / A2. *6-10-3 Roppongi, Minato-ku. À 3 min à pied du M° Roppongi (sortie 1c). Au 6e ét. de l'hôtel Grand Hyatt Tokyo ☎ 03-4333-8788. Ouv. t.l.j. 11 h 30-14 h 30, sam.-dim. 11 h 30-15 h et 18 h-21 h 30.*
Décor dépouillé et qualité indépassable pour la fraîcheur du poisson (et sa présentation) ainsi que le service. Raisonnable à l'heure du déjeuner (3 000 à 6 000 yens), mais bien plus cher le soir.

Inakaya *(robata-yaki)* 田舎家
Plan p. 73 / A2. *4-10-11 Roppongi, Minato-ku. À 3 min à pied du M° Roppongi (sortie 4a) ☎ 03-5775-1012. Ouv. t.l.j. 17 h-23 h. www.roppongiinakaya.jp.*
Inakaya signifie « maison de la campagne » et c'est vrai que le décor fait très « Japon d'autrefois ». Le spectacle des cuisiniers est étourdissant. Vous ferez là votre repas le plus folklorique. Il y en a un second, de l'autre côté du carrefour Roppongi *(5-3-4 Roppongi ☎ 03-3408-5040)*, et un à New York !

SHOPPING

➤ Antiquités et vaisselle

Nishikawa 古美術 西川
Hors plan p. 73 par A2. *2-20-14 Azabujuban, Minato-ku. À 15 min à pied du M° Roppongi ☎ 03-3456-1023. Ouv. t.l.j. sf mar. 11 h-19 h. www.e-nagahama.com/nishikawa.*
Boutique bien achalandée de vaisselle de type *imari* (porcelaine développée dans le Kyushu, au sud du pays) abordable, paravents, *obi* (ceintures de kimonos).

➤ Souvenirs

Souvenir from Tokyo
スーベニアフロムトーキョー
Plan p. 73 / A2. *7-22-2 Roppongi, Minato-ku. Proche du M° Nogizaka (sortie 6). Ou à 5 min à pied du M° Roppongi (sortie 7). Au s.-s du Centre national d'art de Tokyo ☎ 03-6812-9933. Ouv. sam.-lun., mer. et jeu. 10 h-18 h, ven. 10 h-20 h. www.souvenirfromtokyo.jp.*
Belle boutique où acheter des articles pour la maison, des objets en tissus japonais et du thé vert.

S'AMUSER

➤ Bars, discothèques

328 サンニーハチ
Hors plan p. 73 par A2. *3-24-20 Nishi-Azabu, Minato-ku. Au s.-s. À 10 min à pied du M° Roppongi (sortie 1b) ☎ 03-3401-4968. Ouv. selon programmation à partir de 20 h. www.tokyo-club.net/nishiazabu-328.*
Prononcer « San ni' pa ». Minuscule boîte de nuit offrant une piste de danse tout aussi minuscule. Ambiance chaleureuse et foule des plus hétéroclites. Programmation musicale classique.

El Cafe Latino エルカフェラティーノ
Plan p. 73 / A2. *WIN Roppongi 1F, 3-15-24 Roppongi, Minato-ku. À 5 min à pied du M° Roppongi (sortie 3) ☎ 03-3402-8989. Ouv. mar.-jeu. et dim. 18 h-minuit, ven.-sam. 18 h-5 h. www.elcafelatino.com.*
Cours de salsa avant de commencer à danser librement, certains jours. Ambiance latino garantie !

Le Connaisseur コネスール
Plan p. 73 / A2. *7-18-11 Roppongi, Minato-ku. À 5 min à pied du M° Roppongi (sortie 2) ☎ 03-3746-3636. Ouv. 17 h-4 h, f. dim. et j.f. www.leconnaisseur.jp.*
Un des repaires nocturnes des amateurs de cigares. Il y a un bar et une boutique.

Motown House モータウンハウス 六本木
Plan p. 73 / A2. *COM Roppongi Bldg 1er ét. 3-11-5 Roppongi, Minato-ku. À 3 min à pied du M° Roppongi (sortie 3) ☎ 03-5577-2321. Ouv. dim, mar.-mer. 21 h-2 h, jeu. 21 h-minuit, ven.-sam. 22 h-5 h. www.motownhouse.com.*
Petit bar où l'on peut danser. Bonne ambiance garantie. Musique de tous genres : rock, hip-hop, latina, house.

Muse ミューズ
Plan p. 73 / A2. *4-1-1 Nishi-Azabu, Minato-ku. À 11 min à pied du M° Roppongi (sortie 1b). Au s.-s. ☎ 03-5467-1188. Ouv. lun.-ven. 21 h-à l'aube, sam.-dim. 22 h-à l'aube. Pièce d'identité oblig. www.muse-web.com.*
C'est l'une des discothèques les plus connues de la capitale. Deux grandes pistes de danse. Hip-hop ou house.

New Lex Tokyo
ニューレックストウキョウ
Plan p. 73 / A2. *Low Bldg 5-5-1 Roppongi, Minato-ku. À 2 min à pied du M° Roppongi (sortie 3). Au s.-s. ☎ 03-3479-7477. Ouv. t.l.j. 20 h-5 h selon les soirées. www.newlextokyo.com.*
La décoration est tout en rouge et noir. Selon les événements, la musique est différente : hip-hop, électro, house.

➤ AUTOUR D'EBISU

Visite 9, p. 78 ; plan p. 79

Ebisu

Visite p. 79, Carnet pratique p. 308

OÙ DORMIR ?

À partir de 3 500 yens

Hotel Siesta ホテルシエスタ
Plan p. 79 / B1. *1-8-1 Ebisu, Shibuya-ku ☎ 03-3449-5255. Proche de la gare d'Ebisu (sortie O.). Au 2e niveau, salle de douches (700 yens/h.). À la réception, on vous donnera gratuitement brosse à dents, boules Quiès et rasoir. www.siesta-en.com.*
Cet hôtel-capsule, propre et confortable, dispose, de chaque côté d'un long couloir, de chambres alignées comme dans un train couchette. Vous pouvez même choisir le matelas à ressorts (durs ou pas). Il y a également des chambres single (6 900 yens/pers.), moins étroites que celles d'un hôtel capsule-classique.

OÙ MANGER ?

Entre 1 000 et 3 000 yens

Ebisu Yokocho 恵比寿横丁
Plan p. 79 / B1. *1-7-4 Ebisu, Shibuya-ku. Proche de la gare d'Ebisu (sortie O.). Ouv. t.l.j. 17 h-5 h (selon les restaurants). www.ebisu-yokocho.com.*
Dans cette halle étroite aux allures d'antan, avec ses restaurants aux lanternes rouges et aux *noren* (tissu qui pend devant l'entrée des magasins sur lequel est inscrit le nom de l'établissement) colorés, vous trouverez de nombreux restaurants pour tous les goûts : *teppan-yaki*, *kushi-yaki*, sushis, des bars et des bistros. C'est un *food hall* qui rappelle

l'ambiance de l'Edo (ancien nom de Tokyo), avec ses petites échoppes les unes à côté des autres.

Entre 3 000 et 3 500 yens

♥ **Nanaki** *(soba)* な々樹
Plan p. 79 / A1. *1-13-2 Ebisunishi, Shibuya-ku ☎ 03-3496-2878. À 3 min à pied du M° Ebisu ou de la gare d'Ebisu. Ouv. lun.-sam. 11 h 30-14 h 30 et 17 h-23 h 30, f. j.f.*
Les *soba* servis ici sont faits de manière artisanale selon une ancienne tradition originaire de la préfecture de Nagano.

SHOPPING

Francfranc フランフラン
Plan p. 79 / A-B1. *5F Atré Ebisu 1-5-5 Ebisu-minami, Shibuya-ku ☎ 03-5793-8020. Au 5e ét. du centre commercial Atré qui se trouve dans la gare d'Ebisu. Ouv. t.l.j. 10 h-21 h 30. www.francfranc.com.*
Dans cette enseigne, que l'on trouve aussi dans d'autres quartiers de Tokyo, vous apprécierez les meubles modernes et les accessoires pour la maison.

Meguro

Visite p. 80, Carnet pratique p. 308

OÙ MANGER ?

Entre 1 000 et 3 000 yens

♥ **Tonki** *(tonkatsu)* とんき
Plan p. 79 / B2. *1-1-2 Shimo-Meguro, Meguro-ku ☎ 03-3491-9928. Proche de la gare ou du M° Meguro (sortie O.). Ouv. 16 h-23 h, f. mar. et 3e lun. du mois.*
C'est l'un de nos coups de cœur et incontestablement le meilleur *tonkatsu* (porc pané) de la ville. La pâte est si croquante et si légère que la maison en garde jalousement la recette. Quant à la viande, nous avons beau chercher, nous ne trouvons aucun superlatif capable d'en décrire le goût… Seul problème pour les gastronomes, c'est toujours complètement bondé et il faut parfois attendre plus d'une heure avant de pouvoir seulement s'asseoir. Si vous tenez à goûter cette merveille (le mot n'est pas exagéré), allez-y dès l'ouverture, vers 16 h, et commandez un *hiré daboru* (filet double).

Entre 6 000 et 8 000 yens

Torishiki *(yakitori)* 鳥しき
Plan p. 79 / B2. *2-14-12 Kamiosaki, Shinagawa-ku ☎ 03-3440-7656. À 2 min de la gare de Meguro (sortie E.). Ouv. t.l.j. sf lun. et j.f. 18 h-23 h.*
D'excellents *yakitori* (brochettes de poulet grillées) ainsi que divers plats à base de poulet raviront les amateurs.

Nakameguro

Visite p. 81, Carnet pratique p. 308

OÙ MANGER ?

Entre 3 000 et 4 000 yens

Kushiwakamaru *(yakitori)* 串若丸
Hors plan p. 79 par A1. *1-19-2 Kamimeguro, Meguro-ku ☎ 03-3715-9292. À 3 min à pied de la gare de Nakameguro. Ouv. t.l.j. lun.-ven. 17 h 30-minuit, sam.-dim. et j.f. 17 h-minuit.*
Un excellent restaurant de *yakitori* (brochettes de poulet, légumes) à tel point qu'il faut parfois faire la queue pour avoir une place ! Arriver tôt est la meilleure solution. Vous pourrez voir les cuisiniers préparer les brochettes devant vous, du comptoir. Une ambiance chaleureuse très japonaise !

Entre 4 000 et 5 000 yens

Aburiya Fudo *(izakaya, de style coréen)* 炙家風土 （あぶりやふうど）
Hors plan p. 79 par A1. *1-6-16 Higashiyama, Meguro-ku ☎ 03-3792-4555. À 5 min à pied de la gare de Nakameguro. Ouv. lun.-sam. 18 h-3 h ; dim. et j.f. 17 h-23 h 30.*
Un excellent restaurant de grillades et légumes de style coréen, avec une sauce un peu épicée. La viande est de qualité. Vous pourrez aussi commander des plats de viande (tripes de bœuf, porc ou poulet) cuits dans des marmites, appelés *motsuni*. Le large comptoir en bois est chaleureux et confortable. Grand choix d'alcools japonais, coréens et autres.

➤ Café

À partir de 500 yens

Helianthus ヘリアンタス
Hors plan p. 79 par A1. *1-16-12 Aobadai, Meguro-ku ☎ 03-5728-3890. À 6 min*

à pied de la gare de Nakameguro. Le long de la rivière Meguro. Ouv. lun.-ven. 10 h-18 h, sam.-dim. et j.f. 10 h-17 h.
C'est l'endroit idéal pour faire une pause café ou déjeuner avec vos enfants car un espace leur est réservé! Moderne, clair et spacieux, on peut laisser les poussettes à l'entrée. Vous pouvez même acheter des vêtements ou des jouets pour vos garnements!

À partir de 1 000 yens

Café Façon カフェ・ファソン
Hors plan p. 79 par A1. *3-8-3 Kamimeguro, Meguro-ku ☎ 03-3716-8338. À 2 min à pied de la gare de Nakameguro. Ouv. t.l.j. 10 h-23 h. www.cafe-facon.jp.*
C'est l'un des meilleurs cafés filtre (café obtenu en faisant passer lentement l'eau frémissante dans un filtre papier, contrairement aux cafés faits à la machine) de Tokyo! L'immeuble est peut-être banal, mais le café (2e ét.) est agréable. Il y a même un petit balcon pour consommer à l'extérieur.

Daikanyama

Visite p. 81, Carnet pratique p. 308

OÙ MANGER?

Entre 2 000 et 3 000 yens

♥ **Anjin** *(cuis. internationale)* アンジン
Hors plan p. 79 par A1. *17-5 Sarugakucho, Shibuya-ku ☎ 03-3770-1900. Ouv. t.l.j. 9 h-2 h. À 6 min à pied de la gare de Daikanyama ou à 3 min en train de Shibuya (sortie principale). Au 2e ét. du Daikanyama T-Site. http://real.tsite.jp/daikanyama/floor/shop/anjin.*
Avec son comptoir réalisé à partir de piles de livres et ses gros fauteuils en cuir confortables, Anjin est un restaurant à la décoration recherchée: sur les tables basses, de nombreux ouvrages et magazines venus du monde entier que vous pourrez lire tout en consommant. Vous pourrez choisir votre menu sur un Ipad: salades, pâtes, gratins, sandwiches. Cette adresse est surtout connue par les Japonais et pas encore des touristes! Il est recommandé de réserver le week-end et le soir.

Entre 5 500 et 13 000 yens

Le Petit Bedon *(cuis. française)*
ル・プティ・ブドン
Hors plan p. 79 par A1. *13-13 Hachiyama-cho, Shibuya-ku ☎ 03-5457-0086. À 9 min à pied de la gare de Daikanyama (sortie principale). Ouv. t.l.j. sf mer. 11 h 30-14 h 30 et 18 h-22 h, 21 h dim. et j.f. www.pachon.co.jp/jpn/petit_bedon.*
Le restaurant d'André Pachon est très fréquenté par les expatriés et les Japonais qui aiment la gastronomie française, le tout dans un cadre charmant.

➤ Café

Caffè Michelangelo
カフェ・ミケランジェロ
Hors plan p. 79 par A1. *29-3 Sarugakucho, Shibuya-ku ☎ 03-3770-9517. À 6 min à pied de la gare de Daikanyama. Facilement repérable: sur le toit, il est écrit «ASO». Ouv. t.l.j. 11 h-22 h 30. http://www.aso-net.jp/michelangelo/*
Ce vaste café possède une grande terrasse ouverte, ce qui est assez rare dans la capitale. C'est le lieu idéal pour une pause café à l'italienne, sous une tonnelle d'immenses arbres plus que centenaires.

SHOPPING

➤ Tissus

Kamawanu かまわぬ
Plan p. 79 / A1. *23-1 Sarugakucho, Shibuya-ku ☎ 03-3780-0182. À 3 min à pied de la gare de Daikanyama. Ouv. t.l.j. 11 h-19 h. www.kamawanu.co.jp.*
Cette charmante boutique, spécialisée en *tenugui* (fine serviette en coton), vous permettra d'acheter des souvenirs typiquement japonais. Également un très grand choix de tissus plus modernes.

➤ Librairie

Tsutaya 蔦屋書店
Hors plan p. 79 par A1. *17-5 Sarugakucho, Shibuya-ku ☎ 03-3770-2525. À 6 min à pied de la gare de Daikanyama (sortie principale). Ouv. t.l.j. 7 h-2 h (r.-d.-c.) et 9 h-2 h (1er ét.).*
Cette librairie est une pure merveille: superbe architecture, grand choix de livres en anglais, et beaucoup de beaux livres. Vous pourrez également trouver

des DVD, des CD, des magazines, un coin pour le voyage avec de nombreux guides, et des Ipad en libre service pour chercher les produits que vous désirez. On y vient pour travailler ou étudier car il y a un café, et des ordinateurs sont à disposition sur les tables.

S'AMUSER

➤ Discothèques/clubs

Unit ユニット
Hors plan p. 79 par A1. *Za house Bldg B1F, 1-34-17 Ebisu-nishi, Shibuya-ku ☎ 03-5459-8630. Au s.-s. À 2 min à pied de la gare de Daikanyama (sortie principale). Ouv. t.l.j. 18 h-à l'aube (selon la soirée). www.unit-tokyo.com.*
Ce bar club, pour les 25-35 ans, est sur 3 niveaux en sous-sol : un café lounge, une salle de concert et une discothèque, et enfin un bar. On y passe du hip-hop, du reggae, de l'électro.

➤ SHIBUYA

Visite 10, p. 84 ; plan p. 86-87

OÙ DORMIR ?

Entre 15 000 et 25 000 yens

Shibuya Tokyu REI 渋谷東急イン
Plan p. 86-87 / B3. *1-24-10 Shibuya, Shibuya-ku ☎ 03-3498-0109, fax 03-3498-0189. À 2 min à pied de la gare de Shibuya (sortie Miyamasuzaka guchi). Wifi gratuit. Petit-déj. occidental (1 543 yens). www.tokyuhotels.co.jp.*
Au cœur du quartier de Shibuya, cet hôtel de style occidental et moderne dispose de chambres petites mais néanmoins fonctionnelles.

À partir de 25 000 yens

Hotel Unizo Shibuya ホテルユニゾ渋谷
Plan p. 86-87 / A3. *4-3 Udagawa-cho, Shibuya-ku ☎ 03-5457-7557, fax 03-5457-7558. À 7 min à pied de la gare de Shibuya, près des magasins Parco et Tokyu Hands. Internet gratuit. www.hotelunizo.com/eng/shibuya.*
Dans cet hôtel moderne, l'accueil est très sympathique. Les chambres sont petites mais agréables. Bien situé, il vous permettra de visiter facilement les quartiers de Sibuya et Harajuku.

OÙ MANGER ?

Dans la ruelle Nonbei Yokocho
『のんべい横丁』
Plan p. 86-87 / B3. *1-25-10 Shibuya, Shibuya-ku. À 2 min à pied de la gare de Shibuya (sortie E.).*
Il y a une quarantaine de petits restaurants et bars rétro, tout droits sortis des années 1950, où les clients boivent du saké ou de la bière, en mangeant des *yakitori* (brochettes de viande ou de légumes), des *gyoza* (raviolis chinois frits) de l'*oden* (cuisine bouillie). Les Japonais aiment ces lieux pour faire « *hashigo* », c'est-à-dire changer de restaurants ou de bars plusieurs fois dans la soirée. Menus : entre 1 000 et 3 500 yens.

Entre 2 000 et 3 500 yens

Nan Xiang 南翔饅頭店
Plan p. 86-87 / B3. *B2F Seibu Department Store A blg, 21-1 Udagawacho, Shibuya-ku ☎ 03-5784-0571. À 2 min à pied de la gare de Shibuya (sortie Hachiko guchi). Au 2ᵉ s.-s. Ouv. t.l.j. 11 h -23 h.*
La cuisine de Shanghai est ici à l'honneur : ne manquez pas les fameux *xiao long bao* (« petit pâté en panier »), excellents raviolis vapeur garnis de hachis de viande, de crevette, de crabe ou de légumes. Décor sobre et agréable, en noir et blanc, et belle collection de photos des rues de Shanghai. Musique jazz des Années folles.

Nabezo *(shabu-shabu)* 鍋ぞう
Plan p. 86-87 / A3. *6F Shibuya Beam, 31-2 Udagawacho, Shibuya-ku ☎ 03-3461-2941. À 6 min à pied de la gare de Shibuya (sortie Hachiko guchi). Ouv. lun.-ven. 11 h 30-15 h et 17 h-23 h, sam.-dim. et j.f. 11 h 30-23 h. www.nabe-zo.com.*
Très populaire, cette chaîne de restaurant de *shabu-shabu (p. 292)* vous permettra de déguster de la viande de porc à volonté (temps limité à 90 min).

Entre 3 000 et 5 000 yens

Komagata Dojo *(loches)* 駒形どぜう
Plan p. 86-87 / B3. *Renga Bldg 4F, 1-5-9 Dogenzaka, Shibuya-ku ☎ 03-3464-5522. À 4 min à pied de la gare de Shibuya (sortie Hachiko guchi). Ouv. t.l.j. 11 h 30-22 h. www.dozeu.com/en.*
Le restaurant principal se trouve à Asakusa, mais celui de Shibuya est aussi

bon. Commandez le *dojo nabe*, un plat de loches (sortes de petites anguilles) cuites sur la table avec du poireau râpé. Pas cher et délicieux.

Entre 5 000 et 6 000 yens

Kaikaya By the Sea *(poisson)* 開花屋
Plan p. 86-87 / A3. *23-7 Maruyama-cho, Shibuya-ku ☎ 03-3770-0878. À 10 min à pied de la gare de Shibuya (sortie Hachiko guchi). Ouv. t.l.j. 11 h 30-14 h et 18 h-23 h 30. www.kaikaya.com.*
Un gros poisson dessiné sur le mur extérieur annonce la spécialité du lieu: poissons et fruits de mer! Cuisine fusion où se mêlent les saveurs du Japon, de l'Asie (Vietnam, Corée, etc.) et de l'Europe, dans une ambiance chaleureuse.

SHOPPING

➤ Artisanat japonais

Utsuwa Kenshin うつわ謙心
Plan p. 86-87 / B3. *Star Bldg Aoyama 2F, 2-3-4 Shibuya, Shibuya-ku ☎ 03-6427-9282. À 12 min à pied de la gare de Shibuya (sortie Tokyu S.). Ouv. jeu.-mar. 11 h-20 h. www.utsuwa-kenshin.com.*
Si vous cherchez des objets d'arts japonais élégants, il faut vous rendre dans ce magasin, spécialisé dans la vaisselle. Parfois, il y a même des expositions.

➤ Mode et maison

Tokyu Hands 東急ハンズ
Plan p. 86-87 / B3. *12-18 Udagawacho, Shibuya-ku ☎ 03-5489-5111. À 7 min à pied de la gare de Shibuya (sortie Hachiko guchi). Ouv. t.l.j. 10 h-20 h 30. http://shibuya.tokyu-hands.co.jp.*
Sur 8 étages, il y a tout ce qu'il faut pour dessiner, écrire, calligraphier, mais aussi aménager la cuisine, cultiver les bonsaïs. Un vrai bonheur! Un grand magasin présent dans d'autres quartiers de Tokyo: Ginza, Shinjuku, Ikebukuro, etc.

Les magasins Parco 渋谷パルコ
Plan p. 86-87 / A3. *15-1 Udagawacho, Shibuya-ku ☎ 03-3464-5111. À 8 min à pied de la gare de Shibuya (sortie Hachiko guchi). Ouv. t.l.j. 10 h-21 h; restaurants Parco 1 (7e et 8e ét.): 11 h-23 h 30. www.parco.co.jp/customer/shibuya.*
C'est ici que l'on trouve tout ce que le Japon «branché» est capable de fournir. Il y a plusieurs Parco: Parco Part 1 (mode féminine et masculine, restaurants et théâtre, sur 10 niveaux), Parco Part 3 (mode féminine, ameublement et cinéma, sur 9 niveaux) et Parco Zero Gate (mode féminine et masculine, sur 5 niveaux).

S'AMUSER

➤ Manga *kissa*/Cyber café

Bagus Gran Cyber Café
グラン・サイバーカフェバグース
Plan p. 86-87 / A3. *28-6 Udagawa-cho, Shibuya-ku ☎ 03-5428-3217. Ouv. t.l.j. 24 h/24. Lun.-ven.: 1 910 yens/8 h; sam.-dim. et j.f: 2110 yens les 8 h. www.bagus-99.com/internet_cafe. Pour les non-membres, forfait: 100 yens; prouver son identité (passeport) et, si possible, nom de l'hôtel où l'on réside.*
Un manga *kissa* (*kissa* vient du mot *kissaten* qui signifie «salon de thé», «café») est un lieu dans lequel on peut lire librement des mangas tout en consommant. Celui-ci est immense et l'on peut se connecter à Internet, lire des mangas, regarder des DVD, se reposer, et même prendre une douche. Il y a des Bagus Gran Cyber également à Shinjuku, Ikebukuro, Roppongi, etc.

➤ Bars, discothèques/clubs

Pour info: il faut avoir une pièce d'identité pour pouvoir rentrer et avoir l'âge de la majorité japonaise, soit 20 ans.

Gaspanic ガスパニックバー
Plan p. 86-87 / B3. *21-7, Fuji Bldg (B1F) Udagawa-cho, Shibuya-ku ☎ 03-3462-9099. En s.-s. À 3 min à pied de la gare de Shibuya (sortie Hachiko guchi). Ouv. t.l.j. 18 h-5 h. www.gaspanic.co.jp.*
Tout comme celui de Roppongi, il y a beaucoup de clients étrangers. Si l'entrée est gratuite, il faut néanmoins consommer aussi longtemps que l'on reste à l'intérieur. Univers musicaux variés: rock, pop, R'n'B, hip-hop…

Air エアー
Hors plan p. 86-87 par B3. *Hikawa Bldg (B1F-B2F), 2-11 Sarugaku-cho, Shibuya-ku ☎ 03-5784-3386. En s.-s. À 8 min à pied de la gare de Shibuya (sortie O.). Ouv. t.l.j. sf mer. et certains dim. 22 h-5 h.*

Situé entre les gares de Shibuya et de Daikanyama. www.air-tokyo.com.
Dans ce club à l'ambiance tamisée et aux fauteuils rouges, on peut danser, sur 2 niveaux, sur les sons de DJ's du monde entier: techno, house, hip-hop, etc. Sofia Coppola a tourné ici une scène de son film *Lost in Translation*.

Atom クラブ アトム
Plan p. 86-87 / A3. *4F-5F Dr.Jeekahn's Bldg. 2-4 Maruyamacho, Shibuya-ku ☎ 03-3464-0703. À 9 min à pied de la gare de Shibuya (sortie Hachiko guchi). Ouv. t.l.j. minuit-5 h. www.shibuyastudio-a.com.*
Deux étages pour danser sur de la house, du hip-hop ou autre que programment des DJ's essentiellement japonais.

Club Camelot クラブ キャメロット
Plan p. 86-87 / B3. *B3 Frame, 1-18-2 Jinnan, Shibuya-ku ☎ 03-5728-5613. À 7 min à pied de la gare de Shibuya (sortie Hachiko guchi). Ouv. 21 h-à l'aube. www.clubcamelot.jp.*
Sur 2 niveaux en sous-sol, dansez au son de la house ou du hip-hop et de la pop japonaise.

Club Asia クラブエイジア
Plan p. 86-87 / A3. *1-8 Maruyama-cho, Shibuya-ku ☎ 03-5458-2551. À 9 min à pied de la gare de Shibuya (sortie Hachiko guchi). Ouv. t.l.j. 23 h (ou selon prog.) jusqu'à l'aube. www.asia.iflyer.jp.*
Pop, Idol, hip-hop, électro, reggae, tout pour vous faire danser dans ce club à la décoration asiatique. La salle est grande et haute de plafond (6 m). Au 1er étage, le bar vous plongera dans une atmosphère plus tamisée.

Trump Room トランプルーム
Plan p. 86-87 / B3. *Hoshi Bldg 301, 1-12-14 Jinnan, Shibuya-ku ☎ 03-3770-2325. À 7 min à pied de la gare de Shibuya (sortie Hachiko guchi). Ouv. t.l.j. 23 h-à l'aube. www.iflyer.tv/ja/trumproom.*
Atmosphère unique et kitsch qui plaît aux jeunes Tokyoïtes et aux étrangers! Chandeliers, fauteuils rouges, perles, velours, tout est décoré de façon baroque. Genre musical: house et techno.

The Womb ウーム
Plan p. 86-87 / A3. *2-16 Maruyama-cho, Shibuya-ku ☎ 03-5459-0039. À 10 min à pied de la gare de Shibuya (sortie Hachiko guchi). Ouv. t.l.j. 22 h-à l'aube, ven.- sam. 23 h-4 h. www.womb.co.jp/en.*
C'est l'une des plus grandes discothèques de Tokyo où les DJ's viennent du monde entier! Hip-hop, house et électro sont au programme.

➤ HARAJUKU, OMOTESANDO ET AOYAMA

Visite 11, p. 90; plan p. 86-87

Harajuku

Visite p. 91, Carnet pratique p. 308

OÙ MANGER?

À partir de 290 yens

Harajuku Gyozaro *(gyoza)* 原宿餃子楼
Plan p. 86-87 / B2. *Okajima Bldg 1F, 6-2-4 Jingu-mae, Shibuya-ku ☎ 03-3406-4743. À 4 min à pied du M° Meiji-jingumae (sortie 4). Derrière Kiddyland (voir ci-dessous), dans une petite rue. Ouv. t.l.j. 11 h 30-4 h 30, 23 h dim.*
Gyoza frits (*yaki gyoza*) ou à la vapeur (*sui gyoza*), avec ou sans ail. Le restaurant ressemble plutôt à une cantine et les gyozas sont excellents! Évitez le week-end car c'est plein à craquer.

➤ Café

Starbucks スターバックスコーヒー 東急プラザ表参道原宿店
Plan p. 86-87 / B2. *4-30-3 Jingu-mae, Shibuya-ku ☎ 03-5414-5851. À 5 min à pied du M° Meiji-jingumae (sortie 5). Ouv. t.l.j. 8 h 30-23 h. www.starbucks.co.jp.*
Il y a de nombreux Starbucks dans ce quartier, mais celui-ci vaut le détour pour sa terrasse et sa vue! Très appréciable le soir avec son éclairage fort réussi et son ambiance.

SHOPPING

➤ Jouets et gadgets

Kiddyland キデイランド 原宿店
Plan p. 86-87 / B2. *6-1-9 Jingu-mae, Shibuya-ku ☎ 03-3409-3431. À 4 min à pied du M° Meiji-jingumae (sortie 4). Ouv. lun.-ven. 11 h-21 h, sam.-dim. et j.f. 10 h 30-21 h. www.kiddyland.co.jp.*

C'est LE temple du jouet (traditionnels ou électroniques) sur 5 étages ! Véritable paradis pour les grands et les petits, une moitié d'étage est réservée à Hello Kitty, le petit chat qui a fêté ses 40 ans en 2014. Il y a même tous les objets pour les fans de la ligne de train JR ou de Kirimi… une tranche de saumon déclinée en personnage de dessin animé !

➤ Kimonos et souvenirs

Chicago Thrift Store シカゴ スリフトストア
Plan p. 86-87 / B2. *6-31-21 Jingu-mae, Shibuya-ku ☎ 03-5414-5107. Proche du M° Meiji-jingumae (sortie 4). Ouv. t.l.j. 11 h-20 h.*
Cette boutique de vêtements d'occasion pour jeunes propose aussi un large choix de kimonos, de *yukata* et d'*obi* (ceintures) bon marché. Il y en a également quelques-uns pour les enfants.

S'AMUSER

Théâtre national de *nô* 国立能楽堂
Hors plan p. 86-87 par B1. *4-18-1 Sendagaya, Shibuya-ku ☎ 03-3423-1331. À 8 min à pied du M° Kita-sando (sortie 1). Ou à 5 min à pied de la gare de Sendagaya. www.ntj.jac.go.jp. Billets entre 2 500 et 10 000 yens en vente sur : http://ticket.ntj.jac.go.jp/top_e.htm.*
Pour écouter et voir du *nô* (*p. 286*), le Théâtre national est l'endroit idéal, avec un grand choix de repértoire et des acteurs de qualité.

Omotesando

Visite p. 93, Carnet pratique p. 308

OÙ MANGER ?

Entre 1 000 et 3 000 yens

Heiroku Sushi *(sushi)* 平禄寿司
Plan p. 86-87 / C2. *5-8-5 Jingu-mae, Shibuya-ku ☎ 03-3498-3968. À 5 min à pied du M° Omote-sando (sortie A1). Ouv. t.l.j. 11 h-21 h 30, dim. et j.f. 11 h-21 h. www.heiroku.jp/store/tokyo/omotesando.html.*
Ce petit restaurant fait partie d'une chaîne de qualité. Les sushis passent devant vous sur un tapis roulant. Au moment de l'addition, on compte le nombre d'assiettes. Pratique et rapide.

Maisen *(tonkatsu)* まい泉
Plan p. 86-87 / C2. *4-8-5 Jingu-mae, Shibuya ☎ 03-3470-0071 ou 0120-428-485 (gratuit). À 3 min à pied du M° Omote-sando (sortie A2). Ouv. t.l.j. 11 h-23 h. www.mai-sen.com/restaurant.*
Le filet de porc est si tendre qu'on peut le couper avec ses baguettes, c'est en tout cas le slogan de la maison. Il y a plusieurs Maisen à Tokyo.

Hiroba (Crayon House)
広場（クレヨンハウス）
Plan p. 86-87 / C2. *3-8-15 Kita-Aoyama, Minato-ku ☎ 03-3406-6409. À 4 min à pied du M° Omote-sando (sortie A1). Au s.-s. de Crayon House. Ouv. t.l.j. 11 h-23 h (resto). www.crayonhouse.co.jp.*
C'est une bonne adresse si vous venez avec des enfants car il y a des tables adaptées aux tout-petits. Avec sa terrasse, ce restaurant propose un buffet bio excellent. Il y a également une librairie pour enfants (r.-d.-c.), des jouets (1er ét.), des cosmétiques bio, des vêtements pour femmes en coton et des livres spécialisés pour les femmes (2e ét.). Un peu à l'écart de l'agitation du quartier, cette pause ne pourra que vous séduire. En face, vous pourrez acheter fruits, légumes et produits alimentaires bio.

Spiral Café スパイラルカフェ
Plan p. 86-87 / C2. *5-6-23 Minami-aoyama, Minato-ku ☎ 03-3498-5791. Dans l'immeuble Spiral. Ouv. t.l.j. 11 h-23 h. www.spiral.co.jp.*
Si vous voulez déjeuner ou faire une pause dans un lieu agréable, ce café, qui porte le même nom que l'immeuble dans lequel il se trouve, est parfait. Les murs sont décorés de tableaux contemporains, l'intérieur est moderne. Du café, vous pourrez admirer la rampe en spirale (d'où son nom) de 15 m de diamètre, qui entoure l'espace arrière du bâtiment, réalisée par l'architecte Fumihiko Maki, tout comme l'ensemble.

SHOPPING

➤ Souvenirs

Oriental Bazaar オリエンタルバザー
Plan p. 86-87 / B2. *5-9-13 Jingu-mae, Shibuya-ku ☎ 03-3400-3933. À 5 min à pied du M° Meiji-jingumae (sortie 4). Ouv. ven.-mer. 10 h-19 h. www.orientalbazaar.co.jp.*

C'est LA bonne adresse pour acheter des souvenirs typiquement japonais. Sur 3 niveaux, vous trouverez une grande variété d'objets artisanaux, neufs ou anciens, à des prix corrects, ainsi que des kimonos neufs en soie (pour femmes) ou en coton (pour hommes) et d'occasion. La boutique est située dans une bâtisse telle une pagode, bariolée, vert et rouge. Le personnel parle l'anglais.

➤ Épicerie fine

Kinokuniya International
紀ノ国屋インターナショナル
Plan p. 86-87 / C2-3. *Ao Bldg B1F, 3-11-7 Kita-Aoyama, Minato-ku. À 2 min à pied du M° Omote-sando (sortie B2) ☎ 03-3409-1231. En s.-s. Ouv. t.l.j. 9 h 30-21 h. www.super-kinokuniya.jp.*
Un camembert normand ? Une louche de caviar ? Tout ce qui vient d'Occident se trouve à Kinokuniya. C'est le Fauchon local ! Bien sûr, les prix sont élevés, car ce sont des mets fins de qualité importés.

Aoyama

Visite p. 95, Carnet pratique p. 308

OÙ DORMIR ?

Autour de 13 000 yens

Asia Center of Japan ホテル アジア会館
Hors plan p. 86-87 par D2. *8-10-32 Akasaka, Minato-ku. À 5 min à pied du M° Aoyama-itchome ☎ 03-3402-6111, fax 03-3402-0738. www.asiacenter.or.jp.*
L'hôtel (refait à neuf) est situé dans un quartier calme et agréable, non loin de Roppongi. Les chambres ne sont pas très grandes (14,8 m² pour une ch. double), mais elles sont propres et confortables.

OÙ MANGER ?

Entre 1 000 et 3 500 yens

Anniversaire *(cuis. occidentale)*
アニヴェルセル
Plan p. 86-87 / C2. *3-5-30 Kita-Aoyama, Minato-ku ☎ 03-5410-5988. Proche du M° Omote-sando (sortie A2). Ouv. t.l.j. 11 h-23 h, sam.-dim. 9 h-23 h. http://cafe.anniversaire.co.jp.*
Un café prestigieux au sein d'un bâtiment consacré au luxe et à la mode. Un rien cher, mais si élégant ! Sa terrasse permet de voir l'avenue d'Ometesando. Si vous choisissez d'y dîner, au menu : gratins, pâtes, pizzas, salades, mais aussi des steaks ou du thon grillé.

Entre 3 000 et 6 000 yens

Ume no hana *(tofu)* 梅の花 青山店
Plan p. 86-87 / D2. *Passage Aoyama 2F, 2-27-18 Minami-Aoyama, Minato-ku ☎ 03-5412-0855. À 3 min à pied du M° Gaienmae (sortie 1a). Ouv. t.l.j. 11 h-16 h et 17 h-22 h. www.umenohana.co.jp.*
Situé dans un joli quartier « à l'Européenne », ce restaurant traditionnel de tofu fait partie d'une chaîne qui allie la qualité de la cuisine et l'esthétique du décor. On mange sur des tatamis (mais assis sur des chaises) et on se régale de très jolis plats type cuisine de Kyoto. Les menus du midi à moins de 3 000 yens sont d'un excellent rapport qualité-prix.

Entre 6 000 et 12 000 yens

♥ **Code Kurkku** *(cuis. occidentale)*
コードクルック
Hors plan p. 86-87 par B1. *1-28-9 Yoyogi, Shibuya-ku ☎ 03-6300-5231. À 2 min à pied de la gare Yoyogi. Dans le Village Yoyogi, au fond de la cour. Ouv. t.l.j. 11 h 30-23 h.*
Village Yoyogi est un complexe peu connu des touristes : cette oasis de verdure, où sont plantés des arbres et des plantes du monde entier, compte plusieurs restaurants. Code Kurkku a notre préférence à la fois pour son décor et surtout sa cuisine fusion : cuisine occidentale (française et italienne, notamment) mêlée à des saveurs japonaises, voire à d'autres cuisines du monde.

➤ Pâtisserie

Aoyama Garden West
青山ガーデン ウエスト
Hors plan p. 86-87 par D2. *1-22-10 Minami-Aoyama, Minato-ku ☎ 03-3403-1818. À 4 min à pied du M° Nogizaka (sortie 5). Ouv. t.l.j. 11 h-20 h. www.ginza-west.co.jp.*
Une ancienne pâtisserie où vous pouvez consommer sur place une crème brûlée ou un fondant au chocolat, le tout accompagné d'un café ou d'un thé, ou pourquoi pas d'une flûte de champagne… Le cadre est chic et agréable, avec de la verdure.

SHOPPING

➤ Artisanat traditionnel

Japan Traditional Crafts Aoyama Square 伝統工芸青山スクエア
Hors plan p. 86-87 par D2. *Akasaka Oji Bldg 1F, 8-1-22 Akasaka, Minato-ku. À 5 min à pied du Mº Nogizaka (sortie 2) ☎ 03-5785-1301. Ouv. t.l.j. 11 h-19 h. www.kougeihin.jp.*
Vous trouverez ici tout un panorama de l'artisanat japonais région par région : objets en bois, en céramique, en papier… La sélection est très rigoureuse et les prix relativement modérés. C'est le lieu idéal pour rapporter de beaux souvenirs. Il y a également des expositions.

➤ Librairie

On Sundays オンサンデーズ
Hors plan p. 86-87 par D2. *3-7-6 Jingu-mae, Shibuya-ku. À 7 min à pied du Mº Gaienmae (sortie 3) ☎ 03-3470-1424. Ouv. t.l.j. 11 h-20 h. www.watarium.co.jp/onsundays.*
Situé dans le musée d'art contemporain Watari-um, vous trouverez dans cette librairie des livres étrangers de photo, d'art, ainsi qu'un très grand choix de cartes postales.

➤ SHINJUKU

Visite 12, p. 97 ; plan p. 98-99

OÙ DORMIR ?

Autour de 12 000 yens

Keiunsou 景雲荘
Plan p. 98-99 / B2. *2-4-2 Yoyogi, Shibuya-ku ☎ 03-3370-0333, fax 03-3370-0335. À 4 min à pied de la gare de Shinjuku (sortie S.). www.keiunsou.co.jp. 23 ch. japonaises avec s.-d.-b. privative.*
Niché dans une ruelle silencieuse située à deux pas de la gare de Shinjuku, ce petit établissement familial est tenu par une sympathique femme parlant bien l'anglais. Bon rapport qualité-prix.

Entre 14 000 et 17 500 yens

Hotel Sunlite Shinjuku
ホテルサンライト新宿
Plan p. 98-99 / C2. *5-15-8 Shinjuku, Shinjuku-ku ☎ 03-3356-0391, fax 03-3356-1223. À 11 min à pied de la gare de Shinjuku (sortie E.). www.pearlhotels.jp/shinjuku/.*
Aisément accessible depuis la gare de Shinjuku, cet hôtel apprécié des *salarymen* dispose de petites chambres occidentales parfaitement équipées, avec un lit très ferme. Nous vous conseillons de préciser à l'avance si vous désirez une chambre non fumeur. Le personnel est professionnel et avenant. Des journaux en anglais sont en vente à l'entrée. Il y a même un service de massage et de laverie en libre service (à pièces).

Entre 24 000 et 30 000 yens

Washington Hotel
新宿ワシントンホテル
Plan p. 98-99 / B2. *3-2-9 Nishi-Shinjuku, Shinjuku-ku ☎ 03-3343-3111, fax 03-3342-2575. À 8 min à pied de la gare de Shinjuku (sortie O.). http://shinjuku.washington-hotels.jp. 1 633 ch. 8 restaurants et bars, café, etc.*
Idéalement placé, près de la mairie de Tokyo et de la gare de Shinjuku. L'annexe, de construction plus récente, est plus confortable. Les chambres, pas très grandes (15,5 m² pour une ch. double), sont néanmoins claires et agréables. Bon service et navettes limousine-bus (payantes) pour les aéroports de Narita et Haneda.

Keio Plaza Hotel 京王プラザホテル
Plan p. 98-99 / B2. *2-2-1 Nishi-Shinjuku, Shinjuku-ku ☎ 03-3344-0111, fax 03-3345-8269. À 5 min de la gare de Shinjuku (sortie O.). www.keioplaza.com. 1 485 ch. 25 restaurants, bars, coiffeur, piscine en plein air, boutiques, salon de thé japonais, centre de services pour hommes d'affaires, garderie, etc.*
Tous les avantages des grands hôtels, avec un service impeccable et des chambres spacieuses. Belle vue sur les grandes tours de Shinjuku. Les navettes limousine-bus (payantes) pour l'aéroport de Narita et Haneda s'arrêtent devant.

Autour de 40 000 yens

Hilton Tokyo Hotel ヒルトンホテル東京
Plan p. 98-99 / A1-2. *6-2 Nishi-Shinjuku 6-chome, Shinjuku-ku ☎ 03-3344-5111. À 15 min à pied de la gare de Shinjuku (sortie O.). Ou à 3 min à pied du Mº Nishi-shinjuku (sortie C8). www3.hilton.com.*
Le Hilton Tokyo Hotel met gratuitement à votre disposition une piscine intérieure. Les chambres, à la décoration

raffinée et offrant une vue sur le quartier cosmopolite de Shinjuku, comprennent toutes un minibar et une télévision par satellite à écran LCD. Des navettes limousine-bus (payantes) sont disponibles entre l'hôtel et les aéroports de Narita et Haneda.

Autour de 65 000 yens

Hotel Park Hyatt Tokyo
パーク ハイアット 東京
Plan p. 98-99 / A3. *3-7-1-2 Nishi-Shinjuku, Shinjuku-ku. À 15 min de la gare de Shinjuku (sortie O.) ☎ 03-5322-1234. tokyo.park.hyatt.com. Piscine, plusieurs restaurants.*
Magnifique vue sur tout Tokyo depuis le restaurant-salon de thé du dernier étage. Depuis que Sofia Coppola y a tourné *Lost in Translation*, c'est probablement l'hôtel le plus visité de la ville. Il n'est pas nécessaire d'y passer une nuit pour s'apercevoir que cet hôtel est fort peu commode et assez froid quant au décor. Navettes limousine-bus (payantes) pour les aéroports de Narita et Haneda.

OÙ MANGER ?

À partir de 1 500 yens

Sangokuichi *(udon)* 三国一
Plan p. 98-99 / B2. *1-13-10 Nishi-Shinjuku, Shinjuku-ku ☎ 03-3344-3591. À 3 min de la gare de Shinjuku (sortie O.). www.sangokuichi.co.jp. Ouv. lun.-ven. 11 h-23 h, 22 h 30 w.-e. et j.f.*
Les *udon (p. 294)* dans tous leurs états parmi une trentaine de recettes : en soupe, en salade ou en marmite (*nabe*). Accueil sympathique. À déguster à l'intérieur d'une maison ancienne, avec poutres apparentes et calligraphies accrochées aux murs.

Entre 1 000 et 3 000 yens

Akiji suishin *(cuis. régionale)*
安芸路 酔心
Plan p. 98-99 / C1. *3-15-17 Shinjuku, Shinjuku-ku ☎ 03-3352-8721. Au 1er s.-s. d'Isetan. À 5 min à pied de la gare de Shinjuku (sortie E.). Ouv. t.l.j. 11 h-22 h 15. 86 places. www.akiji.co.jp.*
Vous pourrez déguster ici des spécialités d'Hiroshima : fruits de mer et huîtres (selon la saison), à petits prix.

Entre 2 500 et 5 000 yens

Tsunahachi *(tempura)* つな八
Plan p. 98-99 / C2. *3-31-8 Shinjuku, Shinjuku-ku ☎ 03-3352-1012. Proche du M° Shinjuku-sanchome (sortie A5). Ou à 5 min à pied de la gare de Shinjuku (sortie E.). Ouv. t.l.j. 11 h-22 h 30. www.tunahachi.co.jp.*
Il s'agit d'une chaîne de restaurants de *tempura* (beignets) qui existe depuis 90 ans, réputée pour la fraîcheur des produits et la bonne qualité de la pâte. Le menu à midi (1 512 yens) est une aubaine. Plus cher le soir. Il y a beaucoup d'autres Tsunahachi à Tokyo (au 8e étage de Matsuya à Ginza, par exemple).

Chirinbo *(izakaya)* 池林房
Plan p. 98-99 / C2. *Yoshikawa bldg 1F, 3-8-7 Shinjuku, Shinjuku-ku. Proche du M° Shinjuku-sanchome (sortie C5) ☎ 03-3350-6945. Ouv. lun.-jeu. 17 h-3 h, ven. 17 h-5 h, sam. 16 h 30-5 h, dim. 16 h-3 h, j.f. 16 h-3 h. www.chirinbou.com.*
Il y a toujours foule, des gens de cinéma ou du milieu de l'édition. Le menu est varié et les prix sont bas. Cadre agréable. Une *izakaya* typique à connaître.

Christon Cafe Tokyo
キリストンカフェ東京
Plan p. 98-99 / C1. *5-17-13 Shinjuku, Shinjuku-ku ☎ 03-5287-2426. À 4 min à pied du M° Shinjuku-sanchome (sortie E3). Ouv. t.l.j. 17 h-23 h 30.*
Une ambiance étonnante avec un décor d'église : statues du Christ, croix, chandeliers, personnel habillé dans un style gothique. Ce n'est pas de la grande cuisine (spaghettis, pizzas assez petites), mais on y va pour le cadre.

Entre 6 000 et 8 000 yens

Robot Restaurant ボットレストラン
Plan p. 98-99 / B1. *Shinjuku Robot Bldg B2F, 1-7-1 Kabukicho, Shinjuku-ku ☎ 03-3200-5500. Au 2e s.-s. À 5 min à pied du M° Shinjuku-sanchome (sortie B9) ou de la gare de Shinjuku (sortie E.). Ouv. ven.-mer. 15 h 20-23 h, premier show à 16 h, dernier à 21 h 45, f. jeu. Rés. obligatoire. www.shinjuku-robot.com.*
Envie de manger aux côtés d'un immense robot ? À Shinjuku c'est possible ! On vient ici davantage pour l'ambiance et le décor (robots, lustres) que pour la gastronomie (un *bento* comme plat unique). Ne manquez pas les spectacles

où des danseuses se produisent sur une chorégraphie futuriste, ainsi que les combats de dinosaures ou de robots, etc.

Entre 9 500 et 20 000 yens

Kakiden ***(kaiseki)*** 京懐石 柿傳
Plan p. 98-99 / B2. *Yasuyo bldg 6, 8, 9F, 3-37-11 Shinjuku, Shinjuku-ku ☎ 03-3352-5121. Proche de la gare de Shinjuku (sortie E.). Ouv. t.l.j. 11 h-22 h (dernière commande 2 h av. la fermeture) www.kakiden.com.*
Une vraie cuisine *cha-kaiseki (p. 295)*, servie dans ce restaurant tenu par une école de cérémonie du thé (*omote senke*). Cher, comme tous les restaurants de *kaiseki*, mais excellent et très raffiné.

➤ Salon de thé

Oyuwake Dango 追分だんご
Plan p. 98-99 / C2. *3-1-22 Shinjuku, Shinjuku-ku ☎ 03-3351-0101. Proche du M° Shinjuku-sanchome (sortie C1). Ouv. t.l.j. lun.-ven. 11 h-19 h, sam.-dim. et j.f. 11 h-20 h. www.oiwakedango.co.jp.*
Prenez le temps de déguster un thé vert accompagné d'une pâtisserie japonaise traditionnelle. Nous vous recommandons particulièrement le *mitarashi dango* (boulette de riz recouverte de sauce de soja douce).

SHOPPING

➤ Centre commercial

Le grand magasin Isetan 伊勢丹
Plan p. 98-99 / C2. *3-14-1 Shinjuku, Shinjuku-ku. Sur le même trottoir que la librairie Kinokuniya (ci-contre) ☎ 03-3352-1111. Ouv. t.l.j. 10 h 30-20 h, f. certains jours dans l'année.*
Comme dans tous les grands magasins de Tokyo, on peut déjeuner dans l'un des nombreux restaurants (avant-dernier ét.). Les menus du midi sont corrects et bon marché. Il y a également une galerie d'art (5e ét.). La terrasse est équipée d'aquariums, de terrains de jeux pour enfants…

➤ Électronique

Yodobashi Camera ヨドバシカメラ
Plan p. 98-99 / B2. *1-11-1 Nishi-Shinjuku, Shinjuku-ku ☎ 03-3346-1010. À 2 min à pied de la gare de Shinjuku (sortie O.). Ouv. t.l.j. 9 h 30-22 h. www.yodobashi.com.*
On est d'abord un peu surpris par la musique militaire qui sert d'hymne à la maison, mais, très vite, une douce voix vous accueille en anglais, en français, en italien… et même en russe ! On y trouve absolument tout en matière d'appareils photos ou d'objectifs.

➤ Librairie

Librairie Kinokuniya 紀伊國屋書店
Plan p. 98-99 / C2. *3-17-7 Shinjuku, Shinjuku-ku ☎ 03-3354-0131. Proche du M° Shinjuku-sanchome (sorties B7 ou B8) ou à 5 min à pied de la gare de Shinjuku (sortie E.). Ouv. t.l.j. 10 h-21 h. www.kinokuniya.co.jp/c/store/Shinjuku-Main-Store.*
Son rayon international (grand choix de livres en français) se trouve au 7e étage.

➤ Marché aux puces

Aozora Kotto ichi Hanazono Jinja
青空骨董市 花園神社
Plan p. 98-99 / C1. *5-17-3 Shinjuku, Shinjuku-ku ☎ 090-2542-0291. À 5 min à pied de la gare de Shinjuku (sortie E.). Ouv. dim. de l'aube au coucher du soleil. 60-80 exposants.*
Dans ce marché aux puces vous trouverez des kimonos anciens et des objets de toutes sortes.

S'AMUSER

➤ Bars/clubs

Shinjuku Pit Inn 新宿ピットイン
Plan p. 98-99 / C2. *Accord Bldg B1F, 2-12-4 Shinjuku, Shinjuku-ku ☎ 03-3354-2024. Au 1er s.-s. Proche du M° Shinjuku-sanchome (sortie C8). Ouv. t.l.j. 13 h-23 h. www.pit-inn.com.*
D'excellents concerts ont lieu chaque jour à 12 h, 14 h et 19 h 30 dans ce club de jazz. Ambiance décontractée. À connaître.

La Jetée ラ・ジュテ
Plan p. 98-99 / C1. *1-1-8 Kabukicho, Shinjuku-ku ☎ 03-3208-9645. À 7 min à pied de la gare de Shinjuku (ligne JR, sortie E.). Ou à 5 min à pied du M° Shinjuku (ligne Marunouchi, sortie B6). Ouv. lun.-sam. 19 h-1 h. www.lajetee.org.*
Situé dans le Golden Gai, ce petit bar accepte volontiers les *gaijin* (étrangers). La patronne, Mme Tomoyo Kawai, amoureuse du 7e art et de la France, parle un français remarquable et a décoré les

murs d'affiches de cinéma. Wim Wenders y a même tourné une scène. Le nom du bar est le titre d'un moyen métrage de science-fiction de Chris Marker (1962), qui relate les souvenirs d'un moment de la vie du héros, à la manière d'un photo-roman (suite de photos en noir et blanc). Un lieu à découvrir absolument !

➤ IKEBUKURO

Visite 13, p. 105 ; plan p. 106

OÙ DORMIR ?

Autour de 7 500 yens

Kimi Ryokan *(ryokan)* 貴美旅館
Plan p. 106 / A1. *2-36-8 Ikebukuro, Toshima-ku ☎ 03-3971-3766, fax 03-3987-1326. À 7 min à pied de la gare d'Ikebukuro (sortie O.). www.kimi-ryokan.jp. 9 ch. japonaises. Restaurant.*
Un établissement agréable et surtout l'une des adresses les moins chères de Tokyo. Rés. bien à l'avance conseillée.

Entre 8 000 et 11 500 yens

Toyoko Inn Ikebukuro Kitaguchi 2
東横**INN**池袋北口**2**
Plan p. 106 / A1. *2-51-2 Ikebukuro, Toshima-ku ☎ 03-5396-1045, fax 03-5396-1046. À 4 min à pied de la gare d'Ikebukuro (ligne JR, sortie N.). www.toyoko-inn.com.*
Ce vaste édifice sans charme propose, derrière son grand hall d'entrée, des chambres standard confortables, à prix très attractifs. Internet en libre accès. Conseillé aux bourses serrées.

Hotel Ohedo ホテルオーエド
Plan p. 106 / A1. *2-68-5 Ikebukuro, Toshima-ku ☎ 03-3971-0288, fax 03-3971-0799. À 7 min à pied de la gare d'Ikebukuro (ligne JR, sortie O.). www.oed.jp.*
Établissement fréquenté principalement par des hommes d'affaires : chambres sobres, insonorisées et très bien équipées (bain, sèche-cheveux, TV satellite, Internet, réfrigérateur, etc.). Bon rapport qualité-prix (mais plus cher que le précédent).

À partir de 15 000 yens

Sunshine City Prince Hotel
サンシャインシティプリンスホテル
Plan p. 106 / B1-2. *3-1-5 Higashi-Ikebukuro, Toshima-ku ☎ 03-3988-1111, fax 03-3988-7878. À 8 min à pied de la gare d'Ikebukuro. www.princehotels.com/en/sunshine. 1 146 ch. Restaurants.*
À côté de l'immeuble Sunshine City, il fait partie de la chaîne Prince Hotels. Navette limousine-bus pour les aéroports de Narita et Haneda.

OÙ MANGER ?

Entre 4 000 et 5 000 yens

Omoro *(cuis. régionale)* おもろ
Plan p. 106 / A2. *1-13-7 Nishi-Ikebukuro, Toshima-ku ☎ 03-3982-0236. Proche de la gare d'Ikebukuro (sortie O.) et du M° Ikebukuro (sortie 4). Ouv. mar.-sam. 17 h-23 h, f. j.f.*
Une adorable auberge de style *izakaya* où l'on déguste les spécialités de la région d'Okinawa (île située à l'extrême sud de l'archipel) : sashimis d'oreilles de porc ou queue de porc en ragoût.

Entre 4 000 et 10 000 yens

♥ **Sakana Takewaka** *(poisson)*
さかな竹若
Plan p. 106 / A1. *Tobu Annex B1F, 1-10-10 Nishi-Ikebukuro, Toshima-ku. À 2 min à pied de la gare (sortie O.) et du M° Ikebukuro (sortie 3) ☎ 03-3560-6322. Ouv. t.l.j. lun.-ven. 11 h-15 h et 16 h 30-22 h 30, sam. 11 h-22 h 30, dim. et j.f. 11 h-21 h 30. www.takewaka.co.jp. 150 places.*
Un immense comptoir entoure des réservoirs remplis de poissons que le cuisinier pêche à la demande. On peut le consommer cru ou grillé. En hiver, le *fugu (p. 293)* est l'une des grandes spécialités de la maison.

SHOPPING

➤ Électronique

Bic Camera ビックカメラ
Plan p. 106 / A1. *1-41-5 Higashi-Ikebukuro, Toshima-ku ☎ 03-5396-1111. À 5 min à pied de la gare d'Ikebukuro (sortie E.). Ou M° Ikebukuro (lignes Yurakucho ou Fukutoshin ou Marunouchi, sortie 43). Ouv. t.l.j. 10 h-22 h. www.biccamera.co.jp.*
Vous trouverez chez Bic Camera de tout : des téléphones portables, des ordinateurs, des appareils photo ou vidéo, de l'électroménager, etc. On dit que ce magasin est le moins cher pour les ordinateurs et le matériel vidéo.

S'AMUSER

Le parc à thème Namco Namjatown
ナムコ・ナンジャタウン
Plan p. 106 / B2. *World Import Mart Bldg 2-3F, 3-1-3 Higashi-Ikebukuro, Toshima-ku ☎ 03-5950-0765. À 10 min à pied de la gare d'Ikebukuro (sortie E.). Ou Mº Ikebukuro (sorties 35 ou C10). Dans l'immeuble World Import Mart Bldg, aux 2ᵉ et 3ᵉ ét. Ouv. t.l.j. 10 h-22 h. Entrée payante. www.namco.co.jp/tp/namja/pdf/english_guide.pdf.*
Cet étonnant parc à thème, créé par la marque de jeux vidéo Namco, est consacré… à la nourriture ! Les spécialités sont divisées en trois catégories : des crèmes glacées provenant du monde entier, desserts et des *gyozas* (raviolis d'origine chinoise) dans le musée des Gyozas, dont vous pourrez déguster plus de 15 sortes différentes dans des échoppes reconstituées du Tokyo d'avant-guerre. Il y a aussi des jeux et des attractions.

➤ Bar

Oasis オアシス
Plan p. 106 / B1. *1-38-4 Higashi-Ikebukuro, Toshima-ku ☎ 03-3980-4841. À 8 min à pied de la gare d'Ikebukuro (sortie E.). Ouv. lun.-jeu. 18 h-1 h, ven.-sam. 18 h-2 h, f. j.f. www.bar-oasis.com.*
Ce petit bar rock assez tranquille, aux tarifs raisonnables, offre une ambiance musicale seventies. C'est une sorte d'oasis de paix au milieu des karaokés d'Ikebukuro.

➤ LE GRAND OUEST

Visite 14, p. 109 ; plan p. 28-29

Kichijoji

Visite p. 110, Carnet pratique p. 308

OÙ MANGER ?

Entre 2 000 et 3 000 yens

Iseya *(yakitori)* いせや 公園店
Plan p. 28-29. *1-15-8 Kichijoji-Minamicho, Musashino-shi ☎ 0422-43-2806. À 5 min à pied de la gare de Kichijoji (sortie S.), vers le parc d'Inokashira koen, puis sur la dr. avant l'escalier qui descend au parc. Ouv. mar.-dim. 12 h-22 h.*
Près de l'entrée du parc d'Inokashira koen, cette adresse propose d'excellents *yakitori* si bien que le week-end il faut souvent faire la queue.

Entre 2 500 et 5 000 yens

Soybean farm miso *(miso)*
ソイビーンファーム
Plan p. 28-29. *2-15-2 Kichijoji-Honcho, Musashino-shi ☎ 0422-21-0272. À 8 min à pied de la gare de Kichijoji (sortie S.). Ouv. t.l.j. 11 h 30-22 h. www.soybeanfarm.co.jp.*
Certes c'est petit, mais c'est bien sympathique. Les menus sont moins chers le midi, à partir de 1 000 yens.

Toriyoshi *(pattes de poulet)*
鳥良 吉祥寺４号店
Plan p. 28-29. *1-21-1 Kichijoji-Minamicho, Musashino-shi ☎ 0422-48-4600. À 5 min à pied de la gare de Kichijoji (ligne JR), sortie S., en direction du parc d'Inokashira koen : c'est juste sur la g. avant l'escalier qui descend au parc. Ouv. t.l.j. 11 h 30-23 h 30. www.toriyoshi.jp.*
Particulièrement typique et agréable, les *tebasaki karaage* – des pattes de poulet, grillées ou bouillies – y sont la spécialité. Des tables donnent sur le jardin et, à l'intérieur, des tatamis recouvrent les pièces.

Entre 5 000 et 7 000 yens

Kin no saru *(kaiseki)* 金の猿
Plan p. 28-29. *1-21-1 Kichijoji-Minamicho, Musashino-shi ☎ 0422-72-8757. À 5 min à pied de la gare de Kichijoji (ligne JR), sortie S., en direction du parc d'Inokashira koen, c'est juste sur la g. avant l'escalier qui descend au parc. Ouv. t.l.j. 11 h 30-15 h et 17 h 30-23 h. 102 places. www.sometime.co.jp/kinsaru.*
Belle vue sur le parc et ses arbres. Un peu plus élégant encore que le restaurant Toriyoshi *(ci-dessus)*, vous pourrez goûter ici à la cuisine *kaiseki (p. 295)*.

➤ Musée Ghibli

Entre 1 000 et 2 000 yens

Cafe Mugiwara Boshi カフェ麦わらぼうし
Plan p. 28-29. *1-1-83 Shimorenjaku, Mitaka-shi ☎ 0422-40-2411. Situé dans*

le musée Ghibli. Ouv. mer.-lun. 11 h-19 h. www.ghibli-museum.jp/welcome/cafe.
Ce n'est pas de la grande cuisine, mais vous pourrez manger des sandwichs, des spaghettis ou des hot-dogs. Comme *Mugiwara Boshi* signifie « chapeau de paille » en japonais, vous en verrez accrochés au mur. Décor en bois.

Falconer's Cafe 鷹匠茶屋
Plan p. 28-29. *1-11-8 Shimorenjaku, Mitaka-shi. À 20 min à pied de la gare de Kichijoji (ligne JR, sortie S.) ☎ 0422-57-7762. Ouv. mer.-dim. 13 h-19 h. http://falconerscafe.web.fc2.com.*
À 200 m du musée Ghibli, se trouve un équivalent de bar à chats mais avec des oiseaux de proie. Impressionnant ! Vous pouvez prendre seulement un café ou des plats. Au menu : porc au gingembre, riz au curry, etc.

➤ Quartier Harmonica Yokocho ハーモニカ横丁

Dans ce quartier, les très étroites rues perpendiculaires à la gare Kichijoji (ligne JR) sont pleines de petits restaurants populaires, où l'on mange parfois debout. Très animé la nuit.

Entre 3 000 et 4 000 yens

Cafe Rigoletto カフェリゴレット
Plan p. 28-29. *2-14-25 Kichijoji-Honcho, Musashino-shi ☎ 0422-28-7676. À 7 min à pied de la gare de Kichijoji (ligne JR, sortie S.). Ouv. t.l.j. 11 h-2 h. 150 places. www.rigoletto.jp.*
Café italien avec un intérieur tamisé, des bibliothèques murales et des sofas pour prendre un café ou manger des plats italiens.

SHOPPING

Près de la gare Kichijoji (ligne JR), il y a trois galeries commerçantes, proches les unes des autres, avec des magasins pour la maison (zakka), des cafés, des échoppes, des boutiques de vêtements, de chaussures, etc. :

- **Galerie Sunroad** サンロード
- **Galerie Daïmond-gaï** ダイヤ街
- **Galerie Nakamichi dori** 中道通り

Nakano

Visite p. 111, Carnet pratique p. 308

OÙ MANGER ?

Entre 3 500 et 5 000 yens

Okajoki *(izakaya, spécialités de poisson)* 陸蒸気
Plan p. 28-29. *5-59-3 Nakano, Nakano-ku ☎ 03-3228-1230. À 3 min à pied de la gare de Nakano (ligne JR, sortie N.). Ouv. lun.-ven. 11 h 30-13 h et 16 h-22 h, sam.-dim. et j.f. 16 h-22 h. www.nakano-okajoki.com.*
Si vous aimez le poisson et les fruits de mer, ce restaurant est un lieu qui vous plaira. Cadre chaleureux tout en bois, lumière douce. Surtout, un comptoir entoure un *irori* (âtre traditionnel japonais) où vous pourrez voir les cuisiniers préparer vos poissons dans le feu. Bon plan : un menu à 900 yens le midi !

SHOPPING

Mandarake まんだらけ
Plan p. 28-29. *5-52-15 Nakano, Nakano-ku ☎ 03-3228-0007. À 5 min à pied de la gare de Nakano (ligne JR, sortie N.). Ouv. t.l.j. 12 h-20 h. www.mandarake.co.jp.*
Chaîne de magasins spécialisée dans les mangas, dessins animés, etc. Il y en a une à Akihabara *(p. 46)*. Au 4e niveau, ce sont les figurines des héros de mangas !

Excursions autour de Tokyo

➤ LE SUD DE TOKYO

Visite 15, p. 114 ; plan p. 113

Yokohama

Visite p. 115, Carnet pratique p. 308

OÙ DORMIR ?

Autour de 10 000 yens

Super Hotel Yokohama Kannai
スーパーホテル横浜 関内
Plan p. 116-117 / C2. *195-1 Yamashita-cho, Naka-ku, Yokohama-Shi ☎ 045-650-9000, fax 045-650-9004. À 8 min à pied de la gare de Kannai (ligne JR Negishi ou Keihin-Tohoku, sortie S.). www.superhotel.co.jp. 223 ch. dont 2 accessibles pour les handicapés.*
Proche du quartier chinois (Chukagai), face au parc de Yokohama, cet hôtel moderne offre des chambres standard tout confort. Nombreux services accessibles depuis le hall. Service accueillant et souriant.

OÙ MANGER ?

Entre 5 000 et 20 000 yens

Junkaikaku 順海閣
Plan p. 116-117 / C2. *147 Yamashitacho, Naka-ku, Yokohama-shi ☎ 045-681-1324. À 9 min à pied de la gare de Motomachi Chukagai (lignes Minatomirai ou JR Negishi, sortie 4) Ouv. t.l.j. 11 h-22 h 30. Sur 2 étages. 300 places. www.junkaikaku.co.jp.*
Ouvert depuis 1945, c'est l'un des restaurants chinois les plus réputés du quartier. Dans un décor traditionnel, vous mangerez à des tables avec un plateau tournant. Menu à midi moins cher que le soir, à partir de 1 200 yens.

Manchinro 萬珍楼
Plan p. 116-117 / C2. *153 Yamashitacho, Naka-ku, Yokohama-shi ☎ 012-028-4004 (gratuit) et 045-681-4004. À 9 min à pied de la gare de Motomachi Chukagai (lignes Minatomirai ou JR Negishi, sortie 4). Ouv. t.l.j. 11 h-22 h. 459 places. www.manchinro.com.*
Aussi réputé que le précédent, Manchinro est un autre excellent restaurant chinois, qui existe depuis 1892 ! L'extérieur de l'établissement ressemble d'ailleurs à un vrai temple chinois. Menu du midi à partir de 3 500 yens. Beaucoup plus cher le soir.

Mutekiro 霧笛楼
Plan p. 116-117 / D2. *2-96 Motomachi, Naka-ku, Yokohama-shi ☎ 045-681-2926. À 6 min à pied de la gare de Motomachi Chukagai (lignes Minatomirai ou JR Negishi, sortie 5). Ouv. mar.-dim. 11 h 30-14 h et 17 h-22 h (dernière commande 2 h av. la fermeture). 3 niveaux, 148 places. www.mutekiro.com.*
C'est un restaurant, très apprécié, de spécialités françaises. Cher mais excellent. Beau décor raffiné.

Kamakura

Visite p. 118, Carnet pratique p. 308

OÙ DORMIR ?

Entre 11 000 et 16 000 yens

Kakiya *(ryokan)* かきや
Hors plan p. 120-121 par A3. *3-7-24 Koshigoe, Kamakura-shi ☎ 0467-32-4828 ou 0120-32-4828 (n° gratuit), fax 0467-32-4180. À 20 min. en train (ligne Enoden) de la gare Kamakura. À 3 min. à pied de la gare Koshigoe (ligne Enoden). 8 ch. Restaurant. www.kakiya.co.jp.*
Ce n'est pas le grand luxe, mais il a l'avantage de ne pas être trop onéreux. Toutes les chambres sont à la japonaise, mais une seule possède une salle de bains privative. Pour les autres, c'est une salle de bains commune à la japonaise. On peut y manger, même si on n'y dort pas. Le midi : pâtes (*udon*, *soba*) à partir de 550 yens et menus à partir de 800 yens (poisson, riz blanc, légumes, soupe au miso). Plus cher le soir : menus complets à 3 240, 4 320, 5 400 yens/pers. *(ouv. t.l.j sf jeu. 10 h-14 h et 17 h-20 h)*

Hotel Ajisai ホテルあじさい
Plan p. 120-121 / C2. *1-12-4 Yukinoshita, Kamakura-shi ☎ 0467-22-3492. À 5 min à pied de la gare Kamakura (ligne JR Yokosuka, sortie E.), face à l'entrée du*

sanctuaire de Tsuguraoka Hachimangu. 11 ch. www.hotel-ajisai.com.
Cet établissement dispose de chambres standard silencieuses et parfaitement tenues. Attention, les cartes de paiement ne sont pas acceptées.

Autour de 17 000 yens

B.B House ビービーハウス
Plan p. 120-121 / B3. *2-22-31 Hase, Kamakura-shi. À 2 min de la gare Hase (ligne Enoden), en direction de la mer ☎ et fax 0467-25-5859. Petit-déj. (supplément). Wifi gratuit. 2 ch. de 2 lits (twin room). Salle de bains et toilettes privatives. www.bb-house.jp.*
Les chambres à l'occidentale sont claires et confortables. Idéalement placé, tout près de la mer, dans un bâtiment blanc moderne et propre.

Autour de 40 000 yens

Kaihinso *(ryokan)* かいひん荘鎌倉
Plan p. 120-121 / B3. *4-8-14 Yuigahama, Kamakura-shi ☎ 0467-22-0960, fax 0467-25-6324. Proche de la gare Yuigahama (ligne Enoden). De Kamakura, prenez le train (ligne Enoden, 3 min). Le prix comprend 2 repas : petit-déj. et dîner. 12 ch. à la japonaise, 1 ch. à l'occidentale et 1 ch. mi-japonaise mi-occidentale. www.kaihinso.jp.*
Dans ce beau *ryokan*, les chambres sont élégantes et avec vue sur un jardin japonais. Une adresse pour se faire plaisir.

OÙ MANGER ?

Entre 1 300 et 1 500 yens

Kuriyum thaï Kitchen *(cuis. thaïlandaise)* クリヤム タイキッチン
Plan p. 120-121 / B3. *Saito Bldg 2F, 2-16-15 Hase, Kamakura-shi ☎ 0467-25-1525. À 2 min. à pied de la gare Hase (ligne Enoden). Ouv. jeu.-lun. 11 h 30-15 h 40 et 17 h 30-22 h. http://kuriyum.petit.cc.*
Un bon restaurant thaï à quelques pas du grand Bouddha Daibutsu. Dans un cadre moderne, vous pourrez goûter les pâtes et le riz thaï garni de crevettes, porc et légumes, ou le curry vert. Menus à partir de 1 300 yens à midi.

Entre 1 800 et 2 400 yens

Hachinoki Cafe *(cuis. japonaise)* 鉢の木
Plan p. 120-121 / C1. *7 Yamanouchi, Kamakura-shi ☎ 0467-23-3723. À 15 min. à pied de la gare de Kita-Kamakura (ligne Enoden). Ouv. mer.-ven. 11 h 30-14 h 30, sam.-dim. et j.f. 11 h-15 h, f. lun. www.hachinoki.co.jp.*
Nous vous conseillons d'y déjeuner (menu à 1 800 yens et un peu plus). Très fine cuisine japonaise « naturelle » : toutes sortes de légumes, du tofu, du riz blanc et une soupe.

Entre 5 000 et 11 000 yens

Hachinoki *(kaiseki)* 鉢の木（新館）
Plan p. 120-121 / B1. *350 Yamanouchi, Kamakura-shi ☎ 0467-23-3723. À 5 min. à pied de la gare de Kita-Kamakura (ligne Enoden). Ouv. lun.-mar. et jeu.-ven. 11 h 30-14 h 30, sam.-dim. et j.f. 11 h-15 h. Le soir sur rés. uniquement : 17 h-19 h. www.hachinoki.co.jp.*
Ce restaurant végétarien est géré par la même direction que Hachinoki Cafe, mais on peut également y dîner. Cuisine raffinée, de style *kaiseki* (*p. 295*). Le cadre est magnifique (maison à l'ancienne, jardin japonais verdoyant) et les mets exquis.

Enoshima

Visite p. 125, Carnet pratique p. 308

OÙ MANGER ?

Entre 1 500 et 3 000 yens

Tobiccho *(poisson)* とびっちょ
1-6-7 Enoshima, Fujisawa-shi ☎ 0466-23-0041. Ouv. t.l.j. 11 h-21 h. À 15 min. à pied de la gare de Katase Enoshima (ligne Enoden), à g. sur la presqu'île. Pas de jour de fermeture fixe, il faut consulter le site. www.tobiccho.com.
Ce restaurant est spécialisé dans les *shirasu*, des petits poissons que l'on mange sur du riz. Il y a d'autres plats à base de poissons, de fruits de mers, et des sushis.

Entre 3 000 et 5 000 yens

Enoshima Koya *(poisson)* 江ノ島小屋
2-20-12 Katasekaigan, Fujisawa-shi ☎ 0466-29-5875. À 3 min à pied de la gare de Katase Enoshima (ligne Enoden). Ouv. t.l.j. 8 h-15 h et 17 h-22 h, f. 31 déc. et 1er janv. www.enoshima-koya.com.
Restaurant de poissons et fruits de mer offrant la possibilité de déguster ses plats sur une terrasse avec vue sur la mer.

➤ HAKONE ET LE MONT FUJI

Visite 16, p. 126; plan p. 128-129

Hakone

Visite p. 127, Carnet pratique p. 308

OÙ DORMIR ?

Les hôtels et ryokan sont assez chers à Hakone. De plus, les prix augmentent de 20 à 50 € en saison, c'est-à-dire en juillet-août, au moment des fêtes de fin et début d'année, à l'automne et au printemps, ainsi que le week-end.

Entre 10 000 et 13 000 yens

Moto-Hakone Guest House
元箱根ゲストハウス
Plan p. 128-129 / B2. *103 Moto-Hakone, Hakone ☎ 0460-83-7880, fax 0460-84-6578. De la gare d'Odawara (sortie E.) : bus Lane 3, en direction de Moto-Hakone ou Hakone-Machi (env. 55 min), arrêt Oshiba. 5 ch. japonaises. http://motohakone.com. Rés. possible par mail : guest@fujihakone.com.*
Ici, les bains ne sont pas des *onsen* (source thermale), mais la situation géographique de cette *guest house* est idéale pour se rendre au lac d'Ashi (15 min à pied), d'où l'on peut voir le mont Fuji par temps clair. Les propriétaires sont les mêmes que la Fuji Hakone Guest House située à Sengokuhara *(ci-dessous)*. Accueil très sympathique, et en anglais.

Fuji-Hakone Guest House
富士箱根ゲストハウス
Plan p. 128-129 / B1. *912 Sengokuhara, Hakone. De la gare d'Odawara (ligne Odakyu) : bus en direction de Togendai, arrêt Senkyoro-mae (50 min). D'Odawara (sortie E.), bus Tozan Lane 4 en direction de Togendai, arrêt Senkyoro-mae. Un panneau indique la guest house ☎ 0460-84-6577, fax 0460-84-6578. http://fujihakone.com/en. Wifi gratuit. Cuisine et salon. Pas de dîner. Petit-déj. : 810 yens/pers. Bain ext. : 500 yens/pers.*
Un *ryokan* traditionnel particulièrement bon marché où l'on parle l'anglais. Les *onsen* (bains de source thermale) sont publics, ainsi que le *rotenburo* (bain extérieur), mais on peut réserver la salle de bains pour un couple ou une famille, afin qu'elle soit privative. L'accueil du couple est vraiment agréable. Les Français sont la deuxième nationalité parmi leurs clients ! Ils ont une autre *guest house* près du lac d'Ashi *(voir ci-contre)*.

Autour de 20 000 yens

Kintokisanso 金時山荘
Plan p. 128-129 / A1. *1111 Sengokuhara, Hakone. De la gare Yumoto : bus (ligne Tozan), arrêt Sengoku (env. 30 min), puis à 10 min à pied. À 20 min à pied du musée du Petit Prince ☎ 0460-84-8148, fax 0460-84-5308. www.kintoki-hakone.com. 7 ch. japonaises. Lave-linge gratuit et connexion Wifi gratuite. Les prix indiqués sont pour 2 pers. avec petit-déj. Vous pouvez choisir la formule sans ou avec petit-déj. et dîner.*
Entouré d'arbres et de verdure, ce *ryokan* est propre et confortable. Les pièces à la japonaise sont dotées de tatamis et futons, et vous aurez un *yukata* (kimono de coton) pour la nuit. Les bains publics, séparés hommes et femmes, sont des *onsen* (bains de source thermale).

Reflet's Hakone Gora
リフレッツ箱根強羅
Plan p. 128-129 / B1. *1300-168 Gora, Hakone-machi, Ashigara-shimogun. À 200 m de la station de funiculaire Koenkami ☎ 0460-82-2111, fax 0460-82-0327. www.refletsclub.com/hakone. 8 ch. Prix en demi-pension (petit-déj. et dîner inclus). Bain et toilettes en commun.*
À l'orée d'une forêt d'érables, ce petit établissement familial offre de superbes vues sur la verdure environnante. Les chambres japonaises (8 tatamis) peuvent accueillir jusqu'à 5 personnes et disposent d'une loggia s'ouvrant sur la nature. Vous pourrez vous relaxer grâce à l'*onsen* (bain de source thermale) mis à la disposition des clients *(6 h 30-9 h 30, 15 h-23 h)*.

Entre 25 000 et 60 000 yens

Hakone Prince Hotel
箱根プリンスホテル
Plan p. 128-129 / A2. *144 Moto-Hakone, Ashigarashimo, Hakone ☎ 0460-83-1111, fax 0460-83-7616. http://www.princehotels.com/en/the_prince_hakone. Navette gratuite entre la gare d'Odawara, sortie O., et*

l'hôtel, uniquement pour les clients de l'hôtel (il faut réserver sur le site Internet). Très proche d'un téléphérique (ligne Komagatake) et d'une station de bateau.
Cet hôtel, tout près du lac d'Ashi, permet d'avoir une vue sur le mont Fuji. Vous apprécierez certainement l'*onsen* (bain de source thermale), notamment celui extérieur (*rotenburo*), situé dans l'annexe (gratuit pour les clients de l'hôtel). Petit-déjeuner assez cher (2600 yens) mais délicieux. Il y a des boutiques et des cafés à proximité (10 h-19 h).

OÙ MANGER ?

Entre 1 000 et 3 000 yens

Hatsuhana *(soba)* はつ花
Plan p. 128-129 / C2. *635 Yumoto, Hakone-Machi. À env. 5 min de la gare Hakone-Yumoto : prenez à dr. en sortant de la gare, passez devant un 7 Eleven, continuez, vous arriverez devant Nissan Rent-a-Car, tournez à g. et prenez le pont ; le restaurant se trouve après le pont ☎ 0460-85-8287. Ouv. jeu.-mar. 10 h-19 h. 1 000 yens pour le teijo soba. www.hatsuhana.co.jp.*
Un excellent restaurant de *soba* (pâtes de sarrasin). On dit qu'à l'époque Keicho (1596-1615), Hatsuhana sauva son mari malade en allant à Hakone et en lui servant des *soba* à la pâte d'igname (« tororo »). Le restaurant prit le nom de la jeune femme, à sa fondation en 1934. Il est réputé pour son *teijo soba* à la pâte d'igname.

Bella Foresta *(cuis. occidentale)* ベラフォレスタ
Plan p. 128-129 / B1. *The Hakone Open-Air Museum 1121 Ninotaira, Hakone. Situé dans le musée en plein air Chokoku no mori Bijutsukan, au r.-d.-c. ☎ 0460-82-1141. Ouv. lun.-ven. 11 h-15 h 30, sam.-dim. et j.f 10 h-16 h. 1 980 yens et 1 620 yens pour les enfants.*
Cette adresse est très pratique pour se restaurer avant de visiter le musée en plein air Chokoku-no-Mori, ou après, puisqu'il se situe à l'intérieur. Le buffet, à l'occidentale, est à volonté.

Tamura Ginkatsutei *(tonkatsu et tofu katsu)* 田むら銀かつ亭
Plan p. 128-129 / B1. *1300-739 Gora, Hakone-machi, Ashigara-shimogun. À 2 min à pied de la gare de Gora : allez tout dr., tournez sur la g. au passage à niveau, puis tout de suite à g. et la 1re à dr. Le restaurant se trouve sur la dr. ☎ 0460-82-1440. Ouv. lun., jeu.-dim. 11 h-14 h 30 et 17 h 30-20 h, mar. 11 h-14 h 30, f. mar. soir et mer. www.ginkatsutei.jp.*
Réputé pour ses escalopes de porc panées (*tonkatsu*), ce restaurant occupe une belle maison traditionnelle, à laquelle on accède par un chemin qui serpente au milieu d'un jardin de pierre. Autre spécialité recommandée : *Tofu katsu ni teishoku*, du tofu grillé comme un porc pané. Servi avec riz blanc et soupe au *miso*. Il est si réputé que l'on peut attendre parfois 30 min avant d'avoir une table. D'ailleurs, il faut pendre un ticket à l'entrée avant d'être conduit à une table.

Le mont Fuji

Visite p. 133, Carnet pratique p. 308

OÙ DORMIR ?

Les refuges de montagne (yamagoya) *sont très demandés et nécessitent une réservation plusieurs mois à l'avance. Ce sont des dortoirs communs uniquement. Vous pouvez vous reposer dans le refuge sans avoir à y passer la nuit (tarifs différents). Voici les refuges que l'on vous recommande à la 8e station (hachi-gome) :*

Taishikan 太子館
☎ 0555-24-6516. www.mfi.or.jp/taisikan.
Ce refuge, situé à 3 100 m d'altitude, peut recevoir 360 personnes. Il est confortable car assez spacieux (normalement il est conçu pour accueillir 550 personnes). On peut y prendre un repas chaud, ainsi qu'un petit-déjeuner (à la japonaise). Toilettes à l'occidentale.

Horaikan 蓬莱館
☎ 0555-24-6515. www.horaikan.jp.
Situé à 3 105 m d'altitude, il est plus petit que le précédent (capacité de 180 personnes) et un peu plus simple. Petit magasin dans lequel vous pourrez acheter à boire ou quelques denrées. Toilettes à la japonaise (genre de toilettes à la turque).

Haku-unso 白雲荘
☎ 0555-22-1322 ou 0555-24-6514. http://fujisan-hakuun.com.
Cette *yamagoya*, à 3 200 m d'altitude, permet d'accueillir 300 personnes. En bois à l'extérieur et à l'intérieur, elle est agréable. À l'intérieur, vous trouverez un petit magasin dans lequel vous pourrez acheter des boissons et de la nourriture. Toilettes à l'occidentale.

➤ NIKKO

Visite 17, p. 136 ; plan p. 138-139

OÙ DORMIR ?

Entre 10 000 et 12 000 yens

Turtle Inn Nikko タートル・イン・日光
Plan p. 138-139 / A2. *2-16 Takumi-cho, Nikko. À 7 min en bus de la gare Nikko (ligne JR) ou Tobu Nikko (ligne Tobu-Isesaki) : direction Toshogu ou le lac de Chuzenji, arrêt Sogo Kaikan-mae, puis à 5 min à pied jusqu'au ryokan ☎ 0288-53-3168, fax 0288-53-3883. Accueil en angl. Rés. conseillée. Petit-déj. 1 000 yens/pers. www.turtle-nikko.com/turtle. 10 ch. : 5 japonaises, 5 occidentales (dont 3 avec salle de bains privative).*
Près de la rivière, ce *ryokan* est calme et confortable. Vous pouvez même y déguster un dîner japonais (le samedi soir seulement, rés. obligatoire, 2 000 yens/pers.), voire privatiser le bain public (ce n'est pas un *onsen*).

Entre 13 000 et 15 500 yens

Annex Turtle Hotori-an
アネックス タートル ほとり庵
Plan p. 138-139 / A2. *8-28 Takumi-cho, Nikko ☎ 0288-53-3663, fax 0288-53-3883. À 7 min en bus de la gare de Nikko (ligne JR) ou Tobu Nikko (ligne Tobu-Isesaki) ; prenez le bus en direction de Toshogu ou du lac de Chuzenji, arrêt Sogo Kaikan-mae, puis à 5 min à pied jusqu'au ryokan. Accueil en angl. Rés. conseillée. Petit-déj. 1 000 yens/pers. www.turtle-nikko.com/hotori-an. 11 ch dont 9 japonaises et 2 occidentales.*
Ce *ryokan* est l'annexe de Turtle Inn (ci-dessus), situé également près de la rivière. Il est tout aussi calme et confortable sauf qu'ici le bain est un *onsen* (bain de source thermale), avec une vue sur la rivière. Vous pouvez le privatiser.

Nikko Cottage Inn FU-SHA
日光コテージイン 風舎
Plan p. 138-139 / A2. *8-22 Takumi-cho, Nikko. À 7 min en bus de la gare Nikko (ligne JR) ou Tobu Nikko (ligne Tobu-Isesaki) ; prenez le bus en direction de Toshogu ou du lac de Chuzenji, descendez à l'arrêt Sogo Kaikan-mae, puis à 8 min à pied jusqu'au ryokan ☎ et fax 0288-54-2206. Rés. conseillée. Petit-déj. 700 yens/pers. www.fu-sha.co.jp.*
À 15 min à pied des temples, cette confortable maison entourée de verdure dispose de trois chambres, d'une s.-d.-b. avec toilettes séparées, ainsi que d'une cuisine équipée. Accueil chaleureux de la propriétaire, Yoshiko-San. *Ryokan* à l'excellent rapport qualité-prix.

Nikko Tokino Yuu 日光 季の遊
Plan p. 138-139 / B2. *1030 Kamihatsuishi-machi, Nikko ☎ 0288-54-1150, fax 0288-54-1151. www.tokinoyuu.com. À 5 min en bus de la gare de Tobu Nikko (ligne Tobu-Isesaki), arrêt 2C ou de la gare de Nikko (ligne JR), arrêt 1C : World Heritage Bus, arrêt Shinkyo. Situé dans la rue principale. Pas de repas, mais des restaurants dans la rue principale. 24 ch. japonaises et 1 ch. occidentale. 7 ch. ont une salle de bains et des toilettes privatives. Grand bain public (gratuit pour les clients de l'hôtel : ouv. t.l.j 5 h 30-9 h et 15 h-minuit ; 500 yens/pers. Si vous n'êtes pas client : ouv. t.l.j. 14 h-18 h, mais certains jours ne sont pas accessibles, il faut demander à la réception).*
Cet hôtel récent (il a ouvert en 2010), très propre et calme, est bien situé pour faire des visites, car il est très proche du pont sacré Shinkyo, dans la rue principale. Chambres claires et agréables.

OÙ MANGER ?

Entre 1 500 et 3 000 yens

Nagomi cha-ya *(kaiseki)* 和み茶屋
Plan p. 138-139 / B2. *1016 Kamihatsuishi-machi, Nikko ☎ 0288-54-3770. À 5 min en bus de la gare de Tobu Nikko : World Heritage Bus (ligne Tobu-Isesaki, arrêt 2C) ou de la gare de Nikko (ligne JR, arrêt 1C), arrêt Shinkyo. Situé dans la rue principale. Ouv. jeu.-mar. 11 h 30-16 h.*

Très bien situé à proximité du pont sacré Shinkyo, ce petit restaurant est chaleureux. Intérieur en bois, jolis meubles, tables basses et tables à l'occidentale, rideaux en lin. Un peu cher pour un déjeuner, mais une bonne façon de goûter la cuisine *kaiseki (p. 295)* au *yuba* (une pâte de soja séchée très utilisée dans la cuisine des moines, *p. 292*; c'est la spécialité de Nikko) à un prix raisonnable, dans un cadre cosy.

Entre 2 200 et 8 000 yens

Ebisuya *(cuis. japonaise, yuba)*
恵比寿家
Plan p. 138-139 / C2. *955 Shimohatsuishi, Nikko ☎ 0288-54-0113. Situé à côté de la mairie, pas loin de l'immeuble NTT; un peu difficile à trouver. Ouv. t.l.j. sf mar. 11 h 30-14 h 30. www.nikko-ebisuya.com.*
Si vous aimez expérimenter des goûts inconnus, on vous y servira des plats à base de *yuba*, une pâte de soja séchée très utilisée dans la cuisine des moines *(p. 292)*.

Meiji no Yakata *(cuis. occidentale)*
明治の館
Plan p. 138-139 / B2. *2339-1 Sannai, Nikko ☎ 0288-53-3751. À 5 min en bus de la gare de Tobu Nikko : World Heritage Bus (ligne Tobu-Isesaki, arrêt 2C) ou de la gare Nikko (ligne JR, arrêt 1C), arrêt Shinkyo, puis à 5 min à pied du pont sacré Shinkyo. Ouv. t.l.j. 11 h 30-19 h 30. www.meiji-yakata.com/meiji.*
Ancienne demeure secondaire d'un Américain au siècle dernier, c'est une maison à l'occidentale, construite à l'époque Meiji (1868-1912), à l'intérieur en bois, avec cheminée. Le cadre est agréable et élégant. Vous pourrez y déguster un bon steak et de la cuisine occidentale.

Yotaro *(kaiseki, yuba)* 与多呂
Plan p. 138-139 / C2. *965 Shimahatsuishi-machi, Nikko ☎ 0288-54-0198. À proximité de la mairie, pas loin de l'immeuble NTT, dans une petite rue derrière la rue principale. Ouv. jeu.-mar. 11 h-20 h. Pièces à la japonaise et à l'occidentale. Moins cher le midi. www.nikko-yotaro.com.*
De grands parasols rouges vous accueilleront dès l'entrée dans ce restaurant élégant et raffiné. Il est spécialisé dans la cuisine de *yuba* (pâte de soja séchée). Beaux menus avec de nombreux petits plats : *yuba*, sashimis, *tempura*, poisson cuit, riz, soupe, dessert.

Kyoto

➤ LE CENTRE-VILLE

Visite 18, p. 148 ; plan p. 150-151

OÙ DORMIR ?

À partir de 3 500 yens

9hours
Plan p. 150-151 / D3. Teihanmaeno-cho 588 ☎ 075-353-7337. À 100 m au S. du croisement de l'av. Shijo et de la rue commerçante Teramachi. www.ninehours.co.jp.
Concept né à Osaka à la fin des années 1970, l'hôtel-capsule offre pour une faible somme le minimum de confort : matelas, tv, s.-d.-b. collective et serviette de bain. Ces établissements sont aujourd'hui souvent retravaillés par de jeunes designers aux inspirations futuristes.

Entre 6 000 et 10 000 yens

Karasuma Kyoto hôtel
カラスマ京都ホテル
Plan p. 150-151 / C3. Karasuma Shijo Sagaru ☎ 075-371-0111. À 200 m au S. du croisement des av. Shijo et Karasuma. Wifi. Petit-déj. en supplément. karasuma.kyotohotel.co.jp.
Cet hôtel standard, fraîchement rénové, bénéficie d'un bon emplacement avec accès rapide au métro, gares JR et Hankyu.

LOCATIONS DE MAISONS

Vivre le Japon propose des locations de maisons au Japon pouvant accueillir deux à huit personnes, offrant ainsi aux voyageurs l'opportunité de vivre à la japonaise. Cette formule économique, idéale pour les familles, permet aux voyageurs de se sentir chez eux au cœur de Kyoto ou Tokyo, dans des quartiers typiques.
30, rue Sainte-Anne 75001 Paris ☎ 01 42 61 60 83. www.vivrelejapon.com.

À partir de 15 000 yens

Kyoto Hotel Okura 京都ホテルオークラ
Plan p. 150-151 / D1. Kawaramachi Oike ☎ 075-211-5111. Au N.-O. du croisement des av. Oike et Kawaramachi. http://okura.kyotohotel.co.jp.
Hôtel de luxe réputé, emplacement idéal avec accès immédiat au centre-ville ainsi qu'au métro et à la ligne de train Keihan.

À partir de 32 000 yens

♥ **Hiiragiya** 柊家
Plan p. 150-151 / CD2. Nakahakusan-cho ☎ 075-221-1136. Au S.-E. du croisement de l'av. Oike et de la rue Fuyacho. www.hiiragiya.co.jp.
C'est, avec Tawaraya, en face, l'adresse la plus prestigieuse de Kyoto. Yasunari Kawabata, le Prix Nobel de littérature, y séjournait régulièrement, comme son « élève » Mishima. Si on a les moyens, c'est probablement l'expérience la plus dépaysante que l'on puisse faire du luxe à la japonaise : un jardin privé pour chaque chambre, des baignoires en cyprès et un service inégalé. Les repas servis dans la chambre relèvent de la très haute gastronomie et constituent, en soi, un sommet indépassable.

OÙ MANGER ?

Moins de 1 000 yens

Omotesando Koffee *(café)*
Plan p. 150-151 / D3. Higashi-cho 12-1 ☎ 075-256-8137. Ouv. t.l.j. 11 h-20 h.
À l'entrée de la très trendy boutique United Arrows sur l'av. Shijo, côté N., voici de quoi s'offrir une brève pause avec très bon café, dans une après-midi dédiée au lèche-vitrine.

Moins de 2 000 yens

♥ **Katsukura Tonkatsu** *(porc pané)*
かつくら
Plan p. 150-151 / D3. Bantouya-cho 674 ☎ 075-221-5261. À l'entrée S. de la galerie Teramachi, côté O. depuis l'av. Shijo. Ouv. t.l.j. 11 h-22 h.
Tous les restaurants de cette chaîne sont installés dans de beaux décors en bois. De nombreuses variations sur le thème du porc pané vous seront proposées.

Honke Owariya *(soba)* 本家尾張屋
Plan p. 150-151 / D3. *Teianmae-cho 624 ☎ 075-221-6080. À l'angle S.-E. du croisement entre l'av. Shijo et la rue Teramachi. L'entrée est coincée entre un magasin de souvenirs et un petit sanctuaire. Ouv. t.l.j. 11 h 30-20 h 30. www.honke-owariya.co.jp.*
C'est tout simplement la meilleure adresse pour manger des *soba* à Kyoto, et ce depuis 1465 !

Moins de 3 500 yens

Sushi Sei *(sushi)* 寿司清
Plan p. 150-151 / C3. *Obiya-cho 581 ☎ 075-252-1537. Face à la sortie E. du grand magasin Daimaru, en s.-s. Ouv. t.l.j. 11 h 30-15 h et 17 h-22 h, 11 h 30-22 h sam., dim. et j.f.*
Ce sushi bar, de très bonne facture et abordable, propose des menus simples pour moins de 2 000 yens le midi.

♥ **Onikai** *(cuis. japonaise)* おにかい
Plan p. 150-151 / D3. *Komeya-cho 388 ☎ 075-223-5052. Depuis le croisement de l'av. Kawaramachi et de l'av. Shijo, remontez Kawaramachi trottoir E., 1re rue à dr., rideau blanc sur votre dr. masquant un escalier. Le restaurant est au 1er ét. Ouv. t.l.j. 18 h-1 h. http://isozumi.jp/onikai.*
C'est une excellente adresse pour découvrir une cuisine japonaise simple basée sur les légumes de saison. Viandes, poissons grillés, sashimis, fritures, il y en a pour tous les goûts. Essayez de préférence de vous asseoir au comptoir pour profiter de l'animation en cuisine.

À partir de 10 000 yens

Mishimatei *(bœuf japonais)* 三嶋亭
Plan p. 150-151 / D2. *Sakurano-cho 405 ☎ 075-221-0003. Au N.-O. du croisement des galeries Sanjo et Shijo. Ouv. jeu.-mar. 11 h 30-22 h 30. www.mishima-tei.co.jp.*
Une viande exceptionnelle servie dans une belle maison de style japonais, inattendue dans cette galerie commerçante. Réservation obligatoire.

SHOPPING

➤ Artisanat

♥ **Aritsugu** 有次
Plan p. 150-151 / C2. *Nishiki Gokomachi 219 ☎ 075-221-1091. Dans le marché Nishiki, près de l'entrée E., côté N. Ouv. t.l.j. 9 h-17 h 30.*
Vous rêvez de découper vos aliments comme un chef japonais, Aritsugu est la boutique référence pour les couteaux de cuisine de toutes sortes. N'oubliez pas de demander à faire graver votre lame de vos initiales. Attention, on n'y accepte que les espèces !

Chicago
Plan p. 150-151 / D2. *Shikibu-cho 258 ☎ 075-212-5391. Dans la galerie marchande Teramachi, côté O. Ouv. t.l.j. 11 h-20 h. www.chicago.co.jp/store_kyt.html.*
Cette friperie classique offre à l'étage un incroyable choix de kimonos et de *yukata*, de kimono d'été, le tout d'occasion.

Nomura Taylor
Plan p. 150-151 / C3. *Naramono-cho 362 ☎ 075-221-4679. Le long de l'av. Shijo, légèrement à l'O. de la galerie marchande Teramachi, côté N. Ouv. t.l.j. 10 h-19 h 30. www.nomura-tailor.co.jp.*
Cette maison spécialisée dans le textile et le tissu au mètre existe depuis 1952. Beaucoup d'imprimes occidentaux, mais avec tout de même un beau panel de tissus et imprimés japonais.

♥ **Bento & Co**
Plan p. 150-151 / C2. *Yaoya-cho 117 ☎ 075-708-2184. Près du croisement des rue Gokkomachi et Rokkaku. Ouv. t.l.j. 12 h-19 h. www.bentoandco.com.*
Bento&co propose une large sélection de boîtes à *bento*, baguettes et autres accessoires pour emporter son repas. Créé par un Français, c'est la première boutique du genre au Japon. On y parle le français !

♥ **Sou-Sou**
Plan p. 150-151 / D3. *Nakano-cho 583-3 ☎ 075-221-8005. Dans la 2e ruelle à dr. depuis l'entrée S. de la galerie marchande Shinkyogoku. Ouv t.l.j. 11 h-20 h.*
Superbe boutique de kimonos, *tabi*, chaussures japonaises, et chaussettes, aux beaux imprimés teints de façon traditionnelle. Les coupes modernes en font des vêtements plus simples à porter pour la vie quotidienne. Un endroit idéal pour dépenser ses « sous sous ».

➤ Mode

Uniqlo
Plan p. 150-151 / D2. *Daikoku-cho 58 ☎ 075-222-8715. Au S.-O. du croisement*

de l'av. Kawaramachi et de la rue Sanjo. Aux 5e et 6e ét. du bâtiment Mina Kyoto. Ouv. t.l.j. 11 h-21 h.
Numéro 1 du prêt-à-porter au Japon, la marque Uniqlo a fêté ses 30 ans d'existence en 2014. Simplicité, nouvelle technologie et qualité des textiles en font une excellente adresse pour se vêtir. À noter l'incroyable vue depuis l'étage hommes sur l'est de la ville.

Kamiji Kakimoto
Plan p. 150-151 / D1. *Tokiwagi-cho 54 ☎ 075-211-3481. Situé rue Teramachi, côté E., entre l'av. Marutamachi (au N.) et la rue Nijo (au S.). Ouv. t.l.j. 9 h-18 h.*
En décembre 2014, le papier japonais *washi* est entré dans le patrimoine mondial de l'Unesco et Kakimoto en est l'un des meilleurs fournisseurs à Kyoto. Une belle boutique pour trouver d'élégants papiers à lettre, cahiers ou rouleaux de papier.

➤ Thé

Ippodo ♥
Plan p. 150-151 / D1. *Tokiwagi-cho 52 ☎ 075-211-3421. Situé rue Teramachi, côté E., entre l'av. Marutamachi (au N.) et la rue Nijo (au S.). Boutique: ouv. t.l.j. 9 h-18 h. Salon de thé: 10 h-17 h 30. http://www.ippodo-tea.co.jp.*
Dans cette très belle boutique dédiée au thé, le personnel, serviable et passionné, vous présente, parfois même en anglais, les diverses variétés et qualité du thé. Un lieu incontournable pour tous les inconditionnels du thé.

➤ DE GION AU TEMPLE KIYOMIZUDERA

Visite 19, p. 154; plan p. 156-157

OÙ DORMIR ?

À partir de 3 000 yens

♥ Rakuza 楽座
Plan p. 156-157 / A2. *Miyagawasuji 2-255 ☎ 075-561-2242. Entrée N. de la rue Miyagawa. http://rakuza.gh-project.com.*
Très belle *guest house* dans une ancienne maison de thé centenaire renovée avec goût et passion par un charpentier français. Excellent emplacement.

À partir de 7 500 yens

Kyoto Yoshimizu 吉水
Plan p. 156-157 / C1. *Maruyama Park ☎ 075-551-3995. À l'extrémité O. du parc Maruyama. www.yoshimizu.com/kyoto.*
Petit *ryokan* adossé à la montagne offrant un excellent compromis pour les voyageurs qui cherchent le calme tout en étant proche du centre.

À partir de 20 000 yens

♥ Mume
Plan p. 156-157 / B1. *Umemoto-cho 261 ☎ 075-525-8787. www.hotelmume.jp.*
Petit boutique hôtel de charme composé de 7 chambres seulement. Un lieu ravissant réputé pour son personnel dévoué, avisé et d'une grande gentillesse. Si on ajoute son excellent emplacement au calme dans le quartier de Gion, rue Shimonzen, nous avons un des meilleurs établissements modernes de la ville.

OÙ MANGER ?

Moins de 1 000 yens

Issen Yoshoku *(okonomiyaki)* 壹銭洋食
Plan p. 156-157 / B1. *Gion Machi Kitagawa 238 ☎ 075-533-0001. À l'angle N.-E. du croisement de la rue Nawate et de l'av. Higashioji. Ouv. t.l.j. 11 h-3 h, dim. 10 h 30-22 h. www.issen-yosyoku.co.jp.*
La célèbre crêpe *okonomiyaki (p. 294)*, ici baveuse recouverte d'une sauce légèrement sucrée et de jaune d'œuf. Aucune hésitation possible sur le menu, on y sert uniquement ce plat pour 650 yens. Décoration fantasque et érotique. Vente à emporter.

Moins de 2 000 yens

Izuju *(sushi)* いづ重
Plan p. 156-157 / B1. *Gion Machi Kitagawa 292 ☎ 075-561-0019. À l'angle N.-O. du croisement des av. Shijo et Higashioji. Ouv. t.l.j. sf mer. 10 h-19 h.*
Ouvert il y a maintenant 100 ans, ce petit restaurant tout en bois sert des sushis de Kyoto, maquereau, anguille grillée, tofu frit et poivré.

Kagizen *(salon de thé)* 鍵善
Plan p. 156-157 / B1. *Gion Machi Kitagawa 264 ☎ 075-561-1818. À l'angle N.-O. du croisement de la rue Hanamikoji et de l'av. Higashioji. Facilement identifiable avec son grand rideau rouge. Ouv. sf lun. 9 h-18 h. www.kagizen.co.jp/en.*

Véritable institution pour les pâtisseries dédiées à la cérémonie du thé, vous trouverez dans le fond de cette superbe boutique un salon de thé non moins élégant et feutré. Incontournable pour les inconditionnels du thé, il faut néanmoins souvent faire la queue.

Sabo Koishi *(salon de thé)* 茶房 こいし
Plan p. 156-157 / B1. *Gion Machi Kitagawa 286-2 ☎ 075-531-0469. Légèrement à l'O. de l'angle N.-O. du croisement des av. Shijo et Higashioji. Ouv. t.l.j. 10 h 30-18 h 30.*
Envie d'une glace ? Pourquoi ne pas essayer la rafraîchissante glace pilée au thé vert de chez Koishi ? Admirez aussi les belles peintures représentant les *maiko* d'hier et d'aujourd'hui.

Moins de 5 500 yens

Uzuraya *(yakitori)* うずら屋
Plan p. 156-157 / A1. *Tokiwa-cho 177-1 ☎ 075-533-1155. Depuis le pont Shijo, remontez l'av. Kawabata sur 100 m, petite façade verte éclairée par une lanterne. Ouv. t.l.j. sf mer. 18 h-2 h 30.*
Pour les amateurs de brochettes grillées et d'ambiance conviviale. Bonne sélection de légumes pour accompagner les pièces de poulets, à moins que vous ne les préfériez crus, car la maison en a aussi fait sa spécialité.

♥ **Mamecha** *(cuis. traditionnelle et familiale)* 豆ちゃ
Plan p. 156-157 / B2. *Shimogawara-cho 463-16 ☎ 075-532-2788. Dans le petit dédale d'Ishebekoji. Ouv. t.l.j. 17 h-22 h.*
Très bon restaurant de cuisine obanzaï, entre la cuisine traditionnelle *kaiseki* et familiale. Préparations simples de saison servie dans un beau cadre chaleureux.

Tempura Endo *(tempura)* 天ぷら 圓堂
Plan p. 156-157 / B2. *Komatsu-cho 566 ☎ 075-551-1488. À 150 m à l'O. du croisement de la rue Yasaka et de l'av. Higashioji. Ouv. t.l.j. 11 h 30-15 h et 17 h-22 h. www.gion-endo.com.*
Superbe maison traditionnelle offrant les meilleures fritures de la ville. Un endroit idéal pour expérimenter le raffinement des grandes adresses kyotoïtes.

À partir de 8 000 yens

♥ **Gion Kawamoto** *(sushi, cuisine traditionnelle)* 祇園 かわもと
Plan p. 156-157 / B1. *Kiyomoto-cho 373 ☎ 075-551-8819. Traverser le petit pont de Shinbashi du N. vers le S., Kawamoto est le 3e restaurant sur votre g. Ouv. t.l.j. sf mer. 18 h-minuit. www.gion-kawamoto.jp.*
Minuscule restaurant où l'on sert une cuisine simple de très grande qualité. La maison est réputée pour ses sashimis, notamment de *fugu*, le fameux poisson au puissant anesthésiant. Oserez-vous en commander ?

Yakiniku Hiro *(viande)* 焼き肉 弘
Plan p. 156-157 / B2. *Komatsu-cho 11-9 ☎ 075-525-4129. Ouv. t.l.j. 14 h-23 h. 75 m à l'ouest du croisement de la rue Yasaka et de l'av. Higashioji. www.yakiniku-hiro.com/yasaka.*
Excellente adresse pour découvrir le bœuf japonais, wagyu, persillé et coupé en tranches très fines.

À partir de 30 000 yens

Gion Hatanaka 祇園 畑中
Plan p. 156-157 / B1. *Gion Machi Minamigawa 505 ☎ 075-541-5315. À l'entrée S. du sanctuaire Yasaka. www.thehatanaka.co.jp.*
Un cran en dessous des *ryokan* historiques tels que Hiiragiya, Gion Hatanaka n'en est pas moins une adresse exceptionnelle et extrêmement bien située au cœur de Gion. Atmosphère raffinée où seuls des matériaux nobles tels le bois ou la pierre sont utilisés. Le service y est très « japonais », c'est-à-dire discret mais extrêmement efficace. Les repas *kaiseki* servis le soir sont d'un très haut niveau.

SHOPPING

♥ **Ezoshi** 絵草子
Plan p. 156-157 / AB1. *Shinmonzen 253 ☎ 075-551-9137. Ouv. t.l.j. 10 h-18 h. www.ezoshi.com.*
Située dans la rue des prestigieux antiquaires, Shinmozen, Ezoshi est reconnue comme l'une des plus belles collections d'estampes du pays. Vous y trouverez aussi bien des pièces rares de grands maîtres comme Hokusai ou Hiroshige, que des œuvres plus modernes et très abordables. On y parle le français !

♥ **Malbranche**
Plan p. 156-157 / C3. *Kyomizu 2-256 ☎ 075-551-5885. Sur la g. dans la dernière pente menant au temple Kiyomizudera. Ouv. t.l.j. 9 h-18 h. www.malebranche.co.jp.*

Sous ce nom francisé se cache une délicieuse fabrique de biscuits et chocolats. Goûtez un *chanoka*, fine bande de chocolat blanc pris entre deux biscuits parfumés au thé vert, un must!

Leica
Plan p. 156-157 / B2. Gion Machi ☎ 075-532-0320. Une rue parallèle à l'O. de la rue Hanamikoji, proche de l'entrée N. du temple Kennin-ji. Ouv. mar.-dim. 11 h-19 h.
Le célèbre fabriquant allemand a ouvert en 2014 une boutique-galerie dans le quartier de Gion. Un bel exemple de réhabilitation d'ancienne maison japonaise de plus de cent ans.

Eirakuya 永楽屋
Plan p. 156-157 / A1. Gion Machi Kitagawa 242 ☎ 075-532-1125. Légèrement à l'E. du grand théâtre Minamiza, côté N. Ouv. t.l.j. 10 h 30-22 h. www.eirakuya.jp.
Où les Japonais trouvent-ils ces ravissants tissus pour s'essuyer les mains dans les sanctuaires ou s'éponger dans la torpeur de l'été? Chez Eirakuya, par exemple, l'enseigne au chat souriant propose un large choix de *tenugui* (essuie-main) irrésistibles. Quelques pas plus loin, la boutique RAAK offre des motifs plus modernes et occidentaux.

♥ **Izawaya** 井澤屋
Plan p. 156-157 / B2. Gion Machi Minamigawa 586 ☎ 075-525-0131. Légèrement à l'E. du grand théâtre Minamiza, côté S. Ouv. t.l.j. 11 h-20 h. www.izawaya.co.jp.
Ouverte en 1865, cette boutique spécialisée dans les accessoires pour kimonos propose des tarifs relativement abordables, avec une belle gamme pour tout petit.

➤ AUTOUR DU PAVILLON D'OR

Visite 20, p. 159; plan p. 160-161

OÙ MANGER?

Moins de 2 000 yens

♥ **Omura House** *(omelette)* オムラハウス
Plan p. 160-161 / B1. Kita-ku, Kinugasa Somon-cho 10-9 ☎ 075-462-9786. À 250 m au S.-O. de l'entrée du pavillon d'Or, sur la rue Kinukake, identifiable par son étendard rouge. Ouv. t.l.j. sf. lun. 11 h-15 h 30. www.omurahouse.com.
La spécialité de la maison, l'*omurice*, est une omelette roulée autour d'une portion de riz. Le menu en propose quinze variétés ainsi que des salades et des soupes. Simple et copieux, il faut souvent faire la queue quelques minutes.

Café Sarasa Nishijin *(café)* さらさ西陣
Plan p. 160-161 / D1. Kita-ku, Murasaki Fujinomori-cho 11-1 ☎ 075-432-5075. Rue Kuramaguchi, à 200 m à l'E. des bains de Funaoka Onsen. Ouv. t.l.j. sf. mer. 12 h-23 h. http://cafe-sarasa.com/shop_nishijin.
Un agréable café-restaurant sans prétention qui a pour décor d'anciens bains publics aux murs tapissés de mosaïques.

Moins de 3 000 yens

Soba Gontaro *(pâtes)* 権太呂
Plan p. 160-161 / B2. Kita-ku, Hiranomiyajiki-cho 26 ☎ 075-463-1039. À 350 m au S.-O. de l'entrée du pavillon d'Or, sur la rue Kinukake, identifiable par sa palissade composée de pierres et de branches de bambou. Ouv. t.l.j. sf mer. 11 h-21 h. www.gontaro.co.jp.
Ce restaurant raffiné sert de bonnes *soba* et *udon*. La maison est fière de son bouillon, servi depuis 1910.

Entre 3 500 et 6 000 yens

♥ **Izusen** *(cuis. végétarienne)* 泉仙
Plan p. 160-161 / D1. Kita-ku, Daitokuji-cho 4 ☎ 075-491-6665. Ouv. t.l.j. 11 h-16 h, f. 29-31 déc. www.kyoto-izusen.com.
Situé dans le Daitoku-ji, c'est l'un des restaurants de cuisine zen végétarienne les plus authentiques de Kyoto.

OÙ DORMIR?

Moins de 6 500 yens

Shunkoin *(guest house)* 春光院
Plan p. 160-161 / A3. Ukyo-ku, Hanazono Myoshinji-Cho 42. Située dans l'enceinte du temple Myoshin-ji. Wifi ☎ 075-462-5488. www.shunkoin.com.
Cette petite résidence ouverte en 2012 est composée de huit chambres de style japonais, chacune équipée de toilettes et douche. Idéal pour profiter du quartier tôt le matin.

➤ LE CHEMIN DE LA PHILOSOPHIE

Visite 21, p. 164; plan p. 166-167

OÙ MANGER ?

Moins de 2 000 yens

Omen *(pâtes)* おめん
***Plan p. 166-167 / C1.** Jodoji Ishibashi-cho 74 ☎ 075-771-8994. Prenez la rue Shishigatani dori sur la dr. avant de pénétrer dans la rue menant au pavillon d'Argent, juste après le parking. C'est une belle maison japonaise sur la g. Ouv. t.l.j. sf jeu. 11 h-20 h 30. www.omen.co.jp.*
Un restaurant d'*udon* (pâtes de blé) et de légumes de saison dans un beau cadre confortable et feutré. Une des toutes meilleures adresses de la ville pour les amateurs de pâtes.

Goya *(cuis. exotique)*
***Plan p. 166-167 / C1.** Jodoji Nishida-cho1-1-4-6 ☎ 075-752-1158. Le long de l'av. Imadegawa, facilement repérable avec son enseigne rouge. Ouv. t.l.j. sf mer. 11 h 30-15 h, 17 h 30-23 h.*
Ce restaurant propose quelques plats typiques des îles d'Okinawa, situées au sud de l'archipel. Riz parfumé, friture de champignons, raisins de mer… de nouvelles saveurs à petits prix.

Hinode Udon *(pâtes)*
日の出うどん
***Plan p. 166-167 / D2.** Nanzenji Kitanonobo-cho 36 ☎ 075-751-9251. À quelques mètres au N. du temple Eikando. Ouv. 11 h-15 h 30, f. dim. et 1er et 3e lun. du mois.*
Petit restaurant dont la spécialité est le plat de *udon* à la sauce curry. Modeste mais très réputé dans son genre.

Moins de 4 000 yens

Okutan *(cuis. végétarienne)* 奥丹
***Plan p. 166-167 / D3.** Nanzenji Fukuchi-cho 86-30 ☎ 075-771-8709. Au N. du temple Nanzen-ji. Ouv. t.l.j. sf jeu. 11 h-16 h.*
Voici une adresse idéale pour les végétariens ! Okutan est en effet l'un des meilleurs restaurants de tofu de la ville. Le cadre, très bucolique, est également unique en son genre.

Plus de 5 000 yens

Kikusui *(cuis. traditionnelle)* 菊水
***Plan p. 166-167 / C3.** Nanzenji Fukuchi-cho 31 ☎ 075-771-4101. Ouv. t.l.j. 11 h-23 h (dernière commande 2 h av. la fermeture). Rés. indispensable.*
Cette maison traditionnelle, entourée d'un splendide jardin, appartenait autrefois à un riche marchand de kimonos. C'est aujourd'hui l'un des restaurants de cuisine *kaiseki* les plus raffinés de la ville. Nous vous conseillons d'y aller pour le déjeuner, car le menu autour de 5 000 yens est d'un excellent rapport qualité-prix. Dîner à partir de 12 000 yens.

SHOPPING

♥ **Chidoriya**
***Plan p. 166-167 / D1.** Jodoji Minamida-cho 65-1 ☎ 075-751-6650. À proximité d'Omen (ci-contre). Ouv. t.l.j. 10 h-19 h. www.kyotochidoriya.com.*
Jolie boutique de cosmétique bio inspirée de l'univers des geishas.

Tozando
***Plan p. 166-167 / B2.** Shogoin Entomi-cho 24 ☎ 075-762-1341. Ouv. t.l.j. 10 h-19 h. Au N.-O. du sanctuaire Heian le long de l'av. Marutamachi. www.tozando.com.*
Superbe boutique, ornée d'impressionnantes et authentiques armures de samouraïs, spécialisée dans le matériel pour *kendoka*. Vous y trouverez aussi de vrais sabres japonais de décoration.

➤ LE SUD DE KYOTO ET FUSHIMI

Visite 22, p. 169; plan p. 170-171

OÙ DORMIR ?

À partir de 3 000 yens

Backpackers Hostel K's House Kyoto
***Plan p. 170-171 / C2.** Nayamachi 418. Au N.-E. de Kawaramachi ☎ 075-342-2444. http://kshouse.jp/kyoto-e.*
Établissement bien tenu, personnel chaleureux, fortement recommandé pour les petits budgets.

À partir de 6 000 yens

Ryokan Kyoraku 京楽
***Plan p. 170-171 / C2.** Kogawa-cho 231. Au N.-E. du croisement des av. Shichijo*

et Karasuma ☎ 075-371-1260. www.ryokankyoraku.jp.
Ce *ryokan* est simple, propre et bon marché.

À partir de 20 000 yens

♥ **Hyatt Regency Kyoto**
Plan p. 170-171 / D2. *Sanjusangendo-mawari 644-2 ☎ 075-541-1234. www.kyoto.regency.hyatt.com/en/hotel/home.html.*
Un des meilleurs hôtels de la ville : chambres spacieuses, beau jardin, bar feutré. C'est une excellente adresse au service irréprochable. Le lobby, créé par le designer japonais Takashi Sugimoto, reprenant sur papier japonais des motifs de kimono tressés, vaut à lui seul une visite.

OÙ MANGER ?

Moins de 1 500 yens

Honke Daiichi Asahi *(pâtes)*
本家 第一旭
Plan p. 170-171 / C2. *Higashi Shiokoji Mukaihata-cho 845 ☎ 075-351-6321. Ouv. t.l.j. sf jeu. 5 h-2 h. Depuis la sortie principale de la gare, prenez la rue Shiokoji sur dr. C'est la 2e rue à dr. dans un vieux bâtiment avec une enseigne blanche rayée de rouge. www.honke-daiichiasahi.com.*
L'une des meilleures adresses de *ramen*, fameux bouillon de pâtes et de rondelle de viande de porc. Attendez-vous à faire la queue.

♥ **Shichijo Kanshundo** *(pâtisserie japonaise)* 七条甘春堂
Plan p. 170-171 / D2. *Nishinomon-cho 551 ☎ 075-541-3771. Ouv. t.l.j. 9 h-18 h. Depuis l'arrêt Hakubutsukan-Sanjusangendo mae, revenez vers la rivière, 1er salon sur la dr. www.7jyo-kansyundo.co.jp.*
Depuis 1865, cette belle pâtisserie continue de préparer de délicates et savoureuses sucreries japonaises, servies avec un thé *matcha* dans un beau cadre japonisant.

Moins de 3 000 yens

Tsukiji Suji Sai *(sushi)* 築地寿司清
Plan p. 170-171 / B2. *Shiokoji-cho 901 ☎ 075-352-6223. Ouv. t.l.j. 11 h-15 h et 17 h-21 h 15. Au 11e ét. d'Isetan, dans la gare de Kyoto, côté N.*
Bon et raisonnable, personnel sympathique, tous les éléments sont réunis pour un bon sushi !

SHOPPING

➤ Électronique, mode, autres

♥ **Yodobashi Camera** ヨドバシカメラ
Plan p. 170-171 / B2. *Shiokoji-cho 590-2 ☎ 075-351-1010. Dans le grand bâtiment derrière la tour de Kyoto. Ouv. t.l.j. 9 h 30-22 h. www.yodobashi-kyoto.com.*
Si vous cherchez quelque chose, c'est certainement chez Yodobashi Camera ! Quatre étages entiers dédiés à l'électronique, aux appareils photo, la télévision, l'électroménager… Plus deux étages consacrés à la mode avec notamment l'enseigne Uniqlo, prêt-à-porter sobre et bon marché. En fin de journée, pourquoi ne pas tester un fauteuil massant avant d'aller boire une bière au Ebisu Bar ?

➤ ARASHIYAMA

Visite 23, p. 175 ; plan p. 176

OÙ MANGER ?

Moins de 1 000 yens

Arashiyama Sakuramochi Ine *(pâtisserie japonaise)* 嵐山さくら餅 稲
Plan p. 176 / A2. *Saga Tenryuji Tsukurimichi-cho 19 ☎ 075-864-5313. Face à l'entrée du temple Tenryu-ji. Ouv. t.l.j. 10 h-18 h. www.kyo-ine.com/en.*
Pâte de haricots rouges, gâteaux *mochi* (gâteau à base de riz gluant) ou glaces saupoudrés de thé vert, ce joli café vous propose toutes les saveurs sucrées japonaises. Il est également réputé pour son riz parfumé aux pétales de cerisier.

Entre 3 000 et 5 000 yens

Yoshimura *(pâtes et tempura)*
嵐山よしむら
Plan p. 176 / A2. *Sagatenruji Zuzukinobaba-cho 3 ☎ 075-863-5700. Remontez la rive g. depuis le pont Togetsukyo, 3e restaurant à dr., identifiable par sa porte au toit de chaume et son petit jardin. Ouv. t.l.j. 11 h-17 h (haute saison 10 h 30-18 h). www.arashiyama-yoshimura.com.*
Deux belles bâtisses, l'une sur la droite, moderne, offrent une vue magnifique

sur le paysage avoisinant et sert des *soba* fraîches (pâtes de sarrasin). La seconde dans le fond propose un beau décor et des menus enrichis de tofu et *tempura*.

♥ **Yudofu Sagano** *(cuis. végétarienne)* 湯豆腐 嵯峨野
Plan p. 176 / A2. *Sagatenruji Zuzukinobaba-cho 45*
☎ 075-871-6946. Remontez la rive g. depuis le pont Togetsukyo, 2e à dr., identifiable par les innombrables statues devant l'entrée. Ouv. t.l.j. 11 h-19 h, f. le dernier mer. et jeu. de juil. ainsi que 30 déc.-1er janv. www.kyoto-sagano.jp.
Voici un incroyable restaurant végétarien perdu dans les bambous et les statues anciennes, où l'on vous sert une succulente cuisine de *yudofu*, cube de soja cuit à la mode de Kyoto.

♥ **Shoraian** *(cuis. traditionnelle)* 松籟庵
Plan p. 176 / A2. *Sagagameno-o-cho*
☎ 075-861-0123. Depuis le pont Togetsukyo, remonter la rue parallèle à la rive g. jusque son extrémité. Ouv. t.l.j. 11 h-17 h, 20 h ven.-dim. et j.f. Sur rés. uniquement. www.shoraian.com.
Bien qu'ouvert au début des années 2000, cette adresse *kaiseki* *(p. 295)*, cuisine traditionnelle basée sur la saisonnalité, est rapidement devenue incontournable. La vue sur la rivière est sublime, les mets exquis.

Plus de 5 000 yens

♥ **Arashiyama Nishiki**
(cuis. traditionnelle) 嵐山 錦
Plan p. 176 / A2. *Saga Nakanoshima-cho*
☎ 075-871-8888. Situé sur la presqu'île Nakanoshima. Ouv. t.l.j. sf mar. 11 h-21 h (dernière commande 1 h 30 av. la fermeture), sur rés. uniquement. www.kyoto-nishiki.com.
Il s'agit là encore d'un merveilleux restaurant situé presque au bord de l'eau. Les prix sont raisonnables compte tenu de la qualité de la cuisine (*kaiseki*) et de l'élégance du cadre.

➤ LE NORD DE KYOTO

Visite 24, p. 180 ; plan p. 146-147

OÙ MANGER ?

Moins de 3 000 yens

Masugataya
Plan p. 146-147 / C2. *Nishin-cho 179*
☎ 075-231-4209. C'est le 1er restaurant sur votre g. dans la galerie Demachiyanagi, identifiable par son étendard pourpre. Ouv. t.l.j. sf mer. 12 h-18 h.
Cet établissement propose une des spécialités culinaires de Kyoto, le sushi de maquereau et le bouillon de soba au maquereau fondant. L'adresse existe depuis plus de 80 ans, gage de qualité s'il en est…

♥ **Omuraya**
Plan p. 146-147 / D2. *Tanaka Monzen-cho 28 ☎ 075-712-1337. C'est le dernier restaurant avant d'arriver au croisement Hyakumanben, face au McDonald. Ouv. t.l.j. 17 h-23 h 30.*
C'est peut-être l'établissement qui retranscrit le mieux l'ambiance du quartier Demachiyanagi et son mélange de jeunes étudiants, chercheurs et enseignants qui se retrouvent dans cette vieille bâtisse transformée en *izakaya*, le bistro japonais. Légumes frais, plats du jour et ambiance détendue sont au programme.

Excursions autour de Kyoto

➤ LA RÉGION DE KYOTO

Visite 25, p. 184 ; plan p. 183

Kibune

Visite p. 185, Carnet pratique p. 308

OÙ MANGER ?

Moins de 8 000 yens

♥ **Restaurant dit *kawadoko***
☎ 075-741-2146. Ouv. t.l.j. Sur rés. uniquement. www.ugenta.co.jp.
Vous trouverez autour du sanctuaire de Kibune une dizaine d'établissements qui proposent, de mai à fin sept., des repas *kaiseki (p. 295)* servis sur la rivière. Parmi les plus connus, **Ugenta** fait l'unanimité.

Kurama

Visite p. 185, Carnet pratique p. 308

OÙ DORMIR ?

17 000 yens

Kurama Onsen
601-1111 Kyoto, Sakyo-ku, Kuramahonmachi 520 ☎ 075-741-2131. À l'extrémité N. de Kurama. Navette entre la gare de Kurama et l'hôtel. Demi-pension avec dîner kaiseki. Wifi. www.kurama-onsen.co.jp.
Emménagez dans une belle chambre japonaise avec vue sur la montagne. C'est l'un des rares établissements à proposer des bains de sources chaudes naturelles (*onsen*) près de Kyoto. Vous pourrez également dîner *kaiseki (p. 295)*. Pour ceux qui cherchent le repos avant tout.

OÙ MANGER ?

Moins de 2 000 yens

Yoshuji
Kurama Honmachi 1074-2
☎ 075-741-2848. Situé sur la g. dès la sortie du temple de Kurama. Ouv. t.l.j. sf mar. 10 h-18 h.
Vous dégusterez ici une cuisine végétarienne de saison et quelques pâtisseries japonaises, le tout joliment présenté. Idéal après une longue marche ou la visite du temple de Kurama.

O'Hara

Visite p. 185, Carnet pratique p. 308

OÙ MANGER ?

À partir de 3 000 yens

Gyozanen
454 Raikoin-cho Ohara, proche du temple Ohara-Sanzenin
☎ 075-744-2321. www.gyozanen.com.
Restaurant idéal pour déjeuner et découvrir la saveur des légumes d' O'Hara. Nous vous recommandons les menus *bento* ou le menu tofu. Sert aussi des repas *kaiseki* à partir de 13 000 yens.

➤ NARA

Visite 26, p. 188 ; plan p. 190-191

OÙ DORMIR ?

➤ Auberges de jeunesse

Autour de 10 000 yens

Nara Youth Hostel 奈良ユースホステル
Plan p. 190-191 / C2. *4-3-2 Horen Sahoyama. À 20 min. à pied de la gare de Kintetsu Nara (sortie principale) ☎ 0742-22-1334. Petit-déj. occidental : 675 yens/ pers. www.jyh.gr.jp/nara/en.*
Dortoirs de 6 lits. Grand bain public, séparé hommes et femmes. Pas de dîner.

➤ Hôtels

Autour de 10 000 yens

Ryokan Seikanso 旅館 静観荘
Plan p. 190-191 / C3. *29 Higashi-Kitsujicho, Nara. À 15 min à pied de la gare de Kintetsu Nara (sortie principale) ☎ et fax 0742-22-2670. Au choix petit-déj. occidental (486 yens) ou japonais (756 yens). www.nara-ryokanseikanso.com.*
C'est une belle bâtisse traditionnelle avec jardin japonais. L'un des meilleurs rapports qualité-prix de Nara.

Autour de 12 000 yens

Ryokan Matsumae 旅館 松前
Plan p. 190-191 / C2. *28-1 Higashi-Terabayashicho, Nara ☎ 0742-22-3686, fax 0742-26-3927. À 12 min. à pied de la gare JR de Nara ou à 7 min à pied de la gare de Kintetsu Nara (sortie principale). www.matsumae.co.jp.*
Bien situé, à 2 min à pied du parc de Nara, ce *ryokan* est bien agréable.

Autour de 15 000 yens

Hotel Sunroute Nara
ホテルサンルート奈良
Plan p. 190-191 / C2. *1110 Takabatakecho, Nara ☎ 0742-22-5151, fax 0742-27-3759. À 20 min. à pied de la gare JR de Nara (sortie E.) ou à 10 min à pied de la gare de Kintetsu Nara (sortie principale). www.sunroute.jp/english/hotelinfo/kinki/nara.*
Un business hôtel abordable. Pour 2 personnes, uniquement des chambres twin (pas de double).

Entre 30 000 et 40 000 yens

Nara Hotel 奈良ホテル
Plan p. 190-191 / C2. *1096 Takabatake-cho, Nara koen nai, Nara. À 25 min. à pied de la gare JR de Nara ou à 15 min à pied de la gare de Kintetsu Nara (sortie principale) ☎ 0742-26-3300, fax 0742-23-5252. http://narahotel.co.jp.*
Meilleur hôtel de la ville, il n'est pas accessible à toutes les bourses. Agréablement situé à l'entrée du parc, ses fenêtres donnent sur l'étang et la verdure. C'est un vieux bâtiment construit en 1909.

Autour de 40 000 yens

Kankaso 観鹿荘
Plan p. 190-191 / D2. *10 Kasugano-cho, Nara ☎ 0742-26-1128, fax 0742-26-1301. www.kankaso.jp.*
Bâtiments traditionnels en bois à l'intérieur du parc de Nara. Grand bain public.

Musashino むさし野
Plan p. 190-191 / D2. *90 Kasugano-cho, Nara. À 30 min à pied de la gare de Kintetsu Nara (sortie principale) ☎ 0742-22-2739, fax 0742-27-4929. www.nara-musashino.com. 12 ch. japonaises, dont 5 sans bain privé. Grand bain public dans le ryokan.*
Ryokan également situé dans l'enceinte du parc de Nara, très agréable.

Tsubaki Sô 旅館 椿荘
Plan p. 190-191 / C2. *35 Tsubaicho, Nara. À 10 min. à pied de la gare JR de Nara ou à 5 min à pied de la gare de Kintetsu Nara (sortie principale) ☎ 0742-22-5330, fax 0742-27-3811. 7 ch. japonaises.*
À mi-chemin entre les gares JR et Kintetsu, c'est un *ryokan* traditionnel en bois. Très bon accueil.

OÙ MANGER ?

Entre 1 000 et 3 000 yens

Mellow Café
Plan p. 190-191 / C2. *1-8 Konishi-cho ☎ 0742-27-9099. Ouv. 11 h-14 h et 17 h-23 h (café 11 h-23 h 30). www.mellowcafe.jp.*
Un coin d'Amérique du Sud en plein centre de Nara : au fond d'une petite allée commerciale, le Mellow, avec ses murs en terre cuite, est joliment décoré de masques, plantes tropicales (factices) et d'un mobilier en bois, dont un portemanteau en forme de branche. Pizzas, pâtes, salades, riz au curry ou au lait de coco, etc. Service souriant et avenant.

Entre 3 000 et 5 000 yens

Hira so
Plan p. 190-191 / C2. *30-1 Imani Kado-cho ☎ 0742-22-0866. Ouv. mar.-dim. 10 h-20 h 30. www.hiraso.jp/lang/english.html*
Les meilleurs poissons crus de la ville préparés à la façon de Nara, c'est-à-dire dans une feuille de kaki.

Tono Cha Ya 塔の茶屋
Plan p. 190-191 / C2. *49 Noboriojicho ☎ 0742-22-4348. Yanagi Cha Ya : ☎ 0742-22-7460. Ouv. sf mar. 11 h 30-21 h.*
Ces deux maisons sœurs servent le fameux *cha gayu* ainsi que des *kaki no ha sushi*. Un *bento* coûte 2 160 yens. On peut également très bien manger, pour un prix abordable, dans les restaurants de certains hôtels.

➤ Café

Chichiro ちちろ
Plan p. 190-191 / C2. *18-2 Minami-Handa Nishi-Machi ☎ 0742-27-3130. Ouv. mer.-dim. 12 h-19 h.*
Un petit « café culturel » plein de charme, tenu par Uda Shigeki, ancien relieur et acteur-réalisateur de cinéma. Confortablement assis sur les tatamis, ne manquez pas les *udon* (pâtes à base de farine de blé) ou tout simplement un café ou un thé vert avec un gâteau.

Osaka et ses environs

➤ OSAKA

Visite 27, p. 196 ; plan p. 198-199

Osaka compense son faible intérêt culturel par une débauche de bars, de restaurants et de commerces. Étonnant mélange de disco et de shamisen, de geishas et de rockers, de néons et de lumières tamisées, les ruelles d'Osaka ont un charme inédit au Japon. La plus grande concentration de restaurants se trouve entre Namba et la rivière Dotombori, autour de la galerie principale.

OÙ DORMIR ?

Entre 6 800 et 12 000 yens

Hotel Kinki ホテル近畿
Plan p. 198-199 / C1. *17-8 Doyamacho, Kita-ku ☎ 06-6312-9117, fax 06-6312-5586. À 5 min à pied de la gare JR d'Osaka (sortie E.). www.hotelkinki.com. 58 ch. dont 16 japonaises. Internet gratuit et coffre-fort à l'entrée. Pas de petit-déj.*
Établissement central et très bien tenu, proposant des chambres à l'occidentale simples et design, mais aussi quelques chambres japonaises (toutes fumeurs). Accueil, dans les règles de l'art japonais.

À partir de 12 000 yens

Kaneyoshi *(ryokan)* かねよし旅館
Plan p. 198-199 / C3. *3-12 Souemon-cho, Chuo-ku. À 5 min à pied du Mº Nipponbashi (sortie 2) ☎ 06-6211-6337, fax 06-6213-0843. www. kaneyosi.jp.*
Ce *ryokan* central propose d'agréables chambres japonaises isolées, qui disposent pour la plupart d'une loggia surplombant la rivière Dotombori. Le manager parle bien l'anglais. Bain public et Internet gratuit à l'entrée et dans les chambres.

Autour de 30 000 yens

Swissôtel Nankai Osaka
スイスホテル南海大阪
Plan p. 198-199 / C3. *1-60, Namba 5-chome, Chuo-ku. Au-dessus de la gare Namba ☎ 06-6646-1111, fax 06-6648-0331. www.swissotel.com/hotels/nankai-osaka.*
Au-dessus de la gare de Namba, cet hôtel est donc plein centre. Une salle de gymnastique et un *business center*, avec salle de réunion gracieusement mise à la disposition de la clientèle, comptent parmi les services de cet hôtel de luxe.

OÙ MANGER ?

Entre 510 et 2 800 yens

Takomasa *(takoyaki)* たこ昌
Plan p. 198-199 / C3. *1-4-15 Dotombori, Chuo-ku ☎ 06-6212-3363. Ouv. 10 h-21 h. www. takomasa.co.jp.*
Vous trouverez ici les meilleurs *okonomiyaki (p. 294)* d'Osaka, certifiés par les autographes de personnalités accrochés fièrement en façade, et *takoyaki* (boulettes ressemblant à des crêpes, remplies de poulpe, cuites dans des moules, comme des gaufres).

Entre 5 000 et 6 000 yens

Sakae-sushi *(sennichimae)* 栄鮓 千日前店
Plan p. 198-199 / C3. *1-6-14, Sennichimae ☎ 06-6211-6316. Ouv. t.l.j. sf mer. 17 h-23 h 30, sam.-dim. 12 h-15 h 30 et 17 h-23 h 30.*

BALADES GUIDÉES À OSAKA

Sur la trace de ses grands frères à Tokyo et Hiroshima, découvrez les **Osaka Safari**, des balades francophones originales avec une approche photographique.
Partez à la recherche des meilleurs spots photos et de ce que la ville a de meilleur à offrir : des lieux animés, historiques ou atypiques, aux quartiers populaires restés secrets, en passant par les spécialités culinaires régionales. Suivez un vrai passionné du Japon et un expert d'Osaka qui facilitera vos échanges avec les locaux pour une véritable expérience humaine du voyage.
www.osakasafari.com.

Long comptoir derrière lequel des cuisiniers découpent sur commande du poisson ultra-frais (sushis d'anguille, de thon ou de coquilles Saint-Jacques).

Autour de 10 000 yens

Dans l'avenue Dotombori, amusants restaurants comme **Kanidoraku** (かに道楽), spécialisé dans le crabe. L'énorme araignée de mer au-dessus de la porte d'entrée permet de repérer facilement cet établissement *(☎ 06-6211-8975, ouv. 11 h-23 h, www.douraku.co.jp/kansai/shop/honten).*

SHOPPING

♥ **La galerie marchande Kuromon**
黒門市場
Plan p. 198-199 / C4. *Près de la station Nippombashi (ligne Sennichimae), sortie 10. 1re à dr. sur la rue Sennichimae. www.kuromon.com.*
Dans cette très longue galerie marchande, typique d'Osaka, vous trouverez votre bonheur pour effectuer quelques achats ou pour déguster sur place les spécialités locales.

Tout savoir sur le Japon

L'histoire, la gastronomie, la religion, la culture…

Vous voulez en savoir plus sur l'histoire du Japon, comprendre ses coutumes et traditions, goûter à la variété de sa gastronomie ou découvrir la richesse de ses arts ? Ces pages sont faites pour répondre à vos questions et à bien d'autres…

Histoire

➤ Les époques qui ont fait le Japon

Chaque règne marque ainsi le début d'une époque nouvelle dont le nom, choisi par un comité des sages, est tenu secret tant que l'empereur précédent est en vie. Une fois décédé, celui-ci prend à titre posthume le nom de son ère. De toutes les époques, celle qui a le plus révolutionné le Japon, est certainement l'époque Meiji (1868-1912), qui a vu le pays s'ouvrir au reste du monde, alors qu'il était resté fermé pendant des décennies aux étrangers.

Création mythique et Japon des origines

La légende veut que le Japon soit né des amours de deux divinités, Izanagi et Izanami. C'est dans le *Kojiki* («Chronique des faits anciens»), écrit en 712, que cette histoire est relatée: les îles naquirent de gouttes d'eau tombant d'une hallebarde que ces divinités auraient agitée dans la mer, d'un pont imaginaire entre le Ciel et la Terre. De leur fille Amaterasu, qui engendra Jimmu Tenno, fondateur légendaire du Japon, descendrait, en ligne directe, la longue dynastie des empereurs japonais.

L'histoire fait remonter la plus ancienne civilisation japonaise connue à l'**ère Jomon** (12000-300 ans av. J.-C.). Suivent l'**ère Yayoi** (entre 300 av. J.-C. et 300 apr. J.-C.), marquée par l'apparition de l'agriculture, de la poterie et du bronze, puis l'**ère Kofun** (300-552), connue entre autres choses pour ses gigantesques tombes où sont enterrés les chefs de guerre.

L'époque Nara (710-794): l'expansion de la civilisation

Il faut attendre le début du VIIIe siècle pour assister à la création d'un véritable État japonais, dont la première capitale, Nara, est construite sur le modèle des villes chinoises. C'est à cette époque que la puissante **famille des Fujiwara** commence à exercer sur la cour une influence qu'elle conservera pendant près de mille ans. Au cours de ses premières années d'existence, connues sous le nom d'**époque Tempyo**, la nation japonaise est déchirée par des luttes religieuses, connaît une pauvreté dramatique et subit une épidémie de variole qui, en 737, ravage le pays. Cette période fut cependant l'une des plus riches, artistiquement, de toute l'histoire du Japon. Le **temple Todai-ji** *(p. 190)*, plusieurs fois détruit depuis, a été la grande réalisation de Nara. Très influencée par le bouddhisme chinois, qui pénètre peu à peu le pays, la période Nara est également considérée comme l'âge d'or de la sculpture japonaise (temple du Horyu-ji, *p. 192*). En 794, l'empereur, tiraillé entre les sectes, doit finalement quitter Nara pour Heian (l'actuelle Kyoto), dont il fait la nouvelle capitale.

L'époque Heian (794-1192) : aux sources de l'empire

La ville de Heian se développe sous l'impulsion des empereurs successifs. Sa cour, brillante, se consacre aux arts et aux lettres, découvre la poésie des jardins, pratique le bouddhisme, quand elle n'ourdit pas complots et trahisons. À la fin du XIIe siècle, deux familles, les **Taira** et les **Minamoto**, vont s'affronter, s'emparant tour à tour du pouvoir aux dépens de l'empereur. Leur lutte se termine par une terrible bataille, au cours de laquelle les Taira sont définitivement vaincus. En 1192, le chef du clan Minamoto, le fameux Yoritomo, est nommé shogun (généralissime) et installe son quartier général à Kamakura. Côté littérature, Murasaki Shikibu écrit le *Genji monogatari* (ou *Dit du Genji*), œuvre majeure de la littérature japonaise *(p. 300)*.

L'époque Kamakura (1192-1333) : militarisme et religiosité

Commence alors une ère marquée à la fois par l'idéologie militaire et le **bouddhisme zen** (la forme la plus ascétique du bouddhisme). Le pouvoir s'installe durablement à Kamakura, qui se couvre de temples. Cette période dure jusqu'en 1333 et voit l'avènement d'une nouvelle caste, celle des **samouraïs**, qui impose sa domination sur tout le pays.

L'époque Muromachi (1336-1573) : shoguns et *daimyo*

Cette période est appelée ère **Muromachi**, du nom du quartier de Kyoto où le nouveau shogun, Ashikaga Takauji, installe son état-major. C'est une ère relativement agitée, au cours de laquelle clans féodaux, shoguns et *daimyo* s'affrontent sans parvenir à se départager. Mais c'est aussi l'une des périodes les plus fécondes en matière d'art et de culture. Les **pavillons d'Or** *(p. 159)* et **d'Argent** *(p. 165)* sont édifiés à Kyoto, et des arts raffinés comme la cérémonie du thé et les jardins font leur apparition.

L'époque Edo (1615-1867) : le classicisme japonais

Jusqu'au XVIe siècle, rien ne prédestine Edo, un petit village fondé en 1457 par un seigneur de guerre nommé Ota Dokan, à devenir la capitale du Japon. Le pouvoir, incarné par le général Toyotomi Hideyoshi, semble en effet s'être définitivement fixé à Osaka d'où le kampaku, « régent de majorité », peut surveiller les activités de la cour de Kyoto. Mais à la mort de Hideyoshi, en 1598, Tokugawa Ieyasu, son vassal de l'Est, s'autoproclame shogun et décide de diriger le pays depuis son **château d'Edo**. Le nouveau maître du Japon est conscient des risques qu'il prend en s'installant à 600 km de la capitale impériale. Aussi, afin de limiter les risques de rébellion, il instaure une loi *(sankin kotai)* obligeant tous les vassaux possédant un fief (daimyos) à habiter une année sur deux à Edo. Il est entendu qu'ils doivent laisser en otages auprès du shogun leurs femmes et leurs enfants. Les frais de voyage et d'entretien de leurs familles demeurent entièrement à leur charge. Voyageant à bord de leurs palanquins, les daimyos doivent faire route accompagnés de toute une escorte de samouraïs. Le **Tokaido**, qui relie Edo à Kyoto, est de loin l'axe le plus emprunté par les seigneurs nomades ➤ *encadré p. 132*.

Edo, centre du pays

En quelques années, Edo devient la ville la plus prospère du Japon. Accourant de tout le pays, samouraïs et commerçants se pressent à ses portes pour avoir leur part de cette nouvelle richesse. La société japonaise, très hiérarchisée, ne permet pas aux différentes castes de vivre dans les mêmes quartiers. Les

Le Palais impérial

samouraïs s'installent donc dans la ville haute, **Yamanote**, tandis que les commerçants et les artisans vivent dans la ville basse, **Shitamachi**.

Les Tokugawa et la politique d'isolement

Les Tokugawa, famille dont les générations se succèdent à Edo pendant plus de deux siècles, sont d'un extrême **conservatisme**. Leur méfiance à l'égard de tout ce qui vient de l'étranger les pousse à fermer le pays aux influences du monde extérieur. Une loi datant de 1614 interdit désormais aux Japonais de sortir de l'archipel. Tout étranger surpris sur le territoire japonais est mis à mort. À partir de 1622, de nombreux missionnaires espagnols, portugais et hollandais seront ainsi exécutés sans préavis et les Japonais qui avaient embrassé la religion chrétienne pourchassés et martyrisés. Commence alors une longue période – qui durera jusqu'en 1868 – d'autarcie totale, au cours de laquelle les Japonais se forgent une identité nationale très forte.

Un développement culturel fantastique

Paradoxalement, sur le plan culturel, l'époque Edo est l'une des plus riches de l'histoire du Japon. La montée de la classe marchande constitue l'une des clés de ce développement : pour dépenser leur fortune, les riches s'inventent sans cesse de nouveaux loisirs. Leur quartier de prédilection est **Yoshiwara** (le quartier réservé aux plaisirs) ➤ *encadré p. 35*, où les **geishas** (littéralement « personnes qui possèdent un art »), dont le nombre se multiplie, procurent à leurs clients des plaisirs toujours plus raffinés. Les jolies femmes deviennent également les vedettes d'une nouvelle forme de théâtre, le *kabuki (p. 287)*. Sa vitalité, ses décors extravagants et surtout sa puissance d'évocation érotique relèguent le *nô (p. 286)* au rang de vieillerie bonne à « mettre au rancart ».
La vie de luxure des marchands d'Edo inspire les plus grands artistes, qui concentrent tout leur talent à transcrire ce « monde flottant » (*ukiyo*). Les grands maîtres de l'estampe japonaise *(p. 284)* nous montrent une société qui se livre sans complexes aux plaisirs des arts et du sexe.

La restauration Meiji (1868-1912) : ouverture et occidentalisation

Malgré ce foisonnement culturel et alors que l'Europe et les États-Unis ont déjà accompli leur révolution industrielle, le Japon est, au milieu du XIXe siècle, un pays féodal, dirigé par des militaires qui ont droit de vie et de mort sur le reste de la société.
En juillet 1853, une escadre américaine, commandée par l'amiral Perry, pénètre dans la baie de Tokyo. L'officier propose au gouvernement japonais de signer

un traité autorisant les États-Unis à commercer avec l'archipel. Perplexe devant les canons américains, le shogun, pour la première fois en six siècles de pouvoir militaire, consulte l'empereur sur ce qu'il convient de faire. Sans hésiter, celui-ci répond qu'il faut expulser les « barbares du Sud » (*nanban*) sans rien leur accorder. Malheureusement, le généralissime n'a pas les moyens militaires de repousser les Américains et se trouve contraint de signer l'accord proposé. En désobéissant à l'empereur, considéré par les Japonais comme un dieu vivant, Tokugawa a perdu la confiance du peuple. Très vite, il doit démissionner pour permettre la restauration triomphale du pouvoir impérial. Le jeune Mutsuhito, plus connu sous le nom d'**empereur Meiji**, se retrouve, à 15 ans, à la tête du pays. L'une de ses premières décisions est de transporter sa cour à Edo, rebaptisée Tokyo (« capitale de l'Est ») en 1869. Ainsi, par une ironie du sort, c'est sous l'égide de l'empereur – la plus ancienne tradition japonaise – que le pays va brutalement basculer dans le monde moderne. Dès lors, l'harmonie entre tradition et progrès devient l'un des traits dominants de la vie nippone.

Du Japon impérial au Japon impérialiste (1912-1945)

À la mort de l'empereur Meiji, en 1912, son fils aîné, Yoshihito, monte sur le trône, mais il est incapable de gouverner. C'est le fils de ce dernier, le jeune Hirohito, qui assure la régence pendant toute l'**ère Taisho** (1912-1926). Commence alors une période marquée par une montée du militarisme comparable à celle qui se produit, au même moment, en Allemagne. En fait, dès la fin de l'ère Meiji, le Japon cherche à se protéger des Occidentaux en créant des zones tampons en Mandchourie, en Corée et à Taiwan, qu'il occupe plus ou moins depuis les guerres sino-japonaise (1894-1895) et russo-japonaise (1904-1905).

En 1910, dans l'indifférence générale, le Japon annexe la Corée. Lorsque la Première Guerre mondiale éclate, le Japon, allié de l'Angleterre, déclare la guerre à l'Allemagne. Au cours des années 1920-1930, les militaires prennent finalement le contrôle du pays, l'entraînant dans une politique expansionniste sans précédent. En 1931, l'armée impériale lance une attaque contre la Mandchourie, puis en 1937 contre la Chine, où elle commet tous les excès. L'idéologie ultra-nationaliste des militaires japonais s'accorde à merveille avec celle des nazis. En 1940, un pacte est signé entre le Japon, l'Italie et l'Allemagne. L'année suivante, les Japonais décident d'envahir l'Indochine. Les États-Unis ripostent par un embargo sur le pétrole. La contre-riposte est foudroyante : le 7 décembre 1941, les Japonais lancent une

L'EMPEREUR N'EST PLUS UN DIEU VIVANT

Pour une grande partie des Japonais, l'empereur est une personne sacrée qui descend d'Amaterasu, la déesse du Soleil. Son anniversaire, le 23 décembre, est une fête nationale. L'empereur actuel s'appelle **Akihito**, mais l'appellation la plus couramment utilisée par les Japonais est *tenno*, signifiant « qui vient du ciel ». Arrivé au pouvoir en 1989, Akihito est le fils aîné de l'empereur **Hirohito**, dont le règne (1926-1989) fut le plus long de l'histoire japonaise. Critiqué pour son rôle « passif » lors de la Seconde Guerre mondiale, Hirohito a pris l'entière responsabilité de l'engagement japonais et a demandé aux Américains de l'exécuter afin qu'il paye pour tout son peuple. Les vainqueurs de la guerre lui laissèrent la vie sauve à la condition qu'il renonce publiquement à son caractère divin. C'est ce qu'il fit le 1er janvier 1946, enjoignant son peuple à renoncer à « *l'idée erronée selon laquelle l'empereur est divin et le peuple japonais supérieur aux autres races et destiné à gouverner le monde* ».

Le gymnase olympique de Yoyogi

attaque surprise sur la base américaine de Pearl Harbor, anéantissant une partie de la flotte américaine du Pacifique. Dans le même temps, ils s'approprient Singapour, les Indes néerlandaises, les Philippines et même la Birmanie. À partir de 1944, les États-Unis entreprennent des raids aériens contre les villes japonaises. Pourtant, malgré les bombardements répétés, l'état-major nippon refuse de céder. Le président Truman décide alors d'utiliser l'arme nucléaire pour mettre un terme définitif à la guerre. Le 6 août 1945, une première bombe est lâchée sur Hiroshima, suivie par une autre lancée sur Nagasaki, trois jours plus tard. Acculés, les Japonais finissent par admettre la défaite, et l'empereur lui-même, dans un message radiodiffusé, appelle ses concitoyens à «*endurer l'insupportable*». Le 2 septembre 1945, une reddition sans conditions est signée à bord du cuirassé Missouri avec le général MacArthur.

Un redressement économique spectaculaire (à partir de 1945)

En grande partie détruit, le Japon n'a pas d'autre choix que d'accepter l'occupation américaine. Le général MacArthur, qui a à cœur de reconstruire le pays sur des bases neuves et démocratiques, fera tout pour s'attirer la sympathie des ennemis d'hier. Connaissant l'attachement des Japonais à l'institution impériale, les Américains décident de ne pas juger Hirohito et, même, de lui laisser son trône à condition qu'il renonce publiquement à son statut de dieu vivant, ce qu'il fera le 1er janvier 1946. L'occupation américaine prend fin officiellement en 1952 après la signature d'un traité de paix, le 8 septembre 1951 à San Francisco. Mais la guerre de Corée, qui débute le 25 juin 1950, incite les Américains à se servir du Japon comme base arrière et à relancer la machine économique nippone. En quelques années, grâce aux commandes américaines et à une impressionnante capacité de travail, le Japon va opérer un redressement des plus spectaculaires, devenant, au début des années 1960, le pays le plus productif d'Asie. Dès lors, l'économie japonaise ne connaît plus de frein.

Une fois la guerre de Corée terminée, les industriels nippons se tournent vers d'autres secteurs comme l'automobile, la photo et la radio, avec un seul mot d'ordre: exporter.

Le pays devient au cours des années 1980 la deuxième puissance économique du monde, talonnant les États-Unis. Mais il doit faire face aux critiques de ses partenaires occidentaux, qui l'accusent d'envahir le monde avec ses produits tout en maintenant son marché hermétiquement fermé. Son succès économique, le Japon le doit pourtant avant tout aux sacrifices consentis par une population travailleuse et qui a su patienter avant de recueillir le fruit de ses efforts. On parle, jusqu'au début des années 1990, du «modèle japonais».

Le Japon actuel : l'ère Heisei (débuté en 1989)

Le miracle économique, qui a fait du pays une grande puissance, a pris fin au début des années 1990. Le Japon doit surmonter la crise, engendrée par le vieillissement de la population, la morosité de la consommation, un taux de natalité bas, un manque de matières premières, l'effondrement des secteurs symboles du succès japonais (électronique, industrie automobile), une faible immigration et la concurrence de la Chine. Depuis 2006, le pays a connu des années d'instabilité politique, interrompue par Shinzo Abe, Premier ministre depuis décembre 2012, qui axe son action sur les questions économiques (relance de la croissance) et les sujets de sécurité et de défense. Ses réformes sont surnommées « Abenomics ». Sur le long terme, la capacité d'innovation du Japon, le niveau d'éducation de sa population et sa maîtrise de créneaux technologiques d'avenir (robotique, nanotechnologies, biotechnologies, énergies renouvelables) devraient rester des atouts primordiaux dans la compétition internationale.

➤ Tokyo dans l'histoire

Malgré les séismes, les incendies et les bombardements de la Seconde Guerre mondiale, Tokyo s'est transformée à une vitesse vertigineuse. Elle est la capitale du Japon et son centre économique, financier, culturel.

Tokyo : sans cesse détruite… et reconstruite

À l'origine simple village de pêcheurs, Tokyo devient la plus grande ville du Japon à l'époque Edo, peuplée de 1,3 million d'habitants. C'est alors l'une des plus vastes métropoles du monde, avec les problèmes d'hygiène et de sécurité que cela comporte. En 1657, un incendie ravage la moitié de la ville et l'on prend soin, en reconstruisant, de percer de larges avenues « coupe-feu ». C'est sans doute grâce à cette précaution que l'incendie de 1872 ne détruit « que » le quartier de Ginza. Rien, en revanche, n'a encore été trouvé pour se prémunir contre les tremblements de terre, très fréquents dans cette région, comme celui de 1923 au cours duquel périrent plus de 100 000 personnes. Comble de malheur, la catastrophe se produisit à l'heure du déjeuner, et les braseros provoquèrent des incendies qui se révélèrent plus meurtriers encore que la secousse. Il faut dire que toutes les maisons étaient construites en bois, à cause précisément des tremblements de terre ! À peine remise de ce cataclysme, Tokyo subit, en 1945, les bombardements américains. Ils font 140 000 morts (davantage que la bombe sur Hiroshima) et le nombre de maisons détruites s'élève à 760 000 (la capitale en compte alors 1,4 million), soit plus de la moitié. Il est urgent de la reconstruire. Grâce aux capitaux américains, mais surtout à la volonté d'une population décidée coûte que coûte à surmonter les épreuves, une nouvelle capitale voit le jour.

Il faut cependant attendre 1964 et les jeux Olympiques pour que Tokyo se relève définitivement de ses ruines. Depuis, pour mieux oublier la guerre, la ville s'est occidentalisée à outrance et la capitale japonaise offre parfois le visage d'une ville sans histoire ni passé.

La Bourse de Tokyo

ÉCONOMIE

➤ De la renaissance aux doutes

Vaincu en 1945, le Japon a réussi de façon spectaculaire à se reconstruire en quelques décennies. Après un bond miraculeux de son économie dans les années 1960-1970, le pays a subi la récession de la fin des années 1980, qu'ont ensuite aggravée une déficience de son système financier et le séisme, le tsunami suivis de la catastrophe nucléaire de Fukushima (mars 2011). Malgré sa forte capacité à surmonter les crises, il reste donc actuellement fragile.

Tokyo, une capitale financière

En quelques années, la mégalopole est devenue l'une des principales places financières de la planète, et l'**indice Nikkei** des valeurs japonaises joue un rôle central dans l'économie mondiale. Quant au yen, il a plus que doublé de valeur par rapport au dollar entre 1985 et 1993, ce qui a facilité les investissements japonais à l'étranger. Entre 1986 et 1991, l'économie japonaise connaît l'une des plus longues périodes de croissance de son histoire. Mais cet emballement de l'économie nippone a aussi créé un mouvement spéculatif sans précédent aussi bien à la Bourse que sur l'immobilier. À la fin des années 1980, le Japon est touché, comme les autres pays, par la récession économique, et la hausse brutale du yen, à partir de juin 1993, le pénalise dans ses exportations. Pourtant, le Japon résiste plutôt mieux à la crise que l'Europe et les États-Unis, et parvient à maintenir le taux de chômage sous la barre des 5 % (3,4 % fin 2014).

Au début des années 2000, les restructurations bancaires, ou encore l'arrivée d'investisseurs étrangers, tels que Ford chez Mazda ou Renault chez Nissan, bouleversent un peu les habitudes en matière financière comme dans le domaine du management. Le fameux « **modèle japonais** » (emploi à vie, avancement à l'ancienneté) qui perdure depuis la Seconde Guerre mondiale est largement remis en cause.

Le Japon, une superpuissance économique

Avec un produit intérieur brut (PIB) proche de 35 400 € par habitant au-delà de 40 000 $ par habitant (2014), les Japonais ont un pouvoir d'achat parmi les plus élevés au monde. L'épargne des ménages équivaut à trois fois le PIB, et la richesse par habitant y est six fois plus élevée qu'en Chine et 1,6 fois plus élevée qu'en Corée. Même si l'économie japonaise a été dépassée récemment par celle de la Chine, elle continue à peser très lourd dans l'économie mondiale (elle représente environ 7 %). Elle est de très loin le numéro 3 mondial (son PIB dépasse de 40 % celui du numéro 4, l'Allemagne).

Les immenses groupes (Toyota, Nissan, Honda, Mitsubishi, Canon, Panasonic, Sony, Sharp, Nintendo, etc.) placent le Japon parmi les grandes nations industrielles : première place mondiale pour l'automobile, l'électronique, deuxième place pour la construction navale (cargos, porte-conteneurs, pétroliers). Au sortir de la guerre, il a su copier et adapter les modèles américains et européens pour aujourd'hui les talonner, voire les dépasser. Si la **crise financière** de 2008 a un peu moins touché le Japon que les États-Unis ou l'Europe, la baisse de la consommation dans le monde a durement frappé l'économie nippone. Des entreprises aussi florissantes que Toyota, pourtant numéro 1 mondial de l'automobile, ont, pour la première fois de leur histoire, affiché des pertes.

Une agriculture insuffisante et une dépendance énergétique

Avec les deux tiers du territoire recouverts par des montagnes et des forêts, ainsi que des exploitations agricoles exiguës, l'agriculture ne suffit pas à combler les besoins alimentaires de ses habitants. Le Japon se voit donc contraint d'importer 60 % de ses produits alimentaires. Il est, par exemple, le premier importateur de céréales du monde. L'agriculture ne représente qu'une petite part du PIB et de l'emploi. Premier producteur mondial de poisson au monde, mais aussi premier consommateur, il est obligé d'importer également des produits de la pêche.

Les ressources et la production énergétiques du pays étant loin de suffire à alimenter ses besoins, le Japon s'approvisionne à l'étranger (à 80 %). Depuis la catastrophe nucléaire de Fukushima (mars 2011), le pays s'efforce de faire des économies d'énergie et d'augmenter la part de sa production d'énergies renouvelables (solaires, éoliennes, etc.).

L'emploi au Japon

Malgré les crises qu'il a traversées, le pays est aujourd'hui en situation de plein emploi avec un des taux de chômage les plus bas des pays développés (3,4 % fin 2014). Dans un pays vieillissant, où la population en âge de travailler diminue chaque année, cette tendance semble très positive. Le gouvernement tente également d'inciter les jeunes et les seniors à entrer ou rester dans le monde du travail pour participer à la vie économique du pays.

L'avenir économique du Japon

La compétitivité du Japon repose aujourd'hui sur son avance technologique, sa cohésion sociale et son intégration aux économies asiatiques. Avec des entreprises comme **Fast Retailing** (Uniqlo) et **Rakuten**, de nouvelles entreprises parviennent à s'imposer à l'échelle internationale. De plus, les Jeux olympiques qui se tiendront à Tokyo en 2020 sont une source d'optimisme et seront, espère-t-on, synonymes de redressement économique futur, comme l'ont été ceux de 1964.

Un magasin de mangas, à Akihabara

La vallée d'Owaku-dani, à Hakone

Environnement

➤ Nature bienfaitrice ou menaçante ?

L'archipel nippon, à 10 000 km de la France, s'étend dans le Pacifique nord. Étiré sur 3 000 km du nord au sud, il dispose d'une nature d'une grande richesse. Mais aussi d'une rare violence : situé en pleine « ceinture de feu du Pacifique », le Japon est soumis à de constants tremblements de terre, éruptions volcaniques et tsunamis. À cela s'ajoute en été des typhons dévastateurs.

Des îles aux climats différents

L'archipel japonais s'égrène sur près de 4 000 îles, longeant de façon parallèle le continent asiatique, de la Sibérie orientale, au nord, à Taiwan, au sud. Les quatre îles principales sont **Hokkaido** au nord, **Honshu** (la plus grande) au centre, **Shikoku** et **Kyushu** au sud. Sa pointe nord est à peu près sur le même parallèle que Lyon, tandis que son extrémité sud, 3 000 km plus au sud, est à la hauteur de l'Afrique du Nord. On note de grandes variations climatiques : l'hiver, très froid sur Honshu et Hokkaido (4° C en moyenne à Kyoto, 5° C à Tokyo) mais très ensoleillé, contraste avec un été très chaud et humide (26° C à Kyoto, 24° C à Tokyo). En juin et juillet, c'est la saison des pluies. Le printemps, avec ses cerisiers en fleurs, et l'automne, avec ses érables changeant de couleur, sont les deux saisons les plus douces et les plus agréables.

Une richesse naturelle peu commune

Les montagnes et les forêts occupent les deux tiers du territoire : le pays offre ainsi une nature de toute beauté, à l'image de son emblématique mont Fuji (3776 m). Les forêts sont constituées d'espèces variées. On retrouve dans tout l'archipel pins et sapins, rizières et bambous, ainsi que des cryptomères géants *(sugi)*, des gingkos, des chênes ou des camphriers *(kusunoki)*. Le pays compte pas moins de trente parcs nationaux. On peut également croiser une **faune** très variée : ours bruns, cygnes, grues, singes, canards sauvages, cerfs, sangliers, loups, renards, fouines ou blaireaux. Mais cet apparent paradis naturel a son revers : sa force dévastatrice.

Tremblements de terre et tsunamis

Les séismes sont très fréquents au Japon. Heureusement, les fortes secousses sont assez rares. Dans chaque ville, chaque quartier, un refuge est prévu – en général dans les parcs ou les écoles – et chaque habitant sait exactement ce qu'il doit faire pour porter les premiers secours. Des simulations ont lieu régulièrement afin que chacun soit prêt le jour venu. Parfois, ces efforts ne sont pas suffisants, comme on a pu le constater lors du tremblement de terre de Kobe, le 17 janvier 1995 (6000 morts). Mais un autre danger guette aussi les Japonais lors d'une secousse sismique : les tsunamis.

La catastrophe du 11 mars 2011 et Fukushima

Le 11 mars 2011, un terrible séisme de magnitude 9 secoue la région du Tohoku (dans le nord-est du pays), provocant un tsunami qui dévaste toute la région. Ce raz de marée entraîne un accident à la **centrale nucléaire Daiichi** de Fukushima. Cette triple catastrophe a provoqué la mort et la disparition de 18 000 personnes et a eu des retombées sur l'environnement, l'alimentation et l'économie. Certaines zones très proches de la centrale restent toujours interdites et risquent de l'être pour plusieurs décennies.
À Tokyo, située à 230 km au sud de Fukushima, la radioactivité est régulièrement testée. Elle n'est pas plus forte que dans une ville comme Paris, mais, les jours de pluie, elle peut augmenter légèrement. Il est recommandé à tous les habitants du Japon de varier la provenance de leurs aliments, certains étant plus contaminés que d'autres. À l'échelle d'un séjour touristique de quelques semaines, ces recommandations ne sont pas nécessaires. L'eau du robinet peut se boire sans crainte : elle est très fréquemment testée ➤ *encadré p. 298*.

Typhons et éruptions volcaniques

Un **typhon** (*taifu* en japonais) est le nom donné au cyclone tropical qui se déplace de la zone intertropicale à l'hémisphère Nord, de mai à octobre. À la différence des tremblements de terre, les typhons sont des risques naturels qui se prévoient, et les médias annoncent plusieurs jours à l'avance l'arrivée d'un typhon. Il faut donc se tenir informé et s'y préparer. En cas de passage d'un typhon, soyez prudents et prenez des précautions : ne pas prendre la voiture au cas où se produirait une crue soudaine, ne pas rester dehors à cause des risques de chute d'objets, tuiles des toits, etc. Si le danger est imminent, les autorités annoncent dans les médias *chui-ho* (risques de dommages sérieux) ou *kei-ho* (possibilité de catastrophe réelle, avec fortes pluies et inondations). Sur le site de l'**agence météorologique japonaise**, vous pourrez trouver des informations en anglais sur les typhons, ainsi que sur les tremblements de terre et les tsunami s: *www.jma.go.jp/en/typh*.
Pays volcanique, le Japon n'est pas épargné par les **éruptions**. Ainsi, le 27 septembre 2014, un nouveau volcan est entré en éruption : le mont Ontake, au centre du Japon (préfecture de Nagano). Il faut aussi savoir que le mont Fuji est un volcan en activité, et qu'un séisme pourrait entraîner un effondrement des flancs du mont et des coulées massives de laves et de terre…

EN CAS DE TREMBLEMENT DE TERRE

D'abord, ne vous affolez pas. Commencez par éteindre tout ce qui peut provoquer un incendie (gaz, radiateur…) et ouvrez la porte de la pièce dans laquelle vous vous trouvez afin de pouvoir sortir en cas de besoin. Protégez votre tête en vous mettant à l'abri sous un lit ou une table. Les toilettes sont le lieu le plus sûr dans une maison traditionnelle ; du fait de l'étroitesse de la pièce, elles s'effondrent toujours en dernier. Si vous vous trouvez dans un immeuble, évitez les ascenseurs. Si vous êtes dans la rue au moment du séisme, éloignez-vous de tout ce qui menace de s'écrouler, et protégez-vous la tête. Les grands immeubles sont en principe conçus pour résister aux fortes secousses, mais les vitres cèdent plus facilement. Les trains, en particulier ceux à grande vitesse, sont équipés d'un système de sécurité qui interrompt le courant dès qu'une secousse dépasse le seuil admissible.

Tenues traditionnelles

Société

➤ Un monde de convenances

La société japonaise est très hiérarchisée et possède une infinité de règles qui dictent la conduite de chacun. Un ordre qui s'exerce dans la famille, l'entreprise, les écoles ou au temple et qui concerne toutes les couches de la société, y compris les plus marginales.

Le respect de la hiérarchie

La hiérarchie est inscrite dans la langue même, qui emploie de nombreux termes honorifiques. Ainsi, un employé se présente toujours en indiquant le nom de l'entreprise dans laquelle il travaille ou l'université dont il est issu avant de dire son nom et son prénom. S'il occupe le même rang que celui de ses collègues, dans l'entreprise, il se fera appeler simplement par son nom de famille, par exemple : Sato. En revanche, ses supérieurs l'appelleront Sato kun. Et ceux qui sont plus bas dans la hiérarchie le nommeront Sato san.

Au Japon, le concept de ***uchi/soto*** est très important. ***Uchi,*** « la maison », « l'intérieur », est la marque de l'appartenance à la maison: il délimite la famille (liens du sang), ou l'école, le lieu de travail, le quartier (liens géographiques). On appartient donc à un cercle *(uchi)* qu'il faut respecter. À l'école, chaque élève choisit un *bukatsu*, c'est-à-dire un club (sportif ou culturel), et appartient donc à un groupe. Il n'est pas bien vu de ne pas choisir de *bukatsu*. ***Soto***, c'est « l'extérieur » : le comportement change, car on n'est plus dans l'*uchi*, on ne peut plus commettre d'impair.

Le système éducatif

Entièrement tourné vers l'efficacité et la discipline, le système éducatif japonais n'accorde pas une grande importance au développement de la personnalité individuelle.

Dès son plus jeune âge, l'enfant est placé dans une logique de compétition et doit, s'il veut être intégré dans la société, s'il veut entrer dans les meilleures écoles pour ensuite intégrer la meilleure entreprise possible, accomplir un véritable parcours du combattant dont seuls les meilleurs (c'est-à-dire les mieux « formatés ») ont une chance de sortir vainqueurs.

LE *ON* ET LE *GIRI*

La notion d'obligation est le *on* : chacun est redevable à quelqu'un d'autre (les enfants envers leurs parents, les élèves vis-à-vis de leur maître). Le *giri* est « le devoir ». Ainsi, on parle de *giri-choco* lors de la Saint-Valentin quand les employées des entreprises font des cadeaux par devoir à leurs collègues, leurs supérieurs, et non pas, par amour, à l'élu de leur cœur. C'est donc une obligation sociale. La société japonaise est régie par de nombreux *giri* qu'il faut respecter pour ne pas être en marge.

LA PLACE DES FEMMES

La part du travail féminin dans la population active est actuellement de 41 %. La société japonaise, dans laquelle les femmes travaillent beaucoup moins que les hommes et sont sous-représentées aux postes à responsabilités, demeure encore sexiste. Il reste difficile pour les femmes de concilier vie professionnelle et vie familiale, même si depuis quelques années les différents gouvernements affichent leur volonté de faire évoluer la situation.

L'enseignement reste très coûteux, et les parents n'hésitent pas à mettre leurs enfants dans des *juku* (cours préparatoires aux examens) après l'école, dès le primaire. La pression est forte : le suicide des adolescents reste un problème de société (les moins de 20 ans représentaient 2 % des suicides en 2012), malgré les efforts du gouvernement pour lutter contre ce phénomène inquiétant.

La famille

La relation mère-enfant est forte au Japon. Dès que l'enfant naît, il dort sur le même futon que sa mère, ce qui crée un lien dont certains pères se sentent exclus. Pour bien comprendre les relations humaines japonaises, il y a un terme à retenir: ***amae***, du verbe *amaeru* (« recevoir l'amour de quelqu'un », mais aussi « faire l'enfant », « se comporter en enfant gâté »). *Amae* signifiant « doux, sucré », c'est un concept relatif au besoin de dépendance affective, que l'on retrouve non seulement au sein de la famille (à l'extérieur, les marques d'affection ne sont pas montrées, on ne s'embrasse pas en public, par exemple), mais aussi dans la société japonaise, car le pays tout entier semble être dans une situation d'*amae* (d'où le côté enfantin des jeunes filles qui disent tout le temps *kawaii*, « mignon », ou les *maid cafés* qui apportent un réconfort, ➤ *encadré p. 45*). Ce qui est donc unique au Japon, c'est qu'*amae* n'est pas uniquement réservé aux enfants.

Les yakuzas

DROITS DE L'HOMME

La peine de mort continue d'exister au Japon, malgré les oppositions d'organisations de défense des droits de l'homme condamnant le système judiciaire japonais et les conditions de détention épouvantables – les détenus attendent des années dans le couloir de la mort avant leur exécution.

Les yakuzas sont des gangsters, membres du crime organisé, très actifs dans l'industrie des machines à sous *(pachinko)*, de la drogue, de la prostitution et de la pornographie. Regroupés en bandes appelées *gumi* (par exemple Yamaguchi-gumi, la plus grande et la plus connue), les yakuzas disposent souvent de structures légales de type associatif. Représentés par quatre grands syndicats, ils sont plus de 80 000 dans tout le pays. Comme dans toutes les couches de la société japonaise, la hiérarchie a toute son importance : les yakuzas agissent donc selon des règles et des codes très précis, parmi lesquels le système de *oyabun-kobun* (*oya* signifie « parent » ou « père », une sorte de parrain, et *ko* « enfant »). L'*oyabun* protège le plus jeune, lui enseigne le métier et lui donne des conseils, et le *kobun* obéit à son aîné, son protecteur. Ils sont respectés par une partie de la population, même s'ils inspirent la peur. Comme la mafia italienne, les yakuzas ont leur code d'honneur et des traditions, dont celle du tatouage, qui reste un rituel au sein des clans. De nos jours encore, plus de 60 % des yakuzas seraient tatoués, en général sur tout le corps ou en partie, et leurs tatouages ont généralement une symbolique particulière.

➤ Les défis de demain

Au marché de Tsukiji

Une classe moyenne en évolution

Si l'on en croit les sondages, près de 90 % de la population japonaise se situe dans la classe moyenne. Cela ne signifie pas, loin s'en faut, que tout le monde bénéficie des mêmes revenus. En comparaison avec d'autres pays développés, les sans-abri sont moins nombreux, mais pas inexistants. Lorsqu'on se promène dans certains parcs de Tokyo (Ueno, par exemple) ou d'Osaka, on peut voir les bâches bleues qui leur servent d'abri. La plupart d'entre eux subsistent en vendant des cartons ou des canettes. Grâce à son extraordinaire croissance économique d'après-guerre, le Japon offre au monde l'image d'un pays riche et sans misère, mais, depuis les années 1990, il est certain que le taux de pauvreté augmente. Jusqu'alors pilier de la société japonaise, la classe moyenne s'amenuise, et le taux de personnes en situation de précarité commence à croître.

Un pays à la retraite ?

KEIRO NO HI

Le respect de la vieillesse est si primordial qu'une journée en septembre est consacrée aux personnes âgées *(p. 281)*. C'est un jour férié où l'on prend du temps avec les anciens pour leur exprimer respect et remerciement d'avoir contribué à la prospérité du pays.

Avec un taux de fécondité (1,41 enfant par femme en 2013) parmi les plus bas du monde (à titre de comparaison, il est de 2,08 en France en 2013) et l'espérance de vie la plus élevée du globe (86,9 ans pour les femmes et 80 ans pour les hommes), le nouveau défi pour le Japon est le vieillissement de sa population. En 2013, la part des 60 ans et plus dans la population est de 32,7 % et on compte plus de 11 millions de personnes de plus de 75 ans… Selon les estimations japonaises, la population passerait de 127 millions d'habitants aujourd'hui à 97 millions en 2050 ! Le coût pour la population active augmenterait donc considérablement. Avec le nombre de centenaires le plus élevé du monde, la *« silver economy »* est en pleine croissance : services personnalisés, technologies permettant l'autonomie ou encore biens et services dédiés aux plus âgés. Beaucoup de Japonais cumulent leur retraite et un emploi (c'est autorisé par le gouvernement pour favoriser l'emploi des seniors). En 2025, le ratio de dépendance devrait être de deux personnes à charge pour trois personnes actives. Certains économistes estiment que l'immigration pourrait redonner une dynamique, mais le pays ne fait pour l'instant qu'entrouvrir ses portes à la main-d'œuvre étrangère et tente, partout où c'est possible, de remplacer l'homme par la machine. La robotique est devenue, ces dernières années, l'un des secteurs les plus dynamiques de l'industrie japonaise : les robots d'assistance seront pris en charge par la protection sociale japonaise à compter de 2015.

La place des jeunes

Parmi les jeunes (15-24 ans), on comptait 360 000 chômeurs en 2013, soit 60 000 chômeurs de moins qu'en 2012. En 2013, il y avait officiellement au Japon 2,65 millions de chômeurs, soit 4 % de la population active. La réussite économique du pays n'empêche pas les jeunes générations de se poser certaines questions sur le sens de la vie et d'être de plus en plus réticentes à suivre le modèle de leurs parents, qui ont tout sacrifié à leur entreprise. Aujourd'hui, un jeune sur dix est un *freeter* (néologisme composé à partir de l'anglais *freelance* et de l'allemand *Arbeiter*), c'est-à-dire qu'il travaille à mi-temps ou dans une entreprise d'intérim. On assiste également, depuis quelques années, à la naissance d'une nouvelle catégorie de jeunes, qui ne sont plus scolarisés mais n'entrent pas non plus dans la vie active. Cloîtrés chez leurs parents, ils se comportent souvent comme ces *otaku* des années 1990 qui ne s'éloignaient jamais de leur console de jeux vidéo. On les appelle les NEET (*Not in Education, Employement or Training* : « ni étudiants, ni employés, ni en formation ») et leur nombre, en croissance constante, est estimé à 650 000, soit 5 % de la population.

LES ÉTRANGERS AU JAPON

Les étrangers *(gaijin)* ne représentent qu'environ 3 % de la population, malgré une immigration en hausse. Longtemps fermé aux étrangers, le pays n'ouvre ses portes que lentement à la main-d'œuvre venant de l'extérieur, malgré le fait que la dénatalité soit devenue un véritable problème. Récemment, un regain de nationalisme parmi les jeunes Japonais se fait ressentir, ce qui n'est pas très rassurant pour l'avenir des étrangers dans le pays.

Une délinquance inexistante ?

La forte densité de population du Japon n'entraîne pratiquement aucune délinquance, si l'on excepte les agissements des yakuzas *(p. 269)*. Le taux de criminalité est même l'un des plus bas du monde. Ce phénomène s'explique surtout par le très haut niveau d'éducation : pas d'analphabétisme malgré un système d'écriture réputé parmi les plus compliqués (le taux d'alphabétisation est à son paroxysme : 99 %). En outre, la délinquance est généralement liée à la crise économique, qui n'a pas touché le Japon aussi durement que d'autres pays. Ajoutons, toutefois, que la police, installée presque à chaque carrefour dans les *koban* (petits commissariats de proximité), surveille la rue 24 h sur 24. Les *chonaikai*, ou associations d'habitants volontaires, luttent également contre le vol et la criminalité et jouent un rôle essentiel dans la prévention des accidents et catastrophes naturelles.

La fête des enfants, à Nara

Des statues Jizo, à Kamakura

Religion

➤ Bouddha ou shinto ?

On dit souvent que les Japonais naissent shintoïstes et meurent bouddhistes. En fait, ils pratiquent ces deux religions toute leur vie et, quand ils se marient, bien souvent ils le font dans une église chrétienne. Si la religion fait partie intégrante de la vie quotidienne des Japonais, c'est qu'elle est aussi un code social, une tradition ancienne à respecter.

Le shintoïsme

La tradition shintoïste est la plus ancienne et la plus spécifiquement japonaise, tandis que le bouddhisme est venu d'Inde via la Chine et la Corée à partir du VIe siècle. Le shintoïsme, qui signifie « la voie des dieux », est le culte des *kami* (divinités). Certains héros de l'histoire japonaise ont également accédé au statut de *kami* après leur mort. Les cloches situées à l'entrée des sanctuaires sont là pour attirer l'attention d'un *kami* au moment où l'on va lui adresser une prière. Lorsqu'il n'y a pas de cloche, le fidèle frappe plusieurs fois dans ses mains. Il est fréquent, lorsqu'on ouvre une boutique ou que l'on construit un immeuble ou une maison, de faire appel à un prêtre shintoïste qui vient chasser les mauvais esprits de l'endroit. Depuis l'origine, les Japonais rendaient un culte à toutes les forces, les *kami,* existant dans la nature : montagnes, rizières, soleil, lune, etc., qui étaient des manifestations divines et des objets d'adoration. Cette croyance aux nombreux *kami* n'avait pas de nom, mais, par la suite, pour la distinguer du bouddhisme, on la dénomma le « shinto ». Cette religion n'a ni créateur ni code écrit. Les rites shintoïstes rythment la vie quotidienne : c'est dans les sanctuaires shintoïstes que l'on se rend lorsqu'un enfant vient de naître (cérémonie dite *omiya-mairi*, une sorte de baptême), mais aussi pour la fête des enfants de 3, 5 et 7 ans (*Shichi-go-san, p. 281*), et pour participer à des *matsuri (p. 278)*. L'entrée d'un sanctuaire est reconnaissable par son *torii* (« portique »), qui représente la division entre le monde terrestre et le monde divin.

Le bouddhisme

Le bouddhisme s'est développé au Japon en même temps que la multiplication des sectes, à partir du VIe siècle. Originaire de l'Inde, il est passé par la Chine et la Corée, avant de s'étendre dans l'archipel à travers deux courants : l'amidisme (foi dans le bouddha Amida, la sagesse incarnée) et le zen (discipline mentale et philosophique accompagnée d'exercices de méditation). Le bouddhisme propose de répondre aux grands problèmes de la vie et de la mort et accompagne tous les rites funéraires et le culte des ancêtres. Dans le bouddhisme, on dit que les âmes des défunts reviennent sur terre, et au Japon, c'est à la mi-août, lors de la fête d'O-bon. Ce sont dans les temples bouddhistes que se déroulent les cérémonies funéraires, que l'on soit croyant ou non. L'entrée d'un temple bouddhiste se caractérise par une porte *(mon)*. On y trouve généralement un bâtiment principal (*honden* ou *kondo* ou *butsuden*) contenant une ou plusieurs statues ou images de Bouddha, et une pagode à cinq étages qui représentent les cinq éléments : terre, eau, feu, vent et ciel.

Treize écoles de bouddhisme se sont créées au Japon, dont les principales sont les écoles zen, shingon, tendai et jodo.

Le zen ne représente dans l'esprit de nombreux Européens qu'une branche du bouddhisme. Introduit au Japon par le moine Eisai (1141-1215), il met l'accent sur le *zazen* (la méditation assise), grâce auquel on atteint le *satori* (l'illumination). Au Japon, on peut pratiquer le *zazen* dans de nombreux temples bouddhistes. Les trois principales écoles zen sont Rinzai *(voir p. 122 et123 le temple de Kencho-ji et le temple de Hokoku-ji à Kamakura)*, Soto et Obaku.

L'école shingon a été fondée par le moine Kukai au VIIIe siècle. Branche du bouddhisme ésotérique *mahayana*, il met en valeur le cycle infini des morts et des renaissances, le caractère transitoire de la vie, l'éveil libérateur des souffrances, et les principes essentiels de ne pas faire le mal, de vivre dans l'humilité, prier et faire des offrandes. L'idéal du bouddhisme est le bodhisattva, « celui qui est en passe de devenir Bouddha ». Le mont Koya *(p. 203)* est le site shingon le plus important du pays.

L'école tendai, fondée par le moine Saicho au IXe siècle au mont Hiei près de Kyoto, est une autre branche du bouddhisme ésotérique mahayana. Avec la méditation, l'adoration de la nature, les pratiques ésotériques, l'utilisation de mantras (mots ou phrases utilisés comme objets de méditation) et de mudras (positions symboliques et codifiées des mains), cette école est la plus éclectique au Japon *(voir le temple de Rinno-ji à Nikko, p. 140, et le temple du Kanei-ji à Tokyo, dans le quartier Ueno, p. 41)*.

L'école Jodo, fondée en 1175, considère que les personnes qui ont commis des actes graves peuvent malgré tout renaître dans la terre pure. C'est le courant bouddhiste le plus largement pratiqué dans le pays.

Le christianisme

La communauté chrétienne représente 2 % de la population. Le christianisme est apparu au Japon en 1549, par des activités missionnaires de jésuites portugais et espagnols. Il a été introduit par saint François-Xavier. Le shogun (« seigneur ») Tokugawa interdit le christianisme à partir de 1614 *(p. 260)*. De nombreux chrétiens sont alors torturés, notamment lors du Grand Martyre de Nagasaki (île du Kyushu, dans le sud du pays), le 10 septembre 1622. Quand le Japon et les États-Unis signent un traité de paix et d'amitié qui met fin à la période de fermeture du Japon en 1854, les prêtres catholiques reviennent, ainsi que des protestants et des orthodoxes. L'église Oura à Nagasaki fut construite par deux prêtres français en 1864, en l'honneur des 26 martyrs qui furent crucifiés, le 5 février 1597, en répression de la foi chrétienne. Classée « trésor national du Japon » ➤ *encadré p. 41*, elle serait la plus ancienne du pays.

Prière au temple du Senso-ji

Un intérieur traditionnel

Esthétique

➤ L'architecture japonaise

L'architecture japonaise est ancienne, comme en témoignent les temples bouddhistes et les sanctuaires shintoïstes. Son esthétique réside dans la simplicité et les lignes dépouillées. L'architecture moderne a su tirer le meilleur parti des traditions anciennes, tout en l'adaptant à l'époque actuelle.

La maison japonaise traditionnelle

L'architecture traditionnelle se caractérise essentiellement par l'ouverture de la maison sur la nature. Le bois, la terre et le papier sont les principaux matériaux utilisés. Les maisons de type *minka*, qui datent de l'époque Heian (794-1185) et qui ont existé jusqu'à la restauration Meiji (1868), sont construites pour le peuple (signification de *minka*), en bois, argile, terre, papier, et sont généralement de plain-pied ou ont deux niveaux. Il faut distinguer deux sortes de *minka*: les maisons à la campagne *(noka)* et celles dans les villes (*machiya*). Les maisons traditionnelles ont peu à peu disparu, même s'il en reste encore de nos jours, souvent transformées en *ryokan*, restaurants ou musées. On trouve encore des *machiya* à Kyoto, dans le quartier de Gion *(p. 154)*. La visite du Nihon Minka En *(p. 111)* vous permettra également de découvrir tous les types de maisons traditionnelles.

La maison japonaise d'aujourd'hui

À l'origine, la maison japonaise traditionnelle est construite en bois, et son sol est recouvert de tatamis. La peur des incendies et, plus récemment, l'occidentalisation ont peu à peu amené les Japonais à abandonner ces matériaux pour le béton. Construites sur un seul niveau, elles ont la forme d'un gros parallélépipède recouvert d'un large toit de tuiles grises ou bleues. On y pénètre par des portes coulissantes *(shoji)* qui, l'été, peuvent être démontées. Il n'y a alors plus aucune frontière entre l'extérieur et l'intérieur. Du reste, la maison est presque toujours entourée d'un jardin, entretenu avec le plus grand soin. Si petit soit-il, il doit donner l'illusion que la maison est construite en pleine nature. L'orientation de la maison a également une grande importance: elle se fait en fonction de la position des *kami* (les dieux). Le plus souvent, on simplifie en plaçant la porte d'entrée vers le sud, c'est-à-dire vers le pays de Bouddha.
On entre toujours dans la maison par le *genkan*, un petit hall, légèrement plus bas de plafond que les autres pièces, où l'on échange ses chaussures contre des pantoufles. La salle suivante est généralement vide, à l'exception d'une table basse entourée de coussins plats *(zabuton)*. L'hiver, cette table est recouverte d'une couverture sous laquelle on glisse ses pieds et un petit chauffage est vis-

sé sous la table *(kotatsu)*. C'est dans cette pièce que l'on offre le thé. Les pièces de la maison sont séparées par des cloisons en bois et en papier *(fusuma)* qui coulissent silencieusement. On ne trouvera aucune trace de lit dans toute la maison. Durant la journée, les futons (matelas à la japonaise) sont en effet repliés et rangés dans de profondes armoires *(oshiire)*, ainsi que toutes les affaires de la famille (vêtements, livres).

Adaptations modernes

Dans les banlieues des grandes villes, de plus en plus de maisons individuelles (*ikko-date*) sont fabriquées en série et en béton et de nombreux *apato* (appartements) voient le jour dans de petits immeubles de deux ou trois étages, aux normes antisismiques. Les matériaux japonais traditionnels (tatamis, *shoji, fusuma*) disparaissent, pour laisser la place aux matériaux récents, et les pièces ne sont plus meublées à l'ancienne.

Harmonie des temples

Importés de Chine, les **temples bouddhistes** *(tera)* sont composés d'une structure principale (honden, kondo ou butsuden) au toit majestueux, et de bâtiments annexes. Une porte principale *(mon)* ouvre sur une enceinte close abritant plusieurs bâtiments. Elle est gardée par deux protecteurs, Agyo et Ungyo : Agyo a la bouche ouverte, car « ahhh » est le premier son que l'on prononce. Celle d'Ungyo est fermée, car « hummm » est le dernier son exprimé. La disposition des pavillons varie selon la secte bouddhiste et la période de construction. Certains temples ont une pagode à cinq étages, qui symbolisent les cinq éléments : terre, eau, bois, vent et ciel. Les *kato-mado* sont des fenêtres en forme de fleur de lotus.

D'origine purement japonaise, les **sanctuaires shintoïstes** (*jinja*) sont composés d'un honden, le bâtiment principal, réservé aux pratiquants, et d'un haiden, un oratoire ouvert au public. Les deux constructions sont reliées par un couloir et sont toutes deux en bois. Elles reposent sur de lourds piliers qu'on peut voir de l'extérieur. Un immense toit de chaume recouvre l'ensemble. L'entrée du sanctuaire est marquée par un *torii* (portique en bois) vermillon. Si l'on aperçoit, au dessus de la porte d'entrée, une corde en paille tressée, on peut être sûr qu'il s'agit d'un sanctuaire shintoïste et non d'un temple. Cette corde est la « barrière » qui éloigne les mauvais esprits. Une clochette ou un gong sont à la disposition des fidèles qui veulent appeler une divinité. À l'entrée se trouve un petit pavillon (sorte de petite fontaine), avec de l'eau et des louches, pour que les fidèles venant prier au *jinja* se purifient les mains et la bouche.

➤ Un urbanisme maîtrisé ?

Dans les grandes villes du pays, l'architecture moderne côtoie sans ménagement les maisons traditionnelles. Les styles et les fonctions des constructions s'enchevêtrent dans un joyeux désordre, source d'une grande créativité.

Tokyo, paradis des architectes

Au lendemain de la Seconde Guerre mondiale, en 1958, un plan d'aménagement urbain de la capitale a été mis en place afin de reconstruire le pays. Ainsi, la capitale japonaise est devenue, au cours des trente dernières années, l'un des terrains d'expérimentation préférés des plus grands architectes internationaux. Non seulement ils jouissent ici d'une grande liberté créatrice, mais ils

LES MUSTS ARCHI DE TOKYO

- **Mairie de Tokyo**, Kenzo Tange (1991), *p. 100.*
- **Cocoon Tower,** Kenzo Tange (2006), *p. 100.*
- **Musée national d'Art occidental,** Le Corbusier (1959), *p. 40.*
- **Le Forum international de Tokyo,** Rafael Viñoly (1996), *p. 50.*
- **Magasin Prada**, Herzog et de Meuron (2003), *p. 95.*
- **Musée d'art Nezu**, Kengo Kuma (2009), *p. 95.*

doivent également relever de passionnants défis techniques du fait du risque sismique important. Tokyo, malgré sa taille (557 km^2), a gardé une échelle humaine. À l'ombre des buildings de Shinjuku, Aoyama ou d'Ikebukuro se cache la vraie ville, où les maisons dépassent rarement un étage. Cette liberté dans l'invention, encouragée par l'argent facile du temps de la bulle économique, donne parfois de curieux paysages. Comme le font remarquer certains urbanistes nippons, il n'existe pas ici, à l'inverse des grandes villes européennes, de «vision de la ville», de volonté directrice pour ordonner les perspectives. La ville japonaise n'est qu'une somme de petites unités qui coexistent sans se toucher. Ni temples ni pagodes exotiques (ou si peu) ne viennent en effet adoucir l'implacable logique du béton. Et pour dénicher l'aspect humain, raffiné, de la ville, il faut d'abord affronter l'invraisemblable enchevêtrement d'autoroutes et de ponts, hérissé d'une armée d'immeubles en forme de tanks. Au hasard de vos promenades, vous découvrirez des dizaines de petits immeubles aux formes les plus inattendues. Certains sont effilés comme une cigarette, d'autres semblent aussi friables qu'une gaufrette. Ce sont ces constructions pleines de poésie et – souvent – d'humour qui donnent à Tokyo cette impression de liberté créatrice unique au monde.

➤ Graphisme et design

La créativité japonaise s'exerce dans les domaines du graphisme et du design. Bouillonnante d'idées, de talent et… d'argent, la capitale de l'empire nippon est d'ores et déjà l'une des villes phares de la planète.

Des J.O. de Tokyo… aux J.O. de Tokyo

C'est au moment des Jeux olympiques de 1964, qui se déroulèrent à Tokyo, que les premiers designers japonais commencèrent à se faire connaître, notamment **Ikko Tanaka** (1930-2002), connu pour ses posters. Dans les années 1980, trois designers se font un nom dans l'univers du design, qui était jusque-là essentiellement occupé par les Européens: **Isamu Noguchi** (1904-1988) avec ses lampes Akari en papier, en bambou ou en acier; **Arata Isozaki** (né en 1931), collaborateur de **Kenzo Tange**, conçoit une collection de chaises qu'il nomme «Marylin»; **Shiro Kuramata** (1934-1991), qui crée des boutiques pour

Dans le quartier d'Omotesando

le styliste Issey Miyake à Paris, Tokyo et New York. C'est aussi à cette époque que de nombreux designers étrangers viennent au Japon pour découvrir les réalisations nippones.
Avec la récession économique des années 1990, le design japonais s'axe davantage sur la décoration d'intérieur. De plus en plus de produits technologiques et électroniques, comme les luminaires, sont mis en avant. Notons aussi les œuvres du designer industriel Naoto Fukasawa (né en 1956) et son lecteur de CD Muji's par exemple, celles de Kazuhiro Yamanaka (né en 1971) et ses lampes Rainy Day, et de Tokujin Yoshioka (né en 1967) et sa Pane chair, un des designers actuels les plus novateurs. Le **21_21 Design Sight** *(p. 76)*, situé à Roppongi, œuvre commune de l'architecte Tadao Ando et du couturier Issey Miyake, est le premier lieu d'exposition consacré entièrement au design, aussi bien japonais qu'étranger. Une nouvelle dynamique qui viendra à coup sûr s'intensifier en vue des J.O. de Tokyo en 2020…

➤ La mode

Depuis des décennies, les stylistes et créateurs japonais ont acquis une renommée mondiale. Ils ont su apporter leur créativité et leur modernité à la mode internationale. Dans les rues de Tokyo et d'autres grandes villes, la **street fashion** ***fait partie du quotidien.***

Les grands créateurs japonais

Précurseur, la styliste Hanae Mori défile pour la première fois à New York en 1965, trois ans après avoir créé sa maison en 1962. C'est d'ailleurs dans ces années 1960 que Kenzo Takada, juste sorti de la célèbre école de mode tokyoïte Bunka Fashion College, arrive à Paris. En 1970, il crée sa propre marque de vêtements, sous le nom de Kenzo. Il est d'ailleurs souvent considéré comme « le plus parisien des couturiers japonais » avec Issey Miyake, qui s'est également installé à Paris en 1965 pour créer sa propre marque. Leurs vêtements sont de couleurs vives, originaux, et souvent inspirés par les matières et formes traditionnelles japonaises. Les créateurs qui suivront, comme Rei Kawakubo (connue pour sa marque Comme des Garçons) ou Yohji Yamamoto (célèbre sous le nom Y's) utilisent beaucoup de noir et des formes plus occidentales. D'autres stylistes se font remarquer: Jun Ashida, Junko Koshino, Hiroko Koshino, Atsuro Tayama, Keita Maruyama. La rue Minami-Aoyama à Tokyo est celle des grands créateurs nippons *(p. 95)*.

Street fashion et *cosplays*

La mode japonaise, c'est aussi dans la rue qu'on la découvre. C'est parfois le grand écart entre les élégantes de Ginza, talons hauts et sac de couturier, et les extravagantes Shibuyettes de Center Gai *(p. 85)*. Il est vrai que les Japonais(es) se font aussi remarquer par un style déjanté unique au monde. Le phénomène des *cosplays* a évidemment renforcé cette image. On rencontre ainsi de nombreuses jeunes femmes qui se « déguisent » en personnages de mangas et *anime* et arpentent les rues du quartier d'Harajuku *(p. 91)* ou d'Akihabara *(p. 44)*, dans les tenues les plus excentriques. On croise également lolitas, pin-up américaines inspirées des années 1950 et *gyaru* (du mot anglais *girl*) en rose bonbon, fourrure et imprimés léopard. Les jupes sont souvent très courtes, les talons fort hauts, les coiffures de toutes formes, les cheveux teints de couleurs *flashy* et les maquillages ultrasophistiqués… Tendance rock ou touche *kawaii* (mignon), on croise vraiment tous les styles !

Le festival Tanabata

Fêtes et festivals

➤ Le Japon en fête

Les matsuri (festivals) existent dans toutes les régions du Japon et attirent beaucoup de monde. Ces fêtes sont souvent liées aux croyances religieuses, généralement shintoïstes, aux saisons et au calendrier. Ne manquez pas ces événements, l'occasion de découvrir les traditions japonaises.

Janvier

Le 1er (Japon) : le jour de l'An *(Ganjitsu)*, maisons décorées de branches de pin et de bambou. On mange des *mochi* (pâte de riz). *« Akemashite omedeto gozaimasu »* est l'équivalent de notre « Bonne année ». Cérémonies dans les sanctuaires shintoïstes. Celle de Meiji Jingu à Tokyo *(p. 91)* attire le plus de monde. **1er-3 (Kyoto) :** jour de l'An dans les sanctuaires shintoïstes (notamment le Heian jingu et Yasaka jinja). **Le 2 (Tokyo) :** Vœux de l'empereur *(Kokyo ippan sanga)* au peuple japonais. Palais impérial ouvert au public. Des milliers de visiteurs sous les fenêtres du monarque. **Le 6 (Tokyo) :** grande parade des pompiers *(Dezomeshiki)*. Démonstration d'acrobaties, dont la tradition remonte au XVIIe s., à Harumi, 15 min en bus de Yurakucho. **Du 9 au 11 (Osaka) :** les commerçants prient Ebisu au sanctuaire Imamiya Ebisu *(Toka Ebisu matsuri)*. Superbe défilé de kimonos. **Le 2e lundi (Japon) :** on fête ceux qui ont eu 20 ans dans l'année *(Seijin no hi)*. Les jeunes filles vont en kimono au temple ou au sanctuaire de leur quartier. Ce même jour a lieu le *Kagami biraki* au Nippon Budokan (**Tokyo**, parc de Kitanomaru, *p. 52*). Les grands maîtres d'arts martiaux viennent faire des démonstrations devant un public à qui l'on offre un *shiruko* (soupe sucrée de haricots rouges avec du *mochi*). **Le 15 (Kyoto) :** concours de tir à l'arc au temple Sanjusangendo (plus de 600 participants). **Autour du 15 (Tokyo) :** premier tournoi de sumo. Les grands champions *(yokozuna)* se rendent au Meiji Jingu *(p. 91)*.

Février

Autour du 10, pdt env. 2 sem. (Yokohama) : la ville chinoise (Chukagai) est en fête. Spectacles de rue avec masques et défilés de dragons en tissu. **Le 3 (Japon) :** *setsubun* signifie littéralement « changement de saison ». Selon le calendrier chinois, c'est l'arrivée du printemps. Chaque Japonais fait *mame maki* : il jette des haricots de soja dans tous les recoins de la maison et en dehors, en criant *« Fuku wa uchi »* (« Le bonheur dans la maison ! »), *« Oni wa soto »* (« Les démons dehors ! »). Ensuite il mange les haricots, un de plus que son âge, pour que tous ses vœux se réalisent. Le temple du Zojo-ji (Tokyo) est le meilleur endroit pour suivre cette cérémonie. **Le 3 (Kyoto) :** grande fête du sanctuaire Fushimi Inari. **Le 8 (Tokyo) :** *Harikuyo*, cérémonie en l'honneur des aiguilles qui ont servi aux couturières pendant l'année. Elles sont plantées dans du tofu avant d'être enterrées par un prêtre bouddhiste, au temple du Shoju-in de Shinjuku ou au temple du Senso-ji d'Asakusa *(p. 31)*. **Le 14 (Japon) :** Saint-Valentin. Les filles offrent des chocolats à leur petit ami ou des *giri-choco* (chocolats offerts par devoir) aux employés des entreprises. **15-25 (Tokyo) :** *Shira-ume matsuri* (« fête des pruniers en fleur ») au sanctuaire de Yushima Tenjin à Ueno.

Mars

Le 3 (Japon) : *Hina matsuri* (« fête des poupées ») où les petites filles invitent leurs amies à admirer leur collection de poupées, qui représentent l'empereur, l'impératrice et la cour, en costumes de l'époque Heian. **Le 3 (Kyoto) :** *Nigyo matsuri*, fête des poupées. Les plus belles sont exposées au Hokyo ji, au N-O du Palais impérial. **Le 14 (Japon) :** White Day. Les hommes qui ont reçu quelque chose pour la Saint-Valentin offrent en retour un petit cadeau, aux employées et/ou à leur petite amie. **Le 15 (Kyoto) :** au Seiryo ji d'Arashiyama, cérémonie des torches *(Otaimatsu)* qui honore Shakakumi, le fondateur du bouddhisme japonais – sa statue est exposée uniquement ce jour-là. **Le 18 (Tokyo) :** danse du dragon doré *(Kinryu no mai)* au temple du Senso-ji *(p. 31)*. Un dragon de 15 m manipulé par les jeunes du quartier poursuit une fleur de lotus tandis que des geishas exécutent une danse traditionnelle.

Avril

1er-30 (Kyoto) : les geishas de Gion dansent la *Miyako odori* au théâtre Kaburen-jo de leur quartier (4 représentations par jour). **Le 8 (Japon) :** le *Hana matsuri* (« fête des fleurs ») célèbre l'anniversaire de la naissance du Bouddha. Défilé d'enfants au temple du Senso-ji d'Asakusa *(p. 31)*. Cette fête coïncide avec la floraison des cerisiers (généralement début avril) qui donne lieu, à Tokyo, à toutes sortes de réjouissances. Après le travail et durant tout le week-end, les Japonais se rendent dans les parcs de la ville pour *hanami (p. 285)*. On s'installe sous les arbres et on boit, on chante, on danse. **Entre le 2e et le 3e dim. (Kamakura) :** festival de la ville *(Kamakura matsuri)*. La parade des samouraïs est le clou du spectacle. C'est la période du *hanami* (cerisiers en fleur) et Kamakura disparaît sous un nuage de pétales blancs et roses. **Le 2e dim. (Kyoto) :** *Yasurai matsuri* au sanctuaire mamiya Ebisu (non loin du temple Daitoku ji). Danses et processions en costumes vers 15 h. **21-23 (Tokyo) :** festival de printemps *(Shunki Reitaisai)* au sanctuaire de Yasukuni *(p. 53)*, démonstrations gratuites d'arts martiaux et de sumo. **21-29 (Kyoto) :** Mibu Kyogen, festival de théâtre comique qui remonte au Moyen Âge. Représentations au temple Mibudera (bus 26 ou 28 depuis la gare). **Le 29 (Japon) :** date de naissance de l'empereur Showa *(Showa no hi)*. Début de la Golden Week, durant laquelle presque tout le monde se met en congé (généralement 29 avril-5 mai). **29 avr.-3 mai (Tokyo) :** fêtes du printemps au sanctuaire de Meiji Jingu *(p. 91)*. Au programme : danses et musiques traditionnelles, et représentations de théâtre *nô*.

Mai

1er-24 (Kyoto) : les geishas du quartier de Pontocho dansent la *Kamogawa odori* « danse de la rivière ». Trois représentations quotidiennes ont lieu au Pontocho Kaburenjo. **Autour du 3 (Yokohama) :** The Yokohama Parade *(Kokusai kaso goretsu)*. Défilés de chars décorés, de majorettes, de personnes déguisées, etc. **Le 5 (Japon) :** c'est le jour des enfants *(Kodomo no hi)* et plus particulièrement celui des petits garçons. Les parents accrochent à leurs portes et à leurs fenêtres les *koinobori*, des carpes en tissu qui symbolisent la longévité et la force qu'on souhaite aux enfants. Ils exposent aussi parfois une armure de samouraï dans une pièce meublée à la japonaise de la maison. **Le 2e week-end (Tokyo), autour du 15 :** le *Kanda matsuri*, l'une des plus importantes fêtes shintoïstes de l'année, commémore la victoire des Tokugawa à Sekigahara en 1600. Processions de *mikoshi* (petits temples portatifs), danses de geishas, parades de samouraïs. Ce spectacle se déroule durant trois à quatre jours autour du sanctuaire de Kanda Myojin *(p. 47)*. Attention: le festival n'a lieu que tous les deux ans (les années impaires). **Autour du 15 (Tokyo):** reprise des tournois de sumo au Kokugikan. **Le 15 (Kyoto),** l'*Aoi matsuri* est l'occasion d'un superbe défilé en costumes de l'époque Heian. La procession quitte le Palais impérial à 10h30 et suit la rivière Kamo jusqu'au sanctuaire Shigamo. **Le 3e dim. (Kyoto)**, fête des bateaux *(Mifune matsuri)* à Arashiyama. La procession quitte le sanctuaire Kurumazaki à 13h et tous les participants, en costumes de Heian, embarquent vers 14h au parc Nakanoshima, sur 31 bateaux richement décorés, au son d'une musique ancienne. **Le 3e week-end (Tokyo):** *Sanja matsuri*, au sanctuaire d'Asakusa, près du temple du Senso-ji. Défilés de *mikoshi*, parades costumées, danses traditionnelles, mais également exhibition des tatoués de la ville. **Fin mai (Tokyo):** fête du sanctuaire de Yushima Tenjin (à Ueno). Défilés en costume de l'époque Heian et, tous les deux ans, procession de *mikoshi*.

Juin

1er-2 (Kyoto): dans l'enceinte du sanctuaire Heian, représentations de *nô* données à la lueur des torches *(takigi nô)*. Spectacle à 17h30. **Le 6 (Tokyo):** *Kappa matsuri*, de jeunes pêcheurs portent des *mikoshi* depuis le sanctuaire d'Ebara jusqu'à la mer. **Le 2e dim. (Tokyo):** De jeunes porteurs conduisent le plus lourd *mikoshi* existant (4 t) au sanctuaire de Torigoe, en fin d'après-midi. **7-17 (Tokyo):** *Sanno matsuri* au sanctuaire de Hie à Akasaka. Une année sur deux (les années paires), une gigantesque parade en costumes traditionnels *(Sairei gyoretsu)* se déploie autour du sanctuaire. **Vers le 15 (Tokyo):** la floraison des premiers iris donne lieu à d'incroyables bousculades de photographes amateurs. Le jardin aux iris près du sanctuaire de Meiji Jingu *(p. 91)* est pris d'assaut depuis l'ouverture jusqu'à la fermeture.

Juillet

Le 1er (Tokyo): *Suijo matsuri* («fête de l'Eau»). Bateaux décorés sur la rivière Sumida du pont Yanagi à la baie de Tokyo. **Le 7 (Japon):** *Tanabata* («fête des étoiles»). C'est le jour où deux étoiles amoureuses se retrouvent dans le ciel: Véga et Altair. On écrit un vœu sur un petit papier *(tanzaku)* que l'on accroche à une branche de bambou. **9-10 (Tokyo):** *Hozuki-ichi,* marché aux plantes, devant le temple du Senso-ji d'Asakusa *(p. 31)*. **13-16 (Tokyo):** *Mitama matsuri* au sanctuaire de Yasukuni *(p. 53)*, cérémonie en l'honneur de ceux qui sont morts pour la patrie. Le soir, représentations gratuites de théâtre *nô*. **Du 16 au 24 (Kyoto):** *Gion matsuri* du Yasaka jinja. C'est l'un des plus importants *matsuri* du Japon: défilés de chars, processions en costumes d'époque... Plus d'un million de personnes assistent à ce festival qui se tient tous les ans depuis 869! **Le dernier sam. (Tokyo):** grand feu d'artifice *(hanabi)* offert par la ville à ses habitants. Tiré depuis la rivière Sumida, près d'Asakusa, il est à contempler depuis un pont. Beaucoup de monde. **Le 31 juillet (Hakone):** *Ashinoko kosui matsuri* (fête du lac). Le soir, des milliers de lanternes brillent sur le lac d'Ashi *(p. 131)*. Cérémonie au sanctuaire de Hakone.

Août

Autour du 2 (Tokyo): en prévision d'*O-Bon* (la «fête des morts»), des danses traditionnelles *(Bon odori)* ont lieu au temple de Tsukiji Hongan-ji (station Tsukiji). **Vers le 2 ou 4 (Tokyo):** foire à la poterie *(Ningyocho setomono ichi)* le long de Shinohashi dori (M° Ningyocho). **Le 5 (Hakone):** *Torii-yaki matsuri.* On brûle un grand portail en bois *(torii)* planté au milieu du lac d'Ashi *(p. 131)*. **Autour du**

15 (Tokyo): au sanctuaire de Tomioka Hachimangu a lieu le *Fukagawa Hachiman matsuri* avec un défilé de *mikoshi* sur lesquels la foule jette de l'eau. **Le 16 (Kyoto):** grands feux sur chacune des cinq montagnes qui entourent Kyoto afin d'éclairer le chemin des morts, qui, selon le bouddhisme, reviennent chaque année à cette date parmi les vivants. Partout, on allume des petites lanternes pour la même raison.

Septembre

Autour du 15 (Tokyo): reprise des tournois de sumo au Kokugikan. Durant deux semaines, ont lieu des représentations de *bunraku* (*p. 287*) au Théâtre national (Tokyo). **Mi-septembre le w.-e. qui précède *Keiro no hi*, le jour en l'honneur des personnes âgées (Yokohama):** fêtes d'*O-sanno-miya*. Danses rituelles *(kagura)* et transport de *mikoshi*, petits temples portatifs. **Le 16 (Kamakura):** festival de Yabusame (tir à l'arc à cheval) au sanctuaire de Tsurugaoka Hachimangu *(p. 122)*. **Le 25 (Tokyo):** *Ningyo kuyo* («fête des poupées») au temple de Kyomizu Kannon-do à Ueno. Les couples qui n'arrivent pas à avoir d'enfant viennent offrir des poupées à la déesse Kannon pour qu'elle exauce leur désir. **À la fin du mois:** le grand festival de Tokyo donne lieu à diverses manifestations dans le parc de Yoyogi *(p. 91)*.

Octobre

Autour du 10 (Tokyo): démonstrations de tir à l'arc *(Kusajishi shiki)* au sanctuaire de Yasukuni *(p. 53)*. **17-20 (Tokyo):** le sanctuaire de Yasukuni *(p. 53)* organise un festival d'automne avec danses, théâtre *nô*, défilés en costumes, etc. **Le 22 (Kyoto):** le *Jidai matsuri* commémore la fondation de Kyoto en 794. Un défilé de samouraïs en armures (2 000 participants) quitte le Palais impérial à midi pour arriver vers 14 h 30 au sanctuaire Heian. C'est le plus grand défilé en costumes organisé au Japon.

Novembre

1er-3 (Tokyo): on célèbre la naissance de l'empereur Meiji au sanctuaire qui porte son nom, à Harajuku *(p. 91)*: spectacles, danses. **Le 3 (Hakone):** fête des Daïmyo *(Hakone Daimyo Gyoretsu)*. Deux cents personnes costumées en seigneurs du XVIIe s. reconstituent le voyage que devaient effectuer les vassaux du shogun jusqu'à Edo. Le défilé a lieu à Hakone-Yumoto. **Le 2e dim. (Kyoto):** *Momiji matsuri* à Arashiyama. Des figurants en costumes du Xe s. paradent sur des bateaux et jouent de la musique traditionnelle. **Le 15 (Tokyo):** on fête les enfants qui ont 3, 5 et 7 ans *(Shichi-go-san)*. Ils viennent se faire photographier à Meiji Jingu, généralement en kimono. **Durant tout le mois (Japon):** c'est la saison des chrysanthèmes. Les Tokyoïtes se rendent en masse au sanctuaire de Yushima Tenjin à Ueno pour visiter l'une des plus belles expositions de fleurs de l'année *(Kiku matsuri)*.

Décembre

Le 1er (Kyoto): au sanctuaire Kitano Tenmangu, cérémonie du thé exceptionnelle. Vous pourrez goûter plus de 100 sortes de gâteaux japonais! **Le 14 (Tokyo):** au temple de Sengaku-ji de Shinagawa, on honore les 47 *ronin* (samouraïs) qui se sont donné la mort après avoir vengé leur maître qu'une injustice avait contraint à se suicider. Un défilé à travers la ville reconstitue le chemin qu'ils ont parcouru pour aller tuer Kira Kozukenosuke le 14 décembre 1702. **Entre le 28 déc. et le 4 janv. (Japon):** les entreprises du pays ferment leurs portes pour les fêtes du Nouvel An *(Shogatsu)*. La plupart des musées et des jardins interrompent leurs activités.

La cérémonie du thé

Culture

➤ Un art de vivre au quotidien

Même dans un monde ultra moderne, les Japonais continuent, à tous les âges, à respecter et pratiquer régulièrement les arts traditionnels.

Les jardins japonais

À l'origine, le jardin japonais correspondait à l'espace sacré qui entourait le temple. Si sa forme et sa fonction ont évolué au cours des siècles, il répond toujours à certaines règles immuables. Il a pour vocation de reproduire parfaitement la nature, en recréant une beauté aussi pure que naturelle. Le jardin japonais n'est jamais symétrique, et l'on n'y plante aucune fleur. Les quelques arbres qui le composent sont taillés avec soin. Enfin, bien souvent, la forme même du jardin ou celle du lac central évoquent un animal ou un idéogramme (par exemple, celui du cœur).

Les jardins japonais les plus anciens ont vu le jour à l'époque Nara (vers 710) en s'inspirant du modèle chinois : un paysage autour d'un lac. Durant l'époque Heian (794-1192), on y ajoute des petits rondins qui enjambent un cours d'eau serpentant entre les différents pavillons disséminés dans le jardin. Le Byodo-in *(p. 187)*, à Uji, au sud de Kyoto, est l'un des seuls représentants de ce style.

Le militarisme qui prévaut pendant la période Kamakura (1192-1333) n'est pas sans effet sur la philosophie des jardins, de moins en moins conçus pour la promenade. Sous l'influence du bouddhisme, on dessinera, comme en témoigne le temple du Daitoku-ji *(p. 163)*, à Kyoto, des jardins-refuges destinés à la méditation et au recueillement. Cette tendance atteindra son paroxysme avec les jardins secs inspirés par le zen, durant les époques Muromachi (1336-1573) et Momoyama (1582-1603). Les fameux Kokedera *(p. 179)* et Ryoan-ji *(p. 162)* de Kyoto datent tous deux de cette époque.

Sous l'impulsion de **Kobori Enshu** (1579-1647), un maître de cérémonie du thé qui fut également un grand architecte, un autre style se développe : celui des jardins de thé. Ceux-ci comportent plusieurs pavillons reliés par un chemin aux détours savamment agencés. La villa Katsura de Kyoto *(p. 179)* est considérée comme la merveille du genre. La période Edo (1615-1867), entièrement tournée vers le plaisir, remet à la mode le jardin de promenade, qui ressemble davantage à un parc à l'occidentale, avec des pierres et des arbres de grande taille. Le Palais impérial de Kyoto, qui date de 1790, est le prototype du style Edo. Avec l'ère Meiji (1868-1912), l'influence de l'Occident est telle que très peu de jardins purement japonais sont créés. Des jardins à l'anglaise et à la française sont aménagés par des jardiniers spécialistes de l'Occident. Citons toutefois le jardin du temple du Tofuku-ji *(p. 173)* à Kyoto qui, datant de 1938, est l'exception qui confirme la règle.

L'*ikebana*, l'art d'arranger les fleurs

Ikebana, signifiant « l'art de faire vivre les fleurs », est à la fois un art et une discipline. Il permet d'établir un équilibre entre les compositions et leur environnement. On le pratique au Japon depuis le VIIe siècle, mais c'est sous les Ashikaga (1333-1582) et surtout sous les Tokugawa (1615-1868) que l'*ikebana* connaît son apogée. Il existe aujourd'hui quelque trois cents écoles, avec chacune leur style et leur « philosophie » des fleurs. Dans le bouquet, trois lignes essentielles se dégagent pour former les trois éléments essentiels : ciel-terre-homme *(ten-chi-jin)*, les trois « niveaux » de la vie. Les écoles Ikenobo et Ohara sont les plus connues. L'école Sogetsu, bien plus moderne, maintenant aussi connue que les deux autres, fondée par Sofu Teshigahara (surnommé « le Picasso des fleurs »), est dirigée depuis 2001 par sa petite-fille Akane Teshigahara, quatrième « *iemoto* » (modèle d'organisation familiale des arts traditionnels japonais) de la lignée. Le fils de Sofu Teshigahara, cinéaste et maître de thé Hiroshi Teshigahara n'hésite pas à utiliser des matériaux inattendus (bambou, coton, verre, métal, etc.) ou à peindre les branches. Selon lui, la grande différence entre l'art floral occidental et l'*ikebana* réside dans la façon même de considérer les fleurs : « *Au Japon, il n'est jamais question de quantité. La beauté de la fleur réside entièrement dans la façon dont on la prépare pour le regard. On travaille donc en retranchant plutôt qu'en ajoutant.* » Selon les maîtres zen, l'idée fondamentale est de « *laisser le vide circuler entre les fleurs* ». Depuis le XVe siècle, dans chaque maison traditionnelle, une alcôve *(tokonoma)* est réservée au bouquet, derrière lequel on accroche un rouleau peint *(kakemono)*. Il y a des arrangements propres à chaque saison et à chaque événement de la vie. On prétend qu'un œil exercé est capable de lire l'humeur de la maîtresse de maison à la façon dont elle a arrangé ses fleurs.

BONSAÏ

Le mot bonsaï (prononcer : bon-saï) est constitué de deux idéogrammes : le plateau et la plante. Il s'agit en effet d'un arbre planté sur un plateau dans un minimum de terre et dont la croissance est entravée. L'art du bonsaï remonte sans doute à l'époque Heian (794-1192), mais il se développe durant la période Kamakura (1192-1333), au même moment que le bouddhisme zen et l'art des jardins. Les soins qu'il demande sont incessants et le « tableau » qu'il finit par composer exige des années de travail (certains ont près de 1 000 ans !). Plus le bonsaï évoque la nature – l'arbre courbé par le vent, par exemple –, plus il est réussi.

La cérémonie du thé

Au Japon, la cérémonie du thé *(sado)* est un art. À la fin du XVIe s., Sen-no-rikyu, un grand maître de thé, a réuni les règles du *chado* existantes, en définissant le style du jardin, du pavillon, du repas, la forme, la taille et le style des bols ainsi que les ustensiles servant à la préparation. Les petits-fils de Sen-no-rikyu ont créé deux écoles de thé, qui sont encore de nos jours les plus importantes, où les maîtres de thé, hommes et femmes, enseignent à leurs disciples l'art du thé. Le thé de cérémonie *(matcha)* se prépare dans une pièce spéciale et avec des instruments appropriés. La tasse dans laquelle on le boit est généralement un objet de collection et il convient, avant de porter le thé à la bouche, de la tourner plusieurs fois entre les mains afin de montrer qu'on apprécie le travail du potier. Si vous n'assistez pas à la cérémonie entière (qui peut durer cinq heures !) servie avec la *kaiseki ryori* *(p. 295)*, on vous servira, avant de boire le thé, lors d'une cérémonie plus courte, un gâteau très sucré qui contraste avec l'amertume de cette boisson.

Estampe représentant des geishas

Les geishas : les femmes qui pratiquent les arts

Contrairement à une légende tenace, les geishas ne sont pas des prostituées, mais des artistes (*gei* signifie « art » et *sha* « personne »). Depuis la fin de la Seconde Guerre mondiale, le nombre des geishas n'a cessé de diminuer. Il n'en reste que 200 environ à Gion *(p. 154)*, ainsi qu'une centaine de *maiko* (apprenties geishas). La plupart vivent, non pas de l'argent de leurs clients, qui couvre à peine les frais de toilette (kimono, coiffure…), mais de la générosité de leur « protecteur » qu'on appelle le *dannasan* (ou *danna*). Cette tradition remonte au temps où les geishas devaient être rachetées pour échapper à la prostitution. Une autre tradition se perpétue depuis l'époque Edo (1615-1867), celle du *san san ku do* : chaque geisha doit se choisir une « grande sœur » parmi les membres de son école et boire avec elle « trois fois trois coupes ». Les deux femmes nouent ainsi le *en*, une relation quasi indéfectible d'obligation réciproque. La geisha prend alors un nouveau nom, qui aura la même racine que celui de sa sœur aînée. Elle sera dès lors définitivement attachée à une maison de thé et n'appellera plus sa patronne qu'*okasan* (mère). Leur rôle consiste la plupart du temps à égayer une soirée d'hommes en ponctuant la conversation de mots d'esprit ou en proposant des jeux (parfois légèrement érotiques) aux convives. Avec un peu de chance, vous pourrez les apercevoir, à la tombée de la nuit, le visage fardé de blanc, trottinant sur leurs socques en bois vers quelque mystérieux rendez-vous. ➤ *encadré p. 155.* Passer une soirée avec des geishas n'a rien d'évident lorsqu'on n'est pas Japonais. Si le prix – au minimum 50 000 yens par soirée et par geisha – ne vous fait pas reculer, demandez au TIC *(Tourism Information Center, p. 310)* ou à votre hôtel une liste des *ryotei* (restaurants traditionnels). Sachez tout de même que, pour quatre à six personnes, on fait généralement venir deux geishas et une *maiko*.

Les estampes *(ukiyo-e)*

L'estampe est une gravure sur bois transposée ensuite sur papier et tirée en un nombre limité d'exemplaires. *Ukiyo-e* signifie « images du monde flottant » car le sujet favori des artistes était les courtisanes et, plus généralement, la vie de plaisirs que menaient les classes aisées d'Edo. Les grands maîtres sont Kitagawa Utamaro (1753-1806), Hokusai (1760-1849) et Ando Hiroshige (1797-1858). Cet art s'est principalement développé durant la période Edo (1615-1867), car, malgré la fermeture du pays à toute influence étrangère, la vie à cette époque était, du moins dans les villes, entièrement tournée vers le plaisir et l'art. Vous ne verrez pas d'estampes érotiques *(shunga)* dans les musées japonais. Celles-ci sont interdites par la censure et n'existent que chez les collectionneurs privés. Parmi les estampes « autorisées », et dont certaines ne manquent pas de sensualité, le thème qui revient le plus souvent est la route du Tokaido ➤ *encadré p. 132*. le chemin que devaient parcourir les seigneurs entre Kyoto et Edo afin d'obéir à la volonté du shogun. À Tokyo, vous pouvez découvrir le musée d'art mémorial Ukiyo-e Ota *(p. 93)*.

La calligraphie

Arrivée par la Chine et introduite au Japon au Ve s., la calligraphie est un art spécifique à l'Orient. La force du pinceau, la puissance et le positionnement des caractères en font sa beauté. Appelé *shodo* (*sho,* «écriture» et *do,* «la voie»), cet art, aux fortes contraintes techniques, fait appel à tout le corps qui envoie de l'énergie dans le pinceau. Le calligraphe utilise un pinceau en bambou et poil d'animal, un bâtonnet d'encre de Chine *(sumi),* une pierre à encre *(suzuri),* et du *washi* (papier japonais). Il doit frotter le bâtonnet d'encre (fait d'un mélange de noir de carbone ou de suie et de colle) sur la pierre à encre avec de l'eau pour obtenir de l'encre liquide. La calligraphie est enseignée dès l'école primaire et il existe un musée dédiée à la calligraphie à Tokyo *(p. 42)*.

LA LÉGENDE DES GRUES

La légende des mille grues (*senbazuru*) dit que si l'on plie mille grues dans l'année, attachées par un lien, nos vœux seront exaucés. Lorsqu'un proche est malade, on fabrique une guirlande de mille grues ; cette habitude a été prise depuis la mort d'une fillette atteinte d'une leucémie à cause de la bombe atomique d'Hiroshima. Comme elle n'avait eu le temps de ne plier que 644 grues, les élèves de sa classe ont plié celles restantes pour elle, après son décès. Ce *senbazuru* est donc devenu un symbole de paix.

Le papier japonais *(washi)* et l'origami

Au Japon, la fabrication du papier est une tradition qui remonte au VIIe siècle. Depuis, chaque région a développé sa propre technique. Ainsi, il existe aujourd'hui une infinie variété de papiers, tant sur le plan de la texture que des motifs imprimés. L'origami est l'art de plier le papier. Probablement arrivé de Chine, développé par les moines bouddhistes pour leurs rituels religieux, cet art s'est développé à l'époque Edo (1615-1867). La grue, symbole de paix, est l'animal le plus plié ➤ *encadré ci-dessus.*

Les sabres (katana)

Ils sont, depuis le XVe siècle, l'une des grandes spécialités japonaises. Quelques rares artisans continuent de produire des lames comme autrefois, mais les vrais sabres anciens, souvent signés, sont les plus recherchés. De nombreux amateurs collectionnent également les *tsuba* (garde métallique dans laquelle le samouraï enfilait son arme), qui ont parfois autant de valeur que le sabre lui-même. Il existe un musée du sabre à Tokyo *(p. 102)* qui expose les plus beaux sabres et *tsuba* du pays, des temps les plus anciens à nos jours.

JOUR DE FLORAISON

De fin mars à début avril, tout le monde surveille de très près l'éclosion des premières fleurs de cerisier, annonciatrices de l'arrivée du printemps. Chaque année, la chaîne de télévision nationale, la NHK, annonce le premier jour de la floraison de la première fleur de cerisier, à la télévision et à la radio, lorsque trois pétales de *sakura* ont éclos, dans le parc du sanctuaire de Yasukuni *(p. 53)*. On peut alors officiellement faire *hanami*.

Hanami

Chaque année, en avril, dans tout le pays, les Japonais se rendent en foule dans les parcs pour l'*hanami*, littéralement «voir les fleurs» (*hana* signifie la fleur et *mi* vient du verbe *miru*, regarder, admirer). La fleur de cerisier *(sakura)* revêt pour les Nippons un caractère symbolique très profond. Les samouraïs et, plus récemment, les *kamikazes* (littéralement « les vents divins ») étaient fascinés par cette fleur, dont la vie est si brève qu'elle s'envole avant même d'être fanée. À l'époque Edo (1615-1867), c'était une des rares occasions pour les gens du peuple de se rassembler et de parler librement sans suivre les règles rigides imposées par les shoguns (seigneurs). De nos jours, les Japonais se réunissent en groupes sous les cerisiers en fleurs non seulement pour admirer les *sakura* mais aussi pour chanter, rire et boire, souvent jusqu'à l'ivresse excessive… ➤ *encadré p. 285.*

Les bains : *sento* et *onsen*

Entrer dans un ***sento*** est une expérience des plus dépaysantes. Mais attention : ici, le bain est fait non pour se laver mais pour se détendre. Il convient donc de bien se nettoyer avant d'y pénétrer. Une fois prêt, entrez-y doucement car la température de l'eau oscille entre 40 et 50 °C ! La version thermale du bain public s'appelle ***onsen***. Il y en a des centaines, dispersés au Japon. Ce sont des sources naturelles d'eau chaude, parfois en plein air *(rotenburo)*, qui ont une action bienfaisante sur le corps. Les Japonais s'y précipitent aussitôt qu'ils ont une journée de congé. Tout nus, leur petite serviette sur la tête, ils décompressent en se laissant envahir par une douce torpeur avant d'entreprendre une marche en montagne ou de se faire servir un repas traditionnel *kaiseki (p. 295)*. Les *onsen* les plus réputés à proximité de Tokyo sont ceux de Hakone *(p. 127)*. Attention : les *onsen* sont généralement interdits aux tatoués.

Masque traditionnel

➤ Les spectacles traditionnels

Depuis le XVIe s., les Japonais ont développé un art de la scène qui prend ses sources dans les danses religieuses traditionnelles. Les spectacles, combinant danse, musique et dialogues, sont variés. La conservation des traditions ancestrales font de cet art un des plus originaux du monde.

Le *nô*

À l'inverse du *kabuki (voir p. suivante)*, sautillant et joyeux, le théâtre *nô* est lent, plutôt austère, et d'une extrême sobriété. Né au XIVe siècle, au moment où le Japon est saisi d'un véritable engouement pour la philosophie zen, le spectacle de *nô* était conçu comme un moyen pour les moines bouddhistes de propager leur doctrine. Les textes, toujours d'inspiration religieuse, sont dits alternativement par un chœur et par les acteurs. Ceux-ci se déplacent en dansant d'une façon très codifiée, au son de trois tambours, d'une flûte et d'un chant, relativement monocorde. Le mouvement des acteurs est presque imperceptible. Le protagoniste principal *(shite)* est toujours masqué, à l'inverse des seconds rôles *(waki)*. Les masques ont des expressions émouvantes, mystérieuses ou terrifiantes, symboles même du *nô*. Les accessoires sont petits et très simples, ayant tous une symbolique particulière.

Le *kabuki*

Cette forme de théâtre est née au XVIIe siècle, au début de l'époque Edo, pour répondre à une demande du public qui voulait des pièces plus divertissantes que le *nô*. C'était à l'origine un spectacle érotique joué par des femmes, mais les autorités leur interdirent de monter sur scène ➤ *encadré p. 58.* Les acteurs entrent toujours sur scène par le *hanamichi* (le chemin fleuri), qui traverse les rangs des spectateurs sur le côté gauche. Dès qu'ils apparaissent, ils sont accueillis par un délire d'applaudissements et de cris. Sur la droite de la scène, un récitant *(gidayu)* chante les aventures du héros en langage ancien, accompagné par le son d'un shamisen (instrument traditionnel à trois cordes dont la caisse de résonance est fermée par une peau de chat). Les acteurs ne sont pas masqués mais portent des maquillages extravagants et colorés. Il existe 350 pièces de *kabuki*, qui mettent en scène des épisodes spectaculaires de l'histoire et de la mythologie japonaises. Vous pouvez assister à des pièces de *kabuki* à Tokyo *(p. 58).*

Le *bunraku*

Il s'agit d'un théâtre de marionnettes né à Osaka au XVIe siècle. Les poupées, très belles, mesurant 1,20 m, sont manipulées par trois hommes en noir qui, sans se cacher le moins du monde, parviennent, à force d'adresse, à se faire totalement oublier du public. Le premier est responsable de l'expression du visage, ainsi que du bras et de la main droites. Le deuxième manipuleur s'occupe du bras et de la main gauches ainsi que des accessoires. Le dernier manipule les jambes de la marionnette. Le répertoire est à peu de choses près le même que celui du *kabuki*. Les représentations sont accompagnées au shamisen et un récitant commente également l'action pour le public.

➤ Le sumo et les arts martiaux

Au Japon, le sumo et les arts martiaux sont encore pratiqués de nos jours avec ferveur, dans une ambiance électrique !

Le sumo

Si vous êtes à Tokyo en janvier, mai ou septembre, et à Osaka en mars, vous aurez peut-être la chance de voir combattre les grands champions de sumo *(yokozuna)*, qui sont littéralement adulés au Japon. Le rituel, très imprégné de shintoïsme, est pour les Japonais aussi important que le combat lui-même. Avant de s'affronter, les *rikishi* (lutteurs) se purifient plusieurs fois avec du sel. Puis, quand l'arbitre, dont l'habit rappelle celui des prêtres shintoïstes, baisse son éventail, ils se précipitent l'un contre l'autre de toutes leurs forces. L'affrontement *(tachiai)* ne peut commencer que lorsque les deux adversaires ont touché le sol de leurs deux mains. Le perdant est celui des deux lutteurs qui, le premier, touche le sol avec une autre partie du corps que les pieds ou qui sort du cercle. Il existe une cinquantaine de techniques répertoriées pour faire

Tournoi de sumo

chuter son adversaire ou le bouter hors du *dohyo* (ring). Lors du combat, les lutteurs ne portent sur eux que le *mawashi*, une bande de tissu de 14 m de long sur 60 cm de large nouée dans le dos. Si celui-ci tombe au cours de l'affrontement (ce qui est rarissime), le lutteur est automatiquement disqualifié. Les cheveux des lutteurs sont ramenés en chignon *(chon-mage)*. Lorsqu'un lutteur se retire de la compétition, son *chon-mage* est coupé au cours d'une très émouvante cérémonie appelée *dampatsu shiki* ➤ *encadré p. 35.*

Le judo

Ju signifiant « la souplesse » et *do*, « la voie », le principe de base du judo est « la force conjuguée à la douceur ». Créé par Jigoro Kano en 1882, il sert à former à la fois le corps et l'esprit. Dans une compétition, le combat est remporté si le joueur jette son adversaire au sol ou s'il l'immobilise en utilisant l'une des techniques de base : *tachi-waza*, technique en position debout, ou *osaekomi-waza*, immobilisation de l'adversaire au sol, et bien d'autres encore. Connu dans le monde entier, c'est aussi un sport olympique.

Le karaté

Discipline née en Chine, elle s'est développée à Okinawa, au XIVe siècle, alors que le port des armes était interdit dans les îles du sud du Japon. Le karaté est une technique de combat à main nue, *kara* signifiant « vide » et *te* « la main ». L'entraînement comporte beaucoup d'exercices de *kata*, un ensemble de mouvements d'attaque et de défense s'enchaînant les uns à la suite des autres pour ne former qu'un tout. C'est un art qui requiert à la fois la puissance et la maîtrise du corps, et fait appel aussi bien au physique qu'au mental. Le plus haut grade est la ceinture noire.

Le kendo

Le kendo est apparu à l'époque Kofun (300-552), au moment de l'introduction des armes métalliques, c'est donc le plus ancien des arts martiaux. C'est un art qui se pratique donc avec un sabre *(ken)*, mais désormais il est en bambou *(shinai)*. Les joueurs ont une tenue de protection. Ce sport met l'accent sur l'assiduité, la compréhension, l'entraînement, le respect des supérieurs et la patience. Le vainqueur du combat est celui qui est parvenu à frapper le masque *(men)*, le bras *(kote)* ou le corps *(do)* de son adversaire, en combinant judicieusement forces physique et mentale, posture et position du sabre.

L'aïkido

« Voie de l'harmonie », l'aïkido ne se base pas uniquement sur une technique, mais c'est aussi une méthode de respiration et de méditation et un moyen de retrouver l'énergie de l'univers. Fondé par Morihei Ueshiba en 1927, il met surtout l'accent sur le *hara* (ventre), point où se concentre l'énergie, et sur le *ki*, énergie intérieure. Il se pratique sans arme. À la différence des autres arts martiaux, l'*aïkido* n'a pas de but compétitif et on peut le définir comme une recherche de l'harmonie *(wa)* plutôt qu'une technique sportive.

Arts martiaux

➤ Littérature, musique et cinéma

Si la musique nippone traditionnelle est moins connue en Occident, la littérature et le cinéma japonais ont acquis ces dernières décennies une grande renommée. Issus de leur culture traditionnelle, abordant aussi des thèmes très actuels, les livres et les films nippons envoûtent et permettent de comprendre plus en profondeur ce pays lointain et mystérieux.

Chefs-d'œuvre littéraires des temps anciens

Considéré comme le **plus ancien écrit** japonais, le *Kojiki* (« Chronique des faits anciens ») est un recueil de poèmes et de chansons, de plusieurs auteurs, relatant l'origine des îles formant le Japon. Il a été réalisé à la demande de l'impératrice Gemmei et lui a été offert en 712.
Le plus ancien **roman** japonais connu est *Le Dit du Genji* de Murasaki Shikibu (XIe s.). Ce roman-fleuve, chef-d'œuvre de la littérature japonaise, retrace la vie d'un prince à l'époque Heian (794-1192) avec ses intrigues et ses amours.
Dans le domaine de la **poésie**, le *Manyoshu* (littéralement « Recueil de dix mille feuilles ») rassemble de nombreux poèmes classiques (de type *tanka*) écrits entre le IVe et le VIIIe s., évoquant l'amour, la nature, les voyages. Il existe différents styles de poésie classique : le haïku, le *choka*, le *tanka* et le *renga*…

Le XXe siècle des livres

Le XXe s. s'ouvre avec le succès de **Soseki Natsume**, connu pour ses romans humoristiques *(Botchan)*. Apparaissent ensuite des auteurs comme **Junichiro Tanizaki** *(La Confession impudique, Journal d'un vieux fou)* ou **Ryunosuke Akutagawa** (*La Vie d'un idiot et autres nouvelles*), influencés par l'occident tout en restant attachés à leurs racines nippones. **Yasunari Kawabata** *(Pays de neige, Les Belles Endormies, Kyoto, Tristesse et Beauté),* qui se distingue par son lyrisme et son obsession de la beauté, remportera le prix Nobel de littérature en 1968. Le style littéraire *watakushi shosetsu* (« roman-je ») basé sur des romans autobiographiques, se rencontre chez **Naoya Shiga** *(Errances dans la nuit)* ainsi que **Osamu Dazai** *(La Déchéance d'un homme)*.
À partir des années 1950-1960, la littérature japonaise se distingue dans le monde entier grâce notamment à **Yukio Mishima** (*Le Pavillon d'Or, Le Marin rejeté par la mer, Confessions d'un masque*) et **Kobo Abe** (*La Femme des sables*).
Les années 1970 font place à une nouvelle vague d'auteurs comme **Kenzaburo Oe** (prix Nobel de littérature en 1994, *Dites-nous comment survivre à notre folie, Le Jeu du siècle*) ou **Haruki Murakami** *(Kafka sur le rivage, 1Q84)*. Ce dernier, qui a vécu à l'étranger, rejette quelque peu le conformisme de la société japonaise. Son style plein d'humour, de légèreté, de réalisme et sa force d'imagination plaisent dans le monde entier.

La folie manga

Déjà présents chez les grands maîtres de l'estampe, en particulier chez Hokusai, les mangas, sorte de BD à la japonaise, sont devenus un phénomène de société. Sources de succès immenses, aussi bien au

HAÏKUS

Voici un des plus célèbres haïkus, de Matsuo Basho :
Dans la vieille mare
une grenouille saute,
le bruit de l'eau.

Japon qu'en Occident, les mangas ont bien vite dépassé leur cible originelle, les jeunes garçons *(Shonen)* ou les jeunes filles *(Shojo)*. Ils concernent aujourd'hui tous les âges et s'adaptent à tous les goûts, des amateurs de cuisine aux fans d'histoire, en passant par les fous de SF. Certains auteurs ont évidemment joué un rôle plus grand que d'autres, à commencer par Osamu Tezuka, véritable pape du genre. Récemment, des volumes qu'on pourrait qualifier de « mangas d'auteur » sont parus en France et vous donneront un bon aperçu de la richesse de cet art : Jiro Taniguchi et Shigeru Mizuki figurent par exemple parmi les auteurs les plus remarquables.

La musique traditionnelle

La plupart des instruments traditionnels se jouent en kimono, assis en *seiza* (à genoux) sur un *zabuton* (coussin). À l'inverse, les instruments folkloriques comme les *taiko* (tambours) invitent les habitants du quartier à participer aux danses des *matsuri* (festivals).

Le koto : originaire de Chine, il est introduit dans l'archipel entre le VIIe et le VIIIe siècle. Auparavant, il était joué à la cour impériale et il est devenu très populaire depuis l'époque Meiji (1868-1912). Le corps du koto, une sorte de cithare longue de 1,80 m, est fait en *kiri* (paulownia) et ses treize cordes sont en soie. La main droite pince les cordes tandis que la main gauche presse les cordes derrière le chevalet pour moduler les tons. Comme le shamisen, il accompagne les spectacles de *bunraku* (*p. 287*) ou de *kabuki* (*p. 287*).

Le shamisen : ressemblant à un luth à long manche et à trois cordes, il fut introduit à Okinawa (sud du pays) par la Chine au XVIe s. Garni d'une peau de serpent d'Okinawa, il s'est répandu dans tout le pays à l'époque Edo, puis a été recouvert d'une peau de chat ou de chien. Il accompagne les chants et les récits du théâtre, en particulier dans les spectacles de *bunraku* (marionnettes, *p. 287*) ou de *kabuki* (*p. 287*).

Le shakuhachi : flûte en bambou, à cinq trous et de 50 cm de long. C'était l'instrument des moines errants à l'époque Edo, qui leur permettait de demander des offrandes. Importé de Chine au VIe s., le shakuhachi faisait partie des instruments qui accompagnaient les représentations données à la Cour impériale.

Le biwa : répandu dans l'Asie orientale depuis la Perse, le biwa est une sorte de luth en bois à quatre cordes. Il jouait un rôle important dans les orchestres de gagaku (ensemble de répertoires de la musique de la Cour impériale), mais il accompagnait également les récits de guerriers et était joué par les conteurs aveugles et colporteurs dans tout le pays. Le lac Biwa, le plus grand du Japon, se nomme ainsi car sa forme ressemble à celle de l'instrument.

Les tambours : les *taiko* ou *wadaiko* sont les instruments des *matsuri* (festivals). Ils ont joué un grand rôle dans le théâtre *nô* (*p. 286*) dès le XIVe s. ou le *kabuki* (*p. 287*) à l'époque Edo. On frappe dessus avec des *bachi* (baguettes). Depuis les années 1960, les *taiko* se sont répandus à l'étranger et remportent beaucoup de succès. Ils se distinguent des *tsuzumi,* tambours à la « taille » marquée, qui sont joués à main nue et se posent sur l'épaule. D'origine sino-indienne, le *tsuzumi* est un tambour en bois en forme de sablier, avec cordes. Il est joué dans le *nô* (*p. 286*) ou dans le *kabuki* (*p. 287*).

Pop et J-pop

Influencée fortement par le rock des années 1950, la scène musicale japonaise a été marquée par Chage and Aska, l'un des plus populaires groupes de rock des années 1980, ainsi que SMAP. Ils voient leur popularité diminuer avec l'arrivée

d'une chanteuse de *dance pop music*, Amuro Namie, à la fin des années 1990. À cette même période, la chanteuse de R'n'B Utada Hikaru fait un record de ventes pour son premier album, et des groupes de chanteuses se distinguent : Morning Musume, SPEED. Cette J-pop (contraction de « Japan pop ») est influencée par les stars américaines, qu'elle tend à imiter. Avec les années 2000, les médias font découvrir au public des *talento* (chanteurs) qui ensuite deviennent célèbres : on retrouve leurs morceaux dans les publicités, les films, les émissions radio ou télévision, voire les *anime* et les jeux vidéo.
En 2007, une nouvelle forme de musique apparaît sous les traits d'une chanteuse virtuelle, Miku Hatsune, qui se produit en concert sous la forme d'un hologramme. C'est une humanoïde de synthétiseur vocal, une jeune fille avec des couettes de couleur turquoise, au succès croissant.

Cinéma du bout du monde

Le cinéma japonais est très dynamique et remporte un vif succès sur la scène internationale. Les films signés par des pionniers comme Kenji Mizoguchi, 1898-1956 (*Les Contes de la lune vague après la pluie,* 1953 ; *L'Intendant Sansho,* 1954) ou Yasujiro Ozu, 1903-1963 (*Voyage à Tokyo*, 1953 ; *Le Goût du saké,* 1962) sont considérés comme des chefs-d'œuvre. Avec les réalisations de Akira Kurosawa, 1910-1998 (*Vivre*, 1952 ; *Les Sept Samouraïs*, 1954), le Japon a commencé à se faire une renommée internationale, notamment avec *Rashomon* (1951), qui reçoit le Lion d'or à Venise puis l'Oscar du meilleur film étranger. Le roman d'Kobo Abe *La Femme des sables* a été porté à l'écran par Hiroshi Teshigahara en 1964, et obtient le prix du jury à Cannes.
Si le film érotique *L'Empire des sens* (1976), de Nagisa Oshima (1932-2013) est fortement censuré, il est toujours montré au Japon, mais avec des parties amputées. Parmi les contemporains, notons Shoei Imamura, 1926-2006 (*La Vengeance est à moi,* 1979), le seul Japonais à avoir obtenu deux fois la Palme d'or à Cannes : en 1983 avec *La Ballade de Narayama* et en 1997 avec *L'Anguille*.
Depuis quelques années, le réalisateur Takeshi Kitano, qui est également humoriste, acteur, écrivain et poète, artiste-peintre et chanteur, né en 1947, fait parler de lui. Il remporte un succès incontestable avec ses comédies dramatiques, ses films violents sur les yakuzas *(p. 269)* ou sur la police, qui soulèvent des questions morales (*Sonatine*, 1993 ; *Hana-bi*, 1997 , *L'été de Kikujiro*, 1999). Récemment, Naomi Kawase (*Still the water,* 2014) a impressionné par sa maîtrise formelle et Hirokazu Koreeda *(Tel père, tel fils,* 2013) a séduit par sa sensibilité pudique.

MIYAZAKI

Hayao Miyazaki (né en 1941) est l'un des plus grands créateurs et directeurs d'animation du Japon. Ses réalisations, accessibles aussi bien aux enfants qu'aux adultes, se révèlent toujours profondes et amusantes. En 1988, son film *Mon voisin Totoro*, dans lequel il évoque ses souvenirs et met en images le Japon d'après-guerre, remporte un franc succès. Avec la sortie de *Princesse Mononoké* en 1999, ses films acquièrent une notoriété internationale. Les suivants, comme *Le Voyage de Chihiro* (2001) ou *Ponyo sur la falaise* (2007), ont été vus par des milliers de spectateurs. En septembre 2013, le maître Miyazaki annonce officiellement sa retraite en tant que réalisateur. Fondé en 1985, le **musée Ghibli** *(p. 110),* parc à thème des studios Ghibli, est le lieu idéal pour découvrir le monde fantastique de Miyazaki, avec des courts-métrages inédits et des expositions, le tout dans un cadre fabuleux.

Gastronomie

➤ À table !

La cuisine japonaise (appelée* washoku*) est équilibrée, légère et peu grasse. Elle attache une attention particulière à la saisonnalité des ingrédients et à la beauté de la présentation des aliments. Chaque région de l'archipel revendique au moins une spécialité gastronomique. Tout au long de votre voyage, vous pourrez en déguster de nombreuses, et l'incroyable variété des spécialités culinaires vous étonnera. Un repas peut s'accompagner de bière, de saké chaud ou froid, ou de thé vert* (ocha) *servi gratuitement.

Cuisine kaiseki

La cuisine traditionnelle

Un repas *washoku* traditionnel est composé de riz, d'une soupe et de trois petits plats d'accompagnement. Le riz, qui constitue la base de l'alimentation japonaise, accompagne presque tous les repas. Certaines formes de cuisine traditionnelle sont liées à la culture ou à la religion. C'est le cas du *chanko-nabe*, réservé aux lutteurs de sumo, ou de la *shojin ryori*, cuisine végétarienne destinée aux moines bouddhistes.

Mais il existe d'autres plats traditionnels, comme le *shabu-shabu* ou le *sukiyaki* que l'on déguste en famille ou entre amis en se servant dans un plat commun.

• **Le *sukiyaki* et sa variante le *shabu-shabu* : la fondue de bœuf.** C'est, avec le poisson cru, le plat le plus connu en dehors du Japon. Toute la préparation, à l'exception de la coupe des aliments, est faite sur la table et c'est probablement ce qui a rendu le *sukiyaki* aussi populaire. Dans un plat en fonte, on commence par faire griller de fines tranches de bœuf, puis on verse un bouillon de soja et on sucre légèrement avant d'ajouter les légumes et le tofu (fromage de soja). On mange au fur et à mesure en plongeant chaque bouchée dans un œuf cru, ce qui refroidit un peu le mélange et adoucit le goût. Le *sukiyaki* (prononcez « skiyaki ») est toujours servi avec du riz blanc. Le *shabu-shabu* est une variante de ce plat. Les ingrédients sont les mêmes, mais le bouillon diffère. Dans le cas du *shabu-shabu* sont ajoutées des nouilles japonaises, que l'on fait toujours cuire en dernier. On ne trempe pas la viande dans de l'œuf cru, mais généralement dans des sauces à base de miso (produit fait avec des graines de soja, du riz et du blé fermentés, qui sert à la préparation de la soupe au miso), soja ou graines de sésame.

• **Le *chanko-nabe* : la cuisine des lutteurs de sumo**. Si vous avez suivi un tournoi de sumo, vous vous êtes peut-être demandé comment ces hommes s'y prenaient pour atteindre leur poids phénoménal. La recette est simple : ils dorment quatorze heures par jour et se nourrissent d'une soupe spéciale *(chan-*

ko-nabe) dont la confection nécessite 3 kg de poisson, 2 poulets entiers, 2 kg de viande de bœuf, 12 œufs et 2 kg de fèves ! Si vous aimez la nourriture un peu consistante, n'hésitez pas à aller tenir compagnie aux *sumotori* dans leurs restaurants favoris, installés principalement dans les environs de la station de M° Ryogoku *(p. 34),* où les lutteurs s'entraînent et s'affrontent.

• **Le tofu : la cuisine des moines.** La *tofu ryori* (cuisine de tofu) est une cuisine végétarienne inspirée par celle des moines bouddhistes *(shojin ryori)*. Presque tous les plats qui composent le menu – celui-ci change chaque saison – sont à base de tofu (fromage de soja) : un aliment qui présente l'avantage d'être à la fois peu calorique et riche en protéines.

Les poissons

Le Japon étant une île, le poisson est longtemps resté l'aliment principal des Japonais. Cru, grillé ou frit, vous trouverez dans les restaurants une incroyable diversité d'espèces, à commencer par le fameux *fugu*, mortel lorsqu'il n'est pas parfaitement préparé…

• **Le sashimi et le sushi : les poissons crus.** C'est LA spécialité japonaise par excellence. Le poisson cru se mange soit en sashimis – simple tranche qu'on trempe délicatement dans le *shoyu* (sauce de soja) –, soit en *nigiri sushi* – la tranche est alors posée sur une boulette de riz légèrement vinaigrée –, soit encore en *maki sushi* – c'est-à-dire enroulée avec du riz dans une algue *nori*. Dans tous les cas, le poisson est entièrement débarrassé de ses arêtes. Les *nigiri* sont servis avec du gingembre mariné dans du vinaigre, qui permet d'ôter le goût du poisson précédent. On peut en redemander autant qu'on veut. Un assortiment classique *(moriawase)* comprend en général 8 à 10 pièces parmi lesquelles on trouve du thon *(maguro)*, du thon gras *(toro)*, du saumon (*saké*), une crevette cuite (*ebi*) ou crue *(namaebi)*, de la seiche *(ika)*, du maquereau *(saba)* et de l'omelette japonaise *(tamagoyaki)*. La variété des poissons et des coquillages qu'on peut commander à la carte est infinie et dépend toujours des arrivages (les *sushi*ya de Tokyo se ravitaillent chaque matin au marché de Tsukiji, *p. 61*). Parmi les plus recherchés, signalons l'anguille de mer *(anago)*, l'oursin *(uni)* et l'abalone *(awabi)*. Vous découvrirez sans doute vous-mêmes un tas de variétés de poissons et de coquillages inconnus en Occident.

• **Le *fugu* : le poisson-globe.** Il s'agit d'un plat très rare et très cher (si on ne connaît pas les bonnes adresses, on peut facilement payer 30 000 yens le repas) qui n'est servi que dans quelques restaurants spécialisés. En principe impropre à la consommation, le tétrodon (c'est son nom scientifique) peut cependant être dégusté après une préparation qui consiste à retirer le poison mortel que contiennent ses organes internes. Une licence d'État est obligatoire pour ouvrir un restaurant de *fugu*. Ce poisson, au goût très particulier, se mange en sashimis (cru) ou en *nabe* (cuit à la marmite avec des légumes). Un vrai repas de *fugu* comprend d'ailleurs ces deux plats, qu'on accompagne de *hirézaké* : du *saké* chaud dans lequel flotte un aileron de *fugu* grillé ! À la fin, on ajoute au reste du bouillon du riz chaud et un œuf ; c'est le *zosui*. Ne vous étonnez pas si, pendant une heure ou deux après le repas, vos lèvres sont légèrement endolories : c'est le poison qui, bien qu'inoffensif, fait encore un peu d'effet. Cette sensation est très recherchée par les vrais amateurs. Précisons enfin que le *fugu* est une nourriture d'hiver. On n'en trouve qu'entre octobre et fin mars.

• **Les *tempura* : les beignets.** Ces beignets représentent l'une des rares spécialités japonaises d'origine étrangère. En effet, ce sont les Portugais qui ont importé, au XVIe siècle, cette méthode de cuisson des aliments. Bien sûr, les habitants de l'archipel l'ont adaptée à leur goût, et la finesse des *tempura* n'a que peu à voir avec le beignet de morue tel qu'on le prépare à Lisbonne. Nous vous conseillons, là encore, de prendre le menu (*teishoku*) qui comprend en général cinq ou six pièces (poisson et légumes) servies au fur et à mesure sur une serviette en papier qui absorbe l'huile. Les *tempura* se trempent dans une sauce à base de soja, dans laquelle on mélange du radis râpé.

• **L'*unagi* : l'anguille grillée.** C'est l'une des spécialités à découvrir absolument lorsqu'on vient au Japon. Certains restaurants servent de l'anguille parmi d'autres plats, mais il vaut mieux la déguster dans une authentique *unagiya* (restaurant d'anguille). Cuisiné à la japonaise, le poisson est ouvert en deux dans le sens de la longueur et enfilé sur de petites brochettes en bambou avant d'être cuit à la vapeur puis grillé et, enfin, recouvert d'une sauce sucrée. Le goût peut être relevé avec un peu de *sansho*, un piment qui n'est utilisé que pour ce plat. L'*unagi* est généralement servi dans une boîte laquée sur un lit de riz blanc *(unaju)*. Vous pouvez commander des *kimoyaki* (foie d'anguille grillé) qu'on vous servira en brochettes avec du gingembre. Le soir, un repas d'*unagi* peut atteindre 4 000 à 5 000 yens par personne, mais le *teishoku* du déjeuner dépassera rarement les 2 500 yens.

L'*okonomiyaki*

C'est une spécialité de Hiroshima. Viande de bœuf, légumes ou fruits de mer (on peut choisir la composition) sont battus dans une mixture à base d'œufs, de farine et d'eau, et cuits devant vous sur une plaque chauffante. Une fois prêt, cela ressemble à une grosse omelette qu'on enduit, au pinceau, d'une sauce brune et sucrée ; c'est l'un des plats les moins chers et les plus nourrissants qu'on puisse trouver au Japon. Dans certains restaurants d'*okonomiyaki*, il faut cuisiner soi-même, ce qui ne présente aucune difficulté et peut même être assez amusant.

Les *soba*, *udon* et *ramen* : les nouilles

Ce que nous appelons indistinctement nouilles porte ici trois noms bien différents – elles sont servies dans des restaurants qui n'ont rien à voir les uns avec les autres. Les *soba* sont des pâtes de sarrasin, qu'on peut consommer chaudes dans une soupe (il y en a plus de dix sortes) ou bien froides sur un lit de bambou, saupoudrées d'algues *nori*. On les trempe alors dans une sauce à base de soja. Les *udon* sont des pâtes de blé assez épaisses, que l'on mange généralement chaudes dans une soupe de bœuf ou de porc. Les *ramen* sont des nouilles de blé d'origine chinoise et se mangent également en soupe. On peut les accompagner de *gyoza*, des raviolis grillés qu'on trempe dans une sauce piquante.

L'okonomiyaki

Le *tonkatsu* : le porc pané

Le *tonkatsu* est une façon typiquement nippone de préparer le porc en le plongeant dans une pâte à base d'œufs, de farine et de chapelure. Il existe différentes sortes de *tonkatsu*, le plus fin étant toujours le filet. Il est toujours servi avec une salade de chou finement haché qu'on arrose d'une sauce douce *(amakuchi)* ou un peu plus forte *(karakuchi)*. On ne doit en principe pas mettre de sauce sur le riz, sauf lorsqu'on commande le *katsudon*, car le porc et le riz sont servis dans le même bol avec un œuf et des oignons grillés. Le *tonkatsu* est un plat particulièrement économique (à partir de 1 000 yens). Autres spécialités servies dans les restaurants de *tonkatsu* : l'*ebi-furaï* (crevettes panées) et le *kaki-furaï* (huîtres panées).

ZURU ZURU

Zuru zuru, c'est l'onomatopée désignant le bruit que les Japonais font en mangeant des *ramens* (prononcez *lamène*), ces nouilles qu'ils aspirent bruyamment avant les avaler. Ce bruit signifie que l'on apprécie le plat, il est donc important de le faire. De manière plus pragmatique, aspirer les nouilles évite de les couper avec ses dents et donc de s'éclabousser. Et vous, ferez-vous *zuru zuru* lors de votre séjour au Japon ?

Les *yakitori* : les brochettes de poulet

Littéralement, *yakitori* signifie « poulet grillé », car la plupart des brochettes servies dans ce genre de restaurants sont à base de poulet (ailes, foie, gésier...). Un *yakitori kôsu* (*kôsu* vient du mot « course ») comporte cependant toujours des légumes et même, parfois, de la viande de bœuf ou de porc également grillée au feu de bois sur des bâtons en bambou. Les *yakitori* se mangent en principe sans riz. Celui-ci se commande à la fin sous forme de boulettes *(nigiri)* enveloppées dans des algues. On peut, suivant son goût, arroser les brochettes de citron ou les tremper dans une sauce légèrement sucrée. Il existe une variante du *yakitori* appelée le *kushi-age*, ou *kushi-katsu*, originaire d'Osaka : toutes les brochettes sont panées et les ingrédients utilisés beaucoup plus variés.

La cuisine spectacle

Au Japon, la cuisine se regarde autant qu'elle se mange. Dans certains cas, la préparation elle-même est si spectaculaire que le cuisinier opère devant les clients. C'est le cas des sushis mais également des *teppan-yaki* et *robata-yaki*.

• **Le *teppan-yaki*** : aliments grillés sur une plaque chauffante devant les clients C'est autant un spectacle qu'un repas. Devant chaque table, un cuisinier jongle avec la viande et les crevettes au-dessus d'une plaque chauffante. Lorsque les mets sont bien grillés, il les arrose de citron, et joue de la salière et du poivrier comme de castagnettes. C'est une cuisine simple et délicieuse dont la préparation vous met l'eau à la bouche. Le menu comprend également une petite entrée, de la viande grillée, du riz et un dessert.

• **Le *robata-yaki*** : aliments grillés au charbon de bois devant les clients. Si vous aimez le folklore, vous ne serez pas déçu. Imaginez une grande salle un peu campagnarde, au milieu de laquelle sont entassés poissons, coquillages et légumes. Les cuisiniers, à genoux devant vous, préparent sur un feu de bois ce que vous leur désignez du doigt. Lorsque votre plat est cuit, il vous est présenté sur de longues pelles en bambou. Pour mettre de l'ambiance, le personnel crie les commandes à pleine voix, ce qui donne l'impression d'être au marché au moment où les commerçants liquident leurs derniers kilos. Le repas se termine en principe par un *yaki-onigiri*, une boule de riz grillée que l'on trempe dans du *shoyu* (sauce de soja).

La *kaiseki ryori* : la cuisine japonaise raffinée

La haute cuisine japonaise est réputée pour son esthétique et l'importance accordée à l'agencement des plats. Elle était préparée à l'origine afin de protéger l'estomac contre les brûlures. Aujourd'hui, la *kaiseki ryori* est le fleuron de l'art culinaire nippon. Un repas de *kaiseki* comprend une multitude de petits plats. Cette cuisine est la plus chère qu'on puisse trouver au Japon (payer 15 000 yens n'a rien d'exceptionnel), et certains restaurants de *kaiseki* n'acceptent pas les clients qui ne sont pas présentés par un habitué de la maison. Le repas est presque toujours servi dans une pièce particulière avec tatamis. Les aliments sont de saison, et leur présentation, dans de jolis plats, d'un raffinement extrême, est l'essence même de l'esthétisme japonais. Avant la cérémonie du thé *(p. 283)*, la *kaiseki ryori* est réduite à deux ou trois plats, c'est la *cha-kaiseki*.

POUR LES VÉGÉTARIENS

La cuisine japonaise devrait réjouir les végétariens qui aiment le poisson. Ceux qui n'en consomment pas trouveront de nombreux plats à base de tofu et de haricots, sources de protéines. La cuisine zen dite *shojin ryori (p. 292)*, ne contient ni viandes ni poissons. Elle est encore servie dans certains temples dans lesquels on pratique le *zazen (p. 273)* et dans des restaurants.

La restauration rapide : le *bento*

Le *bento* est un casse-croûte que l'on mange en dehors de chez soi. Selon la tradition japonaise, ce sont les femmes qui le préparent le matin pour leur mari et leurs enfants. Les femmes au foyer étant nombreuses, rares sont les hommes qui cuisinent avant d'aller travailler et il n'y pas toujours de cantines dans les écoles : le *bento* est donc un moyen économique et équilibré de se restaurer à midi. En règle générale, il se compose de riz, de protéines, de légumes frais, de légumes macérés *(otsukemono)* et de fruits. On en vend dans tout le pays des tout préparés, même dans les *konbini*. Le *eki-ben* est le *bento* vendu dans les gares ou dans les trains longue distance, que l'on mange lors d'un voyage. Le *makunouchi-bento* est le plus classique ; il était à l'origine vendu dans les théâtres de *kabuki* afin que les spectateurs puissent manger pendant les entractes. De nos jours encore, il est possible de manger un *bento* pendant des spectacles ou des tournois de sumo.

➤ À boire !

Kampai ! *(« santé ! ») est le mot à retenir si vous voulez trinquer au Japon. Entre le saké, la bière, le whisky, le thé, le pays ne manque pas de boissons. Vous en trouverez dans tous les magasins, y compris les* konbini, *mais aussi dans les machines distributrices qui se trouvent à tous les coins de rue!*

Des barils de saké

Le saké

Le saké (*nihon shu*) est la boisson nationale des Japonais. Fabriqué à partir de riz fermenté, il en existe plus de 2 500 sortes au Japon. Depuis le plus pur – le *junmaishu*, quasiment introuvable et hors de prix – au plus commun – le *sanbaizoshu*, qui se révèle souvent être une horrible piquette. Entre les deux se situe le *honjo-*

Des bouteilles de saké

zoshu, qui ne doit pas contenir plus de 25 % d'alcool ajouté. Indépendamment de la qualité, on trouve du *saké amai* (doux) ou *karai* (fort). Chaud ou froid, il est toujours servi dans de toutes petites coupes, ce qui oblige les convives à se servir souvent, un rituel auquel les Japonais sont très sensibles. Il se boit frais (*reishu*), à température ambiante *(jo-on)*, chaud *(nuru-kan)* ou brûlant *(atsu-kan)*. On peut le commander dans tous les restaurants de cuisine nippone, mais on n'en trouve pas dans les établissements étrangers. Attention : en japonais, le mot *saké* signifie simplement alcool et désigne aussi bien le vin que le whisky. Si l'on veut du *saké*, il faut toujours demander du *nihon shu* (littéralement : vin japonais). Dans les restaurants, le *saké* est le plus souvent servi chaud dans un petit carafon *(nihon shu ippon)*. Quelquefois, un assortiment de petites coupes dépareillées vous sera proposé, parmi lesquelles vous choisirez celle dont la taille et la couleur vous conviennent. Les Japonais aiment boire en groupe. Il est de règle de se faire servir puis de servir son voisin. Quand toutes les coupelles sont pleines et que tout le monde est prêt, on crie en chœur *Kampai* (« santé ! ») et alors on peut commencer à boire tous ensemble.

Lors de votre séjour à Kyoto, vous pourrez visiter le musée du saké Gekkeikan Okura *(p. 174)*.

La bière

Les Japonais sont non seulement de grands consommateurs de bière mais aussi de gros producteurs. La bière est arrivée par le biais des Hollandais à l'époque Edo. Sachez que les Japonais ont coutume de commencer un dîner ou une réunion amicale en trinquant à la bière ! Retenez quelques noms de bières japonaises que vous pourrez commander : Asahi, Kirin, Sapporo, Ebisu, Suntory. La bière à la pression se dit *nama bi-ru*.

Le whisky

Lancée dans les années 1920, la production de whisky japonais bénéficie aujourd'hui d'une reconnaissance mondiale. Le climat tempéré, la pureté de l'eau, le relief de l'archipel, alliés à la compétence des distilleries japonaises, sont les facteurs principaux qui expliquent sa qualité. Deux grands distributeurs dominent le marché : Suntory (propriétaire notamment des single malts nippons Yamazaki et Hakushu, ainsi que des blends Hibiki) et Nikka (connu pour ses single malts Yoichi et Miyagikyo, sa gamme de blends Nikka et son blended malt Taketsuru). À leurs côtés, la nouvelle distillerie de Chichibu prend un essor très prometteur (citons par exemple son fameux Chibidaru). Les amateurs et passionnés pourront visiter une distillerie, Yamazaki Suntory, dans la région de Kyoto *(p. 157)*.

Le vin

Le Japon cultive quelques vignes, particulièrement dans la préfecture de Yamanashi, près du mont Fuji, et Yamagata, dans le nord du pays. Il y a environ 200 producteurs de vin dans tout le pays, dont Mercian, Suntory, Sapporo, Kikkoman et Asahi, qui en produisent les trois quarts. La consommation de vin rouge, en particulier, s'est développée ces dernières décennies, bien appuyée par les arguments « santé » qui disent que le polyphénol a des effets bénéfiques. Le Japon importe beaucoup de vins et spiritueux de l'étranger ; la part de marché des vins français est de 44 % en 2013. Mais, comme tout produit importé, il reste cher… Notons aussi que le beaujolais nouveau a un succès fou au Japon, et que le 3e jeudi de novembre est attendu comme un jour de fête ; c'est le premier pays consommateur à l'étranger !

L'EAU

L'eau du robinet est potable dans tout le pays. Elle est testée régulièrement dans les préfectures proches de Fukushima depuis le 11 mars 2011. Si vous le souhaitez, vous trouverez facilement de l'eau minérale, qui est vendue dans tous les supermarchés, *konbini*, distributeurs automatiques.

Le thé

Septième producteur de thé au monde, le Japon offre une grande variété de thés : *sencha* (thé vert clair), *bancha* (de couleur marron clair) et *matcha* (vert foncé, servi lors des cérémonies du thé). Chaud ou froid, le thé est bu par tout le monde, dès le plus jeune âge, du matin au soir. Reconnu pour ses propriétés anti-oxydantes, le *sencha*, caféiné, est très largement consommé par les Japonais. Le *gyokuro* est le plus prestigieux des *sencha*, et le plus cher. Dans les restaurants, on sert généralement du *mugi cha* (thé au blé, sans caféine), du *hojicha* (*bancha* dont les feuilles sont légèrement grillées), ou du *sencha*. Il y a un autre thé, le *genmai cha* (mélange de *bancha*, de riz grillé et de maïs soufflé), un peu surprenant au goût, mais délicieux. Les Japonais boivent aussi du *oolong cha*, un thé chinois.

Le café et le *cold brew* café

En japonais, le café (la boisson) se prononce *ko-hi* (du mot anglais *coffee*), tandis que le café (le lieu) se dit « café à la française ». Le café a certainement été introduit au Japon, près de Nagasaki dans le sud, au XVIIIe siècle, par un Hollandais. C'est une boisson qui plaît beaucoup et que l'on retrouve aussi beaucoup en canettes dans les *jidohanbaiki* ➤ encadré ci-dessous. Récemment, le *cold brew* café, un café infusé à froid, est à la mode. Il faut le laisser infuser entre douze et dix-huit heures.

LES DISTRIBUTEURS DE BOISSONS

On dénombre 6 millions de machines distributrices, ou *jidohanbaiki* (de *jido* « automatique », *hanbai* « vente » et *ki* « machine »), soit une machine pour 22 personnes ! Où que vous serez, où que vous irez, dans les villes, même dans les villages les plus éloignés, dans les rues, sur le quai des gares, près des temples, vous en verrez. Les plus nombreuses sont celles qui vendent des boissons : sodas, café, thé, eau. La couleur juste au-dessous des produits indique la température des boissons : rouge pour les chaudes, bleue pour les froides. Celles des boissons alcoolisées s'éteignent à 23 heures pour éviter que les mineurs (la majorité est à 20 ans au Japon) n'en achètent, comme pour les cigarettes. Outre les boissons, il existe un choix infini de produits vendus dans les distributeurs : des cigarettes, des sucreries, des glaces, des journaux, du lait, du riz, des piles, des cosmétiques, des *ramen* ou *udon* (nouilles), dans lesquels l'eau chaude se déverse lorsqu'on appuye sur le bouton, et même des œufs frais ou des fleurs ! Nés dans les années 1960, au succès incontesté, ces *jidohanbaiki* font partie de la vie quotidienne des Japonais, et font aussi le bonheur des *gaijin* (les étrangers).

Japonais calligraphiant

Langue

➤ Une langue métissée

Langue aux origines multiples, qui a été fortement influencée par le chinois, le japonais est une langue monocorde. Il est donc plutôt facile de prononcer les mots. La difficulté réside dans l'écriture et la lecture. C'est une langue qui aime emprunter les mots étrangers, à tel point que maintenant il existe même des mots français utilisés au Japon, le franponais !

Des influences multiples

D'origine assez obscure – on hésite à la situer dans le groupe ouralo-altaïque ou malayo polynésien –, la langue japonaise a subi au cours des siècles des influences chinoise, sibérienne, portugaise, hollandaise, française et, plus récemment, anglaise. Mais, vu la prononciation très particulière du japonais, il est souvent impossible de distinguer les mots étrangers du reste du vocabulaire. Par exemple, café se dit *ko-hi* (de l'anglais *coffee*), thé au lait, *miruku-ti* (de l'anglais *milk-tea*), la grève, *sutora-iku* (de l'anglais *strike*), etc.
De plus, le sens des expressions venues d'autres pays a souvent été modifié. Ainsi, le mot *arubaito*, qui vient de l'allemand *Arbeit* (« travail »), est réservé aux petits boulots pour étudiants. Le mot *zubon* en japonais (du français « jupon ») désigne quant à lui… un pantalon !

La prononciation

Lorsque le japonais est transcrit en caractères latins, on le lit suivant la transcription Hepburn. Les voyelles se prononcent à l'italienne et les consonnes à l'anglaise. Le *u* se lit donc « ou » et le *e* devient « é ». Le *a*, le *i* et le *o* se prononcent comme en français. Certains sons n'existent pas en japonais. Ce sont le *f* (à l'exception du fu) et le *v*. Les sons *ti* et *tu* sont également inconnus. Ils sont remplacés par *tchi* et *tsu*. Le *r* se prononce presque « l » et le *s* ne devient jamais « z » (Osaka se prononce Ossaka et non Ozaka). Le *g* est toujours dur (comme dans garçon) et le *ch* se lit « tch ». Enfin, le *j* se prononce « dj » (comme dans le prénom arabe Djamila) et le *h* est toujours très aspiré. Ainsi, *abunai* (dangereux) se prononce « abounaille ». *Furansujin* (français) se prononce « fourantosu djin ». *Megane* (lunettes) se prononce « mégané ». *Cha-iro* (couleur marron) se prononce « tcha-ilo ».

L'écriture

Jusqu'au VIe siècle, les Japonais n'avaient pas de système d'écriture. Ils adoptèrent celui de leur voisin, la Chine. Ils gardèrent le sens des idéogrammes mais remplacèrent la prononciation par les mots japonais correspondants. Au cours de ce processus, qui dura deux siècles, les Japonais se rendirent compte qu'il

était impossible d'utiliser la prononciation japonaise *(kun yomi)* pour les mots composés. Ils décidèrent alors d'emprunter les sons chinois *(on yomi)* pour ces mots-là. Du coup, la langue du Yamato (l'ancien nom du Japon) s'enrichit d'autant de mots nouveaux qu'il y avait d'idéogrammes (plusieurs milliers !).
Vers le VIIIe siècle, des érudits qui passaient leur vie à traduire des livres chinois inventèrent un syllabaire (a, i, u, e, o, ka, ki, ku, ke, ko, ma, mi, mu, me, mo, etc.) qui permettait de transcrire les idéogrammes en sons japonais. Cet alphabet fut appelé *katakana* (lettres à côté) car il était noté en marge des textes. Il comprenait à peu près 50 signes fabriqués à partir d'idéogrammes simplifiés. À partir du Xe siècle, un deuxième syllabaire phonétique (les *hiragana*) commença à être utilisé par les femmes de la cour qui ne voulaient pas apprendre le chinois. C'est de cette époque que date le célèbre roman *Genji monogatari* (*Le Dit du Genji*), écrit par Murasaki Shikibu.
Aujourd'hui, l'écriture japonaise est un mélange de *kanji* (littéralement, « lettre chinoise »), de *hiragana* et de *katakana*, ce dernier étant réservé aux seuls mots d'origine étrangère. En 1946, on a réduit officiellement à 1 850 le nombre des idéogrammes obligatoires à l'école, ce qui n'empêche pas l'écriture japonaise d'être l'une des plus difficiles à maîtriser. Son apprentissage par les écoliers est étalé sur neuf années ! En revanche, la grammaire est relativement facile. La structure de base de la phrase est : sujet-objet-verbe, avec le verbe à la fin.

L'empire des signes

Si pour vous le langage des mains remplace aisément celui des mots, voici certaines règles à connaître au Japon. Pour compter, les Japonais replient les doigts (au lieu de les déplier) en commençant par le pouce (un) qu'ils recouvrent progressivement de l'index (deux), du majeur (trois) et ainsi de suite jusqu'à fermer la main. Cette façon de compter a une valeur symbolique : au Japon, le pouce représente la famille qu'on « protège » en la cachant derrière les autres doigts... De même, pour indiquer le chiffre deux, les Japonais montrent l'index et le majeur et non, comme nous, le pouce et l'index, dont la taille est, selon eux, trop inégale. Lorsque vous voulez vous désigner dans la conversation *« c'est moi, c'est pour moi »*, ne montrez pas votre poitrine mais appuyez votre index sur le nez. Deux bras croisés en X mains ouvertes signifient que ce que vous demandez est impossible ou que le service est terminé. Le petit doigt levé signifie la petite amie ou la maîtresse. Enfin, le pouce levé signifie le patron, le mari ou l'amant.

LE FRANPONAIS

Les Japonais sont friands de tout ce qui vient des pays étrangers, y compris les mots. La France les fascine, et ils n'hésitent pas à utiliser des mots français pour faire chic : vêtements, gadgets, devantures de magasin, noms de cafés ou restaurants. Le franponais est donc une langue qui utilise des mots français, mais bien souvent avec des erreurs de genre ou de syntaxe, voire d'orthographe. Ainsi, il n'est pas rare en se promenant au Japon ou en faisant des emplettes de découvrir des mots ou des phrases tels que « Au cul de Paris » (boutique), « Café de crié » (café), « Petit Bit » (biscuits), « Cocue » (vêtements et chaussures), « J'espère que votre vie soit heureux » (pot de fleurs), « Steack de japonais » (menu dans un restaurant) et « Comme ça du mode » (marque de vêtements)...

➤ Quelques mots en japonais

Même si vous ne savez dire que sayonara (« au revoir ») et arigato (« merci »), les compliments pleuvront sur vous au moindre de vos efforts. On dit souvent que les Japonais ne disent jamais non. Il est vrai que, culturellement, il n'est pas de coutume de dire directement son avis, au risque de vexer ou déstabiliser l'interlocuteur. Un Japonais vous dira plutôt chotto muzukashii (« c'est un peu difficile ») ou kangaete mimasu (« je vais réfléchir »), ce qu'il faut plutôt interpréter par un refus. Vous n'entendrez que rarement le mot iie (non) au Japon !

Politesse

Au revoir… Sayonara さようなら。

Bonjour, bon après-midi…
Konnichi wa こんにちは。

Bonsoir…
Konban wa こんばんは。

Excusez-moi, pardon…
Sumimasen, gomennasai
すみません。ごめんなさい。

Je vous en prie (prière)…
Dozo どうぞ。

Merci, merci beaucoup…
Arigato, arigato gozaimasu ありがとう。ありがとうございます。

Non… Iie いいえ。

Oui… Hai はい。

S'il vous plaît (demande directe)…
Onegai shimasu, kudasai
お願いします。… 下さい。

S'il vous plaît, je vous en prie…
Dozo どうぞ。

C'était délicieux…
Gochisosama deshita
ご馳走様でした。

Présentation

Comment vous appelez-vous ?…
Nan to iu namae desu ka ?
なんと言う名前ですか。

Je m'appelle X, mon nom est X…
X to moshimasu X と申します。

Je suis X… X desu X です。

Je suis français, belge, suisse…
furansujin, berugijin, suisujin desu
フランス人/ベルギー人/スイス人です。

Comprenez-vous ?…
Wakarimasu ka ? 分かりますか。

Les nombres

Zéro… Rei 零
Un… Ichi 一
Deux… Ni 二
Trois… San 三
Quatre… Shi/yon 四
Cinq… Go 五
Six… Roku 六
Sept… Shichi/nana 七
Huit… Hachi 八
Neuf… Kyu/ku 九
Dix… Ju 十

Vocabulaire courant

Arrondissement… Ku 区
Avenue… Dori 通り
Bus… Basu バス
Commissariat… Koban 交番
Château… Shiro/jo 城
Dentiste… Ha-isha 歯医者
Grand magasin… Dépato デパート
Hôpital… Byoin 病院
Jardin… Koen/Gyoen 公園/御苑
Musée… Bijutsukan ou Hakubutsukan 美術館/博物館
Palais… Gosho 御所
Parc… Koen/Gyoen 公園/御苑
Pharmacie… Kusuriya 薬屋
Pont… Hashi/bashi 橋
Poste… Yubinkyoku 郵便局
Quartier… Chome 丁目
Sanctuaire… Jinja 神社
Taxi… Takushi タクシー
Téléphone… Denwa 電話
Temple… Tera/ji 寺
Toilettes… Toire / te arai トイレ/手洗い
Villa… Rikyu 離宮

Carnet pratique

Avant de partir et sur place, tout pour réussir vos vacances

Les rubriques « Avant de partir » et « Sur place » réunissent toutes les informations nécessaires pour organiser votre voyage et réussir votre séjour.

SAISONS

Printemps : le printemps est la meilleure saison pour visiter le Japon. Les températures sont agréables. Vous assisterez à *hanami*, la floraison des cerisiers, début avril – l'un des événements les plus célébrés au Japon *(circuit 4, p. 22)* – et éviterez la saison des pluies et les grosses chaleurs (l'été).
Été : les mois de juin et juillet sont marqués par de fortes pluies et de grosses chaleurs (25 °C en moyenne, mais le thermomètre atteint parfois 40 °C, avec un taux d'humidité très élevé). La saison des typhons débute en août et se termine fin septembre.
Automne : l'automne est également une très belle saison pour visiter le pays avec des températures douces. Vous assisterez au *koyo*, le rougeoiement des feuilles qui embrase les forêts, vers la fin octobre.
Hiver : l'hiver est généralement assez frais (en moyenne 4 °C) à Tokyo, mais toujours très ensoleillé. Climat assez proche à Kyoto, avec parfois le bonheur de voir la ville sous la neige.

FORMALITÉS

Un passeport valide pendant le séjour est suffisant pour tout Français qui désire se rendre au Japon pour moins de 90 jours.

DURÉE DE VOL

11 h 30 pour un Paris-Tokyo et 12 h 30 pour un Paris-Osaka.

DÉCALAGE HORAIRE

Il faut ajouter 8 h à l'heure de Paris (7 seulement en été car les Japonais ne changent pas d'heure) pour connaître celle de Tokyo. Ainsi, lorsqu'il est midi à Paris, il est 20 h à Tokyo.

SANTÉ

Aucun vaccin n'est nécessaire.

CAPITALE

Tokyo

DEVISE

Le yen (JPY) ; 1 € = 130 Y (décembre 2015)

BUDGET

Le coût de la vie au Japon est plus ou moins équivalent à celui de la France. Pour vous déplacer, le mieux est de réserver un JR Pass en France avant votre départ *(p. 306)*. Une fois cet achat effectué, c'est l'hébergement qui vous reviendra le plus cher : une chambre d'hôtel de bonne catégorie pour deux personnes coûte en moyenne 10 000 yens/jour, mais vous trouverez quelques *ryokan* simples et authentiques pour un budget moindre (env. 7 000 yens, *p. 309*). Côté restauration, on peut manger à bon prix presque partout, à moins que vous ne souhaitiez dîner dans les restaurants servant les cuisines les plus nobles (*kaiseki* et *shabu-shabu* par exemple). Un ticket de métro coûte au minimum 170 yens ; un café, 500 yens ; le prix d'entrée des musées varie entre 300 et 1 000 yens.

Avant de partir

Adresses utiles

➤ Informations touristiques

Office national du tourisme japonais. *4, rue de Ventadour, 75001 ☎ 01-42-96-20-29, www.tourisme-japon.fr.*

➤ Services consulaires du Japon

À Paris. Ambassade du Japon. *7, av. Hoche, 75008 ☎ 01-48-88-62-00, www.fr.emb-japan.go.jp.*

À Bruxelles. Ambassade du Japon. *5-6, square de Meeûs, 1000 ☎ 02-500-05-80 (consulat), www.be.emb-japan.go.jp.*

À Genève. Consulat général du Japon. *82, rue de Lausanne, 1202 ☎ 022-716-99-00, www. geneve.ch.emb-japan.go.jp.*

Argent

➤ Les cartes de paiement

Les cartes Visa, American Express, MasterCard et Diners Club sont acceptées dans les grands hôtels et restaurants ainsi que dans la plupart des boutiques de souvenirs. Il n'est pas évident, en revanche, de retirer des yens dans les distributeurs automatiques avec une carte de type Visa. À Tokyo, seuls les distributeurs de la banque Prestia (de plus en plus nombreux) acceptent les cartes étrangères. Vous trouverez leurs emplacements à Tokyo, Osaka et Kyoto sur la page Web : *www.smbctb.co.jp/en/banking/branch_atm/index.html* (angl.). Le plus pratique pour retirer des espèces avec une carte de crédit internationale (Visa ou Mastercard) est de se rendre dans un 7 Eleven (*convenience store* ouvert 24 h/24), il y en a dans tout le Japon.

➤ Les chèques de voyage

Ils ne sont pas pratiques au Japon, où l'on a l'habitude de payer en liquide. Il est préférable de changer une partie de ses chèques de voyage dès l'arrivée.

➤ Sécurité cartes bancaires

Pour vous permettre de faire immédiatement opposition, avant de partir procurez-vous auprès de votre agence bancaire le numéro de téléphone à composer de l'étranger. Sinon, depuis la France, vous pouvez appeler le ☎ *0892-705-705* (serveur interbancaire de mise en opposition).

American Express. *En France ☎ 01-47-77-72-00,*

LE COIN DES INTERNAUTES

Pour préparer son voyage : *www.tourisme-japon.fr.* Site officiel du ministère japonais du Tourisme. Très complet, il aborde tous les aspects du voyage depuis l'hôtellerie jusqu'aux musées en passant par le shopping, les restaurants, les transports… ***www.japan-guide.com.*** Ce site (en anglais) est sûrement le plus complet sur la destination : chaque ville et monument dignes d'intérêt y sont recensés et décrits ! On y trouve également toute l'actualité touristique du pays, de nombreuses cartes, conseils pratiques, adresses, etc. Une vraie mine d'or. ***www.kanpai.fr.*** Le site français de référérence sur la culture nippone, aussi bien traditionnelle que contemporaine. Forum et communautés très actifs. ***www.japoninfos.com.*** Toute l'actualité japonaise en français.

Pour les gourmands : *www.wasabi.fr.* Le site du seul magazine entièrement consacré à la gastronomie japonaise.

Pour les fans de mangas : *www.manga-news.com.* Toute l'actualité manga, *anime*, jeux video et cinéma.

Pour réserver son hôtel : *www.agoda.com.* Cette centrale de réservation est spécialisée sur l'Asie et le Japon. On y trouve plus de références que sur les autres.

AÉROPORTS DE PARIS

Vous partez de Paris-Orly ou de Paris-Charles-de-Gaulle ? Facilitez-vous la vie en vous connectant sur **www.aeroportsdeparis.fr**. Vous pourrez être informé en temps réel sur votre vol, calculer votre temps de trajet vers l'aéroport, vous renseigner sur les formalités pour embarquer, réserver une place de parking ou découvrir tous les services pratiques (wifi gratuit, espace Musées, espaces Enfants, etc.) et les boutiques mis à votre disposition par Aéroports de Paris.

www.americanexpress.fr.
Eurocard/MasterCard. *En France ☎ 0800-90-13-87. Au Japon ☎ 00531-11-3886, www.mastercardfrance.com.*
Visa. Un numéro aux États-Unis peut être appelé en PCV de presque tous les pays du monde *☎ indicatif de sortie du pays + 001-303-967-1096 (interlocuteurs français). En France ☎ 0800-90-11-79. Au Japon ☎ 00531-11-1555, www.visa.com.*

➤ Monnaie

Le yen est la monnaie japonaise. Fin 2015, 1 € valait 130 yens (ou env. 0,75 € pour 100 yens).

Climat et saisons

Nous vous recommandons le printemps (13 °C en moyenne) ou l'automne (17 °C). Dans le premier cas, vous assisterez à la floraison des cerisiers, début avril – l'un des événements les plus célébrés au Japon *(circuit 4, p. 22)* – et dans le second, au *Koyo*, le rougeoiement des feuilles qui embrase les forêts. Vous éviterez ainsi la saison des pluies des mois de juin et juillet, et les grandes chaleurs de l'été (25 °C en moyenne, mais parfois le thermomètre atteint 40 °C et le taux d'humidité est très élevé). L'hiver à Tokyo est généralement assez frais (en moyenne 4 °C), mais toujours très ensoleillé. Attention, les mois de mars et d'avril correspondent aux vacances scolaires. Il est donc prudent de réserver son logement bien à l'avance. Deux fêtes particulièrement spectaculaires peuvent aussi vous aider à choisir vos dates : le *Sanja matsuri*, à Tokyo, le 3e w.-e. de mai, rassemble plus de 1 000 participants en costumes traditionnels ; le *Gion matsuri* (2e quinzaine de juil.) est la plus importante fête religieuse (shintoïste) de Kyoto.

Formalités

➤ Douane

Pas de limitation pour l'importation des devises, mais il faut déclarer toute somme supérieure à 7 000 €. Vous pouvez importer des aliments secs et des conserves, ainsi que 3 bouteilles d'alcool par personne. Interdiction formelle, en revanche, d'introduire sur le territoire japonais des revues pornographiques et des produits alimentaires frais (concerne aussi les bocaux). Découverts, ceux-ci vous seront impitoyablement confisqués. Au retour en France, ce sont les appareils photo et autres matériels hi-fi qui intéresseront les douaniers français. Une franchise de 430 € par adulte (et 150 € pour un enfant) est accordée. Pour tout achat d'un montant supérieur, la déclaration est obligatoire

TABLEAU CLIMATIQUE TOKYO ET KYOTO

Tokyo	T.° C	Pluie mm	Kyoto	T.° C	Pluie mm
Janv.	5	100	Janv.	4	60
Avril	15	120	Avril	13	150
Juillet	24	189	Juillet	26	240
Octobre	17	172	Octobre	17	120

sous peine de forte amende. Il est donc important de garder toutes vos factures. Les droits de douane varient de 0 à 14 % en fonction de la nomenclature du code des douanes. À ces droits de douane, il faut ajouter la TVA de 20 %. Rens. au ***Centre de renseignements des douanes***, *84, rue d'Hauteville, 75010 Paris ☎ 0811-20-44-44, www.douane.gouv.fr.*

➤ Passeport et visa

Un passeport valide pendant le séjour est suffisant pour tout Français qui désire se rendre au Japon pour moins de 90 jours. Si vous envisagez de rester plus longtemps, il vous faut faire une demande à l'ambassade du Japon à Paris. À savoir également : tout étranger séjournant au Japon pendant plus de 90 jours doit obligatoirement se faire enregistrer à la mairie du quartier de la ville où il réside. On lui remettra une carte, qu'il devra rendre lorsqu'il quittera le pays.

➤ Permis de conduire

Si vous avez l'intention de louer une voiture sur place, vous devrez faire traduire et valider votre permis français par la ***Japan Automobile Federation à Tokyo*** *(2-2-17 Shiba, Minato-ku ☎ 03-6833-9100, www.jaf.or.jp/e/index.htm).* Le permis de conduire international délivré par les autorités françaises n'est pas reconnu au Japon.

➤ Santé

Aucun vaccin n'est nécessaire pour l'entrée au Japon. Voyager dans le pays ne présente aucun danger sanitaire.

Heure locale

Il faut ajouter 8 h à l'heure de Paris (7 seulement en été car les Japonais ne changent pas d'heure) pour connaître celle de Tokyo. Ainsi, lorsqu'il est midi à Paris, il est 20 h à Tokyo.

Voyage individuel

➤ Vols directs

Trois compagnies aériennes assurent des vols directs vers Tokyo ou Osaka. Le prix des vols varie entre 800 et 1 000 € pour un billet non modifiable.

Japan Airlines (JAL), *4, rue de Ventadour, 75001 Paris ☎ 0810-747-700 ou 01-44-35-55-85, www.fr.jal.com.* Depuis l'aéroport de Paris Roissy CDG, Terminal 2E, JAL assure 3 vols quotidiens pour Tokyo (1 vers Narita et 2 vers Haneda), avec correspondances immédiates vers Osaka, Nagoya… Le réseau domestique de JAL vous permettra d'accéder à environ 50 villes au Japon. Départ en début de soirée. Achetez vos billets directement en ligne sur *www.fr.jal.com*, au ☎ *0810.747.700*, ou en agence de voyages.

Air France. *49, av. de l'Opéra, 75002 Paris. Rens. et rés. ☎ 36-54 (t.l.j. 6 h 30-22 h), www.airfrance.fr.* Vols quotidiens pour Tokyo et Osaka. Tarifs à partir d'env. 750 € A/R (3 mois maximum et 3 jours minimum). Durée du vol pour ces destinations : entre 11 h 30 et 12 h 30.

All Nippon Airways (ANA). *29-31, rue Saint-Augustin, 75002 Paris ☎ 01-53-83-52-52 et 0820-803-212, www.ana.fr.* Compagnie japonaise privée assurant des liaisons quotidiennes vers Tokyo.

LE JAPAN RAIL PASS

Le **Japan Rail Pass** (forfait ferroviaire) est une carte de libre circulation correspondant à un kilométrage illimité sur le réseau de chemin de fer japonais (JR). Elle est aussi valable sur le Shinkansen (sauf Nozomi et Mizuho) et sur le Narita Express (aéroport de Tokyo/centre-ville). **Attention : ce JR Pass ne se vend pas au Japon.** Si vous le perdez, vous ne pourrez pas le faire refaire sur place. Cette carte existe pour une durée de 7, 14 ou 21 jours (elle n'est valable que pour les touristes). Le train étant très cher au Japon, cette formule est très intéressante. À titre d'exemple, le forfait de 7 jours (à partir de 219 € en seconde classe) est moins cher que le seul trajet aller-retour Tokyo-Osaka. **Réservez votre JR Pass en France sur Internet : *www.japan-rail-pass.fr.*** Le site de réservation de l'agence Vivre le Japon *(p. 244)* propose également le JR Pass ainsi que des *pass* régionaux. Envoi à domicile.

➤ Vols avec escale

De nombreuses compagnies proposent des vols avec escale vers le Japon, souvent moins onéreux que les vols directs.

➤ Réserver

Voyages-sncf.com, distributeur de voyages en ligne de SNCF, vous propose ses meilleurs prix d'avion, hôtel, séjours et location de voitures dans le monde entier. Accédez aussi à ses services exclusifs : billets à domicile, offres de dernière minute, promotions… *Infos et rés. depuis la France sur www.voyages-sncf.com et sur tablettes et mobiles avec l'appli V. Hôtel (toute l'offre hôtels). Réservez un vol, un hôtel, une voiture : ☎ 0899-500-500 (0,70 €/min + prix de l'appel). Une question sur votre commande ? Rubrique Contact ou ☎ 09-70-60-99-60 (numéro non surtaxé).*

Voyage organisé

Asia*. 1, rue Dante, 75005 Paris ☎ 01-44-41-50-10, www.asia.fr.* On a bien aimé leur circuit « samuraïs et jardins zen », qui permet de se plonger dans l'univers des films *chanbara*.

Comptoir des voyages*. 2, rue Saint-Victor, 75005 Paris ☎ 01-53-10-47-99, www.comptoir.fr.* Nombreux circuits. Celui baptisé « Japon en famille, Mangattitude » a retenu notre attention.

Vivre le Japon*. 30, rue Sainte-Anne, 75002 Paris ☎ 01-42-61-60-83, www.vivrelejapon.com.* En plus de sa formule de location de maisons, le circuit « Route du Tokaido » nous a bien plu.

Voyageurs du monde*. 55, rue Sainte-Anne, 75002 Paris ☎ 01-42-86-16-00, www.voyageursdumonde.fr.* Cette agence réputée propose un superbe circuit pour ne rien rater de Tokyo (« Tokyo, une exception urbaine »).

WIFI GRATUIT

Depuis 2014, le ministère du Tourisme, en collaboration avec les deux principales compagnies téléphoniques, propose un **service de wifi gratuit** pour les touristes, valable deux semaines. **Inscription en ligne avant le départ** :

- ➤ *www.softbank.jp/en/mobile/special/freewifi/en/*
- ➤ flets.com/freewifi/index.html

Sur place

Arrivée

Ils existe deux aéroports internationaux proches de Tokyo : **Haneda** (30 km) et **Narita** (env. 70 km). Leur desserte dépend de la compagnie avec laquelle vous voyagez. L'aéroport international du Kansai, au sud d'Osaka (50 km), s'avère intéressant si vous ne souhaitez pas vous rendre dans la région de Tokyo. À savoir : au départ d'Osaka, prévoir 3 040 yens pour la taxe d'aéroport.

➤ Rejoindre Tokyo depuis Narita

En train

Le moins cher, le **Skyliner**, vous dépose en 1 h à la gare d'Ueno. Le voyage, confortable, permet de se faire une idée de la banlieue de Tokyo. Comptez environ 2 470 yens. Une ligne relie l'aéroport aux principaux centres de Tokyo : le ***Narita-Expres***s (NEX). Comptez 1 h pour rejoindre la gare de Tokyo, 90 min pour Shinjuku (3 020-3 190 yens). Si vous êtes très chargé, le service de livraison des bagages *(haitatsu)* transportera vos valises dans les 48 h n'importe où à Tokyo pour un prix forfaitaire. Ce service fonctionne aussi dans le sens ville-aéroport. Téléphonez 2 ou 3 jours avant votre départ à ***Air Baggage Service Company*** *☎ 03.3545.1131 ou à Yamato Transport Co. Ltd ☎ 03-3541-3411.*

En taxi

Déconseillé vu la distance à parcourir. Dans le meilleur des cas, vous vous en tireriez pour 20 000 yens ou plus, sans aller plus vite qu'en bus-limousine.

En bus-limousine

Un peu plus cher que le train, 3 000 yens, mais il y en a un toutes les 10 min. Départ des différentes plates-formes en fonction de votre destination.
Le TCAT (Tokyo City Air Terminal), proche de Ginza (à 15 min en taxi). Comptez entre 1 h et 1 h 30 selon la circulation routière. Le TCAT est relié au M° Suitengu-mae d'où l'on peut prendre la ligne Hanzomon pour Shibuya.
Les navettes des grands hôtels. Cette solution, la plus pratique, vous permet de vous rapprocher de votre destination. Si vous allez à Shinjuku, par exemple, vous descendrez au Keio Plaza. Comptez entre 75 et 120 min selon la circulation. Attention, les navettes sont moins fréquentes que celles du TCAT. Au retour, il est prudent de vérifier les horaires des navettes auprès de la réception et de réserver sa place la veille.

➤ Rejoindre Tokyo depuis Haneda

En train

Le plus rapide est le **Monorail** qui dessert en 15 min environ la gare de Hamamatsucho (490 yens), depuis laquelle vous pourrez gagner les quartiers centraux de Tokyo. Autre possibilité : la ligne du réseau **Keikyu** qui dessert la gare de Shinagawa (15 min, 410 yens) et permet de rejoindre la ligne de métro d'Asakusa.

En taxi

Le taxi coûte de 5 000 à 11 000 yens, selon votre destination et l'heure de la journée.

En bus-limousine

Le trajet dure entre 30 et 45 min pour rejoindre la gare de Tokyo. Coût moyen : 970 yens.

➤ Rejoindre Osaka depuis l'aéroport du Kansai

En train

Le train plus rapide, **Haruka**, rallie les gares de Tennoji (sud d'Osaka) en 30 min et de Shin-Osaka (Shinkansen) en 50 min pour 1 030-2 850 yens.
Le **Kansai Airport Rapid** permet de rejoindre en 70 min Shin-Osaka (1 030-1 190 yens). Enfin les trains du **réseau Nankai** proposent, à destination de Namba (quartier au sud d'Osaka), deux liaisons : une rapide (« Rap:t Alpha » et « Rap:t Beta », 35 min, 1 400 yens), et une lente mais moins chère (Nankai Airport Express, 900 yens, 45 min).

En taxi

Déconseillé vu la distance à parcourir. Environ 15 000 yens et 50 min de trajet.

En bus-limousine

Connexions avec divers lieux et hôtels d'Osaka, notamment la gare centrale (60 min, 1 550 yens) et Namba (45 min, 1 000 yens).

Change

Il est possible de changer ses devises dès l'arrivée à l'aéroport (les banques des aéroports sont ouvertes depuis 9 h jusqu'au dernier vol et des bureaux de change y proposent leurs services) ou, à Tokyo, dans les hôtels et certaines banques comme la Tokyo Bank, à Shinjuku. Il existe des billets de 1 000, 2 000, 5 000 et 10 000 yens. Les pièces sont de 1, 5, 10, 50, 100 et 500 yens.

Budget

Le coût de la vie au Japon est plus ou moins équivalent à celui de la France. Une chambre d'hôtel de bonne catégorie pour deux coûte en moyenne 10 000 yens/j. Mais une chambre dans un établissement mi-hôtel, mi-*ryokan* vous reviendra à env. 7 000 yens. Si, grâce à la formule du *teishoku* (menu de midi), on peut facilement déjeuner pour moins de 1 000 yens, le repas du soir revient plus cher : entre 2 000 et 5 000 yens par personne. Un ticket de métro coûte au minimum 170 yens, un café, 500 yens. Le prix d'entrée des musées varie entre 300 et 1 000 yens.

Courrier

La poste se dit *yubinkyoku*. *Ouv. lun.-ven. 9 h-19 h, sam. 9 h-15 h, dim. 9 h-12 h.* On peut se faire écrire en poste restante à Tokyo : ***Central Post Office***, *2-7-2 Marunouchi, Chiyoda-ku. Ouv. t.l.j. 24 h/24.* Sachez qu'il y a des téléphones partout sauf… dans les postes. Un timbre se dit *kitte*. Une lettre de moins de 25 g pour l'Europe doit être timbrée à 110 yens, une carte postale à 70 yens. Petits bureaux : *ouv. lun.- ven. 9 h-19 h, fermé j.f.* Bureaux importants : *ouv. lun.- ven. 9 h-15 h, fermé j.f.* Postes centrales des grandes villes et des arrondissements : *ouv. le dim.*

Hébergement

À Tokyo, les quartiers de Shinjuku, Roppongi, Ginza et Shibuya sont les mieux situés. Bien que le parc hôtelier japonais soit très important, il est toujours prudent de réserver, surtout vers mi-février, quand les étudiants viennent à la capitale passer leurs examens. Les hôtels japonais prennent en compte non pas la chambre mais le nombre de personnes qui l'occupent.

➤ Auberges de jeunesse et YMCA

Une formule économique. Les auberges de jeunesse réclament souvent la carte de la fédération internationale. Les YMCA, en revanche, sont accessibles à tous. Dans les deux cas, comptez à partir de 6 000 yens la chambre double.

➤ Les « hôtels-capsule »

Ces chambres à coucher en forme de boîtes, se trouvent surtout à Tokyo et Osaka (environ 4 000 yens la nuit par personne). Aux alentours immédiats des grandes gares, ces hôtels sont assez confortables mais déconseillés aux personnes souffrant de claustrophobie.

➤ Le logement chez l'habitant

Il est assez peu répandu à Tokyo. Les *minshuku* sont, en revanche, une pratique courante dans le reste du pays. Ce sont le plus souvent des fermes ou des maisons de pêcheurs qui hébergent occasionnellement des touristes, leur offrant deux délicieux repas par jour pour un total de 5 000 yens en moyenne. Si vous comptez vous déplacer, même dans les environs de Tokyo, cette formule est avantageuse. Il est possible d'obtenir une liste des *minshuku* du pays au ***TIC*** *(p. 310)* ou sur *www.minshuku.jp.*

➤ Les *ryokan*

Ce sont des hôtels à la japonaise. Les chambres ont toutes des tatamis et on dort sur un futon qui est déplié chaque soir et rangé chaque matin. Le service y est impeccable et les repas à la japonaise, petit déjeuner et dîner, sont souvent compris. À Tokyo et Kyoto, de nombreux établissements assez bon marché se situent à mi-chemin entre l'hôtel traditionnel et le *ryokan*. Ces « hôtels à la japonaise », nombreux à Asakusa et Ueno notamment, sont le meilleur moyen de s'immerger dans la tradition à des prix relativement accessibles (à partir de 6000 yens la chambre double). Les *ryokan* les plus traditionnels sont assez chers : 15 000 yens/pers. avec deux repas, auxquels il faut ajouter 15 % de service. Attention, le repas du soir est rarement servi après 19 h.

➤ Location de maisons

Vivre le Japon propose des locations de maison pouvant accueillir deux à huit personnes et offrent aux voyageurs l'occasion de vivre à la japonaise. Cette formule économique est idéale pour les familles. *www.vivrelejapon.com.* *Voir aussi p. 244.*

➤ Les business hotels

De style occidental, les chambres ne sont jamais très grandes, mais toujours confortables (entre 7 000 et 13 000 yens par jour et par personne). Aucune taxe n'est ajoutée.

➤ Les grands hôtels (style occidental)

Ils présentent toutes les garanties de confort (entre 25 000 et 30 000 yens la nuit pour une chambre individuelle ; 35 000 yens à deux). Une taxe de 10 % est systématiquement ajoutée pour vous éviter d'avoir à distribuer des pourboires (inconnus au Japon).

Horaires

Banques (ginko). Lun.-ven. 9 h-15 h sf j.f.
Carillon. Dans les grandes villes, chaque jour, à 17 h en hiver et 18 h en été, un carillon rappelle aux enfants qu'il est l'heure de rentrer à la maison.
Commerces. En général, ouverts de 10 h à 20 h. Ils ne ferment jamais le dim.
Musées (bijutsukan / hakubutsukan). Ils sont en général ouverts mar.-dim. de 10 h 30 à 17 h 30. Les visiteurs ne sont acceptés que jusqu'à 17 h. Tous les musées ferment pour les fêtes du Nouvel An, du 29 déc. au 3 janv. L'entrée des musées est presque toujours payante : de 100 à 700 yens, exceptionnellement 1 000 yens.
Restaurants. La plupart ne ferment pas entre le déjeuner (à partir de 11 h 30) et le dîner (17 h 30), on mange à peu près n'importe quand. Il est cependant préférable de déjeuner avant 14 h pour profiter du *teishoku* (menu à prix fixe) proposé presque partout pour moins de 1 500 yens. Attention, les restaurants ferment tôt et il est difficile de dîner après 21 h en dehors des quartiers animés comme Shinjuku, Ginza ou Roppongi à Tokyo, Namba à Osaka.

Infos touristiques

Tourist Information Center (TIC). *3-3-1, Marunouchi, Shin-Tokyo Bldg, Chiyoda-ku, M° Tokyo ☎ 03-3201-3331. Ouv. t.l.j. 9 h-17 h.* Tous les renseignements touristiques nécessaires à votre séjour (en angl.), dans chaque grande ville.

➤ Tokyo

Centre d'informations touristiques et culturelles d'Asakusa (Asakusa Bunka Kanko Center) : *2-18-9 Kaminarimon, Taito-ku ☎ 03-3842-5566. M° Asakusa (ligne Ginza, G19, sortie 2), 4 min à pied. En face de la porte du Kaminari-mon (p. 31). Ouv. t.l.j. sf j. de maintenance 9 h-20 h. Entrée libre.* Fournit des infos touristiques, des plans et certains services : vente de billets, échanges de devises, wifi gratuit (1er étage).

Office de tourisme (Tokyo Tourist Information Center) : *Metropolitan Government Building 2-8-1 Nishi-Shinjuku, Shinjuku-ku. M° Tochomae ☎ 03-5321-3077. Ouv. t.l.j. 9 h 30-18 h 30.* Situé au r.-d.-c. de la mairie de Tokyo *(p. 100)*, on y trouve cartes et dépliants, dont certains en français, sur chaque quartier de Tokyo, avec de nombreuses idées de balades. L'office du tourisme organise également des visites guidées dans plusieurs langues, dont le français. Rés. possible sur place ou par Internet.

Office de tourisme à Kyobashi (ouverture prévue en nov. 2016) : *2-2-27, Kyobashi, Chuo-ku. Ouv. t.l.j. 9 h-21 h.* En plein cœur de Tokyo, ce nouveau bureau centralisera toutes les informations utiles et vous aidera à organiser au mieux votre séjour à Tokyo.

➤ Yokohama

Office du tourisme de la gare Sakuragicho (Sakuragicho Station Tourist Information Center) : *1-1 Sakuragicho, Naka-ku, Yokohama-shi. ☎ 045-211-0111. Ouv. t.l.j. 9 h-18 h. Entrée libre.* Idéalement situé, il vous propose des plans, des dépliants et toutes sortes d'informations pour visiter Yokohama et y séjourner.

Kanagawa Prefectural Tourist Association *1F Silk Center Bldg, 1 Yamashita-cho, Naka-ku, Yokohama-shi. À 3 min à pied de la gare Nihonodori (ligne Minatomirai, sortie 3). Situé au r.-d.-c. du bâtiment qui abrite le centre de la Soie (p. 117-118) ☎ 045-681-0007. Ouv. 9 h-17 h 45, f. dim. et j.f.* Centre d'informations très riche : suggestions de visites et balades, adresses d'hôtels, etc.

➤ Kamakura

Kamakura City Tourist Association *Onarimachi 1-12, Kamakura-shi. Près de la gare Kamakura, à g., 4e ét. ☎ 0467-23-3050. Ouv. lun.-ven. 8 h 30-17 h 15. www.en.kamakura-info.jp.* Cette association de volontaires assiste gratuitement les touristes dans la visite de leur ville. Appelez une semaine à l'avance et dites que vous souhaitez un guide parlant le français. Rés. possible en ligne, en français : *www1.kamakuranet.ne.jp/kwga.*

➤ Nikko

Tobu-Nikko Station Tourist Information Service *4-3 Matsubara-cho, Nikko ☎ 0288-53-4511. Près de la gare Tobu-Nikko (ligne Tobu-Isesaki). T.l.j. 8 h 30-17 h.* Vous aurez toutes les informations concernant Nikko, avec des plans et des dépliants détaillés en anglais.

Politesse et usages

➤ Filmer, photographier

Les Japonais se montrent en général coopératifs et acceptent volontiers de poser lorsqu'on le leur demande gentiment. Attention, dans certains temples et musées, de même que dans la plupart des magasins, il est interdit de photographier. Vérifiez à l'entrée.

➤ Temples et sanctuaires

Chaque fois qu'on entre dans un édifice religieux, on se déchausse et on enfile des pantoufles réservées à cet usage. Sauf indication contraire, les photos sont autorisées.

➤ Usages

Les Japonais n'aiment pas du tout le contact physique, du moins en public. Il n'est pas question de leur « faire la bise » ni même de leur serrer la main. La manière japonaise de se dire bonjour consiste en une simple courbette face à son interlocuteur. Si vous rendez visite à une famille japonaise, vous êtes tenu d'enlever vos chaussures à l'entrée et d'enfiler les pantoufles que votre hôte mettra à votre disposition. On se déchausse également à l'entrée des temples. Au Japon, une grande importance est accordée à l'apparence physique et à la propreté. Une tenue négligée sera considérée comme une agression, tandis que l'élégance suscitera un élan de sympathie.

Pourboires

Cette pratique n'existe pas au Japon. Une taxe de 10 % est ajoutée à votre note si celle-ci dépasse 2 500 yens par personne pour les restaurants et 5 000 yens pour les hôtels.

Santé

Les médecins et les hôpitaux japonais ont une très bonne réputation. Le seul problème qui peut se poser, en cas de maladie ou d'accident, est celui de la langue. Vous trouverez une liste des praticiens parlant au moins l'anglais sur *http://japan.usembassy.gov/e/acs/tacs-tokyodoctors.html.* La liste de l'ambassade de France indique ceux parlant le français : *www.ambafrance-jp.org/Liste-de-notoriete-medicale-medecin-au-Japon.*
En cas de maladie ou d'accident en dehors d'une grande ville, le mieux est d'appeler la **police** ☎ *110* ou une **ambulance** au ☎ *119.*
Voici quelques adresses à Tokyo :

➤ Dentistes *(ha-isha)*

Tokyo Clinic Dental Office. *Mori bldg 32 F, 3-4-30 Shiba koen, Minato-ku ☎ 03-3431-4225. Ouv. t.l.j. sf mer., dim. et j.f.* Les quatre dentistes du cabinet parlent l'anglais.

➤ Hôpitaux et cliniques *(byoin)*

International Clinic, *1-5-9 Azabudai, Minato-ku ☎ 03-3582-2646.* Généralistes parlant plusieurs langues.
Iryo Center (Croix-Rouge japonaise), *4-1-22 Hiroo, Shibuya-ku ☎ 03-3400-1311.*

➤ Pharmacies internationales *(kusuriya)*

Pharmacie américaine. *Maru bldg. B1F, 2-4-1 Marunouchi, Chiyoda-ku ☎ 03-5220-7716. Ouv. t.l.j. lun.-ven. 9 h-21 h, sam. 10 h-21 h, dim et j.f. 10 h-20 h.*

Shopping

➤ Commerces

Ils sont ouverts, en général, de 10 h à 20 h et ne ferment jamais le dim. Un peu partout, des distributeurs automatiques vous permettront de trouver à n'importe quelle heure des boissons chaudes ou froides ainsi que des produits relativement inattendus comme du riz, des fleurs ou des revues pornographiques !

Les ***convenience stores*** (ou ***konbini***) se trouvent partout et facilement. Les plus connus : 7 Eleven, Family Mart et Lawson. Ouverts 24 h/24.

Les boutiques **100 yens shops** proposent des produits pour la vie quotidienne, la maison, mais aussi des objets typiquement japonais (souvenirs). Prix unique : 100 yens et taxe de 8 %, soit 108 yens.

➤ Grands magasins

Ils sont tous ouverts de 10 h à 19 h 30 ou 20 h (jusqu'à 18 h 30 ou 19 h le w.-e.), avec un jour de fermeture hebdomadaire. Ils sont ouverts le dim.

Tabac

Il est interdit de fumer dans les lieux publics et les transports en commun. Certains arrondissements de Tokyo, comme celui de Chiyoda-ku, ont même banni la cigarette dans la rue !

Téléphone

➤ Téléphone, mode d'emploi

Pour appeler la France. Composez le 00 puis le 33 et le n° de votre correspondant sans le zéro de l'indicatif régional. Remplacez le 33 par le 32 si vous voulez appeler la Belgique et par le 41 si vous souhaitez obtenir la Suisse.

Pour appeler le Japon depuis la France. Composez le 00-81 puis le n° de la ville (3 pour Tokyo, 6 pour Osaka) et enfin le n° de votre correspondant.

Pour appeler d'une ville à l'autre au Japon. Il faut toujours composer, d'abord, l'indicatif local : 03 pour Tokyo, 075 pour Kyoto, 0742 pour Nara, 0288 pour Nikko, 06 pour Osaka, 045 pour Yokohama, 0467 pour Kamakura, 0466 pour Enoshima, 0460 pour Hakone, 0555 pour le mont Fuji, 044 pour Nihon Minka.

Renseignements internationaux *☎0057.*

Appel international *☎ 0055* (pour appeler en réglant la communication avec une carte de crédit).

➤ Téléphone portable

On peut louer un téléphone à l'aéroport de Narita pour un tarif raisonnable, avec mode d'emploi en anglais. Un passeport et une carte de crédit suffisent.

Transports

➤ Autocar

C'est l'un des moyens de transport les plus économiques, à condition d'avoir le temps. Il faut par exemple une nuit entière pour se rendre de Tokyo à Kyoto ou Nara alors que le Shinkansen met à peine 3 h. Les principales compagnies d'autocars sont Tokyu et Hatobus.

➤ Avion

Les lignes intérieures japonaises sont pratiques et pas beaucoup plus chères que le train lorsqu'on veut visiter un maximum de villes en un minimum de temps. ***All Nippon Airways*** *(☎ 0570-029-709, Tokyo ☎ 03-6741-1120, Osaka ☎ 06-7637-6679)* et ***Japan Airlines*** *(☎ 0570-025-121, Tokyo ☎ 03-6733-3062)* desservent à elles deux toutes les grandes villes. À Tokyo, l'aéroport pour les vols intérieurs est à **Haneda** *(p. 308)*.

➤ Bus

Contrairement au métro, on paie un tarif unique quelle que soit la longueur du trajet effectué en bus *(basu)*. On entre par l'avant et on dépose dans une machine située près du chauffeur la somme de 200 yens. Il vaut mieux avoir l'appoint (même si la machine rend la monnaie) afin de ne pas retarder les autres voyageurs. On peut payer avec une carte **Suica** ou **Pasmo** *(voir p. 313)*.

➤ Métro et train

Le moyen le plus commode pour se déplacer à Tokyo et Osaka est sans aucun doute le métro *(chikatetsu)* que l'on peut combiner avec les différentes lignes de chemin de fer privées *(densha)*. L'ensemble du réseau ferroviaire fonctionne de 5 h du matin à minuit, mais nous vous recommandons fortement d'éviter les heures de pointe (7h30-9h et 17h-19h). Ayez toujours sur vous un plan de métro en caractères latins, car ceux qui sont affichés dans les gares sont souvent en japonais. Le système général d'utilisation du métro est le même qu'à Paris (correspondances entre les grandes stations indiquées par des ronds aux couleurs de la ligne). Il y a également des lettres et numéros pour chaque station : par exemple, pour Shibuya sur la ligne Ginza c'est « G01 » (« G » pour la ligne Ginza et « 01 » car c'est la 1re station de la ligne ; « G02 » correspond à Omotesando sur la même ligne, etc.). À Tokyo, vous utiliserez sans doute beaucoup la **ligne Yamanote** (qui ne fait pas partie du réseau du métro mais appartient aux **JR**, Japan Railways), reconnaissable à sa couleur verte, qui dessert les principaux centres de la ville : Shinjuku, Harajuku, Shibuya, Yurakucho (à deux pas de Ginza), Tokyo, Akihabara, Ueno, Ikebukuro.

➤ Payer le métro et le train

Le prix varie selon la distance parcourue. Au-dessus des machines qui distribuent les billets, un plan général du métro indique le prix pour chaque station. Malheureusement, ces plans sont le plus souvent en japonais uniquement et vous devrez sans doute demander à quelqu'un de le lire pour vous. S'il n'y a personne alentour, mettez le minimum dans la machine (170 yens) et payez le complément à la sortie au bureau « Fare Adjustment ». Pour acheter un billet, on introduit des pièces ou un billet de 1 000 yens et on presse sur le bouton correspondant au montant souhaité. Les machines rendent la monnaie. En cas de problème, appuyez sur le bouton rouge. Votre argent vous sera immédiatement restitué. Attention : vous ne pouvez pas utiliser les tickets du métro sur les lignes JR, et réciproquement. De même, les lignes privées comme la Toyoko ou l'Inokashira sen ont leur propre billetterie. Dans les grandes stations, il faut donc bien choisir la machine qui correspond à la ligne qu'on veut emprunter. Le ticket est poinçonné à l'entrée et exigé à la sortie. Prenez garde de ne pas le perdre… Pour un séjour d'une semaine, il est recommandé d'acheter des cartes **Suica** ou **Pasmo** (1 000, 3 000 ou 5 000 yens) valables pour tout le réseau du métro ainsi que pour les lignes JR. Le montant du trajet est automatiquement débité de la carte à la sortie. Le dépôt de garantie (500 yens) est remboursable lorsqu'on rend la carte. On peut également faire des achats avec la Suica ou la Pasmo dans les *convenience stores* ou les distributeurs de boissons. On peut recharger facilement ces cartes dans les machines distribuant les billets (explications en angl.). Il existe aussi des titres de transports avantageux. Ainsi, le **ticket 1 jour** dans Tokyo (Tokyo Free Kippu) : valable dans le JR, le métro Tokyo, le métro Toei, le bus et le tramway Toei (1 590 yens) ; le ticket 1 jour pour le métro Tokyo et le métro Toei (1 000 yens) ; le ticket 1 jour pour le métro Tokyo (600 yens).

➤ Express et omnibus

Toutes les lignes de métro ainsi que la Yamanote sont omnibus et s'arrêtent à chaque station indiquée sur votre plan. En revanche, les lignes privées fonctionnent presque toutes suivant le double système express/omnibus avec, parfois, un super-express qui ne s'arrête que deux ou trois fois avant le terminus. Les express *(kyuko densha)* se reconnaissent à un signe rouge affiché à l'avant et à l'arrière du train. Les omnibus *(kakueki teisha)* ne portent que le nom du terminus inscrit en noir.

➤ Taxis

Il y en a plus de 50 000 à Tokyo. Ce sont souvent de belles voitures, spacieuses et confortables, conduites par un chauffeur ganté de blanc. Certains poussent le raffinement jusqu'à avoir la télévision ! Un taxi *(takushi)* libre se reconnaît à la lumière rouge placée à l'avant. Un taxi occupé, à sa lumière verte. Pour appeler une voiture, il suffit de lever le bras. Prenez garde de ne pas héler un taxi qui va dans la direction opposée à la vôtre car il refusera dans bien des cas de faire demi-tour (c'est interdit à Tokyo). Les rues n'ayant pas de nom, le seul énoncé de l'adresse est le plus souvent insuffisant. L'idéal est de montrer au chauffeur un plan dessiné. À défaut, indiquez-lui un bâtiment connu ou une station de métro proche de l'endroit où vous vous rendez.

Le prix d'une course

Tokyo est une ville très étendue, et un trajet moyen atteint 2 000 à 3 000 yens. Choisissez le train ou le métro pour les longs trajets, quitte à prendre le taxi une fois arrivé dans le quartier qui vous intéresse. Les petites courses se paient en effet au forfait (710 yens pour les deux premiers km, puis env. 290 yens par km supplémentaire. On ne donne pas de pourboire. La nuit, le tarif augmente de 30 %. Le sam. soir et les veilles de fêtes, il est presque impossible de trouver un taxi à Shinjuku, Ginza ou Roppongi.

Mode d'emploi

Les taxis japonais ont une particularité : la portière arrière s'ouvre et se ferme automatiquement. Il faut savoir également que les chauffeurs n'aiment pas ouvrir leur coffre, dans lequel ils transportent souvent leurs propres affaires, et qu'ils préfèrent toujours placer vos bagages sur le siège avant !

➤ Les grandes gares de Tokyo

Elles sont impressionnantes avec leur enchevêtrement de quais et de galeries souterraines. Mais ne vous laissez pas intimider et dites-vous que les Japonais eux-mêmes s'y perdent très souvent. Les quatre plus grandes gares de Tokyo sont Shinjuku, Shibuya, Ueno et Tokyo.

➤ S'orienter à Tokyo

À part quelques grandes artères, les rues, à Tokyo, n'ont pas de nom. Cette originalité s'explique par le fait que les arrondissements *(ku)* sont divisés en quartiers *(chome)* regroupant plusieurs dizaines de maisons. Celles-ci sont donc numérotées suivant le bloc auquel elles appartiennent et non en fonction de la rue. Deux maisons voisines peuvent très bien avoir des numéros qui ne se suivent pas, voire des adresses différentes. Résultat : seules la poste et la police connaissent toutes les habitations d'un quartier. Si l'on ne possède pas de plan, il est très difficile, même pour un Japonais, de trouver une adresse. Dans la plupart des cas, donner son adresse revient donc à dessiner un plan et à l'envoyer à son visiteur (il est de plus en plus courant d'envoyer un plan par téléphone). Il y en a un au verso de chaque carte de restaurant, de boutique… Si vous devez trouver une adresse tout seul, le mieux est de la montrer au *koban* (petit commissariat) le plus proche où l'on vous dessinera un itinéraire.

Urgences

Police ☎ *110.*
Ambulance ☎ *119.*
Objets perdus. Dans un train, service des objets trouvés de la gare de Tokyo ☎ *03-3231-1880* ou d'Ueno ☎ *03-3841-8069.* Pour les lignes JR (Yamanote) ☎ *03-3423-0111.* Dans le métro ou l'autobus, adressez-vous au Bureau des objets trouvés de la ville : ☎ *03-3501-0110.* À Tokyo, au *r.-d.-c. de Kotsu-Kaikan bldg, 2-10-1, Yurakucho, Chiyoda-ku* ☎ *03-3216-2953.* Dans un taxi, contactez le ***Tokyo Taxi Kindaika Center***, *7-3-3 Minamisuna, Koto* ☎ *03-3648-0300.* Pour tout objet perdu dans la rue, il vous faudra aller au Bureau central des objets trouvés de la police métropolitaine. C'est également là que sont transmis tous les objets au bout de 3 à 5 jours. À Tokyo, *1-9-11, Koraku, Bunkyo-ku* ☎ *03-3814-4151.*

Voltage

Le courant est en **110 V**, comme aux États-Unis, et les prises sont à fiches plates. On trouve partout des adaptateurs pour les prises françaises.

TAILLES ET POINTURES

Tailles hommes : les quatre tailles les plus courantes sont S (small), M (medium), L (large) et LL (extra-large).
Tailles femmes : les lettres sont remplacées par des chiffres. Le 9 correspond au 38, le 11 au 40 et le 13 au 42.
Pointures hommes : le 26 (japonais) correspond au 42, le 26½ au 43, le 27½ au 45.
Pointures femmes : le 23 (japonais) équivaut au 36, le 23½ au 37, le 24 au 38, le 24½ ou le 25 au 39, le 25½ ou le 26 au 40.
Pointures enfants : le 12 (japonais) correspond au 19, le 15 au 22, le 16 au 27, le 18 au 29.

Index

L-M

N

O

Crédits photos

COUVERTURE

Plat 1, visuel principal : Photoshot / hemis.fr. Plat 1, haut : Peter Adams / Flirt / Photononstop. Plat 4 dr. : Karin Sasaki / Shutterstock ; plat 4 g. : Sean Pavone / Shutterstock.

HÉMIS

Aflo : p. 7 haut, 34, 201 ; Axiom : p. 180 ; imageBROKER : p. 126 ; Patrick Frilet : p. 10, 264 ; Franck Guiziou : p. 5 colonne de gauche, 92, 193, 265, 271 ; Robert Harding : p. 33, 54 ; Arnold Jon : p. 5 colonne de droite, 12, 49, 62, 75, 90, 140, 142, 204, 297 ; Ludovic Maisant : p. 39, 59, 81, 94, 96, 122, 276, 284 ; Pacific_Stock : p. 135, 282 ; Andrea Pistolesi : p. 148, 288 ; Tetra images : p. 30 ; John Waburton : p. 115 ; Didier Zylberyng : p. 27, 42, 48, 64-65, 72, 77, 97, 102, 273.

SHUTTERSTOCK

Yasuhiro Amano : p. 294 ; Sira Anamwong : p. 262 ; Apinunrin : p. 2 ; Robert Paul van Beets : p. 152, 256 ; Bluehand : p. 60 ; Bule Sky Studio : p. 158 ; Stefano Carniccio : p. 286 ; Cdrin : p. 175, 178 ; Cowardlion : p. 7 en bas, 8, 36, 200, 270 ; Curioso : p. 38 ; Det-anan : p. 105 ; Kenneth Dedeu : p. 164 ; Pushish Images : p. 268 ; Grafvision p. 14 ; Tanjala Gica : p. 80 ; Greir : p. 154 ; Harper Kt : p. 52 ; Attila Jandl : p. 71 ; J. Henning Buchholz : p 287 ; Linda Hilberdink Photography : p. 272 ; Puwadol Jaturawutthichai : p. 266 ; JeddaProj : p. 76 ; Perati Komson : p. 136 ; KPG_Payless : p. 89, 125, 145, 184, 274, 278 ; KPG Payless2 : p. 63, 114, 124, 302 ; Krishna.Wu : p. 6 en bas ; Kuruneko : p. 177 ; Vlastimil Kuzel : p. 258 ; Pratchaya Lee : p. 188 ; Lodimup : p. 43, 103 ; Lucian Milasan : p. 66 ; Luciano Mortula : p. 196 ; Tawin Mukdharakosa : p. 202 ; Vincent St. Thomas : p. 74 ; Odd-add : p. 260 ; Sean Pavone : p. 46, 78, 84, 110 ; Sakarin Sawasdinaka : p. 6 en haut ; Skyearth : p. 101 ; Takashi Images : p. 109 ; Aleksandar Todorovic : p. 51, 299 ; Tooykrub : p. 44 ; Lewis Tse Pui Lung : p. 149 ; Sergii Rudiuk : p. 173 ; Rikard Stadler : p. 162-163 ; Sarunyu L : p. 296 ; Palengue : p. 192 ; Tk Kurikawa : p. 4 ; Tupungato : p. 11, p. 69.

YOANN STOECKEL

p. 24, 82, 172, 203.

FLORENCE COSTA-KAGEYAMA

p. 47.

PATRICK DUVAL

p. 292.

KARINE BAROU

p. 131, 169, 174.

JEAN TIFFON

p. 88, 159.

Ce guide a été mis à jour par **Florence Costa-Kageyama, Thomas Bertrand et Daniel Auguste**.

L'édition originale a été établie par **Patrick Duval**.

Direction : Nathalie Bloch-Pujo

Direction éditoriale : Cécile Petiau

Responsable de collection : Hélène Firquet

Responsable adjointe : Julie Wood

Édition : Marine Barbier-Blin et Jean Tiffon

Cartographie : Aurélie Huot et Frédéric Clémençon

Fabrication : Caroline Le Page et Alexis Moulin

Conception graphique de la couverture et de la maquette intérieure : Thibault Reumaux

Mise en pages intérieure : Chrystel Arnould

Suivi éditorial : Laure Méry

Lecture-correction : Agnès Jeanjean et Monique Devauton

Ont également collaboré : Raul Monteiro et Anne-Charlotte Autret

Contact presse : Rachida Mazef, rmazef@hachette-livre.fr ☎ 01 43 92 36 66

Contact publicité : Valérie Habert, vhabert@hachette-livre.fr ☎ 01 43 92 32 52

Pour nous écrire : Hachette Tourisme / Guides Évasion
58 rue Jean-Bleuzen - 92170 Vanves
evasion@hachette-livre.fr
Pour nous lire sur le Web : www.guide-evasion.fr

Édité par Hachette Livre, 58 rue Jean-Bleuzen, CS 70007, 92178 Vanves cedex

Imprimé en Espagne par Industria Grafica Cayfosa

(ctra. De Caldes, km 3, Sta. Perpetua Mogada, 08130 Barcelone)

Achevé d'imprimer : mars 2016 – Dépôt légal : mars 2016

Collection n° 25 – Édition n° 01

ISBN : 978-2-01-396078-6

69-2573-6

Tout pour préparer et réussir son voyage

? ? ? ? ?

Des questions avant de partir ?
Retrouvez-nous sur Facebook,
Twitter (@guideevasion)
et Instagram (@guideevasion).

Et, à votre retour, venez partager vos souvenirs,
vos plus belles photos et vos adresses préférées…

Avant de partir

Aidez-vous de notre check-list pour être certain de ne rien oublier avant de partir. Vérifiez bien la date de validité de tous vos documents officiels, n'oubliez pas de faire une copie (ou scan) de votre passeport ou de votre carte nationale d'identité et notez bien les numéros d'opposition de votre carte bancaire.

Check-list

Passeport / Carte d'identité	
Visa	
Permis de conduire international	
Carte d'assurance maladie	
Carte bancaire	
Réservations hôtels	
Billets électroniques	
Brevets de plongée et autres brevets sportifs	

Budget

Afin de préparer votre budget, soyez attentif à certains postes de dépenses qui peuvent parfois être oubliés ou sous-estimés :

- Au moment de l'achat de votre billet d'avion, pensez à bien regarder le prix pour un bagage en soute (il est de plus en plus souvent en supplément). Si vous voyagez avec de jeunes enfants, certaines compagnies facturent la prise en charge des poussettes et autres rehausseurs, soyez vigilants.

- Certains pays exigent un visa, tenez-en compte dans votre budget.

- Surveillez les taux de change qui peuvent faire grimper ou baisser le prix d'une chambre d'hôtel de manière significative.

- Les entrées de certains musées ou sites touristiques peuvent parfois être très élevées, mais il est souvent possible d'obtenir un meilleur tarif en achetant à l'avance ses billets sur Internet.

Type de dépenses	**Montant**
Voyage	
Transports sur place	
Hébergement	
Repas	
Entrées musées, sites, monuments	

Votre circuit

JOURS	ÉTAPES / VILLES	DISTANCE
Jour 1		
Jour 2		
Jour 3		
Jour 4		
Jour 5		
Jour 6		
Jour 7		
Jour 8		
Jour 9		
Jour 10		
Jour 11		
Jour 12		
Jour 13		
Jour 14		
Jour 15		

HÉBERGEMENT	TRANSPORT

Ces pages sont les vôtres,
vous pouvez y noter tous vos coups de cœur,
vos découvertes et patienter, ou faire patienter vos enfants,
à l'aéroport, à la gare… en coloriant !